W0203109

GÜTERSLOHER
VERLAGSHAUS

Christoph Meyns

Kirchenreform und betriebswirtschaftliches Denken

Modelle – Erfahrungen – Alternativen

Gütersloher Verlagshaus

meinen Eltern

Bibliografische Information der Deutschen Nationalbibliothek
Die Deutsche Nationalbibliothek verzeichnet diese Publikation
in der Deutschen Nationalbibliografie; detaillierte bibliografische Daten sind im
Internet über https://portal.dnb.de abrufbar.

Diese Arbeit wurde als Inaugural-Dissertation zur Erlangung der Doktorwürde
der Evangelisch-Theologischen Fakultät an der Ruhr-Universität Bochum mit dem
Titel »*Management als Mittel der Kirchenreform. Betriebswirtschaftliche Ansätze zur Bewältigung kirchlicher Rückbau-, Reorganisations- und Neuorientierungsprozesse*«
im Wintersemester 2012/2013 angenommen.

1. Auflage

Umschlagmotiv: © beermedia – Fotolia.com
Satz: Satz!zeichen, Landesbergen
Druck und Einband: Books on Demand GmbH, Norderstedt
Printed in Germany
ISBN 978-3-579-08166-3

www.gtvh.de

Inhalt

Vorwort

Die vorliegende Studie wurde im Herbst 2012 von der Evangelisch-Theologischen Fakultät der Ruhr-Universität Bochum als Dissertation angenommen. Sie verdankt sich der mehrjährigen Auseinandersetzung mit betriebswirtschaftlichen Themen, wirtschaftstheoretischen Fragen sowie eigenen Erfahrungen mit Rückbau- und Reorganisationsmaßnahmen als Vorsitzender eines Kirchenvorstands und Kirchenkreissynodaler, als Gemeindeberater bei der Begleitung von Kirchengemeinden und übergemeindlichen Einrichtungen, als Beauftragter der Kirchenleitung der Nordelbischen Ev.-Luth. Kirche für die Evaluation des Nordelbischen Reformprozesses und als Mitglied eines Projektteams zur Einführung zielorientierter Planungsverfahren für die nordelbischen Dienste und Werke.

Mein Dank gilt in besondere Weise Frau Prof. Dr. Isolde Karle für die Betreuung meines Dissertationsprojekts. Sie hat mich in den vergangenen fünf Jahren mit einer gelungenen Mischung aus Ermutigung und kritischer Rückmeldung in Verbindung mit vielfältigen Anregungen ganz wunderbar begleitet. Darüber hinaus danke ich Herrn Prof. Dr. Traugott Jähnichen für das Zweitgutachten.

Vielfältige Anregungen verdanke ich den intensiven Diskussionsrunden über die Dynamik kirchlicher Veränderungsprozesse mit Ulrike Brand-Seiß, Susanne Habicht, Jürgen Jessen-Thiesen und Käthe Stäcker von der Arbeitsstelle Reformumsetzung der Nordelbischen Ev.-Luth. Kirche, Redlef Neubert-Stegemann, Anne Reichmann und Peter Wesenberg von der Arbeitsstelle Institutionsberatung und Dette Alfert als freiberuflich tätiger Organisationsberaterin.

Last, but not least bedanke ich mich bei meiner Frau Dorothea und unseren Kindern Friederike und Jonathan für ihre Unterstützung und ihre unendliche Geduld während meiner Zeit als Bücherwurm.

Husum im April 2013 Christoph Meyns

Thema, Fragestellung und Vorgehen

Evangelische Kirchengemeinden, Kirchenkreise, Landeskirchen, gesamtdeutsche Zusammenschlüsse, Einrichtungen und Verwaltungsämter stehen aufgrund sinkender Kirchensteuereinnahmen unter finanziellem Druck. Ließen sich erste Einnahmeausfälle Mitte der neunziger Jahre noch durch Einzelmaßnahmen kompensieren, lösten weitere Rückgänge zu Beginn des vorigen Jahrzehnts auf allen Ebenen des kirchlichen Lebens Rückbauprozesse von zum Teil erheblichem Umfang aus: Personalstellen wurden gestrichen, Arbeitszweige eingeschränkt, Standorte geschlossen und Gebäude aufgegeben, eine Entwicklung, die andauert.

Mit dem Abbau verbindet sich in der Regel ein Umbau der Strukturen, meist in Form der Zusammenlegung von Organisationseinheiten und der Neuordnung von Abläufen. Bei hohen Einnahmeverlusten bedarf es darüber hinausgehend einer inhaltlichen Neuorientierung: Bisher wahrgenommene Aufgaben und die mit ihnen verbundenen Anliegen und Ziele müssen überprüft und gegebenenfalls priorisiert werden, etwa im Rahmen der Erarbeitung von Leitbild- und Strategiepapieren.

Mit den sachlichen Themen verbinden sich emotionale Dynamiken. Rückbauprozesse führen in Erfahrungen von Überforderung, Ohnmacht und Bedeutungsverlust. Sie lösen bei den davon Betroffenen Angst, Trauer und Wut aus. Die mit Leitungsverantwortung betrauten Gremien und Personen geraten in Identitätskonflikte, wenn sie die Ausgaben für Arbeitsfelder senken sollen, mit denen sie sich identifizieren oder entgegen dem Gebot der Nächstenliebe mit Kürzungsentscheidungen die ökonomische Lebensgrundlage ihnen anvertrauter Menschen beeinträchtigen. Daneben bestimmen kirchenpolitische Fragen der Durchsetzbarkeit und Verteilungsgerechtigkeit sowie die Zufälligkeiten gruppendynamischer Prozesse in Leitungsgremien den Gang der Ereignisse.

Als zusammenfassende Bezeichnung für diese Rückbau-, Reorganisations- und Neuorientierungsprozesse hat sich im binnenkirchlichen Sprachgebrauch der auch im Titel dieser Studie verwendete Begriff der Kirchenreform eingebürgert. Er ist allerdings insofern irreführend, als es in der evangelischen Kirche derzeit nicht um einen religiösen Aufbruch oder fachliche Impulse zur Weiterentwicklung von Arbeitszweigen geht, sondern um eine Restrukturierung unter dem Vorzeichen leerer Kassen im Konflikt zwischen konkurrierenden Bestandsinteressen.

Zur Bewältigung der damit verbundenen Herausforderungen setzen kirchliche Körperschaften in verstärktem Maße betriebswirtschaftliche Methoden ein: Unternehmensberatungen konzipieren Kürzungs- und Reorganisationsvorschläge in Anlehnung an betriebliche Organisationsvorstellungen; Kirchengemeinden und übergemeindliche Einrichtungen definieren in Anlehnung an das Marketingdenken produktähnlich gedachte Leistungen, die sich als Angebote an den zu Zielgruppen aggregierten Bedürfnissen einzelner Menschen orientieren; Leitungsinstanzen verwenden Planungs-, Personalführungs- und Kontrollinstrumente aus dem Bereich der Managementlehre; Verwaltungsämter ersetzen die kamerale durch die kaufmännische Form des Rechnungswesens. Ein Teil dieser Maßnahmen zielt auf eine Erhöhung der Wirtschaftlichkeit des kirchlichen Handelns, um trotz sinkender Einnahmen den gewachsenen Aufgabenumfang so weit wie möglich erhalten zu können. Andere Vorhaben streben darüber hinausgehend eine höhere Wirksamkeit im Sinne einer Steigerung von Beteiligungs- und Mitgliederzahlen an.

Anlass für eine Auseinandersetzung mit dieser Entwicklung bieten zwei Beobachtungen. Zum einen fällt die Erfolgsbilanz betriebswirtschaftlich orientierter Projekte im Raum der verfassten Kirche ambivalent aus. Teilweise profitierten Landeskirchen von Unternehmensberatungen, teilweise erwiesen sich teuer eingekaufte Expertisen dagegen als nicht umsetzbar oder sogar kontraproduktiv.[1] Einerseits lassen sich mithilfe von Marketing- und Managementmethoden Beteiligungszahlen steigern, andererseits erreicht man auf diese Weise offenbar nur der Kirche überdurchschnittlich verbundene Mitglieder.[2] Das Evangelische Münchenprogramm ist mit seinem Ansinnen, das Dekanat zu einer zentralen Planungsebene auszubauen, am Widerstand der Kirchengemeinden gescheitert.[3] Die Evangelische Kirche in Hessen und Nassau hat in den letzten fünfundzwanzig Jahren zwar entsprechende Strukturreformen umgesetzt, ob dadurch Effizienz- und Effektivitätsgewinne erzielt wurden, ist jedoch umstritten.[4]

Aber warum ist das so? Sind betriebswirtschaftliche Handlungsempfehlungen bisher nur schlecht umgesetzt worden? Müssten sie besser an den kirchlichen Kontext angepasst werden? Können sie also im Prinzip dazu beitragen, auch mit geringeren Einnahmen den Umfang und die Qualität von Leistungen aufrechtzuerhalten? Lässt sich mit ihrer Hilfe erreichen, dass mehr Menschen an Veranstaltungen teilnehmen, mehr (wieder) eintreten und weniger austreten? Oder zeigen sich hier Schwierigkeiten grundsätzlicher Art? Können Marketing und Management für Körperschaften, Einrichtungen und Verwaltungsämter nicht das leisten, was sie für Unternehmen bewirken, nämlich die Wirksamkeit und Wirtschaftlichkeit betrieblicher Abläufe zu erhöhen?

Zum anderen bestehen theologische Bedenken gegen eine Überfremdung der kirchlichen Arbeit durch ökonomische Denk- und Sprachmuster. Regelmäßig verlieren biblische Bezüge und ekklesiologische Gesichtspunkte im Rahmen betriebswirtschaftlich ausgerichteter Projekte ihre steuernde Funktion und geraten in die Rolle eines Legitimations- und Illustrationsmittels. Aber woran liegt das? Müssen Marketing- und Managementmethoden nur »spirituell« gebraucht oder kirchentheoretisch reflektiert werden, damit sie am Evangelium orientierte Handlungsformen nicht beeinträchtigen? Oder geht von ihnen eine so ausgeprägte Eigendynamik aus, dass die evangelische Kirche besser auf sie verzichtet?

Mit diesen praktischen und theologischen Fragen setzt sich die vorliegende Untersuchung auseinander. Dabei teilt sie das erkenntnisleitende Interesse der mit Leitungsverantwortung betrauten Gremien und Personen in Körperschaften, Diensten und Werken und Verwaltungsämtern, die nach Kriterien und Verfahren suchen, die sie bei der Bewältigung von Kürzungs- und Umbaumaßnahmen unterstützen. Denn darum geht es trotz des von der EKD formulierten Programms für ein »Wachsen gegen den Trend«[5] und manch erfolgreicher Fundraising-Projekte de facto für viele von ihnen: um eine sinnvolle Anpassung des Umfangs der Arbeit an sinkende finanzielle Spielräume.

Das Ziel besteht darin herauszuarbeiten, was sich kirchliche Leitungsinstanzen im Rahmen von Rückbau-, Reorganisations- und Neubauprozessen vom Einsatz betriebswirtschaftlicher Methoden erhoffen dürfen, was nicht, und worin mögliche Alternativen bestehen. Dabei liegt der Fokus der Aufmerksamkeit auf den überwiegend kirchensteuerfinanzierten Aktivitäten innerhalb der verfassten Kirche. Die Steuerungsprobleme der häufig organisatorisch ausgegliederten drittmittelfinanzierten Arbeitszweige bilden einen eigenen Themenkreis. Sie finden nur dort Berücksichtigung, wo sie vom Kirchensteueraufkommen getragene Bereiche beeinflussen.

Mit ihrer Fragestellung bewegt sich diese Untersuchung zum Teil auf wenig erschlossenem Terrain. Themen der Organisationsgestaltung waren bis in die jüngste Zeit hinein selten Gegenstand praktisch-theologischen Interesses. Infolge des landesherrlichen Kirchenregiments werden Probleme der äußeren Ordnung traditionellerweise als rechtliche Sachverhalte behandelt. Überlegungen zu Organisationsstrukturen, Entscheidungsabläufen, Handlungsketten, Arbeitsprogrammen und den damit verfolgten Zielen und Strategien sowie zu organisatorischen Veränderungsprozessen bleiben daher in der Regel auf die vom Kirchenrecht erfassten Bereiche beschränkt.[6] Die Praktische Theologie wiederum konzentriert sich darauf, die Inhalte und Methoden kirchlicher Handlungsfelder zu reflektieren. Kybernetische Fragen finden dagegen nur in Einzelfällen Aufmerksamkeit.[7]

Religionssoziologische Forschungsbemühungen galten in den vergangenen Jahrzehnten schwerpunktmäßig der Makroebene gesellschaftlicher Trends und der Mikroebene individueller religiöser Haltungen. Organisationssoziologische Analysen von Kirchengemeinden, Kirchenkreisen, Landeskirchen oder gesamtdeutschen Zusammenschlüssen sind bis in die jüngste Zeit hinein daher kaum durchgeführt worden.[8] Erst 2011 startete ein Forschungsprojekt unter Leitung von Karl Gabriel, Isolde Karle und Detlef Pollack, das Kirchenreformprozesse in Landeskirchen, Diözesen und Freikirchen konfessionsvergleichend untersucht.[9] Auf die Resultate darf man gespannt sein.

Die Anfänge der Auseinandersetzung mit betriebswirtschaftlichen Themen gehen auf die 1960er und 1970er Jahre zurück.[10] Ein ausgeprägter Diskurs ist seit Beginn der 1990er Jahre zu beobachten. Dabei lässt sich die Debatte in zwei Phasen unterteilen mit dem Erscheinen des Impulspapiers der EKD »Kirche der Freiheit« 2006 als Wendepunkt. Die meisten davor erschienenen Publikationen standen Marketing und Management positiv gegenüber. Sie beschreiben die Erfolge, die sich damit erzielen lassen, legitimieren ihre Verwendung mithilfe biblischer Texte und theologischer Argumente, passen sie sprachlich und konzeptionell an den Kontext der verfassten Kirche an oder geben Ratschläge zur praktischen Umsetzung.[11] Nur wenige Autorinnen und Autoren äußerten sich ablehnend.[12]

Das änderte sich jedoch, als das Impulspapier die betriebswirtschaftliche Professionalisierung der kirchlichen Arbeit in den Rang eines EKD-weiten Konsenses zu erheben schien. Seine durchgehende Orientierung an Konzepten des Dienstleistungsmarketings und der strategischen Managementlehre rief bei Theologen und Religionssoziologen überwiegend kritische Reaktionen hervor.[13] Daran schließt in jüngster Zeit ein neues Bemühen um eine theologisch angemessene Wahrnehmung organisatorischer Gestaltungsfragen an, das sich allerdings in deutlicher Distanz zu einer unternehmensanalytischen Beschreibung der Kirche bewegt.[14]

In Anknüpfung an die durch das Impulspapier ausgelöste Diskussion setzen die folgenden Ausführungen an drei Punkten einen eigenen Akzent. Erstens wird nach der Umsetzbarkeit und Wirksamkeit betriebswirtschaftlicher Handlungsempfehlungen gefragt. Dieser Gesichtspunkt knüpft an Erkenntnisse an, die sich aus der Evaluation der Nordelbischen Reform zwischen 2010 und 2012 ergaben. Bei der Analyse der Auswirkungen von Strukturveränderungsprozessen in landeskirchlichen Diensten und Werke zeigten sich Schwierigkeiten bei der Implementation von Managementinstrumenten,[15] die zu der Frage führten, inwieweit sich die Erfahrungen in Nordelbien verallgemeinern lassen.

Zweitens setzt sich die vorliegende Untersuchung ausführlich mit einigen der grundlegenden ökonomischen Theorien auseinander. Denn der Einfluss der Betriebswirtschaftslehre auf die kirchliche Praxis beginnt nicht erst bei der Verwendung betrieblicher Verfahren, sondern bereits auf der Ebene der Wahrnehmung, und zwar dort, wo die Situation, in der sich die evangelische Kirche befindet, als die eines am Markt tätigen Unternehmens interpretiert wird. Entsprechende Analysen knüpfen dabei – meist implizit – an den derzeitigen Mainstream des wirtschaftstheoretischen Denkens in seiner neoklassischen Ausprägung auf Grundlage des Ökonomischen Verhaltensmodells an.

Drittens werden systemtheoretisch orientierte Ansätze der Non-Profit-Managementlehre aufgenommen, die bisher in der Praktischen Theologie noch nicht rezipiert wurden. Sie eignen sich besonders gut für die Reflexion kirchlicher Steuerungs- und Leitungsprobleme, weil sie sich vom Nutzen- und Erfolgsdenken der Betriebswirtschaftslehre lösen und den Eigenwert gemeinnütziger Organisationen jenseits von Staat und Markt zur Geltung bringen.

Die Auseinandersetzung mit dem gegenwärtigen Trend zum Einsatz betriebswirtschaftlicher Instrumente im Raum der verfassten Kirche erfolgt in fünf Schritten. Das Eingangskapitel schildert die Herausforderungen, vor denen Synoden, die aus ihnen heraus gebildeten Leitungsausschüsse, Kirchenvorstände und ihre geschäftsführenden Vorsitzenden sowie die Leitungskräfte übergemeindlicher Einrichtungen und Verwaltungsämter aktuell stehen.

Die vorhandenen Kirchensteuermittel, die davon bezahlten Personalstellen, Gebäude und Sachmittel, Arbeitsabläufe und Organisationsstrukturen, die darauf bezogenen Leitungs- und Verwaltungsaufgaben, die damit verbundenen inhaltlichen Anliegen, Ziele und Prioritäten bilden einen Gesamtzusammenhang. Mit dem Rückgang der Finanzen geraten alle diese Dimensionen der kirchlichen Arbeit nacheinander ins Rutschen. Ab einem gewissen Ausmaß an Personalstellenstreichungen verlieren Arbeitsabläufe und Aufgabenverteilung ihre Sinnhaftigkeit und müssen im Rahmen von Reorganisationsprozessen neu geordnet werden. Gehen Einnahmen in noch höherem Maße verloren, steht eine Überprüfung von Aufgaben, Zielen und Prioritäten an. Bei der dafür notwendigen Situationsanalyse kommen wiederum Schwierigkeiten wie die niedrige Beteiligung am Gottesdienst, die sinkenden Mitgliederzahlen oder die abnehmende gesellschaftliche Relevanz der evangelischen Kirche in den Fokus der Aufmerksamkeit und verstärken das Krisengefühl.

Das zweite Kapitel beschreibt anhand einiger exemplarischer Beispiele, welche betriebswirtschaftlichen Werkzeuge kirchliche Körperschaften in Reaktion auf diese Herausforderungen verwenden. Dazu bedarf es in begrenztem Umfang des Transfers von Wissensbeständen aus der Betriebswirtschaftslehre. Denn erst wenn man versteht, vor dem Hintergrund welcher betrieblicher Probleme bestimmte Methoden mit welcher Intention entwickelt wurden, lässt sich nachvollziehen, inwieweit sie verglichen damit ihre Funktionalität im Kontext der verfassten Kirche entfalten.

Im Wesentlichen setzen Kirchengemeinden, Kirchenkreise, Landeskirchen, gesamtdeutsche Zusammenschlüsse, übergemeindliche Einrichtungen und Verwaltungsämter bei Rückbau-, Reorganisations- und Neuorientierungsprozessen Verfahren aus drei Teildisziplinen der Betriebswirtschaftslehre ein: absatzpolitische Instrumente aus dem Bereich der Marketinglehre, Planungs-, Kontroll-, Organisations- und Personalführungsansätze aus der Managementlehre und Teile des betrieblichen Rechnungswesens. Themen wie Rechtsformen, Produktion, Investition, Finanzierung und Bilanzierung finden dagegen aufgrund mangelnder Anwendungsmöglichkeiten keine Berücksichtigung. Daneben greifen einige Landeskirchen auf Konzepte des New Public Management zurück. Jedem dieser Themenkreise gilt ein eigener Abschnitt, der in die Frage nach der Umsetzbarkeit und Wirksamkeit betriebswirtschaftlicher Handlungsempfehlungen im kirchlichen Kontext mündet.

Untersuchungen mit auswertendem Charakter, die sich dafür aufnehmen ließen, sind allerdings selten. Die meisten Veröffentlichungen zum Thema erklären, empfehlen, propagieren, adaptieren, begründen, legitimieren oder kritisieren betriebswirtschaftliche Ansätze. Nur wenige beschäftigen sich mit der naheliegenden Frage, ob sie in der Praxis halten, was sie versprechen. Best-Practice-Beispiele sind in diesem Zusammenhang ohne Wert. Zum einen erlaubt eine resultatsabhängige Stichprobenauswahl keinerlei Einsicht in die den Erfolgen zugrunde liegenden Faktoren. Dazu müsste man erfolgreiche und nicht erfolgreiche Organisationen miteinander vergleichen. Zum anderen sagen Einzelerfolge nichts über eine gesamtkirchliche Wirksamkeit aus.[16]

Aussagekräftiger sind religionssoziologische Publikationen, die sich mit marktorientierten Erklärungsmodellen auseinandersetzen. Daneben lassen sich die Erfahrungen von Kommunalverwaltungen mit betriebswirtschaftlich orientierten Reformen aufnehmen. Denn Kirchengemeinden, Kirchenkreise, Landeskirchen und gesamtdeutsche Zusammenschlüsse ähneln auch fast hundert Jahre nach der Trennung von Staat und Kirche in vielerlei Hinsicht staatlichen Körperschaften.

Lässt man sich von Einzelerfolgen nicht blenden und trägt die übrigen Quellen zusammen, ergibt sich ein konsistentes Bild: Die Effektivität und Effizienz des kirchlichen Handelns ließ sich durch den Einsatz betriebswirtschaftlicher Methoden bisher kaum steigern. Manche Vorhaben scheiterten bereits in der Phase ihrer Einführung. In anderen Fällen verloren betriebliche Verfahren im Laufe der Implementation ihre Funktionalität. Teilweise entwickelten sie die erwünschten Wirkungen, allerdings nur in geringem Umfang.

Damit stellt sich die Frage nach den Ursachen. Theoretisch könnten Umsetzungsschwierigkeiten vorliegen. Daraus würde sich die Forderung ergeben, Mitarbeitende besser aus- und fortzubilden. Meiner Auffassung nach aber ist der Grund für die begrenzte Wirksamkeit von Marketing- und Managementmethoden in der mangelnden Eignung der dabei im Hintergrund verwendeten Theorien zu suchen. Diese These wird im dritten Kapitel entfaltet und begründet.

Um deutlich zu machen, wo genau die Probleme liegen, ist ein längerer Anlauf notwendig. Zunächst wird das erkenntnisleitende Interesse, die wissenschaftsmethodische Konstruktion, der besondere Fokus, die damit gegebenen blinden Flecke und die begrenzte Erklärungskraft des Ökonomischen Verhaltensmodells sowie die Kritik, die ihm innerhalb und außerhalb der Wirtschaftswissenschaften entgegenschlägt, erläutert. Darauf aufbauend lässt sich unter Aufnahme der aktuellen religionssoziologischen Debatte um eine marktorientierte Interpretation der Dynamik religiöser Überzeugungen, Praktiken und Gemeinschaften zeigen, warum eine Perspektive in Anlehnung an die Wirtschaftstheorie neoklassischer Ausprägung der Situation der evangelischen Kirche nicht gerecht wird.

Ein dabei herausgearbeiteter Zug der Ökonomik macht im vierten Kapitel eine theologische Auseinandersetzung nötig, nämlich die Tendenz ökonomischer Denk- und Sprachmuster, andere Lebensbereiche zu kolonisieren. Wer sich als Theologe in die neoklassissche Gedankenwelt einarbeitet, stellt überrascht fest, dass ihm darin – entgegen dem ersten Anschein – keine wertfreie Beschreibung ökonomischer Zusammenhänge, sondern eine normative Ethik im szientistischen Gewand mathematischer Formeln und Graphen begegnet. Sie hat nur deshalb Anhalt an der Realität, weil die Wirtschaftspolitik seit Jahrhunderten die rechtlichen, institutionellen und kulturellen Rahmenbedingungen des Marktgeschehens entsprechend gestaltet. Dadurch ist ein sich selbst verifizierender Zirkel aus ökonomischer Theorie und ökonomischer Praxis entstanden, der sich argumentativ nur schwer irritieren lässt.

Es ist der normative Charakter neoklassischer Modelltheorien mit seinem Zug ins Ideologische, seiner Unempfindlichkeit gegenüber Fakten und seiner imperialistischen Übergriffigkeit, der das größte Problem einer Verwendung darauf aufbauender Analysen und Handlungsempfehlungen im Kontext der verfassten Kirche darstellt. Das vierte Kapitel zeigt, wo genau die Konfliktlinien zwischen einer theologisch reflektierten und einer am ökonomischen Denken orientierten Gestaltung der kirchlichen Praxis liegen.

In einem letzten Schritt werden dann im fünften Kapitel systemtheoretisch fundierte Handlungsempfehlungen als Alternative zu einem wirtschaftstheoretisch begründeten Vorgehen vorgestellt. Der relationale Grundcharakter der Systemtheorie ist am ehesten dazu geeignet, die auf die Relation zum Wort Gottes hin angelegten Kommunikationsprozesse und ihre Bezüge zu diversen internen und externen Umwelten angemessen zu erfassen. Er erlaubt zudem, nicht nur religiöse und organisatorische, sondern auch interaktionale Aspekte mit zu berücksichtigen. Die Fruchtbarkeit einer systemtheoretischen Betrachtungsweise lässt sich exemplarisch an den Überlegungen von Anna Stöber und Isolde Karle zeigen. Darüber hinaus bieten das St. Galler Managementmodell, der Non-Profit-Managementansatz der Wirtschaftsuniversität Wien und der biokybernetische Ansatz von Frederic Vester wertvolle Anregungen.

Das abschließende Kapitel gilt der Zusammenfassung der Ergebnisse. Es hält als Ertrag fest, dass sich kirchliche Körperschaften bei der Bewältigung von Rückbau-, Reorganisations- und Neuorientierungsprozessen nicht zu viel von betriebswirtschaftlichen Handlungsempfehlungen versprechen dürfen. Zum einen sind die Spielräume für Effizienzgewinne aufgrund der hohen Ausgaben für unbefristete Personalstellen und Gebäude begrenzt. Zum anderen trägt eine auf dem Ökonomischen Verhaltensmodell aufbauende anreizorientierte Perspektive nichts zur Erhellung der für die Vitalität und Stabilität religiöser Überzeugungen, Praktiken und Gemeinschaften verantwortlichen Faktoren bei, sondern verstellt im Gegenteil den Blick auf die tatsächlichen Zusammenhänge. Informationsökonomische, gemeinwirtschaftliche, verhaltenspsychologische und systemtheoretische Ansätze sind besser für den Kontext der verfassten Kirche geeignet, wurden bisher jedoch kaum rezipiert. Das wiederum hängt damit zusammen, dass die evangelische Kirche sich seit Jahrhunderten als defizitär wahrnimmt, deshalb an Entwürfe anschließt, die diese defizitorientierte Selbstwahrnehmung bestätigen und Konzepte ignoriert, die ihrem Wesen, ihrem Auftrag und ihren gewachsenen Strukturen eher entsprechen würden.

A. Sinkende Einnahmen als Herausforderung für das kirchliche Leitungshandeln

Jahrzehntelang profitierte die evangelische Kirche von steigenden Kirchensteuereinnahmen. Allein zwischen 1975 und 1992 stieg das Aufkommen aus dem acht- bis neunprozentigen Zuschlag zur Einkommensteuer – bereinigt um den Anstieg der Verbraucherpreise (!) – um 38,1 %.[1] Seit Anfang der neunziger Jahre hat sich dieser Trend jedoch umgekehrt. Bis 2005 sank das Kirchensteueraufkommen im Durchschnitt aller Gliedkirchen der EKD real um 32,1 % und lag nach zwischenzeitlicher Erholung 2011 26,4 % unter dem von 1992.[2] Dabei sind die Landeskirchen im Süden der Bundesrepublik weniger betroffen als die im Norden und Westen Deutschlands.[3] Am schwierigsten stellt sich die finanzielle Situation der Landeskirchen in den ostdeutschen Bundesländern dar.[4]

Die Ursachen für diese Entwicklung sind neben der schlechten Beschäftigungslage der 1990er Jahre vor allem in der staatlichen Steuerpolitik zu suchen. Die größten Einzelfaktoren bilden die Absenkung des Spitzensteuersatzes in der Einkommensteuer zwischen 1999 und 2005 und die nicht genau bezifferbaren Folgen der durch die Einführung des Solidaritätszuschlags ausgelösten Kirchenaustrittswellen. Hinzu kommen die kumulativen Auswirkungen früherer Kirchenaustritte.[5] Ließen sich erste Einnahmeausfälle noch mithilfe von Einzelmaßnahmen kompensieren, lösten weitere Rückgänge zu Beginn des letzten Jahrzehnts auf allen Ebenen des kirchlichen Lebens Rückbau- Reorganisierungs- und Neuorientierungsprozesse von zum Teil erheblichem Umfang aus, wie die folgenden Beispiele zeigen.

I. Rückbau- und Reorganisationsmaßnahmen

Auf Ebene der gesamtdeutschen Zusammenschlüsse führten die sinkenden Einnahmen unter anderem zur Umwandlung des traditionsreichen »Allgemeinen Deutschen Sonntagsblatts« in das monatlich den wichtigsten überregionalen Zeitungen beiliegende Magazin »Chrismon« und zur Zusammenlegung der Verwaltungsämter von EKD, VELKD und UEK. Die Auswirkungen auf die kirchengemeindliche Arbeit, übergemeindliche Einrichtungen und kirchliche Verwaltungsämter seien hier exemplarisch an Beispielen aus der Nordelbischen Ev.-Luth. Kirche (NEK) beschrieben.[6]

Die NEK ist verglichen mit anderen Landeskirchen überdurchschnittlich von Einnahmeausfällen betroffen. Das Kirchensteuernettoaufkommen kletterte von 1990 bis 1992 zunächst von 308.870.000 € auf 380.180.000 € und schrumpfte dann bis 2004 auf 273.400.000 €. Das bedeutet preisbereinigt einen Rückgang gegenüber 1990 um 32,7 %, gegenüber 1992 um 41 %. Bis 2008 stieg es wieder auf fast 380.000.000, um bis 2010 wieder auf 346.800.000 € zu sinken. Damit lagen die Kirchensteuereinnahmen der NEK real noch etwa 21,7 % unter denen von 1990 und 31,4 % unter denen von 1992.[7]

Diese Einnahmerückgänge hatten umfangreiche Kürzungsmaßnahmen zur Folge. So gingen zwischen 1993 und 2007 rund 10 % der Pfarrstellen und 32 % der hauptamtlichen Kirchenmusikerstellen verloren.[8] Die Personalstellen anderer, im Wesentlichen durch Kirchensteuern finanzierter kirchlicher Berufsgruppen, wie Mitarbeitende im Bereich der Kinder- und Jugendarbeit, Küsterinnen und Küster, Sekretärinnen, Reinigungskräfte, Hausmeister oder Landschaftsgärtner, werden statistisch nicht erfasst, dürften aber zu mehr als 50 % weggefallen sein.

Die von Personalstellenkürzungen betroffenen Arbeitsfelder sind in vielen Fällen mit den übrig gebliebenen Stellenanteilen in die regionale Verantwortung mehrerer Kirchengemeinden übergegangen. Darüber hinaus zwangen die sinkenden Finanzen sehr kleine ländliche und großstädtische Kirchengemeinden zur Aufgabe ihrer Selbstständigkeit. Dadurch sank die Gesamtzahl der Kirchengemeinden in Nordelbien zwischen 1990 und 2009 von 676 auf 594.[9] Die Anzahl der Kirchenkreise und mit ihnen die der Verwaltungsämter reduzierte sich 2009 durch Zusammenschlüsse von siebenundzwanzig auf elf, die der pröpstlichen Stellen von dreißig auf achtundzwanzig.[10]

Was die abnehmenden Kirchensteuereinnahmen für die kirchengemeindliche Arbeit bedeutet, sei im Folgenden an zwei Fälle verdeutlicht.[11] Einer kleinen Kirchengemeinde im ländlichen Schleswig-Holstein wurde bis 2001 vom Kirchenkreis eine ganze Pfarrstelle zugewiesen. 2001 kürzte die Kirchenkreissynode im Rahmen der Anpassung des Pfarrstellenplans an das gesunkene Kirchensteueraufkommen die Pfarrstelle zunächst auf 75 %, 2010 auf 50 %. Mit den übrigen Stellenanteilen nimmt der Pfarrstelleninhaber Aufgaben in den ebenfalls von Pfarrstellenkürzungen betroffenen Nachbargemeinden wahr. Gleichzeitig nahm die Kirchensteuerzuweisung des Kirchenkreises an die Kirchengemeinden ab dem Haushaltsjahr 2003 um 25 % ab. Die Sachkosten machen einen so geringen Anteil des Haushalts aus, dass in diesem Bereich kaum Effizienzgewinne zu erzielen sind. Deshalb sah sich der Kirchenvorstand auch im Blick auf das eigene Budget zu Personalstundenkürzungen gezwungen, da sonstige Einnahmen wie Mieten, Pachten, Kirchgeld, Spenden und Kollekten die Ausgaben nur zu etwa 15 % abdecken. Die Küster- und die Kirchenmusikerstelle wurden um je ein Drittel gekürzt, die Stelle des Landschaftsgärtners ganz gestrichen, die nötige Pflege der Grundstücke auf ein Minimum reduziert und auf Honorarbasis vergeben, Friedhof und Kindertagesstätte zur Entlastung des Pfarrstelleninhabers in Kirchengemeindeverbände eingebracht. Die Anzahl der Gottesdienste musste in regionaler Abstimmung mit den Gottesdienstzeiten der umliegenden Gemeinden zunächst auf drei, später auf zwei Sonntage im Monat reduziert werden. Die in der Kirchengemeinde anfallenden Verwaltungsarbeiten werden inzwischen ehrenamtlich erledigt.

Ein zweites Beispiel: Zwischen 1978 und 1998 sank die Zahl der Gemeindeglieder von vier Gemeinden eines großstädtischen Stadtteils durch Kirchenaustritte und demographische Veränderungen von 38.000 auf 17.000. Aufgrund abnehmender Einnahmen beschlossen die Kirchenvorstände 1998, sich zu einer Kirchengemeinde zusammenzuschließen. Um Personalstellen nicht stärker als nötig kürzen zu müssen, entschied der Kirchenvorstand 2005, zwei der vier Kirchen zu verkaufen. Die eine befindet sich heute in Privatbesitz und dient als Event-Location und Café, das Grundstück der anderen wurde zur Hälfte von einem privaten Investor erworben und neu mit Eigentumswohnungen bebaut. Die durch den Verkauf erzielten Einnahmen flossen in die Bauerhaltung von zwei der im Besitz der Gemeinde verbliebenen Kirchen, den Umbau der dritten in eine Kindertagesstätte sowie in den Abbruch eines nicht mehr sinnvoll zu erhaltenden Pastorats und seinen Neubau. Dort sind neben der Wohnung für die Pastorin auch Gewerbeflächen und Mietwohnungen vorgesehen. Um zusätzliche Einnahmen zu erzielen, vermietet die Kirchengemeinde ihre Kirchen- und Gemeinderäume. Von den acht Pfarrstellen im Jahr 2003 sind acht Jahre später noch sechs übrig geblieben, eine weitere halbe Pfarrstelle wird in den kommenden Jahren wegfallen. Von den drei Kirchenmusikerstellen des Jahres 2003 existieren noch eineinhalb. Die Sekretärinnen- und Küsterstellen wurden halbiert. Nur die überwiegend drittmittelfinanzierten Personalstellen im sozialdiakonischen Bereich konnten erhalten werden. Die Kirchengemeinde arbeitet derzeit mit Unterstützung des Kirchenkreises daran, zur Finanzierung von Personalstellen Stiftungen aufzubauen, um sich unabhängiger von der Kirchensteuerzuweisung zu machen.

Typisch an diesen beiden Beispielen ist der hohe Anteil an Personal- und Gebäudekosten, die institutionelle Einbettung in das landeskirchliche und kirchenbezirkliche Gefüge der Finanzverteilung und die damit gegebene Abhängigkeit von Entscheidungen übergemeindlicher Ebenen über Personal-, Kirchensteuerzuweisungen und Bedarfszuschüsse. Eigene Einnahmen aus Pachten, Mieten, Stiftungen, lokalen Kirchensteuern oder Spenden sind vorhanden, decken in der Regel aber nur einen kleinen Teil der Ausgaben. Die Entscheidungsspielräume für Effizienzgewinne sind also von vornherein begrenzt. Sinkende Kirchensteuereinnahmen können überwiegend nur durch den Rückbau von Personalstellen und den Verkauf von Gebäuden bewältigt werden.

Auch die Kirchenkreise und die landeskirchliche Ebene blieben von Rückbaumaßnahmen nicht verschont. Die nordelbischen Dienste und Werke mussten Ausgabenkürzungen von bis zu einem Drittel verkraften.[12] Der nach den Kürzungswellen übrig gebliebene Bestand an Einrichtungen wurde in sieben Fachabteilungen zusammengefasst, auf wenige Standorte konzentriert, die anderen Gebäude einschließlich des Predigerseminars und der evangelischen Akademie (!) verkauft. Die Landeskirche verlegte die Vikarsausbildung in die Räume des Pastoralkollegs, reduzierte die Vikariatsplätze von jährlich rund neunzig auf unter zwanzig und beschränkte die Ausbildung für Diakoninnen und Diakone auf die Evangelische Hochschule am Rauhen Haus. Ähnlich verfuhren die Kirchenkreise mit ihren überwiegend kirchensteuerfinanzierten Einrichtungen. Im Bereich der kirchlichen Verwaltungsarbeit sollen durch die Zusammenlegung von Kirchenkreisverwaltungsämtern, die Standardisierung von Verwaltungsaufgaben und die Vereinheitlichung der EDV Kosten gesenkt werden. Ende Mai 2012 schlossen sich die Nordelbische Ev.-Luth. Kirche gemeinsam mit der Ev.-Luth. Landeskirche Mecklenburgs und der Pommerschen Evangelischen Kirche, die als selbstständige Körperschaften mittelfristig nicht mehr überlebensfähig sind, zur Ev.-Luth. Kirche in Norddeutschland zusammen.[13]

II. Neuorientierungsprozesse

Mit dem Rückbau und der Reorganisation von Arbeitsfeldern verbindet sich in vielen Fällen die Notwendigkeit einer inhaltlichen Neuorientierung. Denn mit dem geringeren Umfang an Personalstellen, der sinkenden Anzahl von Gebäuden und der Zusammenlegung von Organisationseinheiten verlieren auch die bisherigen Arbeitsabläufe teilweise oder ganz ihre Sinnhaftigkeit. Die Verteilung von Aufgaben im Zusammenwirken der verschiedenen Ebenen, die damit verbundenen inhaltlichen Anliegen und Ziele sowie die darauf bezogenen Rollenanforderungen an haupt-, neben- und ehrenamtlich Mitarbeitende müssen überprüft und gegebenenfalls den veränderten ökonomischen und organisatorischen Rahmenbedingungen angepasst werden. Sichtbar wird dies an der großen Zahl der in den letzten fünfzehn Jahren von kirchlichen Körperschaften veröffentlichten Leitbild- und Strategiepapiere,[14] von denen das Impulspapier der EKD »Kirche der Freiheit« am bekanntesten sein dürfte.[15] Bei der Frage nach künftigen Prioritäten geraten eine Reihe von Themen in den Fokus der Aufmerksamkeit, die über die nicht zu vermeidenden Rückbau- und Reorganisationsmaßnahmen hinaus zusätzlichen Handlungsdruck auslösen.

Das betrifft zum einen das Problem der Kirchenaustritte. In den westdeutschen Landeskirchen sank die Zahl der Kirchenmitglieder zwischen 1970 und 1989 von 28,4 Mio. um 11,6 % auf 25,1 Mio., zwischen 1991 und 2010 einschließlich der östlichen Gliedkirchen von 29,2 Mio. um 18,1 % auf 23,9 Mio.[16] Grob geschätzt lassen sich etwa 70 % der Mitgliederverluste auf die Kirchenaustritte Erwachsener zurückführen, etwa

25 % auf gesunkene Taufzahlen als generationsübergreifende Folge früherer Kirchenaustritte und etwa 5 % auf den Rückgang der Geburtenrate.[17]

Dabei verläuft die Entwicklung – ähnlich wie die des Kirchensteueraufkommens – regional unterschiedlich. Die Landeskirchen in Norddeutschland sind stärker von Mitgliederrückgängen betroffen als die in Süddeutschland, städtische Gebiete in höherem Ausmaß als ländliche.[18] In der DDR sank die Zahl der Mitglieder der evangelischen Kirche infolge der Religionspolitik der SED zwischen 1946 und 1988 von 14 Mio. um rund 77 % auf 3,2 Mio.[19] Zugleich kam es nach 1990 in den ostdeutschen Bundesländern nicht zu der erhofften Rückkehr der Menschen in die Kirchen. Inzwischen liegt die Zahl der Konfessionslosen im wiedervereinigten Deutschland über der jeweiligen Mitgliederzahl der evangelischen und der katholischen Kirche.[20] Die finanziellen Rückwirkungen sind erheblich. Der Forschungsgruppe Weltanschauungen in Deutschland zufolge hätte das Kirchensteueraufkommen der beiden großen Kirchen in 2004 bei gleich gebliebenem Mitgliederanteil bei rund 9,1 Mrd. € statt bei 7,7 Mrd. € gelegen.[21] Nach einer weiteren Berechnung verliert die evangelische Kirche im Durchschnitt pro Kirchenaustritt jährlich 400 € bis 500 € an Einnahmen.[22]

Zum anderen gerät bei der Neubestimmung von Inhalten, Aufgaben und Zielen das traditionelle Problem der geringen Beteiligung evangelischer Christinnen und Christen am Sonntagsgottesdienst neu in den Blick, eine Entwicklung, die bereits Ende des 18. Jahrhunderts mit der allmählichen Aufhebung der landesherrlichen Edikte zur Einhaltung der Sonntagspflicht und der Sperrstunden am Stadttor zur Gottesdienstzeit begann.[23] Sie hat sich mit Ausnahme der Zeiten um die beiden Weltkriege trotz aller Bemühungen um innere Mission und Gemeindeaufbau bisher nicht umkehren lassen. Entgegen dem Trend nahm lediglich die Zahl der Trauerfeiern zu.[24] Heute besuchen an den vier Zählsonntagen der EKD durchschnittlich 4 % der Kirchenmitglieder den Gottesdienst, am Heiligabend sind es 37 %.[25] Bei der letzten Mitgliedschaftsuntersuchung gaben 10 % der Befragten im Westen und 16 % der im Osten an, fast jeden Sonntag den Gottesdienst zu besuchen, weitere 13 % bzw. 12 % nehmen nach eigenen Angaben ein- bis zweimal im Monat teil.[26]

Darüber hinaus leidet die evangelische Kirche seit 1990 unter der sinkenden Bereitschaft der Politik zur Rücksicht auf kirchliche Interessen, ablesbar etwa an der Erweiterung der Ladenöffnungszeiten, der Abschaffung des Sonntagsbackverbots, der Ausweitung der Bäderregelung, der Streichung des Buß- und Bettages oder dem Streit um den Religionsunterricht in Berlin. Zugleich gelingt es ihr nicht, politische Entscheidungen über eine Mobilisierung ihrer Mitglieder zu beeinflussen. So unternahmen überhaupt nur drei Landeskirchen den Versuch, den Buß- und Bettag durch einen Volksentscheid wieder als gesetzlichen Feiertag einzuführen. Der Volksentscheid in Schleswig-Holstein 1997 scheiterte an der Erreichung der notwendigen Wahlbeteiligung von 25 %, entsprechende Bemühungen in Hessen und Rheinland-Pfalz bereits an der Mindestanzahl der für ein Volksbegehren benötigten Unterschriften. Der von der Initiative »ProReli« angestrengte Volksentscheid 2009 in Berlin blieb nicht nur aufgrund der zu geringen Wahlbeteiligung erfolglos, sondern wurde auch von der Mehrheit der Wählerinnen und Wähler abgelehnt.[27] Hier wird die eher lose Bindung von Menschen in Deutschland an die Institution Kirche deutlich, ein Umstand, mit dem sich die beiden christlichen Konfessionen seit ihrer Entlassung in die Selbstständigkeit 1919 immer wieder konfrontiert sehen.[28]

Mit den sachlichen Herausforderungen verbinden sich solche *emotionaler* Natur.[29] Rückbau- und Reorganisationsmaßnahmen entwerten den Status von Orten, Gebäuden, Arbeitsfeldern, Gruppen, Inhalten und beruflichen Karrieren. Verteilungskämpfe produzieren Gewinner und Verlierer, Mitarbeiterinnen und Mitarbeiter sind häufig gezwungen, sich in neue Strukturen mit veränderten Rollenanforderungen einzufinden. Das alles löst sowohl bei den verantwortlichen Leitungspersonen als auch bei den von ihnen betroffenen Menschen Gefühle der Unsicherheit, Angst, Ohnmacht, Trauer und Wut aus. Krankenstand und Personalfluktuation steigen an.[30]

So fassten etwa kirchliche Mitarbeiterinnen und Mitarbeiter der Nordelbischen Ev.-Luth. Kirche ihre Erfahrungen mit fünfzehn Jahren Strukturveränderungsprozessen unter dem Begriff des Bedeutungsverlustes zusammen.[31] Damit war sowohl der Bedeutungsverlust der Institution Kirche für das persönliche Leben von Menschen und das gesellschaftliche Zusammenleben gemeint als auch der sich daraus ergebende binnenkirchliche Bedeutungsverlust von teilweise jahrhundertealten Gebäuden, Körperschaften, Arbeitsfeldern, Personalstellen und den damit verbundenen inhaltlichen Anliegen und Leitbildern kirchlicher Arbeit.

Die sachlichen und emotionalen Herausforderungen, vor denen die evangelische Kirche derzeit steht, lassen allerdings sehr verschiedene Schlussfolgerungen zu. Die Nordelbische Ev.-Luth. Kirche beschränkte sich auf die pragmatische Bewältigung der sinkenden Einnahmen mithilfe von Rückbaumaßnahmen und einer sich daran anschließenden Reorganisation der landeskirchlichen Dienste und Werke und der Kirchenkreise. Mitglieder-, Beteiligungs- und Relevanzprobleme bildeten den Hintergrund des Nordelbischen Reformprozesses, führten aber bisher nicht zu einer Neubestimmung von Aufgaben und Zielen.

Bischof Wolfgang Huber dagegen interpretierte 1998 die gegenwärtige Situation der evangelischen Kirche als Kombination aus Mitgliedschafts-, Finanz-, Wiedervereinigungs-, Organisations-, Leitungs- und Orientierungskrise,[32] bei der es im Kern darum gehen müsse, danach zu fragen, wie der Auftrag der Kirche in zeitgemäßer Weise so wahrgenommen werden könne, dass ihre Botschaft die Menschen erreiche.[33] Entsprechend zielen das Perspektivprogramm seiner Landeskirche und das Impulspapier der EKD »Kirche der Freiheit« auf eine inhaltliche Neupositionierung der kirchlichen Arbeit.[34]

Für Martin Greschat als Kirchengeschichtler hat die in den sechziger und siebziger Jahren entwickelte Konzeption der Kirche als einer sozial engagierten und aktiven Organisation mit den sinkenden Einnahmen an Plausibilität verloren, denn sie ist nicht mehr finanzierbar. »Umso brennender wird die Frage, worum es eigentlich inhaltlich in der Kirche geht: was sie also nicht preisgeben kann, ohne ihre Substanz aufs Spiel zu setzen, und woran sie unbedingt festhalten muss.«[35]

Religionssoziologen beschreiben die kirchliche Situation vor dem Hintergrund gesamtgesellschaftlicher Entwicklungen. So führte Niklas Luhmann bereits zu Beginn der 1970er Jahre die Schwierigkeiten der evangelischen Kirche auf den Funktionsverlust religiöser Kommunikation bei gleichzeitig beschränkter Organisierbarkeit von Religion inmitten einer stark von Organisationen geprägten, funktional differenzierten Gesellschaft zurück.[36] Detlef Pollack spricht von einer »unübersichtlichen Lage«, in der sich die Kirche gegenwärtig befinde. Es sei nicht klar, ob die überkommenen Strukturen Chancen verbaut oder Schlimmeres verhindert hätten.[37] »Worin ihre Effekte bestehen, lässt sich nicht eindeutig bestimmen, und noch unklarer ist, wie viel man der Kirche in Zukunft zutrauen kann, ob man ihr eher ein riskantes oder ein strukturkonservatives Handeln anraten sollte.«[38] Andere Soziologinnen und Soziologen interpretieren kirchliche Problemlagen vor dem Hintergrund der Individualisierungs- oder der Rational-Choice-Theorie und kommen dabei zu höchst unterschiedlichen Einschätzungen.[39]

Dieter Becker dagegen fragt als Pastor und Unternehmensberater provokativ: »Welche Krise?«[40] Er führt die hohe Zahl an Konfessionslosen auf die Sonderentwicklung in der DDR zurück, interpretiert die Zahl verstorbener Kirchenmitglieder als natürliche Entwicklung, streicht sie aus der Rechnung, vergleicht die Zahl der Kirchenaustritte mit der von Taufen, Aufnahmen und Zuzügen und kommt so für den Zeitraum zwischen 1991 und 2008 auf ein Mitgliederwachstum von 2,6 Mio.[41] Zudem gibt es aus seiner Sicht keinen linearen Zusammenhang zwischen der Anzahl der Mitglieder und der Höhe des Kirchensteueraufkommens, da nur etwa 40 % der Mitglieder überhaupt Kirchensteuer zahlen, davon die überwiegende Mehrzahl in relativ geringer Höhe, während 15 % der Mitglieder 75 % des Kirchensteueraufkommens erwirtschaften.[42] Die Krise sei vor allem eine der hauptamtlichen »Binnenkirchler«, die Angst um den Verlust von Geldern und Stellen hätten. Reformprogramme zur stärkeren Mitgliederbindung seien deshalb nicht nur sinnlos, sondern stellten auch eine Belästigung und Abwertung einfacher Kirchenmitglieder dar.[43]

Die empirischen Phänomene sind also das eine, der theoretische Bezugsrahmen, aus dem heraus sie interpretiert und kausal aufeinander bezogen werden, die Bedeutung, die ihnen zugesprochen wird, die Emotionen, die sich mit ihnen verbinden und die Konsequenzen, die Körperschaften daraus ziehen, das andere. Das betrifft weniger das Faktum sinkender Kirchensteuermittel, das kirchliche Leitungsebenen unmittelbar zu Rückbaumaßnahmen zwingt, will man nicht wie das Erzbistum Berlin 2003 in gefährliche Nähe zur Insolvenz geraten.[44] Aber die Fragen, in welchem Zusammenhang dieses Problem mit anderen Herausforderungen steht, nach welchen Kriterien und entlang welcher Prioritäten Kürzungen vorgenommen werden sollen, wie sich der nach dem Rückbau übrig gebliebene Umfang an Körperschaften, Einrichtungen und Verwaltungsämtern neu ordnen lässt und auf welche Perspektiven hin Aufgaben und Ziele neu zu bestimmen sind, lassen viel Spielraum für unterschiedlichste Interpretationen und darauf aufbauende Handlungsempfehlungen. *Eine* mögliche Deutung neben den bereits genannten ergibt sich aus der Aufnahme betriebswirtschaftlicher Denkansätze und den dahinter stehenden ökonomischen Theorien. Wie kirchliche Körperschaften dabei an verschiedene Konzepte und Methoden anknüpfen, wie sie sich umsetzen lassen und welche Wirkungen sie entfalten, beschreibt das folgende Kapitel.

B. Betriebswirtschaftliche Bewältigungsstrategien – ein exemplarischer Überblick

Im Rahmen der durch die sinkenden Kirchensteuereinnahmen ausgelösten organisatorischen Veränderungsnotwendigkeiten setzen kirchliche Körperschaften, Einrichtungen und Verwaltungsämter seit etwa fünfzehn Jahren in verstärktem Maße betriebswirtschaftliche Ansätze ein. Wie dabei die verschiedenen Teildisziplinen der Betriebswirtschaftslehre mit welcher Intention aufgenommen werden, beschreibt dieses Kapitel nach einer Übersicht über das jeweilige Wissensgebiet anhand einiger exemplarischer Beispiele. Darüber hinaus fragt es nach dem Grad ihrer Verbreitung und den praktischen Wirkungen, die sie entfalten. Zunächst jedoch einige allgemeine Bemerkungen als Einführung in das betriebswirtschaftliche Denken.

I. Effektivität und Effizienz als Grundthema der Betriebswirtschaftslehre

Die Betriebswirtschaftslehre untersucht das Wirtschaftsgeschehen unter der Fragestellung, was ein Unternehmen tun muss, um langfristig seinen Bestand zu erhalten.[1] Sie entstand Anfang des 20. Jahrhunderts als Reaktion auf die industrielle Massenfertigung und die dadurch aufgeworfenen Organisationsprobleme. Im Laufe der letzten hundert Jahre haben sich dazu – ausgehend von unterschiedlichen Theorien und daraus abgeleiteten Handlungsempfehlungen – verschiedene Ansätze zur Gestaltung betrieblicher Strukturen und Prozesse entwickelt.

Grundsätzlich lässt sich zwischen eher auf Effizienz und Rentabilität ausgerichteten und eher sozialwissenschaftlich ausgerichteten betriebswirtschaftlichen Denkschulen unterscheiden.[2] Im deutschsprachigen Raum dominierte lange Zeit eine *monetär orientierte* Betriebswirtschaftslehre mit

Teilbereichen wie Rechnungswesen, Finanzierung und Investition. Die Erhebung und Auswertung der finanziellen Dimension der betrieblichen Wirklichkeit und ihre Verarbeitung dienten der komplexitätsreduzierende Aufbereitung von Informationen als Grundlage für unternehmerische Entscheidungen.[3] Im angloamerikanischen Raum dagegen entwickelten sich Ansätze, die das *Verhalten* von Menschen in Organisationen aus arbeitstechnischer, psychologischer und soziologischer Sicht unter der Frage beleuchteten, wie diese im Sinne unternehmerischer Ziele beeinflusst werden können.[4]

Systemtheoretisch orientierte Ansätze der Unternehmensführung zweifeln an einer zielorientierten Steuerbarkeit von Menschen und Organisationen. Aus ihrer Sicht bewegt sich das Handeln der Unternehmensführung in einem komplexen Interaktionsgeflecht unterschiedlicher Interessen und ist angesichts der Eigensinnigkeit von Systemen kaum in der Lage, betriebliche Prozesse zielgerichtet zu verändern, sondern kann sie im besten Falle nur zur Selbststeuerung anregen.[5]

Ein betriebswirtschaftliches Denken in Anlehnung an die *Institutionenökonomik* nimmt neuere mikroökonomische Überlegungen wie den Property-Rights-Ansatz, den Transaktionskostenansatz und den Prinzipal-Agent-Ansatz aus der Volkswirtschaftslehre auf. Dabei werden die Beziehungen zwischen Unternehmen und Kunden und die zwischen Unternehmen und Mitarbeitenden als Verträge interpretiert. Die Aufgabe der Unternehmensleitung besteht aus dieser Sicht in der Berücksichtigung dafür relevanter Faktoren wie Informationsasymmetrien, Unsicherheiten, Transaktionskosten oder Interessenkonflikten.[6]

Bei aller Vielfalt der verschiedenen Ansätze existiert ein *gemeinsamer Kern*. Fehlende staatliche Umsatz- und Preisgarantien und die Konkurrenz durch andere Anbieter schaffen für Unternehmen eine Situation risikobehafteter Unsicherheit. Sie treten in Vorleistung, ohne gewiss sein zu können, die produzierten Güter zu einem kostendeckenden Preis absetzen zu können. Diese Situation zwingt sie, alles zu tun, um die für das eigene Überleben notwendigen Ziele im Blick auf Umsatz und Gewinn zu erreichen. Zugleich gilt es, dafür möglichst wenig Ressourcen einzusetzen, um Produktions- und Distributionskosten niedrig zu halten und auf diese Weise das Preis-Leistungs-Verhältnis für die eigenen Güter im Wettbewerb mit anderen Unternehmen attraktiv zu gestalten. Zusammenfassend formuliert bilden *Effektivität und Effizienz*, also die *Wirksamkeit* der eingesetzten Mittel im Blick auf die angestrebten Umsatz- und Gewinnziele und die *Wirtschaftlichkeit* ihres Einsatzes, nach betriebswirtschaftlicher Auffassung die beiden grundlegenden Ziele unternehmerischen Handelns.[7]

Die Betriebswirtschaftslehre entwickelt Konzepte und Methoden, die Unternehmen dabei unterstützen sollen, diese beiden Ziele zu erreichen. Dabei konzentrieren sich einige Wissenschaftlerinnen und Wissenschaftler auf die Herausforderungen bestimmter Branchen, etwa Banken, Medien, Landwirtschaft, Gesundheitswesens usw., andere auf branchenübergreifende Themen. Die Teildisziplin der Marketinglehre beschäftigt sich mit der Frage, wie es einem Betrieb gelingen kann, den Absatz der von ihm produzierten Güter positiv zu beeinflussen. Die Organisationslehre arbeitet an Konzepten zur Optimierung der betrieblichen Aufbau- und Ablauforganisation. Die Personalwirtschaftslehre widmet sich Themen im Bereich von Personaleinsatz und -führung. Die Bereiche Investition, Finanzierung und Rechnungswesen bearbeiten Probleme der Steuerung betrieblicher Finanzströme. Die Managementlehre schließlich behandelt Themen der Unternehmensführung und verbindet dabei die Teildisziplinen der funktionalen Betriebswirtschaftslehre zu einem Planungs- und Kontrollprozess.

Wenn kirchliche Körperschaften, Einrichtungen und Verwaltungsämter an ein solches Denken anknüpfen, verbindet sich damit die Hoffnung, angesichts sinkender Einnahmen die Effektivität und Effizienz des kirchlichen Handelns steigern zu können. Dabei werden vor allem Konzepte und Methoden aus den Teildisziplinen Absatz (Marketing), Unternehmensführung (Management mit den Teilbereichen Planung, Organisation, Personaleinsatz/-führung und Controlling) und dem betrieblichen Rechnungswesen aufgenommen. Die Themenkreise Rechtsformen, Produktion, Investition, Finanzierung und Bilanzierung finden dagegen aufgrund mangelnder Anwendungsmöglichkeiten keine Berücksichtigung. Neben einer direkten Aufnahme betriebswirtschaftlicher Handlungsempfehlungen greifen einige evangelische Landeskirchen auf Bausteine aus dem Bereich des New Public Management zurück, das betriebswirtschaftliche Analyseansätze, Konzepte und Methoden für den Einsatz im Bereich der Öffentlichen Verwaltung adaptiert.

II. Marketing

1. Grundzüge des Marketingdenkens

Bis zum Zweiten Weltkrieg standen Unternehmen in erster Linie vor Problemen der Ausdehnung und effizienten Gestaltung der Güterproduktion.[8] Der Absatz stellte sie in der Regel vor keine Schwierigkeiten, weil die Märkte größtenteils ungesättigt waren. Auch heute liegen für manche Firmen betriebliche Engpässe eher in Bereichen wie Forschung und Entwicklung, Finanzen, Umweltschutz oder gesetzlichen Beschränkungen. Die meisten Güter werden allerdings in großer Vielfalt und überreichlichem Maße produziert. Ihr Absatz bildet deshalb den wichtigsten Engpass betriebswirtschaftlicher Prozesse und bedarf dementsprechend einer aufmerksamen Gestaltung.

Der grundlegende Ansatz zur Lösung dieses Problems besteht darin, nicht nach effektiven Methoden der Verkaufsförderung für bestimmte Produkte oder Dienstleistungen zu fragen, sondern ausgehend von den *Bedürfnissen* der Kundinnen und Kunden Güter zu entwickeln, zu produzieren und bereitzustellen. Die Grundthese der Marketinglehre lautet: »Erfolg hat nur derjenige, der die Wünsche und Vorlieben potenzieller Kunden kennt, ihre Interessen und Präferenzen bei der Erstellung eigener Angebote berücksichtigt und folglich alle Entscheidungen vom Markt her trifft.«[9] Oder kürzer gesagt: »Versuche nicht zu verkaufen, was bereits produziert wurde, sondern produziere nur, was sich verkaufen lässt.«[10]

Waren zunächst nur einzelne Abteilungen in Unternehmen für die Entwicklung von Marketingkonzepten zuständig, veränderte sich das Verständnis von Marketing in einer zweiten Phase der Entwicklung hin zu der Vorstellung einer Marketingorientierung aller betrieblicher Prozesse.[11] In einer dritten Phase erweiterten Relationship-Marketing-Ansätze die Idee der Kundenorientierung zu einem Konzept, das sich dem Aufbau und der Pflege langfristig angelegter »profitabler Austauschbeziehungen«[12] mit Kundinnen und Kunden verpflichtet sah. Aktuelle Konzepte entwerfen das Marketing systemtheoretisch orientiert als Bemühung um die Berücksichtigung der Interessen aller von den Aktivitäten des Unternehmens berührten Anspruchsgruppen. Dazu gehört neben dem *Kunden-Marketing* das *Investor Relations* genannte Marketing in Bezug auf Rohstofflieferanten,

Anlagenbauer und Banken, das *interne Marketing* im Blick auf Mitarbeiterinnen und Mitarbeitern sowie die Berücksichtigung gesellschaftlicher Interessen im Rahmen einer gesamtwirtschaftlichen Verantwortung.[13] Dabei gewinnen ethische Fragen zunehmend an Bedeutung.[14] Durch diese Ausweitung des Marketingbegriffs verschwimmt allerdings die Grenze zu anderen betriebswirtschaftlichen Teildisziplinen wie der Management- oder der Personalwirtschaftslehre. Welchen Konzepten auch immer das Marketing folgt, das Ziel aller Bemühungen liegt in der *Steigerung des Absatzes* von Wirtschaftsgütern.

Unter Bedürfnissen versteht die Marketinglehre »das Gefühl eines Mangels und den damit verbundenen Wunsch, diesen Mangel zu beseitigen.«[15] Unterschieden wird dabei zwischen lebensnotwendigen Bedürfnissen, wie etwa Nahrung, Kleidung und Wohnung und kulturellen Bedürfnissen wie Reisen, Musizieren usw.[16] Neben individuellen spricht die Marketinglehre von kollektiven Bedürfnissen, etwa denen nach Geborgenheit, Frieden und Sicherheit. Bedürfnisse werden in einer durch den Einfluss des kulturellem und sozialen Umfeldes und der Erziehung geprägten Form als Wünsche konkret.[17] Wünsche, die durch den Kauf von Produkten befriedigt werden können, werden als *Bedarf* bezeichnet. Wenn einem vorhandenen Bedarf die nötige Kaufkraft gegenübersteht, spricht man von *Nachfrage*.[18] *Die gleichen menschlichen Bedürfnisse führen zu unterschiedlichen Wünschen. Nicht alle Wünsche lassen sich durch den Kauf von Wirtschaftsgütern befriedigen und nicht für jeden Bedarf existiert eine Nachfrage in Form ausreichender Kaufkraft.*

Unternehmen gehen im Rahmen eines marketingorientierten Vorgehens zunächst analytisch vor. Sie betreiben Marktforschung, um die Wünsche und das Verhalten möglicher Abnehmer zu erheben und in homogene Gruppen gleichartiger Nutzenerwartungen einzuteilen, um sich dann gezielt auf einzelne davon konzentrieren zu können. »Denn ein detailliertes Verständnis für die Konsumentenbedürfnisse und -wünsche stellt die Voraussetzung für die Erarbeitung erfolgreicher Marketingstrategien dar.«[19] Zugleich werden das Marktumfeld und die eigenen Stärken im Vergleich zur Konkurrenz analysiert.[20] Aus all dem ergeben sich bestimmte absatzpolitische Instrumente, mit denen das Verhalten von Konsumenten und Konkurrenten beeinflusst werden soll. Dazu gehören eine nutzenorientierte Produkt- und Markengestaltung,[21] die Preispolitik,[22] die Distributionspolitik[23] und die Werbung.[24]

Neben der Adaption an vorhandene Bedürfnisse entwickelt das Marketing Strategien zur aktiven Beeinflussung von Kundenwünschen. »Hinsichtlich der Bedürfnisse ist davon auszugehen, dass sie teils als unveränderlich und teils als veränderbar einzustufen sind. Dementsprechend versuchen Unternehmen, die Bedürfnisse in eine ihren Zwecken entsprechende Richtung zu verändern und nehmen gleichzeitig eine aktive Anpassung der unternehmenspolitischen Maßnahmen an die gegebenen Bedürfnisse der Nachfrager vor.«[25] Grundlegende menschliche Bedürfnisse, die Form, in der sie kulturell überformt sind und die dahinter stehenden Werthaltungen und Einstellungen lassen sich dabei allerdings nicht verändern.[26] »Die Wertvorstellungen (Einstellungen) der Nachfrager sind zumeist gewachsen und verfestigt und daher schwer zu bewegen.«[27] Auch religiöse Überzeugungen, Praktiken und Zugehörigkeiten können also durch den Einsatz von Marketingtechniken *nicht* beeinflusst werden.

Die für das Marketing notwendige Erforschung des Verbraucherverhaltens baute ursprünglich auf dem Modell des rational entscheidenden, nutzenmaximierenden Individuums auf.[28] Diese Theorie kann aber Phänomene wie Mitläufer-Effekte, die Bedeutung subjektiver Wahrnehmung objektiver Gegebenheiten und soziale Einflüsse auf das Kaufverhalten nicht erfassen und ist deshalb für die Entwicklung konkreter Marketingtechniken nur begrenzt von Nutzen.[29] Marketingfachleute verwenden heute komplexe prozessorientierte Kaufentscheidungsmodelle, die Ansätze der kognitiven Psychologie und der Lernpsychologie, motivationstheoretische und sozialpsychologische Theorien miteinander verbinden.[30]

Das Verhalten von Kundinnen und Kunden lässt sich also durchaus durch diverse Techniken und Tricks aktiv beeinflussen, aber nicht, indem man neue Bedürfnisse schafft, sondern nur, indem man vorhandene Bedürfnisse verstärkt oder in Richtung auf den Kauf bestimmter Produkte lenkt.

Einen für die kirchliche Praxis bedeutsamen Sonderfall bildet das noch in den Kinderschuhen steckende Marketing von Vertrauensgütern.[31] Vertrauensgüter sind im Verständnis der Informationsökonomik[32] Produkte, Dienstleistungen oder Rechte, deren Qualität sich beim Kauf nicht ohne weiteres überprüfen lässt.[33] Beim Gebrauchtwagenkauf etwa verfügt der Verkäufer über wesentlich mehr Informationen über ein Fahrzeug als der Käufer. Zugleich wird ein Käufer selbst nach dem Kauf nie genau wissen, ob er nicht einen günstigeren Gebrauchtwagen hätte kaufen können, der mit weniger Reparaturaufwand länger gelaufen wäre als der, den er erworben hat. Die Transaktion ist deshalb in hohem Maße auf Vertrauen angewiesen.

Ähnliches gilt für Versicherungs- und Finanzdienstleistungen. Firmen richten ihr Marketing danach aus, indem sie sich bemühen, langfristige, vertrauensvolle Beziehungen zu ihren Kundinnen und Kunden aufzubauen, sich in Zweifelsfällen kulant zu zeigen, mit Garantien zu arbeiten usw., um sich auf diese Weise die Reputation eines verlässlichen Anbieters zu erwerben. Vertrauensgüter sind besonders häufig Gegenstand von Betrug, z. B. in Form von Manipulationen von Kilometerzählern bei Gebrauchtwagen, Versicherungsbetrug, verdeckten Provisionen oder als Fonds getarnten Schnellballsystemen. Das betrügerische Verhalten weniger kann dabei Vertrauensverluste produzieren, die eine ganze Branche diskreditieren.

Darüber hinaus existieren Güter, die teilweise oder ganz immaterieller Natur sind, sodass sie auch mit viel Aufwand und mit langem zeitlichen Abstand kaum eine objektive Beurteilung ihrer Qualität erlauben, z. B. Bildungsangebote, die Beratung durch Rechtsanwälte oder medizinische und psychotherapeutische Leistungen,[34] auch weil hier als externer Effekt die Mitwirkung der Nachfrager als »Ko-Produzent« eine entscheidende Rolle für das Zustandekommen und die Qualität der Dienstleistung spielt. Kundinnen und Kunden verwenden deshalb sekundäre Merkmale als Hinweis auf die vermutete, aber nicht nachweisbare Primärqualität. Ein freundliches, sauber gekleidetes, verständnisvolles, verlässliches und professionelles Auftreten, die Ausstattung des Ladens/der Praxis, die Bücherwand im Sprechzimmer usw. dienen als vertrauensbildende Symbole, an denen Kundinnen und Kunden ablesen, ob sie sich auf die Qualität der Leistung verlassen können.

2. Marketing in der Kirche

Erste Marketingansätze hielten bereits in den 1960er Jahren mit dem Thema »Werbung in der Kirche« in die evangelische Kirche Einzug. Nach kontroversen Debatten fand das Arbeitsfeld unter dem Begriff »Öffentlichkeitsarbeit« breite Akzeptanz und hat sich seit der Gründung des Gemeinschaftswerkes der Evangelischen Publizistik (GEP) Anfang der 1970er-Jahre fest etabliert.[35] Seit den 1980er Jahren orientiert sich ein Teil der Gemeindeaufbaubemühungen an Ansätzen der Church Growth Movement aus den USA, die Erfahrungen aus der Missionsarbeit mit der Wachstums- und Erfolgsorientierung der freien Wirtschaft und einer konsequent bedürfnis- und zielgruppenorientierten Ausrichtung der Gemeindearbeit zu einem Programm verbinden.[36] Seit den 1990er Jahren hat sich ein solches Vorgehen über den Bereich protestantischer Freikirchen und evangelikaler Profilgemeinden hinaus ausgebreitet.

Den Prototyp einer marketingorientierten Anwendung betriebswirtschaftlicher Methoden in der verfassten Kirche stellt das Evangelische Münchenprogramm dar. 1995 führte die Unternehmensberatung McKinsey eine Analyse der kirchlichen Arbeit im Dekanat München durch.[37] Danach ist nicht die fortschreitende Säkularisierung der Gesellschaft das Problem. Das Evangelium sei ein tragfähiges Angebot. Aufgrund der anhaltenden Sehnsucht der Menschen nach Halt, Sinn und Erfahrung von Gemeinschaft müsste die Nachfrage danach eigentlich hoch sein. Dass Menschen trotzdem auf Distanz zur Kirche gingen, lasse deshalb auf Defizite bei den eingesetzten Produktionsfaktoren schließen. »Der Markt selbst ist riesig, gemessen an der Bedeutung auch anderer Glaubensgemeinschaften, gemessen an der Bedeutung von esoterischer Literatur und meditativen Angeboten, die außerhalb von Kirche stattfinden. Der ›Teufelskreis‹, in dem Kirche derzeit steckt, beginnt bei Defiziten in der Berücksichtigung von Mitgliedereinstellungen und -erwartungen. Das führt zu einer inneren Distanzierung der Mitglieder und letztlich zu Austritten und damit natürlich auch in eine Gefährdung der ökonomischen Basis.«[38] Diese Entwicklung wiederum fördere binnenkirchliche Konflikte, die bei einem fehlenden Gesamtkonzept Kraft absorbiere, die eigentlich auf die Mitglieder gerichtet sein müsste. Es gebe kein System zur Steuerung des Angebots, um Marktnähe sicherzustellen. Man müsse doch fragen, ob der Gottesdienst ankomme. Und wenn nicht, wie man die Qualität verbessern könne, damit Predigten attraktiver würden.[39] Entsprechend schlug McKinsey vor, eine nachfrage- bzw. mitgliederorientierte Angebotsplanung einzurichten. Es brauche mitgliederorientierte, zielkonforme und systematische Angebote. »Abrechenbares Ziel des eMp ist, dass sich das Verhältnis von Kirchenaustritten und Kircheneintritten im Zeitraum der nächsten zehn Jahre umgekehrt hat«, so der damalige Projektleiter Hans Löhr 1997.[40] Darüber hinaus sah McKinsey Defizite im Bereich der Leitungsstrukturen und der Personalführung, die mithilfe von Managementmethoden angegangen werden müssten, um eine abgestimmte nachfrage-, nutzen-, und mitgliederorientierte Angebotsplanung zu ermöglichen.

In ähnlicher Weise wie das evangelische Münchenprogramm, aber mit einem Akzent auf der für das Marketing von Dienstleistungen wichtigen

Sicherung der Qualität von Angeboten,[41] argumentiert das Impulspapier der EKD. Aus ihrer Sicht besitzen Gottesdienste und Amtshandlungen für den Mitgliederbestand der evangelischen Kirche eine zentrale Bedeutung, weil von ihnen die Kraft ausgehe, »Menschen im christlichen Glauben zu beheimaten«.[42] Diese geistliche Beheimatungskraft sei zwar nicht einfach berechen- und herstellbar, allerdings bestehe ein deutlicher Zusammenhang mit der Qualität des theologischen, liturgischen und seelsorgerlichen Handelns.[43] Insgesamt lasse diese Qualität aber besonders bei den Kasualien zu wünschen übrig. Das habe mehrere Gründe. Zum einen sei die Schattenseite der inneren Pluralität der evangelischen Kirche »eine bedauerliche Neigung zum Separatismus«[44]. Dieses Kirchturmdenken, »überzogene Autonomievorstellungen im Pfarramt«[45], eine mangelnde Verantwortungsbereitschaft für das Ganze der Kirche und die mangelnde Identifizierung der Mitarbeitenden und Pfarrerinnen mit der Kirche als Institution führten zu Vereinzelung, Milieuverengung, Überforderung und damit insgesamt zu Qualitätsverlusten in der kirchlichen Arbeit. Dazu gehöre auch, dass es keine Kultur des gegenseitigen kollegialen Feedbacks gäbe und die Dienstaufsicht in dieser Hinsicht zu wenig mit einer Fachaufsicht verbunden werde.[46]

Zudem sei die Amtshandlungspraxis zu sehr von »mangelnder Professionalität« und »mangelnder geistlicher Zuwendung«[47] geprägt. Pfarrerinnen und Pfarrer würden unterschätzen, wie sehr gerade die Amtshandlungen den Zugang zum christlichen Glauben über eine lange Lebensspanne hinweg prägten. So sei z. B. im Zusammenhang mit Beerdigungen immer wieder die Klage über mangelnde Erreichbarkeit und schroffe Reaktionen zu hören. Es fehle eine »verlässlich niveauvolle Gestaltung«[48] von Gottesdiensten und Kasualien.

Zugleich müsse sich die klassische Ortsgemeinde aus ihrer vereinsmäßigen »Ausrichtung mit deutlicher Milieuverengung«[49] befreien und zu einer missionarischen Öffnung finden. Dazu gehöre die verstärkte Aufmerksamkeit für die Amtshandlungspraxis und die Schaffung von Anlässen, in denen Menschen punktuell mit dem »Geist und Glanz des Glaubens«[50] in Berührung kämen. Für den Bereich der pfarramtlichen Tätigkeit fehlten vergleichbare Standards und Qualitätskontrollen.[51] Eine Bewertung von Veranstaltungen aufgrund von Teilnehmerzahlen werde abgelehnt, gute kirchliche Arbeit sei zu wenig bekannt, eine Analyse von missglückten Aktivitäten werde unterlassen.[52] Insgesamt müsse die Kirche mehr tun, um die Qualität ihrer Angebote zu steigern. Denn: »Nur Qualität setzt sich durch.«[53]

Als Konsequenz aus dieser Analyse schlägt das Impulspapier vor, vergleichbare Qualitätsstandards mit Blick auf die kirchlichen Kernangebote zu definieren. Es müsse ein Qualitätsmanagement aufgebaut werden, das die ständige Fort- und Weiterbildung stärke und eine faire Beurteilungskultur im Rahmen einer kollegialen Feedbackkultur etabliere. Wichtig sei darüber hinaus auch die Vermittlung eines Kernbestandes von wichtigen Texten, Liedern und Gesten im Rahmen des kirchlichen Bildungsauftrags. Ziel müsse es insgesamt sein, durch ein verlässlich hohes Qualitätsniveau der Kernangebote die Beteiligung zu stabilisieren und zu erhöhen.[54]

Mit seinen Vorschlägen orientiert sich das Impulspapier stringent an den Handlungsempfehlungen des Dienstleistungsmarketing. Die verlässlich gleich bleibende Qualität der Dienstleistung soll die Zufriedenheit der Kunden und damit die Bindung an das Unternehmen, hier als »Beheimatung« bezeichnet, sicherstellen.

Neben dem evangelischen Münchenprogramm und dem Impulspapier verbinden eine ganze Reihe landeskirchlicher Reformpapiere der letzten Jahre das Anliegen einer missionarischen Neuausrichtung des kirchlichen Handelns über den Begriff der Mitglieder- und Zielgruppenorientierung mit Ideen von Kundenbindung, Bedürfnis-, Qualitätsorientierung und Markenprofilierung[55]

Daneben ist in den letzten fünfzehn Jahren eine Fülle von Publikationen zum Thema erschienen.[56] So schreibt Dieter Becker in einem Aufsatz im Deutschen Pfarrerblatt: »Die ev. Kirchen sind ein Anbieter in der Branche Religion«[57], der vor einer Reihe von Problemen steht. Seine Kunden seien unzufrieden, ablesbar an der sinkenden Zahl von Gottesdienstbesuchern und Mitgliedern, ihm fehle eine einheitliche Corporate Identity, das Marketing sei »eine Katastrophe«, Kundenwerbung »ein Fremdwort«.[58] Angesichts vieler reizvollerer Angebote im Freizeitsegment müsse man prognostizieren: »Die Kirchen mit ihren bestehenden Strukturen sind ein sterbender Marktriese in der Branche Religion, der durch das Instrument der Kirchensteuer noch, aber stetig abnehmend, am Leben erhalten wird.«[59]

Steffen W. Hillebrecht spricht davon, dass die Kirchen in Deutschland sich »in einem diffusen Konkurrenzumfeld«, einem »Markt der Sinnstiftung« bewegen.[60] »Die früher selbstverständliche Zugehörigkeit ist einem bewußten Entscheidungsprozess gewichen, in dem die Mitgliedschaft und die Teilnahme gleichsam unter ›Kosten-Nutzen-Erwägungen‹ bewertet werden.«[61] Dies gelte es als Bedingung für die Vermittlung des Evangeliums zu akzeptieren und die kirchliche Arbeit entsprechend auszurichten.

Ähnlich wie Peter Barrenstein behauptet Cla Reto Famos: »Das Bedürfnis nach religiöser Orientierung ist aber nicht markant zurückgegangen, sondern wird nun von nachrückenden Anbietern beliefert.«[62] Dabei sieht er zwei Sorten von Konkurrenten: zum einen religiöse Anbieter wie den Islam, den Buddhismus, eine Vielzahl religiöser Gemeinschaften und esoterische Angebote, zum anderen den Freizeit-, Sport-, Kunst- und Kulturbereich sowie die Subkulturen der Jugendszene, die in säkularer Form die Funktion der Sinnvermittlung übernähmen.[63] »Kirchen stehen in Konkurrenz mit unterschiedlichsten Sinnanbietern. Der religiöse Markt ist weder abgeschlossen noch scharf konturiert. Er stößt seine Grenzen immer mehr in neue, unerschlossene Gebiete vor. Die Produktevielfalt erhöht sich, bisher nicht Gekanntes wird neu unter einer religiösen Konnotation angeboten. Gleichzeitig stößt der religiöse Markt auf andere Märkte wie den Freizeitmarkt, den Psychomarkt, den Musik- oder den Literaturmarkt. Dadurch weitet sich das Konkurrenzfeld noch einmal stark aus.«[64]

Bei der Gestaltung der kirchlichen Arbeit müsse beachtet werden, dass »nicht mehr die Kirche das Verhältnis zu ihren Mitgliedern definiert, sondern die Einzelnen aufgrund ihrer Bedürfnisse und Erwartungen ihr eigenes Maß an Nähe und Distanz festsetzen.«[65] Die Menschen seien es gewohnt, konsumorientiert auszuwählen und hätten darüber hinaus steigende Ansprüche an die Qualität religiöser Angebote.[66] »Nicht mehr Berufung und Bekehrung weisen den Weg zu einer religiösen Identität, sondern Entscheidung und Auswahl.«[67] Zugleich habe die institutionelle Religion den Kontakt mit der gelebten Religion im Alltag der Menschen verloren.[68] »Der starke Mitgliederschwund der letzten Jahrzehnte und der damit einhergehende Traditionsabbruch kann – neben anderen Deutungsversuchen – als Ausdruck einer fehlenden Mitgliederzufriedenheit interpretiert werden.«[69]

Zusammenfassend betrachtet zeichnet Marketingansätze für die evangelische Kirche – bei allen Unterschieden im Detail – eine gemeinsame Grundlinie aus. Sie zielen auf eine Neuorientierung der inhaltlichen Arbeit kirchlicher Körperschaften und Einrichtungen. Beabsichtigt ist eine Steigerung der missionarischen Wirksamkeit der kirchlichen Arbeit, operationalisiert in quantitativen Messgrößen wie der Anzahl von Gottesdienstbesuchern, Kasualien, Mitgliedern, Kirchenein- und -austritten oder der Auflage kirchlicher Publikationen.

Dabei wird die Situation der Kirche analog zu der eines am Markt tätigen Unternehmens gedeutet. Nicht der Markt religiöser Nachfrage sei kleiner geworden, die Kirche habe nur ihre Monopolstellung auf diesem Markt verloren. Sie konkurriere darauf mit anderen Sinnanbietern und müsse sich dabei in einem Wettbewerb um Zeit und Geld behaupten. Einige Ansätze differenzieren an dieser Stelle und sehen die Konkurrenz weniger im Bereich religiöser Güter als bei säkularen Angeboten der Freizeitgestaltung.

Als Strategie zur Erreichung missionarischer Ziele wird eine klare Orientierung der kirchlichen Arbeit an der Verkündigung des Evangeliums als ihrer Kernkompetenz gefordert, um auf diese Weise das eigene Profil als Marke wiederkennbar zu machen. Zugleich gilt es, diese klare Position in ihren Formen an zu Zielgruppen aggregierten Nutzen- und Qualitätserwartungen vorhandener und potenzieller Kirchenmitglieder auszurichten. So soll etwa die milieusensible Ausrichtung von Gottesdiensten entlang der Präferenzen bestimmter gesellschaftlicher Gruppen die Gottesdienstbesucherzahlen steigern.[70]

Auffällig ist, dass marketingorientierte Ansätze für eine Neuorientierung des kirchlichen Handelns zwei Aspekte der Situation der evangelischen Kirche nicht mit in ihre Überlegungen einbeziehen, obwohl das nahe liegen würde. Zum einen wird die römisch-katholische Kirche als größter Konkurrent der evangelischen Kirche mit keinem Wort erwähnt. Dabei wäre doch hier ökonomisch betrachtet die Chance zur Gewinnung neuer Kirchenmitglieder am größten, kostet doch die Mitgliedschaft in der evangelischen Kirche bei gleichem Nutzen deutlich weniger an Glaubens- und Verhaltenszumutungen: keine Mariendogmen, kein sakrales Verständnis der Kirche und kein Papstprimat, kein Zölibat, kein bischöfliches Vetorecht, keine Messpflicht, keine Pflichtbeichte, kein Ausschluss Geschiedener von der Kommunion, keine Messstipendien, keine Ablässe, dafür die kostenlose Rechtfertigung allein aus Glauben, die Befreiung von allen frommen Werken, verheiratete Priester, die maßgebliche Beteiligung an Leitungsentscheidungen und Abendmahl in beiderlei Gestalt. Wenn einige Ökonomen in den USA aus der Perspektive der Rational-Choice-Theory umgekehrt argumentieren, gerade diese hohen »Investitionen« in die Mitgliedschaft der katholischen Kirche trügen zu ihrer Stabilisierung bei,[71] müsste die evangelische Kirche unter Marketinggesichtspunkten an dieser

Stelle von ihrer Konkurrentin lernen und über eine Verschärfung ihrer Mitgliedschaftsregeln nachdenken.

Zum anderen fehlen makroökonomische Analysen des »Sinnanbieter«-Marktes in Deutschland. Das staatlich regulierte Nebeneinander von evangelischer und katholischer Kirche bildet volkswirtschaftlich betrachtet ein Oligopol, von dem man aus ökonomischer Sicht vermuten kann, dass es aufgrund von Marktabsprachen und hohen Markteintrittsbarrieren den Wettbewerb um Kirchenmitglieder und damit die Qualität religiöser Angebote hemmt. Hier wäre dann die eigentliche Ursache für die wachsende Zahl von Konfessionslosen zu suchen. Darauf aufbauend müssten die Vertreter eines marketingorientierten kirchlichen Handelns eigentlich die staatliche Deregulierung des religiösen Marktes und die Abschaffung aller kirchlicher Privilegien fordern, um analog zur Deregulierung anderer Märkte durch mehr Wettbewerb die Anstrengungsbereitschaft religiöser Anbieter und damit die Qualität religiöser Angebote zu fördern. Davon ist jedoch nirgendwo die Rede.

Darüber hinaus fällt auf, dass die meisten Konzepte und Projekte für eine marketingorientierte Reform der kirchlichen Praxis an die klassische Form des Produkt- und Dienstleistungsmarketings anknüpfen. Moderne Ansätze eines stakeholder-orientierten Vorgehens oder die Berücksichtigung entscheidungs-, motivations- und sozialpsychologischer Theorien lassen sich dagegen nicht beobachten. Auch schließen nur wenige Autorinnen und Autoren an den Begriff der Vertrauensgüter an.[72] Dabei ließen sich gerade aus Marketingansätzen für Vertrauensgüter vermutlich eine ganze Reihe von Anregungen für die kirchliche Praxis gewinnen. Denn mit dem Evangelium steht die Kirche für ein immaterielles Gut, eine Lebens- und Weltanschauung, deren Wahrheit sich nicht überprüfen lässt. Es ist darauf angewiesen, dass Menschen ihm (auch gegen den Augenschein) vertrauen. So gesehen sind Verlässlichkeit und Vertrauenswürdigkeit des kirchlichen Handelns wichtiger als die Vielfalt oder die handwerkliche Qualität von Gottesdiensten oder Kasualien.

3. Verbreitung und praktische Wirksamkeit

Wie verbreitet eine marketingorientierte Ausrichtung der kirchlichen Praxis über die Ebene von Fachpublikationen, kirchlichen Reformpapieren und einzelnen Projekten hinaus in kirchlichen Körperschaften ist, lässt sich schwer beurteilen. Am häufigsten scheinen übergemeindliche Bildungseinrichtungen, großstädtische Zentralkirchen und Kirchengemeinden an Urlaubsorten ihre Veranstaltungsprogramme konsequent entlang der Bedürfnisse bestimmter Zielgruppen zu orientieren und professionell zu bewerben.

Die im Aufbau befindliche Good-Practice-Plattform »geistreich«[73] der EKD beschreibt unter der Rubrik »Mission und Mitgliederbindung« über 200 auf die Gewinnung oder Bindung von Mitgliedern ausgerichtete Veranstaltungen in Kirchengemeinden zu den Themen Wiedereintritt, Mitgliederbindung, Fundraising, Glaubenskurse und Hauskreisarbeit, Gemeindeaufbau, Mission, Bibelprojekte und Sonstiges.[74] Die Internetseite erlaubt einen Einblick in die bunte Vielfalt kirchengemeindlicher Aktionen und Projekte, zeigt aber kaum etwas, was Kirchengemeinden nicht in dieser oder jener Form schon seit langem praktizieren. Man wird deshalb vermutlich die mediale Aufmerksamkeit, die marketingorientierte Ansätze zur Steigerung der Wirksamkeit der kirchlichen Arbeit erzeugen und die Präsenz entsprechender Sprachspiele auf der Diskursebene nicht mit ihrer praktischen Verbreitung verwechseln dürfen.

Die bisherigen Erfahrungen kirchlicher Körperschaften mit Marketingansätzen zur Steigerung von Teilnahme-, Kircheneintritts-, Kirchenaustritts- und Mitgliederzahlen fallen gemischt aus. Die Einführung von Methoden aus der Reklamebranche seit den 1960er Jahren mündete in die Erfahrung, dass sich dadurch das Spendenaufkommen der Diakonie vergrößern ließ, entgegen der damit verbundenen Hoffnung aber nicht der Gottesdienstbesuch und die Abonnentenzahlen kirchlicher Zeitschriften.[75]

Auch die anfängliche Euphorie über die angeblichen Erfolge von marketing- und managementorientierten Gemeindewachstumsstrategien ist inzwischen einer gewissen Ernüchterung gewichen.[76] Zwar konnten einzelne Gemeinden in den USA auf diese Weise Beteiligungs- und Mitgliederzahlen steigern, am sichtbarsten im Phänomen von megachurches wie Willow Creek, Saddleback oder Lakewood. Auch hat die Zahl sehr großer Gemeinden im Land in den letzten Jahrzehnten insgesamt deutlich zugenommen: Etwa 10 % der Kirchengemeinden stellen inzwischen 50 % aller Gottesdienstbesucher.[77] Zugleich sinkt aber die Gesamtzahl der Gottesdienstbesucher und die der Mitglieder religiöser Gemeinschaften.[78] »So the concentration did not increase because megachurches have figured out how to attract the ›unchurched‹.«[79] Die megachurches stehen nur für eine organisatorische Konzentrationsbewegung, nicht für einen gesamtgesellschaftlich wirksamen religiösen Wachstumstrend.[80] Zugleich sagt die gegenwärtige Größe einer Kirchengemeinde in den USA nichts über die Nachhaltigkeit ihres Erfolges aus. Die Hälfte von ihnen hält ihre einmal erreichte Größe nur zehn bis zwanzig Jahre und schrumpft danach wieder.[81]

Das evangelische Münchenprogramm scheiterte gemessen an seiner ursprünglichen Zielrichtung. Die Zahl der Kirchenaustritte im Dekanat München ließ sich trotz positiver äußerer Strukturbedingungen nicht verringern.[82] Einzelne Anregungen, etwa zur besseren Qualifikation kirchlicher Führungskräfte oder zur Personalentwicklung, haben sich von hier aus zwar inzwischen bundesweit durchgesetzt.[83] Aber das Ziel einer durchgehenden, an den Bedürfnissen der Mitglieder orientierten Angebotsplanung ließ sich nicht verwirklichen. Die Planungsworkshops wurden als zu aufwendig erlebt und erbrachten nicht den gewünschten Erfolg. Das Dekanat gab das zentrale Planungs-, Unterstützungs- und Controllingbüro nach wenigen Jahren auf. Nach dem Ende des ursprünglichen Projekts im Jahre 2000 gab es zwischen 2001 bis 2006 noch einmal einen Neuansatz mit veränderten Zielen.[84] Seitdem ist es ruhig geworden um das eMp.

Wie Jan Hermelink bemerkt, könnte eine Ursache für das Scheitern des evangelischen Münchenprogramms darin zu suchen sein, dass es den eigenen Anspruch der Kundenorientierung nicht durchhält.[85] Seine Vision stelle den Glauben der Mitglieder und ihre Beteiligung am kirchlichen Leben in den Mittelpunkt, obwohl die Mehrheit der in den Mitgliedschaftsuntersuchungen der EKD Befragten dem selbst kaum Bedeutung als Motiv für ihre Mitgliedschaft beimesse. »Offenbar erwarten die meisten Kirchenmitglieder von der Kirche ganz andere Formen der Glaubensstärkung, als die Münchner Autoren meinen.«[86] Zweifel und Zögern könnten ein Zeichen für eine reflektierte Form des christlichen Glaubens sein, nicht für Distanz. Aus dieser Sicht sei das Münchenprogramm noch zu sehr von den Interessen der Kirche her gedacht, nicht von denen der Mitglieder.[87]

Andererseits können einzelne Kirchengemeinden ihrer Teilnahme- und Mitgliederzahlen steigern. Das zeigt sich zumindest bei einigen der in dem Band »Wachsen gegen den Trend«[88] versammelten Portraits wachsender Kirchengemeinden.[89] Ihre Beschreibung lässt allerdings nicht erkennen, inwiefern sich die Erfolge bestimmten Qualitäten der kirchlichen Arbeit verdanken oder externen Faktoren wie Zuzügen oder günstigen sozialen Bedingungen.[90] Best-Practice-Beispiele mögen motivieren, können jedoch aufgrund der resultatabhängigen Stichprobenauswahl keine Erkenntnisse über die tatsächlichen Wirkungsfaktoren liefern.[91] Die ließen sich nur erkennen, wenn man eine repräsentative Stichprobe aller Kirchengemeinden inklusive ihres sozialen Umfelds unter bestimmten Gesichtspunkten miteinander vergliche. Zudem verraten einzelne positive Beispiele ähnlich wie in den USA nichts über eine mögliche gesamtkirchliche und langfristige Wirksamkeit.

Auch die Wirkungen einer am Marketingdenken orientierten Verwendung kirchlicher Milieutheorien für eine milieusensible Gestaltung kirchlicher Angebote entsprechen nicht den damit ursprünglich verfolgten Absichten. So schreiben Eberhard Hauschildt, Eike Kohler und Claudia Schultz im Rückblick auf ihre langjährigen Bemühungen um eine stärkere Berücksichtigung sozialer Milieus bei der Planung der kirchlichen Arbeit: »Die Reihe dieser Versuche ist lang. Die Auswertung ergab: Diese Versuche milieuspezifischer Angebote waren fast immer sehr erfolgreich, die Zufriedenheit der Teilnehmenden war ungeheuer hoch.«[92] Zugleich wurden allerdings durch derartige Angebote nur solche Menschen erreicht, die »bereits zuvor überdurchschnittlich stark der Kirche verbunden waren sowie ein grundlegendes Interesse an kirchlichen, religiösen Angeboten hatten.«[93] Ihr Fazit: »Der Zugang zur Gesamtheit der Kirchenmitglieder oder sogar zu Menschen, die bisher mit Kirche und Religion wenig Berührung hatten, lässt sich auf diesem Weg jedenfalls kurzfristig kaum verbessern.«[94] Zum gleichen Ergebnis kommt Michael Nüchtern im Blick auf die Wirkungen mitglieder- und zielgruppenorientiert gestalteter Gottesdienstformen: »Von den Zweitgottesdiensten werden zwar zu einem gewissen Teil andere Menschen als vom traditionellen Sonntagsgottesdienst angesprochen, aber in aller Regel vor allem solche, deren Verbundenheit klar über dem Durchschnitt der Kirchenmitglieder liegt«.[95]

Eine Untersuchung der Wirkungen der Aktion ProChrist 1995 in Leipzig ergab, dass auch hier im Wesentlichen nur kirchliche Insider erreicht wurden, nicht die eigentliche Zielgruppe religiös Entfremdeter. »Offenbar bleiben Mobilisierungs- und Framingstrategien relativ wirkungslos, wenn sie nicht einem breiten Bedürfnis in der Bevölkerung entsprechen, wenn also die von den Akteuren empfundene Unzufriedenheit nicht von größeren Bevölkerungsgruppen geteilt wird. Für die Mehrheit der Bevölkerung in Ostdeutschland sind offensichtlich Entkirchlichung und Säkularisierung keine Probleme, die der Bearbeitung und Bewältigung bedürfen.«[96]

Zusammenfassend betrachtet zeigen die bisher vorliegenden praktischen Erfahrungen mit einem marketingorientierten Vorgehen im kirchlichen Kontext, dass eine zielgruppen- und milieusensible Gestaltung kirchlicher Veranstaltungen und eine gute Öffentlichkeitsarbeit Menschen mobilisieren kann, die der Kirche mehr oder weniger stark verbunden sind. Der Kirche fernstehende Menschen werden dagegen mit ihrer Hilfe kaum erreicht. Einzelne sichtbare Erfolge bei der Steigerung von Teilnahme- und Mitgliederzahlen sagen also nichts über die gesamtkirchliche missionarische Wirksamkeit eines marketingorientierten kirchlichen Handelns aus. Wo die Ursachen für diese begrenzte Wirksamkeit liegen, ob überholte Marketingansätze Verwendung finden, ob sie, wie Jan Hermelink meint, bisher nicht konsequent genug eingesetzt wurden, ob sie sich noch nicht weit genug verbreitet haben, ob sich die positiven Folgen erst langfristig zeigen werden oder die bisherigen Erfahrungen auf grundsätzliche Grenzen der Eignung eines marketingorientierten Vorgehens zur Lösung kirchlicher Beteiligungs- und Mitgliedschaftsprobleme hindeuten, wird Thema des nächsten Kapitels sein.[97]

III. Management

Die Managementlehre entstand mit der Trennung von Planung und Ausführung im Rahmen des Aufkommens der Massenproduktion Ende des 19. Jahrhunderts.[98] In größeren Betrieben bildeten sich Leitungsebenen heraus, die sich auf die Planung und Kontrolle von Arbeitsprozessen, die Gestaltung von Organisationsstrukturen und die Personalführung spezialisierten, während Industriearbeiter die vorgeplanten Aufgaben nur noch ausführten. Vor diesem Hintergrund besteht die Funktion des Managements nach Auffassung der Betriebswirtschaftslehre darin, die Produktion des Unternehmens mit den Erfordernissen der Umwelt zu koordinieren und Arbeitsabläufe abzustimmen. Dazu sind im Laufe der letzten einhundert Jahre immer wieder neue Ansätze und Methoden entwickelt worden.[99]

Das Management, funktional als betrieblicher Prozess verstanden, verläuft idealtypisch in einem Zirkel aufeinander folgender Schritte:[100]

- *Planung* als Erarbeitung von Zielen, strategischen Optionen und deren Auswahl sowie die Formulierung daran orientierter Verfahrensweisen,
- *Organisation* als die Definition von Aufgabenabläufen, Stellen und Abteilungen mit Kompetenzen und Weisungsbefugnissen und ihre Verknüpfung über Informations- und Kommunikationswege,
- *Personaleinsatz* als Besetzung der Stellen mit Personal inklusive aller Fragen der Personalentlohnung, -beurteilung und -entwicklung,
- *Personalführung* als Sammelbegriff für alle Verfahrensweisen zur Steuerung von Arbeitshandlungen, zur Motivation von Mitarbeitenden, zur Kommunikation im Unternehmen und zum Umgang mit Konflikten,
- *Kontrolle* als Vergleich der erreichten Ergebnisse mit den angestrebten Zielen und Anlass für einen erneuten Planungsdurchgang.

Erste Publikationen, die sich bei der Planung kirchlicher Arbeitsfelder und Personalführungsfragen von Managementansätzen inspirieren ließen, entstanden Anfang der 1970er Jahre,[101] blieben aber gegenüber soziologischen Ansätzen zur Wahrnehmung des kirchlichen Lebens weitgehend unbeachtet. Sinkende öffentliche Zuschüsse und eine veränderte Sozialgesetzgebung bildeten seit Mitte der 1980er Jahre den Auslöser für den verstärkten Einsatz betriebswirtschaftlicher Methoden in diakonischen Einrichtungen. Im Rahmen dieser Entwicklung erarbeitete Alfred Jäger die früheste Form einer theologisch reflektierten Übernahme von Managementgedanken im Rückgriff auf das St. Galler Managementkonzept und die integrative Wirtschaftsethik Peter Ulrichs.[102] Inzwischen gehört eine Ausbildung in Sozial- oder Diakoniemanagement zu den Voraussetzungen für die Wahrnehmung einer diakonischen Leitungsposition.[103] Kennzeichnend für diese Entwicklung ist die Gründung des Instituts für Diakoniewissenschaft und Diakonie-Management an der Kirchlichen Hochschule Wuppertal/Bethel im Jahr 2009. Jägers Bemühungen sind jedoch kaum für die Anwendung im Raum der verfassten Kirche rezipiert und weiterentwickelt worden.[104]

Unter dem Druck sinkender Kirchensteuermittel wenden seit Anfang der 1990er Jahre auch kirchliche Körperschaften in zunehmendem Maße Managementansätze an. Sie knüpfen dabei auf unterschiedliche Weise an die verschiedenen Teilbereiche der Managementlehre an.

1. Planung

a. Strategisches Management

Nach den Vorstellungen der Managementlehre muss sich ein Unternehmen im Rahmen seiner Planungen zunächst eine Reihe von grundsätzlichen Fragen stellen:[105] In welchen Geschäftsfeldern wollen wir tätig sein? Wie wollen wir uns gegenüber der Konkurrenz im Wettbewerb profilieren? Auf welche Kompetenzen stützen wir uns? An welcher Vision orientieren wir uns bei der Entwicklung unserer Firma?[106] Die Antworten auf diese Fragen werden in der Regel in einem Leitbild (mission statement) festgehalten. Es kommuniziert das Firmenprofil nach außen und bildet gleichzeitig die Grundlage, von der ausgehend Ziele und Strategien entwickelt werden.[107]

Typischerweise folgt darauf eine SWOT-Analyse. Sie dient der Wahrnehmung der eigenen **S**trengths (Stärken, Kompetenzen, Ressourcen) und **W**eaknesses (Schwächen) im Vergleich zu Mitbewerbern, der **O**pportunities (Chancen) und **T**hreats (Bedrohungen, Herausforderungen).[108] Daran anschließend werden alternative Strategien entwickelt und auf ihre Umsetzbarkeit innerhalb des Machtgefüges und der vorhandenen Unternehmenskultur des Unternehmens hin geprüft. Die Entscheidung über das endgültige Vorgehen orientiert sich dann an der Frage, welches der Konzepte in Anbetracht der Stärken und Schwächen des Betriebs und angesichts der zu erwartenden Chancen und Bedrohungen in der Umwelt den größten Erfolg verspricht.[109] In Managementratgebern ist in diesem Zusammenhang immer wieder davon die Rede, Zielformulierungen müssten bestimmte Bedingungen erfüllen, um Steuerungswirkung entfalten zu können, sie bräuchten etwa AROMA (aktivierend, realistisch, optimistisch, messbar, akzeptiert) oder müssten SMART (spezifisch, messbar, aktiv beeinflussbar, realistisch, terminiert) sein.[110]

Der Phase der Strategieentwicklung folgt die der Strategieumsetzung. Dabei wird keine Vollständigkeit angestrebt, sondern die Konkretisierung nur solcher Maßnahmen, die für die Umsetzung und den Erfolg der festgelegten Unternehmensstrategie kritisch erscheinen. Auf der Basis dieser Erfolgsfaktoren entstehen strategische Programme, die Orientierungspunkte für den operativen Planungs- und Handlungsbereich setzen.[111] Da Strategiebildung und -verwirklichung auf einer Reihe von risikobehafteten Selektionsentscheidungen beruhen, müssen sie von einem Kontrollprozess begleitet werden, der die Gültigkeit der vorausgesetzten Prämissen und den Grad der Strategieumsetzung laufend überprüft.[112] Insgesamt werden Unternehmensabläufe durch einen derartigen Planungsprozess nach den Vorstellungen der Managementlehre von einer zentralen Leitungsebene sozusagen »designt«[113]. Zugleich schwingt im Wort »Strategie« das Bild des Feldherrn mit, der von seinem Hügel aus die Übersicht behält und seine Truppen entsprechend vorher vereinbarter Zielvorgaben einsetzt.[114]

Eines neben der Leitbildentwicklung und der SWOT-Analyse im Rahmen kirchlicher Reorganisationsprozesse am häufigsten verwendeten Planungs- und Controllinginstrumente ist die sogenannte »Balanced Scorecard« (BSC). Die Terminologie stammt aus der Welt des Golfspielens. Dort bezeichnet der Begriff »scorecard« das Formular, auf dem das Par, die Streckenlänge und andere Besonderheiten der Golfbahnen eines Golfplatzes verzeichnet sind und auf dem Spieler die Summe der Schläge, die sie zum Einlochen des Balles benötigen, eintragen. Am Ende des Spiels ist dann auf einen Blick ersichtlich, wer wie gut abgeschnitten hat.

Kennzahlen und ihnen gegenübergestellte Ergebnisse kennzeichnen auch eine Scorecard im betriebswirtschaftlichen Sinn. Sie soll als detaillierte Ausarbeitung von Zielen, Zielwerten, Messgrößen, Maßnahmen, Terminplänen und Verantwortlichkeiten dazu beitragen, dass die von der Führungsebene eines Unternehmens beschlossenen Ziele in der betrieblichen Praxis tatsächlich Wirkung entfalten und ihnen zugleich einen schnellen Überblick über die Fortschritte bei der Erreichung dieser Ziele ermöglichen. Das Adjektiv »balanced« bezieht sich darauf, dass die BSC mehrere Zieldimensionen berücksichtigt, die in einem ausgewogenen Verhältnis zueinander stehen. In ihrer klassischen, von Robert S. Kaplan und David P. Norton Anfang der 1990er Jahre entwickelten Form[115] umfasst die BSC auf der Grundlage einer Vision über den künftigen Zustand des Unternehmens vier Zieldimensionen: die Finanz-, die Kunden-, die interne Geschäfts- und die Innovations- und Lernperspektive. Sie sollen die kritischen Erfolgsfaktoren für das Erreichen der Vision abbilden. Den einzelnen Zielen sind Kennzahlen zugeordnet, die den Maßstab für ihre Verwirklichung bilden, sowie davon abgeleitete Zielwerte, die bis zu einem bestimmten Zeitpunkt erreicht werden sollen. Die einzelnen Ziele werden durch Ursache-Wirkungs-Ketten einander zugeordnet und dann entlang der gesamten Unternehmenshierarchie durch die Formulierung darauf bezogener Unterziele bis auf die Ebene einzelner Mitarbeiterinnen und Mitarbeiter übertragen.

Kontrollen und Bonuszahlungen sollen die Bereitschaft der Mitarbeitenden, zur Erreichung der Ziele beizutragen, zusätzlich sichern.

Mit der Balanced Scorecard und anderen Planungsansätzen wie ROI oder Hoshin Kanri verbindet sich die Vorstellung, die konsequente Ausrichtung von Strukturen und Prozessen an Oberzielen und davon stringent und widerspruchsfrei abgeleiteten Unterzielen sei von grundlegender Bedeutung für den Unternehmenserfolg. Inzwischen setzt sich allerdings in der Managementlehre mehr und mehr die Erkenntnis durch, dass die mit dem »Design« von Plänen und detaillierten Zielvorgaben implizierte Trennung von Denken und Handeln an der Realität vorbei geht.[116] Zum einen entwickeln sich Ziele in der Praxis oft eher evolutionär als programmatisch. Aufwendig von Unternehmensberatungen oder Stabsstellen erstellte Analysen und Handlungsprogramme bleiben in vielen Fällen folgenlos für das tatsächliche Verhalten eines Unternehmens, weil sie intern nicht umgesetzt werden.[117] Sinnvoller als die methodische Trennung von Strategieentwicklung und -implementierung kann deshalb ein pragmatisches Vorgehen sein.[118]

Darüber hinaus setzen Planungsverfahren voraus, dass die betrieblichen Strukturen der Strategie folgen. In der Realität haben sich die Strukturen aber in der Vergangenheit entwickelt und lassen sich nicht einfach willkürlich umstellen, nur weil die Unternehmensleitung entscheidet, eine neue Strategie zu verfolgen.[119] Gewachsene Strukturen, die Unternehmenskultur und die gelernten Haltungen von Mitarbeitenden entziehen sich der kurzfristigen Veränderung. Auch kann es in unübersichtlichen Situationen sinnvoll sein, keine Strategie zu verfolgen, sondern sich pragmatisch »durchzuwursteln«, weil auf diese Weise die Aufmerksamkeit für die Gegenwart und die Fähigkeit zum Lernen höher ist.[120]

b. Anwendung im kirchlichen Kontext

Erste Ansätze zu einer am Managementdenken orientierten systematischen Planung der kirchengemeindlichen Arbeit nach 1990 nahmen in Anlehnung an das evangelische Münchenprogramm das Instrument der Leitbildentwicklung auf.[121]

Eine Reihe von Landeskirchen, das Amt für Missionarische Dienste und das Gemeindekolleg der VELKD haben dazu in den letzten fünfzehn Jahren Projekte entwickelt.[122] Dabei analysieren Kirchenvorstände oder aus ihnen heraus gebildete Ausschüsse zunächst die Situation der Kirchengemeinde. Sie befragen Mitglieder nach ihren Erwartungen und beschäftigen sich mit der Geschichte des Ortes und seinem sozialen Umfeld. In einem zweiten Schritt entwickeln sie im Rahmen eines breit angelegten Beteiligungsprozesses eine Vision ihrer Zukunft als langfristig zu erreichendem Zielzustand, konkretisieren diese in einem Leitbild, das zwischen ihrem Auftrag und vorhandenen Erwartungen vermittelt, und entscheiden auf dieser Grundlage über ein Prioritäten- und Zielkonzept zur Verwirklichung dieser Vision mit einer Angebotsplanung sowie flankierenden Maßnahmen im Blick auf die Fortbildung von Mitarbeitenden und die Öffentlichkeitsarbeit.[123] Durch diesen konziliar gestalteten Klärungsprozess soll die kirchengemeindliche Arbeit einerseits mehr inhaltliches Profil und strategische Stoßrichtung gewinnen, andererseits besser auf das jeweilige Umfeld ausgerichtet sein, um auf diese Weise ihre Bedeutsamkeit für die Menschen vor Ort zu sichern. Inzwischen greifen auch übergemeindliche Einrichtungen und Landeskirchen auf das Instrument der Leitbildentwicklung zurück.[124]

Die aktuell auffälligsten Beispiele einer Anwendung managementorientierter Planungsansätze für die Bewältigung kirchlicher Rückbau-, Reorganisations- und Neuorientierungsprozesse bilden die in den letzten Jahren erschienenen Reformpapiere,[125] von denen das Impulspapier der EKD »Kirche der Freiheit. Perspektiven für die evangelische Kirche im 21. Jahrhundert«[126] das bekannteste sein dürfte und an dieser Stelle exemplarisch vorgestellt werden soll. Es folgt besonders stringent den Handlungsempfehlungen einer am »Design« von Abläufen orientierten Managementlehre.

Das Impulspapier schlägt vor, die kirchliche Arbeit in den kommenden Jahrzehnten im Sinne einer umfassenden strategischen Leitentscheidung konsequent auf ein einziges Ziel auszurichten: Die Zahl der Mitglieder der evangelische Kirche soll gegen den Trend bis 2030 steigen.[127] Es gelte, Menschen in stärkerem Maße als bisher »im christlichen Glauben zu beheimaten«[128]. Dazu soll die Zahl der Gottesdienstbesucher verdoppelt werden. Alle Mitglieder sollten kirchlich bestattet, die »Taufquote« deutlich gesteigert, eine »Trauquote« von 100 % erreicht werden.[129] Damit stehen die Kirche in ihrer sichtbaren Gestalt und der mögliche Beitrag des kirchlichen Handelns zum institutionellen Überleben im Mittelpunkt der Überlegungen von »Kirche der Freiheit«.

Die im Impulspapier in der Folge vorgenommene Untersuchung der gesellschaftlichen und kirchlichen Rahmenbedingungen, die biblischen Bezüge, die ekklesiologische Reflexion und die konkreten Reformvorschläge dienen der Erreichung dieses einen Ziels. Als Strategien zur Zielerreichung empfiehlt es eine klare inhaltliche Profilierung, eine bessere Außen- und Mitgliederorientierung von Angebotsformen, eine Abkehr vom Konzept der flächendeckenden Versorgung zugunsten der Konzentration von Ressourcen auf regionale Angebote, die Straffung von Organisationsstrukturen und die stärkere Verpflichtung der Mitarbeiterinnen und Mitarbeiter auf die Erreichung gemeinsamer Ziele.[130]

Bei der weiteren Konkretion konzentriert sich das Impulspapier dann auf für den Erfolg des Strategieprogramms besonders wichtige Handlungsfelder: Kirchliche Kernangebote, kirchliche Mitarbeitende, das kirchliche Handeln in der Welt und die kirchliche Selbstorganisation. Dazu werden in zwölf sogenannten »Leuchtfeuern« Teilziele entwickelt sowie Maßnahmen, um diese Teilziele zu erreichen.

Die Situations- und Problemanalyse des Impulspapiers entspricht den Schritten der SWOT-Analyse. In einem ersten Schritt würdigt das EKD-Papier die positiven Aspekte der kirchlichen Lage. Sie gehöre nach wie vor zu den größten Institutionen des Landes, Sonntags würden mehr Menschen den Gottesdienst besuchen als die Spiele der Bundesliga.[131] Dazu komme das dichte, »kenntnisreich lokal verwurzelte Organisationsnetz«[132], die Präsenz der christlichen Symbole in Musik, Kunst, Literatur und Architektur, die vergleichsweise noch immer günstige finanzielle Lage, die vielen engagierten Menschen, die diakonische Arbeit und die reformatorischen Stätten als »symbolisches Kapital«[133] des deutschen Protestantismus.

Des Weiteren werden Ressourcen für die Gestaltung des Wandels benannt. Die Autorinnen und Autoren sehen fünf Stärken, die eine Neuausrichtung der kirchlichen Arbeit ermöglichen. Sie erinnern an die befreiende Kraft des Glaubens, der die Bereitschaft fördere, im eigenen Leben auch für andere Verantwortung zu übernehmen, an den funktionalen Kirchenbegriff der Bekenntnisschriften, der offen sei für Strukturveränderungen, an das evangelische Leitungsverständnis, das keine unveränderbare Hierarchie kenne, an das Pfarramt mit seiner Leitungskompetenz und die Fähigkeit zur theologischen Reflexion, die helfe, die biblische Botschaft unter den modernen Bedingungen sachgerecht zu interpretieren. Allerdings, so mahnt das Papier, müsse die befreiende Kraft des Glaubens stärker auch in ein »Ja zur Kirche als sichtbarer Gemeinschaft der Glaubenden«[134] münden. »Dies wird konkret in der Bereitschaft, die evangelische Kirche auf ihrem Weg in die Zukunft zu unterstützen.«[135]

In einem zweiten Schritt betrachtet das Impulspapier Chancen und Anknüpfungspunkte für die kirchliche Arbeit in der gegenwärtigen gesellschaftlichen Situation. Es sieht ein neues religiöses Interesse, das als »Zeitfenster für neue kirchliche Initiativen«[136] genutzt werden müsse. Geistliche Themen seien wieder Teil der öffentlichen Diskussion. Angesichts der fragwürdig gewordenen Leistungs- und Erfolgsideale fragten Menschen wieder nach dem, was ihrem Leben Bedeutung und Sinn gäbe. Auch die Konfessionslosen seien keineswegs nur unchristlich. Die Kirchenaustritte nähmen ab.

Dem entsprechen nach Auffassung des Impulspapiers kirchliche Stärken: Eine »stabile, engagierte und gelingende Gemeindearbeit«,[137] die durch den notwendigen Aufbruch nicht geschmälert oder missachtet werden dürfe, die vorhandene Aufbruchsstimmung unter den Mitarbeitenden, die vielen engagierten Ehrenamtlichen, das Fehlen innerkirchlicher ideologischer Grabenkämpfe wie in den 1970er und 1980er Jahren, das hohe gesellschaftliche Ansehen der Pfarrerinnen und Pfarrer, die Abnahme der Kirchenaustritts- und Zunahme der Kircheneintrittszahlen, die zunehmende Bejahung von Mission als Aufgabe der Kirche, viele positive Beispiele gelungener kirchlicher Praxis, z. B. die Neugründung evangelischer Schulen, Citykirchen-Arbeit, Profil- und Tourismusgemeinden, Kirchenmusik, die Einführung von Personalentwicklungsmaßnahmen. »Insgesamt ist unsere Kirche heute gut in der Lage, Ziele koordiniert zu entwickeln und den Einsatz der verfügbaren Ressourcen gemeinsam an solchen Zielen auszurichten. Diese Entwicklung muss konsequent weitergehen.«[138]

Drittens wendet sich das Impulspapier den anstehenden Herausforderungen der Kirche zu. Mit Blick auf die Gesellschaft müsse sich die Kirche mit den kirchenpolitischen Folgen der fortschreitenden europäischen Einigung, der ökumenischen Arbeit und dem interreligiösen Dialog, den Problemstellungen der deutschen Gesellschaft und den globalen Problemen beschäftigen. Ausführlich werden dann die Herausforderungen für den institutionellen Bestand der Kirche benannt, da nur eine stabile und wachsen wollende Kirche in der Lage sei, die gesellschaftliche Verantwortung wahrzunehmen, auf der Basis einer »stabilen Mitgliedschaftsbasis« und von »schlanken, bezahlbaren Strukturen«[139].

Als äußere Herausforderungen benennt »Kirche der Freiheit« die demographische und damit verbunden die finanzielle Entwicklung, den Einbruch bei den Amtshandlungszahlen und den allgemeinen Traditionsabbruch, den Schwund von Mitarbeiter- und Pfarrstellen, die hohen Baulasten kirchlicher Gebäude und die teure, kleinteilige landeskirchliche Struktur der evangelischen Kirche.[140] Dazu komme die notwendige Beseitigung von internen Schwachpunkten der Kirche in den Bereichen Angebotsqualität, Leitungskompetenz und effektiver Entscheidungsstrukturen. Auf übergemeindlicher Ebene mangele es an einer zukunftsorientierten Personal- und Finanzplanung, die Führungsmethoden des öffentlichen Dienstes seien insgesamt ungeeignet, es gäbe daher Nachholbedarf an professionellem, sich an Managementmethoden orientierendem Leitungshandeln. Auch seien die synodalen Strukturen insgesamt zu wenig zielorientiert und effektiv.[141]

Nach einer ekklesiologischen Reflexion, die der Rückbindung des am Management orientierten Vorgehens an die reformatorische Tradition dient, und einer institutionellen Analyse, die in der Forderung nach der Zentralisierung kirchlicher Planungsvorhaben auf übergemeindliche Ebenen mündet, entwirft »Kirche der Freiheit« in zwölf Leuchtfeuer genannten Kapiteln konkrete Maßnahmen, die der Umsetzung der vier Grundstrategien zur Erreichung des Gesamtzieles dienen sollen. Jeweils drei Kapitel beschäftigen sich mit den Handlungsfeldern Kirchengemeinden, Mitarbeitende, übergemeindliche Arbeit und Organisationsstrukturen.[142] Dabei seien die Vorschläge nicht als verbindlich von oben festgelegte Ziele zu verstehen, sondern wie Leuchtfeuer als allgemeine Zielorientierung, die zur Suche nach eigenen Wegen ermutigen wolle.[143]

Insgesamt folgt »Kirche der Freiheit« in Sprache, Inhalt und Logik durchgängig den Planungsempfehlungen der Managementlehre: SWOT-Analyse, Benennung distinktiver Kompetenzen, Auswahl von Strategien zur Sicherung des Unternehmenserfolgs, Festlegung von »smart« formulierten Zielen und Maßnahmen in für den Erfolg entscheidenden Bereichen der Arbeit. Hinter den Strategien selbst stehen Vorstellungen einer Konzentration der Kräfte eines Unternehmens auf die für sein Überleben wesentlichen Faktoren und Ansätze des Dienstleistungsmarketings zur Markenprofilierung, Kunden- und Qualitätsorientierung.

2. Organisation

Neben der Planung beschäftigt sich die Managementlehre mit Fragen der Gestaltung der Aufbau- und Ablauforganisation eines Unternehmens als desjenigen Handlungsgefüges, das die Planungen umsetzt.[144] Das Aufkommen der industriellen Massenproduktion Ende des 19. Jahrhunderts stellte Wirtschaftsbetriebe vor Koordinationsaufgaben, die sich nicht mehr wie in den Kleinbetrieben früherer Jahrhunderte durch den persönlichen Kontakt zwischen Eigentümer und Angestellten und einfache Delegation erledigen ließen.[145] Erste Managementansätze griffen bei der Verteilung und Koordination von Aufgaben auf Lösungsmodelle aus der staatlichen Verwaltung und dem Militärwesen zurück. Sie sollten für einen effizienten Aufgabenvollzug sorgen, Konflikte in geregelte Bahnen lenken, Räume für die Entwicklung von Innovationen schaffen und das Auftreten nach außen hin vereinheitlichen.[146]

Das klassische Modell der Koordination durch Zentralisierung und Hierarchisierung wird in den letzten Jahrzehnten zunehmend durch Tendenzen zur Demokratisierung ersetzt, bei denen Möglichkeiten der Entscheidungsbeteiligung ein größeres Gewicht zukommt. Dazu kommen Organisationsmodelle wie die eines modularen oder netzwerkartigen Aufbaus, die in hohem Maß auf informelle Kommunikation und Selbstabstimmung vertrauen. Dabei wird die Koordination im Wesentlichen durch gemeinsame Wertvorstellungen geleistet.[147]

Betriebliche Vorstellungen der Gestaltung von Strukturen und Abläufen lassen sich im Raum der verfassten Kirche nur begrenzt realisieren. So bauen die vom Impulspapier empfohlenen Organisationsveränderungen zwar stringent auf dem marketingorientierten Grundansatz auf.[148] Geht man von einem positiven Zusammenhang zwischen der Vielfalt kirchlicher Angebote und der Höhe von Beteiligungs- und Mitgliederzahlen aus, macht es Sinn, Profilgemeinden, Regionalkirchen, Passantenkirchen, Tourismusarbeit, Citykirchen, Mediengemeinden und Kommunitäten zu fördern, den Anteil von Gemeinden mit rein parochialer Struktur auf 50 % zu senken, Profilgemeinden und nicht ortsgebundenen Gemeinden auf je 25 % aufzustocken und übergemeindliche Pfarrstellen auszuweiten.[149]

Vertritt man in Anlehnung an das Dienstleistungsmarketing die Hypothese, die missionarische Ausstrahlungskraft von Kirchengemeinden hänge von der Qualität ihrer Angebote ab, muss man befürchten, eine zu kleinteilige Gemeindestruktur führe aufgrund der Sparmaßnahmen zu einer Ausdünnung des kirchlichen Angebots, sodass die »vitale Kraft des evangelischen Glaubens«[150] nicht mehr spürbar werde. Daraus ergibt sich die Empfehlung, »ausstrahlungsstarke evangelische Begegnungsorte«[151] zu schaffen, »Kräfte zu konzentrieren, vorhandene Stärken zu stärken und Ressourcen zu bündeln«.[152] An einzelnen Zentralkirchen kann so ein weit gefächertes Angebot gemacht werden, mit Kirchenmusik, Kindertagesstätten, evangelischen Schulen, Eintrittsstellen, akademieartiger Arbeit usw. Andere Kirchengemeinden müssen dafür mit weniger Geld auskommen und sich auf die Gestaltung des gottesdienstlichen Lebens konzentrieren.

Angesichts des in den Verfassungen verankerten Selbstverwaltungsrechts kirchlicher Körperschaften, des gegenwärtigen Finanzverteilungssystems und der bestehenden synodalen Mehrheiten sind derartige Vorschläge jedoch nicht realistisch. Betriebliche Organisationsvorstellungen lassen sich ähnlich wie im Bereich staatlicher Körperschaften nur durch eine *organisatorische Ausgliederung* von Arbeitsfeldern aus der verfassten Kirche realisieren. So haben Kirchengemeinden in den letzten Jahren verstärkt Friedhöfe, Kindertagesstätten und ambulante Altenpflegestationen regional zusammengefasst und in Vereine, Verbände oder gGmbHs ausgegliedert. Dort werden sie von kaufmännisch ausbildeten Führungskräften nach betriebswirtschaftlichen Prinzipien geleitet.

Daneben knüpfen einige Landeskirchen im Bereich der Dienste und Werke an betriebliche Organisationsvorstellungen an.[153] So regte eine Unternehmensberatung, die den Rückbau der nordelbischen Dienste und Werke begleitete, die Unterscheidung zwischen Primär- und Sekundärbereich an. Danach besteht der Primärbereich aus den Strukturen, Prozessen und Personalstellen, die unmittelbar die inhaltliche Arbeit leisten, der Sekundärbereich aus den diesen Primärbereich unterstützenden Strukturen, Prozessen und Personalstellen, z. B. Gebäuden, Sekretariat, Tagungs- und Bettenbetrieben, Reinigungsleistungen usw. Die Strategie bestand in der Folge darin, Standorte aufzugeben und Einrichtungen an den übrig gebliebenen Standorten zu konzentrieren, um Sekundärkosten einzusparen und gleichzeitig so viel wie möglich von der inhaltlichen Arbeit zu erhalten. Zugleich diente die Unterscheidung zwischen Primär- und Sekundärbereich dazu, Transparenz über entstehende Kosten zu schaffen: Referentinnen/Referenten mussten jetzt bei ihren Veranstaltungen die pro Teilnehmer anfallenden Kosten im Sekundärbereich berücksichtigen. Dadurch entstand auf strukturelle Weise mehr Kostenbewusstsein. Darüber hinaus verfolgen viele Landeskirchen und Kirchenkreise in Anlehnung an betriebswirtschaftlich orientierte Konzepte zur Reform des öffentlichen Verwaltungshandelns[154] die thematische Bündelung übergemeindlicher Einrichtungen in Fachabteilungen und die Zusammenlegung von Verwaltungsämtern.

3. Personalführung

a. Personalwirtschaftliche Ansätze

Die *Personalwirtschaftslehre* behandelt Themen der Personalbeschaffung, Personalauswahl, Personaleinsatzplanung, Personalbeurteilung, Personalentwicklung, Personalfreisetzung, Personalführung und -motivation.[155]

Traditionell betrachtet die Betriebswirtschaftslehre Beschäftigte in der Tradition von Frederic Taylor als Erfüllungsgehilfen des Unternehmerwillens, die Anweisungen zügig und störungsfrei auszuführen haben, um ein reibungsloses Funktionieren betrieblicher Abläufe zu garantieren.[156] Sie neigen dazu, von sich aus eher eigene Interessen als die des Unternehmens zu verfolgen und müssen deshalb durch Anreize wie eine leistungsbezogene Bezahlung motiviert werden, sich stärker für dessen Belange einzusetzen. Dafür wird ihre Arbeit erfasst, nach bestimmten Kriterien bewertet und kontrolliert.[157] Im Hintergrund eines solchen Personalführungskonzepts steht eine naturwissenschaftlich-mechanistische Vorstellung vom Wirtschaftsbetrieb als Maschine, in die Beschäftigte sozusagen eingebaut werden. Anders als Zahnräder besitzen sie leider einen Eigenwillen, den es so weit wie möglich auszuschalten gilt.

Seit den berühmten Hawthorne-Experimenten in den 1920er Jahren weiß die Betriebswirtschaftslehre allerdings um die Bedeutung eines wertschätzenden und auf Anerkennung ausgerichteten Umgang mit Mitarbeitenden für die Arbeitsmotivation und damit für die Produktivität eines Unternehmens. Daraus entwickelte sich die Human-Relations-Bewegung, die das menschliche Verhalten auf der Basis von Motivationstheorien unter der Fragestellung untersuchte, welche Faktoren die Arbeitszufriedenheit fördern.[158] Man stieß auf Gesichtspunkte wie die Möglichkeit zur persönlichen Entfaltung, zur Einflussnahme auf die Entscheidungen der Unternehmensleitung, einen guten Informationsfluss, ein von Vertrauen geprägter Führungsstil, Selbst- statt Fremdkontrolle und die Bedeutung von Gruppen für das Wohlbefinden von Individuen. All das ließ die klassische betriebliche Organisationsgestaltung mit ihrer Trennung von Planung und Ausführung, hierarchischen Leitungsstrukturen und stark spezialisierten Tätigkeiten als ineffizient erscheinen. Die gewachsene Aufbau- und Ablauforganisation von Unternehmen im Lichte dieser Erkenntnisse zu verändern, erwies sich allerdings in der Praxis als schwierig, ein Umstand, aus dem heraus Ansätze wie Organisationsentwicklung, Change Management und Lernende Organisation entwickelt wurden.[159]

Aktuelle Konzepte der Personalführung und -motivation verbinden verschiedene sozialwissenschaftliche Theorien miteinander und entwickeln darauf aufbauend ein differenziertes Verständnis des Verhaltens von Mitarbeiterinnen und Mitarbeitern. »Verhaltensweisen des Menschen werden aus seinen persönlichen Bedürfnissen und Wertevorstellungen und seinen sozialen Beziehungen innerhalb der Organisation erklärt. In dieses Modell des Menschen fließen individualpsychologische, sozialpsychologische, soziologische und politologische Ansätze ein. Das Verhalten des Menschen innerhalb der Organisation ist das Ergebnis von Verhandlungs-, Anpassungs-, Beeinflussungs- und Problemlösungsprozessen.«[160]

In den verschiedenen Ansätzen der Personalwirtschaftslehre kommt eine Ambivalenz zwischen einer instrumentalen und einer personalen Perspektive auf Beschäftigte zum Ausdruck, die sich bis auf die Ebene konkreter Methoden auswirkt. So dienen jährlich geführte Zielvereinbarungsgespräche als Teil der Strategieimplementierung dazu, sicherzustellen, dass die vom Vorstand eines Unternehmens beschlossenen Strategien durch alle Hierarchieebenen hindurch bis zum einzelnen Mitarbeitenden Wirkung entfalten.[161] Dafür werden die Erreichung oder Nichterreichung der Ziele des vergangenen Jahres und der sich daraus ergebende Anspruch auf Bonuszahlungen festgestellt und die Ziele für das kommende Jahr vereinbart. Meisten spielen bei Zielvereinbarungsgesprächen zugleich Fragen der Personalbeurteilung und Personalentwicklung sowie ein gegenseitiges Feedback eine Rolle, um erwünschte Verhaltensweisen (Motivation, Produktivität, reibungsloses Funktionieren) zu verstärken und unerwünschte Verhaltensweisen (mangelnde Identifikation mit den Unternehmenszielen, mangelnde Ausschöpfung des eigenen Potentials, Schwächen, Konflikte) einzuschränken. In diesem Sinne sind Jahresgespräche ein hierarchisches Kontrollinstrument.[162]

Dass Vorgesetzte Leistungsbeurteilungen, Bonuszahlungen, Ziele, Personalentwicklungsmaßnahmen und Konfliktlösungen nicht einfach entscheiden, sondern zum Thema eines Gesprächs machen, suggeriert gleichzeitig eine Verhandlung unter Gleichen mit der Berücksichtigung der persönlichen Interessen von Mitarbeitenden, der Schaffung von Möglichkeiten zur Entscheidungsbeteiligung und zum Feedback, wie sie die Human-Relations-Bewegung fordert. »Der Vorteil [...] liegt im Vergleich zur reinen Zielvorgabe in der höheren Motivation des Mitarbeiters, da dieser am Zielbildungsprozess aktiv beteiligt ist und so seine Identifikation mit dem Ziel und seiner Tätigkeit erhöht wird.«[163]

De facto bedeuten Zielvereinbarungsgespräche aber, dass Vorgesetzte über Ziele entscheiden, gleichzeitig das Risiko ihrer Umsetzung aber auf die Mitarbeitenden abwälzen und ihnen zudem mit Bonuszahlungen noch einen Teil des unternehmerischen Risikos aufbürden. »Mit diesem verborgenen Funktionsmechanismus scheint ein entscheidender Grund für die Attraktivität von Zielsteuerung aus Perspektive des Top-Managements aufgedeckt zu sein. Die Führungskräfte erscheinen in der Zielsteuerung als die vermeintlich wichtigen Akteure, die jedoch durch die aufgezeigten Zusammenhänge auf elegante Weise von jeder Verantwortung für Mißerfolg freigesprochen werden können. Die klassische Zielsteuerung erweist sich als eine Art Halluzinogen zur Vorspiegelung einer Beherrschbarkeit des Steuerungsprozesses: Während die Zielsteuerung dem Management weitgehende Einflußmöglichkeiten der Steuerung suggeriert, werden Unsicherheitsbewältigung und Ergebnisverantwortung auf die nachgeordneten Stellen abgewälzt, mit der Folge, daß der Planungs-, Führungs- und Kontrollaufwand für die Führungskräfte minimiert wird, aber gleichzeitig die Möglichkeit der Eigenzuschreibung von Erfolgen und der Fremdzuschreibung von Mißerfolgen aufrecht erhalten bleibt.«[164]

Mitarbeitende geraten auf diese Weise in eine »Double-Bind«-Situation. Sie werden einerseits als wertzuschätzende und zu respektierende Subjekte angesprochen, dürfen ihre Leistung und ihr Potenzial selbst einschätzen und ihren Vorgesetzten Feedback geben. Gleichzeitig stehen sie aber unter dem Druck, ein möglichst hohes Leistungsversprechen abgeben zu sollen und müssen bei einer negativen Beurteilung ihres Chefs Karrierenachteile befürchten.[165] Es ist deshalb nicht verwunderlich, dass Jahresgespräche in der Praxis weit verbreitet, jedoch wenig beliebt sind.[166]

b. Übertragung auf kirchliche Verhältnisse

Viele betriebswirtschaftlich inspirierte Vorschläge zu einer Neuorientierung der kirchlichen Arbeit knüpfen in Konsequenz ihres marketingorientierten Grundansatzes an betriebswirtschaftliche Vorschläge zur Personalführung und -entwicklung an. Einige von ihnen fordern in Anlehnung an tayloristische Vorstellungen mehr Möglichkeiten zu einer verbindlichen Verpflichtung von Mitarbeiterinnen und Mitarbeiter auf zentrale Vorgaben als Voraussetzung für die Umsetzbarkeit ihrer Empfehlung zu einer durchgehenden Marketing- und Zielorientierung. In diesem Sinne schreibt Wolfgang Nethöfel: »Es sollte aber eigentlich selbstverständlich sein, daß Vorgesetzte und Mitarbeiter im Rahmen klarer Ziel- und Terminvorgaben Leistungsvereinbarungen treffen und sich dabei darüber verständigen, nach welchen Kriterien die Einhaltung überprüft wird. Klar sollte auch sein, daß Einhaltung wie Nichteinhaltung Konsequenzen im Rahmen eines individuellen Personalentwicklungsplans haben. Auch (und eigentlich gerade) für kirchliche Informations- und Personaldienstleistungen können nach dem Blick nach außen Qualitätsstandards formulierte werden; die Vorgesetzten sind für die Einhaltung verantwortlich. Auch ihre Leistungen müssen an den gemeinsam formulierten Zielen meßbar sein; auch sie müssen ihre Mitarbeiterinnen und Mitarbeitern Gelegenheit zu geschützter Rückmeldung über ihr Führungsverhalten geben.«[167]

In ähnlicher Weise wünscht sich Impulspapier »Kirche der Freiheit« eine mentale Veränderung der kirchlichen Mitarbeitenden hin zur Bereitschaft, sich stärker als bisher mit der Kirche als Institution zu identifizieren, im Sinne ihrer Ziele und auf höherem Niveau zu arbeiten. Hier seien Defizite vorhanden.[168] Daher gelte es, Aus-, Fort- und Weiterbildungsbemühungen zu verstärken,[169] verstärkt Instrumente der Personalentwicklung einzusetzen, speziell im Blick auf die Schulung von Führungskräften und die Motivation der Mitarbeitenden durch Leistungsanreize zu steigern.[170]

Pfarrerinnen und Pfarrer fühlten sich oft nur ihrem Gewissen oder den Wünschen der Kerngemeinde verpflichtet oder zögen sich in Nischen zurück.[171] Zugleich müsse die Qualität der pfarramtlichen Tätigkeit gesichert werden. Dazu fordert das Impulspapier, die Möglichkeiten zur Entsendung, Versetzung und Neubeauftragung von Pfarrerinnen und Pfarrern auszuweiten, um ein höheres Maß an Personalpolitik zu ermöglichen. Pfarrstellen mit besonderer Bedeutung sollten höher dotiert werden können. Die Verweigerung von Fortbildungen müsse berufliche Konsequenzen haben. Eine verstärkte Fachaufsicht in Form von Zielvereinbarungen und Beurteilungen durch die Vorgesetzten sei nötig, um Leistungsfähigkeit, Führungskraft und Vorbildlichkeit zu stärken. Dazu bedürfe es der »Verständigung über transparent formulierte Indikatoren pfarramtlicher Arbeit«[172].

Neben dem tayloristisch orientierten Einsatz von Personalführungsinstrumenten zur institutionellen Einbindung von Mitarbeitenden beschäftigen sich eine Reihe von Veröffentlichungen in Aufnahme der Führungsstildiskussion in der Managementlehre mit der Frage des angemessenen Leitungsverhaltens von Pastorinnen und Pastoren.[173] Hier kommt die komplexe Organisations- und Mitarbeiterstruktur in den Blick, die einen konstruktiven Umgang mit dem spannungsvollen Miteinander der beiden Rollen als Seelsorger und Vorgesetzter und dem Zusammenspiel pastoraler, nichtpastoraler Berufsgruppen und ehrenamtlicher Mitarbeitender nötig macht.

In der Praxis knüpfen kirchliche Körperschaften vor allem an personalwirtschaftliche Handlungsempfehlungen an, die sich der Human-Relations-Bewegung verdanken. Viele landeskirchlichen und mittlere kirchliche Ebenen unterhalten dazu inzwischen Stabstellen für Organisations- und Personalentwicklung.[174] Dort sind Fortbildungsgänge für Haupt- und Ehrenamtliche, Ausbildungskurse zur Qualifikation von Führungskräften, Gemeindeberatungs- Fachberatungs-, Supervisions-, Coaching- und Konfliktvermittlungsangebote angesiedelt. Daneben wählen einige Landeskirchen Bewerberinnen und Bewerber für Vikariatsplätze mithilfe eines assessment centers aus.[175]

4. Rechnungswesen und Controlling

Ein Unternehmen, das seinen Zahlungsverpflichtungen nicht nachkommt, muss Insolvenz anmelden. Entsprechend stand die Entwicklung von Verfahren der Buchhaltung, Bilanzierung und Kalkulation in der Gründungsphase der Betriebswirtschaftslehre um die Wende zum 20. Jahrhundert im Mittelpunkt der Ausbildungsgänge an den damals neu gegründeten Handelshochschulen.[176] Noch heute bildet das Rechnungswesen mit der Erhebung und Auswertung der monetären Aspekte eines Unternehmens mit Teilbereichen wie Jahresabschluss, Kosten- und Erlösrechnung, Investitions- und Finanzplanung, die Grundlage des betriebswirtschaftlichen Denkens.[177]

Das externe Rechnungswesen dient in Form des Jahresabschlusses (Bilanz, Gewinn- und Verlustrechnung) auf Grundlage der Finanzbuchhaltung der Rechenschaftslegung gegenüber Aktionären, Gläubigern und Finanzbehörden. Dazu stellt es in gesetzlich vorgeschriebener Form den erzielten Erträgen die dafür eingesetzten Aufwendungen gegenüber.[178]

Das interne Rechnungswesen unterliegt keinen gesetzlichen Vorschriften.[179] Jedes Unternehmen entscheidet eigenständig, mit welcher Zielrichtung es in welcher Form seine Kosten und Erlöse erhebt und auswertet. In der Regel werden zunächst die Kosten erhoben, die sich direkt auf jedes einzelne Produkt verteilen lassen (Einzelkosten), dann die gegenwärtigen und künftig zu erwartenden Gemeinkosten für Personal, Material, Maschinen, Energie, Gebäude, Zinsen usw. Die Gemeinkosten werden nach dem Verursacherprinzip einzelnen Betriebseinheiten als Kostenstellen zugeordnet und die Leistungen einzelner Kostenstellen füreinander intern miteinander verrechnet. Einige Unternehmen verrechnen die Gemeinkosten zusätzlich auf die betrieblichen Prozesse, zu denen die verschiedenen Kostenstellen beitragen.

In einem nächsten Schritt werden die Kostenstellen oder die Prozesskosten dann zusätzlich zu den Einzelkosten bestimmten Produkten als Kostenträgern zugeordnet. Den Kostenträgern stehen die geplanten und erzielten Erlöse gegenüber. Auf der Grundlage der durch das interne Rechnungswesen bereitgestellten Informationen ist ein Betrieb in der Lage, Preise zu kalkulieren, die Produktionskosten zu kontrollieren, Prozessabläufe zu optimieren, Entscheidungen über die Ausweitung oder Einschränkung der Produktion oder über Kostensenkungsmaßnahmen zu fällen. Das Verhältnis zwischen dem Verkaufswert der produzierten Güter und den dafür aufgewendeten Kosten bildet dabei den Maßstab für die *Effizienz* betrieblicher Prozesse, die Höhe der mit ihrem Verkauf erzielten Erlöse abzüglich der dafür angefallenen Kosten den der *Effektivität* in Form des Gewinns.

Das *Controlling* bedient sich teilweise des Rechnungswesens, umgreift jedoch mehr als nur die Kontrolle von Kosten und Erlösen. Seine Funktion besteht darin, betriebliche Planungs- und Strategieumsetzungsvorhaben begleitend zu beobachten.[180] Die *Durchführungskontrolle*[181] soll sicherstellen, dass Probleme bei der Umsetzung beschlossener Strategien rechtzeitig erkannt werden. Der Sinn der *Prämissenkontrolle*[182] besteht darin, die Gültigkeit der den Planungen zugrunde liegenden Annahmen laufend zu überprüfen, um frühzeitig Fehleinschätzungen oder veränderte Marktsituationen erkennen zu können, die eine Neuplanung notwendig machen. Die *allgemeine strategische Überwachung*[183] dient darüber hinausgehend der allgemeinen Beobachtung der Umwelt des Unternehmens, damit unerwartete Entwicklungen, die den Bestand des Unternehmens bedrohen könnten, nicht übersehen werden.

Wenn kirchliche Körperschaften im Rahmen von Rückbau-, Reorganisations- und Neuorientierungsprozessen auf betriebliche Formen des Rechnungswesens zurückgreifen, wollen sie von dieser Kompetenz der Betriebswirtschaftslehre bei der Kontrolle der Effektivität und Effizienz von Arbeitsprozessen profitieren. So erhob etwa eine Unternehmensberatung im Rahmen der Umstrukturierung der Dienste und Werke der Nordelbischen Ev.-Luth. Kirche zu Beginn ihrer Tätigkeit zunächst die von den landeskirchlichen Einrichtungen erbrachten einzelnen Leistungen und ordnete ihnen die dafür anfallenden Kosten zu, um auf dieser Informationsgrundlage nach Ansatzpunkten für Priorisierungen, Ausgabensenkungen und Effizienzsteigerungen zu suchen.[184]

Seit 2011 werden die Finanzströme der Nordelbischen Ev.-Luth. Kirche nach den Prinzipien der kaufmännischen Buchführung abgebildet, ein Trend, der sich EKD-weit mehr und mehr durchsetzt.[185] Den verschiedenen kirchlichen Körperschaften, Einrichtungen, Abteilungen und Arbeitsfeldern werden Kostenstellengruppen, Kostenstellen und Unterkostenstellen zugeordnet, Vorkosten erhoben und auf die einzelnen Kostenstellen umgelegt. Auf diese Weise lässt sich besser als mit dem kameralen System der Buchführung die Einnahme- und Ausgabesituation kirchlicher Arbeitsfelder auch unterjährig kontrollieren. Zugleich werden mithilfe von Abschreibungen langfristig anfallende Kosten berücksichtigt. Art und Detailtiefe der Auswertung der erhobenen Zahlen lassen sich dabei an den Informationsbedarf der jeweiligen Leitungs- und Aufsichtsinstanzen anpassen. Auf die Einführung einer Kosten-Leistungs-Rechnung mit der Definition einzelner Leistungen als Kostenträgern, denen Kostenstellen anteilig zugeordnet werden, hat die nordelbische Ebene mit wenigen Ausnahmen jedoch aufgrund des damit verbundenen Aufwands bisher verzichtet.

Die Verwaltungsämter auf Kirchenkreisebene sollen in Zukunft im Bereich der Verwaltungs- und Beratungsleistungen auf Grundlage einer Kosten-Leistungs-Rechnung die Kosten für einzelne Verwaltungsleistungen als

Kostenträger ermitteln und mit Kirchengemeinden und Einrichtungen einzeln abrechnen.[186] Damit wird die Transparenz des Verwaltungshandelns erhöht. Zusätzlich erlaubt diese Umstellung den Kostenvergleich zwischen verschiedenen Verwaltungsämtern und verbessert damit die Möglichkeit zur Kostenkontrolle. Ein echtes Controlling – meist in Anlehnung an das Instrument der Balanced Scorecard[187] – wird derzeit im kirchlichen Kontext aufgrund des damit verbundenen Aufwands nur auf landeskirchlicher Ebene verfolgt, und zwar nicht als isolierte Maßnahme, sondern im Rahmen der Übernahme von Konzepten für eine betriebswirtschaftlich orientierte Reform der öffentlichen Verwaltung.[188]

5. Verbreitung und Umsetzbarkeit

Die publizistische Wirkung des Impulspapier der EKD und anderer landeskirchlicher Reformpapiere sagt ähnlich wie im Bereich der kirchlichen Anwendung von Marketingmethoden noch nichts über die tatsächliche Verbreitung von Managementansätzen im Raum der verfassten Kirche aus. Empirische Erhebungen dazu liegen nicht vor. Nach einer von Jan Hermelink 2002 durchgeführten Befragung werden Managementmethoden vor allem in übergemeindlichen Körperschaften und Einrichtungen verwendet.[189] Dazu passt, dass sehr viel weniger Publikationen zum Einsatz von betrieblichen Planungs-, Kontroll-, Organisations- und Personalwirtschaftsmethoden im kirchlichen Kontext erschienen sind als zu Marketingansätzen.[190]

Das verwundert nicht, betrachtet man die bisher vorliegenden Erfahrungen. Denn die meisten Managementmethoden setzen die hierarchisch aufgebaute Organisationsform von Wirtschaftsbetrieben verbunden mit dem Weisungsrecht von Vorgesetzten und der zentralen Durchsetzbarkeit von Planungsvorgaben und Kontrollmechanismen voraus. Diese Voraussetzung ist aber in der evangelischen Kirche nicht durchgehend gegeben.

Vor welche Schwierigkeiten das die Realisierung von Managementansätzen stellt, zeigt sich z. B. am Schicksal der Handlungsempfehlungen des evangelischen Münchenprogramms. Hier ließ sich die aus der Managementlehre stammende strukturelle Grundidee, das Dekanat als Leitungsebene im Gegenüber zu den Kirchengemeinden zu stärken und zu einer Trennung von strategischer Planung und operativer Arbeit zu kommen, schon deshalb nicht verwirklichen, weil nur sechzehn von über sechzig Kirchengemeinden überhaupt an dem Projekt teilnahmen. Darüber hinaus weigerte sich eine Reihe von Kirchenvorständen, ihre Arbeit auf Konferenzen unter Vorsitz des Dekans zu planen.[191] Peter Barrenstein hat als Initiator des eMp interne Faktoren im Dekanat für das Scheitern des Projektes verantwortlich gemacht: die geringe Beteiligung der Gemeinden, die fehlende feste Einbindung von Mitarbeitenden, die mangelnde Finanzierung des Projekts und ein zu wenig ausgeprägte Führungswille kirchlicher Entscheidungsträger.[192]

Dabei setzt er allerdings Leitungsstrukturen voraus, wie sie für Unternehmen kennzeichnend sind. Die evangelische Kirche ist dagegen dezentral aufgebaut und im Blick auf die Schwerpunkte und Formen der Arbeit im Großen und Ganzen auf freiwillige Zusammenarbeit angelegt.[193] Dem Durchsetzungswillen kirchlicher Führungskräfte und Möglichkeiten zur »festen Einbindung« von Mitarbeitenden sind in dieser Hinsicht kirchenrechtlich enge Grenzen gesetzt. Kirchengemeinden entscheiden im Rahmen des geltenden Rechts selbstständig über ihre Aktivitäten, Pfarrerinnen und Pfarrer können nur in Ausnahmefällen zu etwas gezwungen werden, das gleiche gilt für Ehrenamtliche. Unter diesen Bedingungen ist es kein Wunder, dass sich die Idee einer Stärkung der Dekanatsebene als zentraler Angebotsplanungs- und Unterstützungsebene für die strategische Ausrichtung der inhaltlichen Arbeit der Kirchengemeinden nicht verwirklichen ließ. Der Unternehmensberater Matthias Dargel schreibt dazu vor dem Hintergrund ähnlicher Erfahrungen: »[…] die verbesserte Außenwirkung bzw. das missionarische Handeln macht zielgerichtetes Handeln nötig. Das aber geben die vorhandenen innerkirchlichen Steuerungsinstrumente nicht her. Diese wiederum zu verändern, würde einen Konsens erfordern, der in dieser Leitungsstruktur nur schwer zu erzielen ist.«[194]

Wenn sich ein bestimmtes Vorgehen aber unter den bestehenden organisatorischen Rahmenbedingungen nicht umsetzen lässt, muss man fragen, ob es für diesen Kontext geeignet ist. Wie Jens Beckmann bemerkt: »Zudem erscheint der aus der Betriebswirtschaftslehre entlehnte Effektivitäts- und Qualitätsanspruch an kirchliches Handeln schließlich im Beziehungsgeflecht von Haupt- und Ehrenamtlichen kaum einlösbar. Im Grunde steht im kirchlichen Bereich der Anspruch, durch zentral getroffene Entscheidungen, nichts anderes sind Zielformulierungen, eine höhere Qualität des kirchlichen Handelns zu erreichen, mit den dezentralen, zudem in hohem Maße durch ehrenamtliche Arbeit geprägten Strukturen im Widerspruch.«[195]

Den gleichen Vorwurf müssen sich die Vorschläge des Impulspapiers zu einer stärkeren Hierarchisierung und Zentralisierung von Körperschafts-, Verwaltungs-, Entscheidungs- und Personalführungsstrukturen gefallen lassen. Zu ihrer Realisierung müssten Synoden mit Zweidrittelmehrheit beschließen, das Selbstverwaltungsrecht kirchlicher Körperschaften, das Pfarrerdienstrecht und eigene Entscheidungskompetenzen einzuschränken.[196] Das erscheint wenig realistisch. Mit der Vereinheitlichung der Pfarrerinnen- und Pfarrergesetze im neuen Pfarrdienstgesetz der EKD hätte theoretisch die Chance bestanden, die Weisungsbefugnis leitender Geistlicher gegenüber Pfarrerinnen und Pfarrern auszubauen. Das ist nicht geschehen. § 26 Abs. 1 spricht nur davon, dass Pfarrerinnen und Pfarrer durch ihren Dienstherrn »gefördert und begleitet« werden und verpflichtet sie darauf, diese Begleitung anzunehmen. § 27 Abs. 2 fordert ihre »vertrauensvollen Zusammenarbeit mit den Leitungsorganen ihrer Gemeinde und ihrer Kirche«.[197] Damit vermeidet das Kirchengesetz Aussagen, die auf eine hierarchische Einordnung von Pfarrerinnen und Pfarrer hindeuten könnten.

Hinzu kommt, dass die EKD keine zentrale Führungsebene darstellt. Die für die Gestaltung der Rahmenbedingungen des kirchlichen Lebens entscheidenden Instanzen bilden auch fast fünfhundert Jahre nach der Reformation die Landeskirchen. Das wird schon daran deutlich, dass die gesamtdeutschen Zusammenschlüsse nicht von einer eigenen bischöflichen Person geleitet werden, sondern im Nebenamt von einer Landesbischöfin/einem Landesbischof.

Deshalb erstaunt es nicht, dass die Folgen eines breit angelegten Diskussionsprozesses über die Themen von »Kirche der Freiheit« auf einer Tagung der EKD-Synode, einem Zukunftskongress in Wittenberg und einer Zukunftswerkstatt in Kassel, begleitet von einer Fülle schriftlicher Stellungnahmen, lediglich in der Gründung eines Zentrums für die Qualitätsentwicklung im Gottesdienst, eines für evangelische Predigtkultur und dreier Zentren für Mission in der Region besteht, die jeweils nur mit wenigen, zum Teil von Landeskirchen kofinanzierten Referentenstellen ausgestattet sind. Daneben widmet sich die EKD dem Thema »Leitung und Führung« und stellt mit der Internetseite »geistreich« eine Plattform zur Sammlung und Vernetzung von Good-Practice-Beispielen bereit. Diese Maßnahmen fallen viel zu gering aus, als dass davon in nennenswertem Umfang praktische Wirkungen ausgehen könnten und stehen – verglichen mit den Konsequenzen von Managementpapieren für Unternehmen – im Grunde in keinem Verhältnis zum Anspruch des Impulspapiers und dem damit betriebenen kommunikativen Aufwand.

Das Gleiche gilt für Landeskirchen im Gegenüber zu Kirchenkreisen und Kirchenkreise im Gegenüber zu Kirchengemeinden. So bilden die vier von der Synode der Evangelischen Kirche in Baden beschlossenen Leitbilder und daraus abgeleiteten sechs strategischen Ziele[198] keinen rechtlich verbindlichen Rahmen für die Gestaltung der Arbeit anderer Ebenen des kirchlichen Lebens. Nur über das Angebot einer Begleitung zur Entwicklung eigener Leitbilder und Ziele in Auseinandersetzung mit denen der Landeskirche und einer Subventionierung entsprechender Projekte über einen Sonderfonds kann die landeskirchliche Ebene indirekt Einfluss ausüben.[199] Auch die von der Nordelbischen Ev.-Luth. Kirche beschlossenen fünfzehn strategischen Gesamtziele beziehen sich, anders als ihr Name suggeriert, nur auf die Arbeit der landeskirchlichen Dienste und Werke, nicht auf die der Kirchenkreise oder Kirchengemeinden.[200]

Das Impulspapier selbst beschreibt diese Begrenzung mit den Worten: »Es widerspricht dem Charakter und dem Selbstverständnis der evangelischen Kirche, durch zentrale Vorgaben eine Zielvision für alle verpflichtend vorschreiben zu wollen oder auch nur zu erwarten, dass sich alle Landeskirchen, Kirchenkreise, Gemeinden und Mitarbeiterinnen und Mitarbeiter auf die Umsetzung einer einzigen Vision einrichten.«[201] Kirchliche Leitungsebenen können Themen setzen, Diskursräume eröffnen und Positionen publizistisch veröffentlichen, aber sie besitzen nur in disziplinarischen Grenzfällen ein Eingriffs- und Weisungsrecht.

Die Organisationsstruktur der Kirche ist aus der Überzeugung von der Selbstwirksamkeit des Wortes Gottes und der sich daraus ergebenden Notwendigkeit zu einer Verkündigung des Evangeliums sine vi sed verbo (CA XXXIII) heraus entworfen. Sanktionsbewehrte Regeln sind nur für die Gestaltung der für die Verkündigung notwendigen organisatorischen Rahmenbedingungen vorgesehen. Damit sind der Wirksamkeit von Handlungsempfehlungen des strategischen Managements zur zentralen Planung und Fokussierung einer Organisation auf konkrete Wirkungsziele von vornherein enge Grenzen gesetzt.

Schwierigkeiten bereitet darüber hinaus die Umsetzung der von der Managementlehre empfohlenen Konzentration der Kräfte eines Wirtschaftsbetriebs auf die Beeinflussung der für sein mittel- und langfristiges Überleben besonders wichtigen Faktoren im Konkurrenzkampf mit anderen Unternehmen. Dem dient die Formulierung von Visionen und Leitbildern, die darauf aufbauende Entwicklung strategischer Ziele, die diese als zu erreichende, messbare Wirkungen operationalisieren sowie die daran orientierte Festlegung von operativen Teilzielen und Maßnahmen zu ihrer Verwirklichung. Der Sinn eines strategischen Planungsprozesses besteht also in der Reduktion der Komplexität betrieblicher Planungen auf das langfristig Wichtige.

Einzig das Impulspapier folgt diesem Ansatz mit dem Vorschlag einer konsequenten Konzentration des kirchlichen Handelns auf die Steigerung von Mitglieder- und Teilnahmezahlen als langfristig entscheidendem Faktor für das institutionelle Überleben. Die strategischen Ziele anderer Körperschaften fallen dagegen deutlich vager und weniger fokussiert aus. So formulieren etwa die sogenannten Schwerpunktziele der Evangelischen Landeskirche in Baden überwiegend keine Ziele im betriebswirtschaftlichen Sinne. Der Satz »Die Evangelische Landeskirche in Baden ermutigt dazu, gern und überzeugend vom Glauben zu sprechen«[202] beschreibt keine mittel- und langfristig zu erreichende Wirkung, sondern trägt den Charakter einer kirchenpolitischen Kundgebung, die an den Auftrag der Kirche erinnert. Das gilt in gleicher Weise für drei weitere Schwerpunktziele.[203]

Der Absatz über die kirchliche Bildungsarbeit mit dem benannten Ziel einer »Vertiefung des Wissens über den christlichen Glauben«, die darauf zielt, »Menschen im christlichen Glauben zu beheimaten«[204], wird nur im Blick auf einen aufzustellenden Gesamtbildungsplan konkret, der allerdings eine Einzelmaßnahme beschreibt, kein Ziel. Nur der Abschnitt über die Zusammenarbeit von Haupt- und Ehrenamtlichen lässt sich als klares strategisches Personalentwicklungsziel identifizieren.[205] Die Schwerpunktziele formulieren also überwiegend weder Schwerpunkte noch Ziele, sondern normative Aufgabenbeschreibungen, die die ganze Bandbreite des kirchlichen Auftrags umfassen, ohne einzelnen Bereiche aufeinander zu beziehen oder untereinander zu priorisieren. Die tatsächlichen Schwerpunkte der Landeskirche und das dahinter stehende Kirchenbild haben mit den formulierten Leitbildern und Schwerpunktzielen wenig zu tun. Sie lassen sich daran ablesen, für welche Arbeitsfelder auf welcher Ebene des kirchlichen Lebens welcher Anteil des Kirchensteueraufkommens verwendet wird.[206]

Auch die fünfzehn sogenannten »strategischen Gesamtziele« der Nordelbischen Ev.-Luth. Kirche für die Arbeit der landeskirchlichen Dienste und Werke[207] nehmen keine strategische Fokussierung vor, sondern beschreiben zum einen allgemeine Aufgaben (Verkündigung (3), Bildung (4), Gerechtigkeitshandeln (8), Seelsorge (10), Diakonie (11) und Ökumene (12)), zum anderen aktuelle operative Herausforderungen (organisatorische und finanzielle Konsolidierung der Hauptbereiche (14,15), Verknüpfung mit den Diensten und Werken der Kirchenkreise (13) und Personalentwicklung (6,7)). Daneben knüpfen die Ziele der Förderung von Spiritualität (1), der Beheimatung (2), der Zielgruppenorientierung (9) und des Agenda-Settings (5) an die Zielsetzungen des Impulspapiers der EKD an. Das geschieht allerdings nicht im Sinne einer Priorisierung, sondern zusätzlich zu allem anderen. Insgesamt haben die Gesamtziele erkennbar nicht den Sinn einer Konzentration der Kräfte, sondern den einer Abbildung und Legitimation des Ist-Zustandes der Arbeit der Dienste und Werke. Damit verliert die strategische Zielbildung ihre eigentliche Funktionalität, ein Phänomen, das sich bei der Übertragung von Managementansätzen auf gemeinnützige Organisationen häufiger beobachten lässt.[208]

Eigene Erfahrungen mit der Durchführung diverser Leitbildentwicklungsprozesse im Raum der Nordelbischen Kirche deuten darauf hin, dass auch Kirchengemeinden und kirchliche Einrichtungen aufgrund der Pluralität von Frömmigkeitstraditionen, theologischen Positionen, Kirchenbildern und sozialen Milieus selten zu der von der Managementlehre geforderten Profilierung, Priorisierung und Stringenz ihrer Arbeit finden, sondern eher zu einer Wahrnehmung der mit dieser Pluralität volkskirchlicher Verhältnisse verbundenen Konflikte, ihrer Bearbeitung und einem Ausbalancieren von Erwartungen. Hier zeigt sich ein deutlicher Unterschied zwischen Unternehmen, die sich auf bestimmte Produkte für bestimmte Zielgruppen konzentrieren, und kirchlichen Körperschaften, die in einem pluralen Umfeld mit verschiedensten Ansprüchen umgehen müssen, ohne einige davon auf Dauer priorisieren zu können.[209]

Schwierigkeiten bereitet auch die Umsetzung von betrieblichen Methoden der Personalführung. So führten die evangelischen Landeskirchen seit Ende der 1990er Jahre nach und nach Jahresgespräche zwischen Mitarbeitenden und ihren Vorgesetzten, teilweise auch mit Ehrenamtlichen, ein. Dazu heißt es etwa in § 3 Abs. 2 der Rechtsverordnung der Ev.-Luth. Landeskirche Hannovers zur Führung von Jahresgesprächen:

»Das Jahresgespräch umfasst folgende Inhalte:
1. Rückblick auf die Gestaltung der Zusammenarbeit seit dem letzten Jahresgespräch und die Verwirklichung der beim letzten Jahresgespräch getroffenen Vereinbarungen,
2. Austausch über die gegenseitigen Arbeitsbedingungen und das gegenwärtige Arbeitsumfeld,
3. gegenseitige Rückmeldung zur Zusammenarbeit,
4. Erarbeitung und Vereinbarung von Arbeitszielen,
5. Vereinbarung von Maßnahmen der Personalentwicklung.«[210]

Die Ergebnisse der letzten beiden Punkte sollen schriftlich festgehalten und vom Vorgesetzten und Mitarbeitenden unterschrieben werden.

Jahresgespräche dienen nach einem Beschluss des Rates der EKD zum Thema der Beseitigung eines Leitungsdefizites. »Auslöser hierfür war häufig der Eindruck, dass sich Leitung im kirchlichen Bereich oft auf Kontrolle und Krisenintervention beschränkt. Personalentwicklung ist demgegenüber die stetige Begleitung der Mitarbeitenden sowie die Weiterentwicklung ihrer Gaben und ihrer Motivation. Darüber hinaus soll sie Leitungspersonen helfen, ihre Leitungsaufgabe bewusster, klarer und stetiger wahrzunehmen und ihre Vorstellungen und Ziele klarer zu fassen und weiter zu vermitteln.«[211]

Anders als in Unternehmen der freien Wirtschaft können die Leitungsebenen der gesamtdeutschen Zusammenschlüsse, Landeskirchen und mittleren Ebenen Ziele allerdings weder vorgeben noch deren Umsetzung durchsetzen. So heißt es im Beschluss der EKD: »Grundsätzlich ist es zulässig, Zielvereinbarungen mit derselben rechtlichen Bindung auszustatten wie eine Anordnung im Rahmen des Weisungsrechts des Dienstherrn bzw. Arbeitgebers. Für Pfarrerinnen und Pfarrer würde in diesem Fall die Unabhängigkeit der Amtsführung, die sich ausschließlich auf Verkündigung und Seelsorge bezieht, unberührt bleiben, da in die Zielvereinbarung – dem Vereinbarungscharakter entsprechend – nur das aufgenommen werden dürfte, was beiderseitiges Einverständnis findet.«[212]

De facto kann das Verhalten von Pfarrerinnen und Pfarrer also gerade nicht hierarchisch über die Vereinbarung von Zielen gesteuert werden. Das gilt entsprechend für Ehrenamtliche. Rechtlich verbindliche Zielvereinbarungen für privatrechtlich angestellte Mitarbeitende und Kirchenbeamtinnen und -beamte sind zwar möglich und mögen in Einzelfällen sinnvoll sein. Der allgemeine Einsatz dieses Instruments für nur einen Teil der kirchlichen Mitarbeitenden widerspräche aber dem Leitbild der Dienstgemeinschaft. Die Vereinbarung von Zielen im Raum der verfassten Kirche ist deshalb im Großen und Ganzen auf *Freiwilligkeit, kommunikative Verständigung und Akzeptanz* angewiesen. Damit verlieren die Jahresgespräche ihre eigentliche Funktion im Rahmen der strategischen Umsetzung von Zielen und mutieren zu einem Kommunikations-, Abstimmungs- und Koordinationsinstrument ohne hierarchisch steuernde Kraft. Die durch die schriftliche Form der Ziel- und Personalentwicklungsvereinbarung suggerierte Verbindlichkeit bewegt sich auf einer symbolischen Ebene, ist aber nicht rechtlich sanktionierbar.

Ohne Probleme umsetzbar und inzwischen weit verbreitet sind dagegen betriebliche Methoden der Personalentwicklung. Offensichtlich sind in der kirchlichen Praxis an der Human-Relations-Bewegung orientierte Methoden anschlussfähiger als solche, die in Anlehnung an mechanistische Organisationsvorstellungen auf eine instrumentelle Einbindung von Mitarbeiterinnen und Mitarbeitern zielen.

Zusammenfassend betrachtet entfalten im Raum der verfassten Kirche Managementansätze zu einer übergreifenden, strategischen Fokussierung der kirchlichen Arbeit, zu einer stärkeren organisatorischen Trennung von Planung und Durchführung und zur instrumentellen Einbindung von Mitarbeitenden kaum Wirkung. Sie scheitern entweder aufgrund der andersartigen institutionellen Rahmenbedingungen bereits in der Phase der Umsetzung oder verlieren im Zuge ihrer Anpassung an den kirchlichen Kontext ihre eigentliche Funktionalität. Problemlos einsetzbar sind nur Ansätze, die auf die Begleitung und die Fortbildung einzelner Mitarbeiterinnen und Mitarbeiter zielen.

IV. New Public Management

Einige der Projekte zur Neugestaltung kirchlicher Strukturen und Abläufe unter dem Vorzeichen knapper Mittel orientierten sich nicht direkt an betriebswirtschaftlichen Handlungsempfehlungen, sondern greifen Konzepte auf, die seit Anfang der 1990er Jahre unter dem Druck zunehmender

Sparzwänge für den Bereich der Öffentlichen Verwaltung entwickelt wurden. Das liegt nahe, denn die Willensbildungs-, Entscheidungs-, Leitungs- und Verwaltungsstrukturen der evangelischen Kirche ähneln denen staatlicher Körperschaften.

Das gemeinde- und kirchenleitende Handeln bewegt sich im Rahmen staatskirchenrechtlicher Regelungen, einer an den historischen Grenzen staatlicher Gebietskörperschaften orientierten föderalen Gesamtstruktur und des Selbstverwaltungsrechts kirchlicher Körperschaften im Zusammenwirken parlamentsähnlicher Gremien, daraus gebildeter Leitungsausschüsse und nach staatlichem Muster organisierter Verwaltungsämter in der Bindung an durch Mehrheiten beschlossene kirchliche Verfassungen, Kirchengesetze, Satzungen und Rechtsverordnungen.

Die Mitarbeiterinnen und Mitarbeiter kirchlicher Verwaltungsämter sind an den Verwaltungsschulen der Bundesländer oder als Juristinnen/Juristen ausgebildet. Bei ihnen liegt das Fachwissen zum professionellen Umgang mit rechtlichen Gestaltungsfragen und Verwaltungsabläufen. Aufgrund des damit gegebenen Kompetenz- und Informationsvorsprungs gegenüber den in der Regel in Verwaltungsdingen ungeübten Pastorinnen/Pastoren, Mitarbeitenden und Ehrenamtlichen üben sie erheblichen Einfluss auf Willensbildungs- und Entscheidungsprozesse aus. Die Kirche ist zum Guten wie zum Schlechten immer auch eine »bürokratische Organisation«[213], eine Tatsache, die der Blick in die monatlich erscheinenden Gesetz- und Verordnungsblätter überzeugend vermittelt.

Bei aller Ähnlichkeit sind eine Reihe von Unterschieden zu beachten. So übersteigt der Anteil der Personalkosten am Gesamtbudget kirchlicher Körperschaften mit 60 bis 80 % den staatlicher Körperschaften um mehr als das doppelte.[214] Auch fallen anders als im staatlichen Bereich für kirchliche Leistungen in der Regel keine Gebühren an. Das schränkt die Möglichkeiten zur Realisierung von Effizienzgewinnen, etwa durch die Privatisierung von Leistungen, Gebührenanhebungen oder Leistungskürzungen, deutlich ein.

Zugleich liegen die Einnahmen und Ausgaben der evangelischen Kirche nur bei einem Bruchteil des Haushaltsvolumens des Staates.[215] Das *Gesamtkirchensteueraufkommen* einer Landeskirche entspricht in etwa den Einnahmen einer kleinen Großstadt, der Kirchensteueranteil landeskirchlicher Ebenen dem Haushaltsvolumen von Kleinstädten, der von Kirchenkreisen denen großer Dörfer.[216] Hinzu kommen Unterschiede in der Leitungsstruktur. So fehlen im Bereich staatlicher Verwaltungen dem Pfarramt und den leitenden geistlichen Ämtern vergleichbare Leitungsinstanzen. Das ist für die Übertragung verwaltungswissenschaftlicher Erkenntnisse insofern von Bedeutung, als sich das Wirken dieser Berufsgruppe größtenteils einer zentralen Steuerung entzieht. Das gilt in gleicher Weise für die Tätigkeit von Ehrenamtlichen, die in der Kirche anders als im staatlichen Bereich nicht nur an Leitungsentscheidungen, sondern auch an der Durchführung von Aufgaben maßgeblich mitwirken. Des Weiteren sind Landeskirchenämter in der Tradition der Konsistorien nicht monokratisch, sondern – meist unter dem Vorsitz leitender Geistlicher – kollegial oder als Synodalausschuss organisiert.[217] Damit soll gewährleistet werden, dass theologische, kirchenrechtliche und verwaltungstechnische Fragen interdisziplinär aufeinander bezogen bleiben und so der Charakter kirchenleitenden Handelns »geistlich und rechtlich in unaufgebbarer Einheit«[218] gewahrt bleibt.

Unter dem Begriff »New Public Management« (NPM) wird seit den 1990er Jahren die Verwendung von betriebswirtschaftlichen Instrumenten in öffentlichen Verwaltungen propagiert.[219] Dahinter verbirgt sich kein geschlossenes Konzept, sondern ein Sammelsurium unterschiedlicher Ansätze, die zunächst in den USA, England und Neuseeland, später auch in Deutschland, Österreich und der Schweiz in sehr unterschiedlicher Ausprägung in Reformprojekten zur Verwaltungsmodernisierung praktisch umgesetzt wurden.[220]

Der Staat wird von den Vertretern des NPM als Gewährleistungsstaat verstanden.[221] Zwischen den Extremen eines Sozialstaats, der sämtliche Verwaltungsleistungen selbst durchführt, und den Ideen des Neoliberalismus, der einen weitestgehenden Abbau staatlicher Leistungen fordert, steht hinter dem Begriff des Gewährleistungsstaates die Vorstellung, dass der Staat zwar den politisch gewollten Umfang und die Qualität öffentlicher Leistungen gewährleisten, aber nicht in jedem Fall selbst erbringen müsse. Daraus ergeben sich Spielräume für die Dezentralisierung und Privatisierung von Aufgaben und den Einsatz betriebswirtschaftlicher Methoden in der Absicht, dadurch die Effektivität und Effizienz des Verwaltungshandelns zu erhöhen.

1. Das Neue Steuerungsmodell

Als Beispiel sei hier das von der Kommunalen Gemeinschaftsstelle für Verwaltungsvereinfachung (KGSt)[222] Anfang der 1990er Jahre entwickelte »Neue Steuerungsmodell« (NSM) näher erläutert.[223] Es ist von besonderem Interesse, da sich inzwischen mehrere Landeskirchen daran orientieren. Die Initiatoren des NSM um den damaligen Vorstand der KGSt Gerhard Banner kritisierten die gewachsene bürokratische Form der Koordination im Zusammenspiel zwischen Kommunalpolitik und Verwaltungsämtern bei der Bewältigung öffentlicher Aufgaben als ineffizient und obrigkeitsstaatlich. Die strenge Arbeitsteilung und Hierarchisierung führe zu einem System »organisierter Verantwortungslosigkeit«.[224]

Das NSM zielt auf eine Binnenmodernisierung kommunaler Verwaltungsämter mithilfe betriebswirtschaftlicher Methoden, um auf diese Weise *Kundenorientierung* und *Effizienz* des Verwaltungshandelns zu erhöhen. Die mittels hierarchisch gegliederter Aufgabenverteilung, Befugnisse, Anweisungen und klarer Regeln gesteuerte Abarbeitung von Verwaltungsaufgaben wird durch eine am Managementdenken orientierte Steuerung über *Ziele* ersetzt. Verwaltungsleistungen werden als *Produkte* definiert, anhand bestimmter Quantitäten, Qualitäten, Zielgruppen, Personal- und Sachkosten klar beschrieben und in einer Kosten- und Leistungsrechnung als Kostenträger abgebildet. Die Verantwortung für diese Produkte und ihrer Budgets ist in Fachbereichen gebündelt und damit dezentral delegiert.[225]

Die Erledigung von Verwaltungsaufgaben geschieht nicht in einem isolierten Über- und Nebeneinander von einzelnen Zuständigkeiten, sondern in Teams, die jeweils für die ganzheitliche Bearbeitung von Vorgängen zuständig sind. Die Integration der Fachbereiche und ihre Rückbindung an die Leitungsebene des Amtes und die Politik erfolgt mithilfe der Vorgabe und Verabredung von Zielen in Kontrakten, der Kontrolle ihrer Erreichung an Kennzahlen und durch ein Berichtswesens.[226] Einerseits wird auf diese Weise eine Hierarchieebene eingespart, andererseits ist dafür der Aufbau einer zentralen Stabsstelle für Steuerung und Controlling notwendig.

Ein professionelles Personalmanagement soll die Qualifikation und die Motivation der Mitarbeitenden sichern, etwa durch Fortbildungen zur Steigerung der Kunden- und Qualitätsorientierung und materielle und nichtmaterielle Leistungsanreize.[227] Politik und Verwaltung werden im NSM strikt voneinander getrennt.[228] Die Politik ist aufgefordert, die Verwaltung als Ganzes über die Vorgabe von strategischen Zielen steuern, sich aber nicht ins operative Geschäft einmischen. Wettbewerbselemente wie Leistungsvergleiche und interne Vergabeverfahren sollen Druck ausüben und damit ihre Effizienz steigern.[229]

2. Anwendung auf landeskirchlicher Ebene

Dem Neuen Steuerungsmodell verpflichtete Ansätze sind über die Umstellung auf das kaufmännische Rechnungswesen hinaus bisher nur von wenigen kirchlichen Körperschaften aufgenommen worden. Beschreibungen entsprechender Bemühungen liegen für die Evangelischen Landeskirchen in Württemberg und in Baden, die Nordelbische Ev.-Luth. Kirche sowie einige kantonal-kirchlichen Verwaltungen und gesamtkirchliche Dienste in der Schweiz vor.[230] Kirchenkreise und Kirchengemeinden können aufgrund ihrer geringen Größe dagegen kaum davon profitieren. Exemplarisch seien an dieser Stelle das Vorgehen der Evangelische Landeskirche in Baden und die Entwicklung in der Nordelbischen Ev.-Luth. Kirche beschrieben.

Die Evangelische Landeskirche in Baden bemüht sich bereits seit Mitte der 1990er Jahre um eine Reform der kirchlichen Verwaltungsarbeit des Evangelischen Oberkirchenrates in Karlsruhe in enger Anlehnung an das NSM. Das traditionelle Modell der kameralen Haushaltführung mit seiner Orientierung an Haushaltsstellen und dem Verfall des Budgets am Ende des Haushaltjahres wurde seit dem Doppelhaushalt 2000/2001 durch globale Budgets für zu Budgetkreisen zusammengefasste Arbeitsfelder ersetzt, in dessen Rahmen Sach- und in eingeschränktem Maße auch Personalkosten über das Haushaltsjahr hinaus gegenseitig deckungsfähig sind, um den Budgetverantwortlichen ein höheres Maß an Eigenverantwortung und damit Flexibilität bei der Bewirtschaftung der Haushaltsmittel zu ermöglichen.[231]

Den kameralen Haushaltplan löste ein Haushaltsbuch ab, das neben dem Budget die von den Organisationseinheiten jeweils dafür erwarteten Leistungspakete sowie Indikatoren zur Leistungsüberprüfung gegenübergestellt.[232] Für das darauf aufbauende Berichtswesen schuf die Landeskirche die Stelle eines Controllers und reduzierte dafür im Ausgleich die Anzahl der Führungsebenen von vier auf drei.[233] Wer das Haushaltsbuch für die Jahre 2012/2013 aufschlägt,[234] kann nicht nur die Kosten erkennen, die für einzelne landeskirchliche Arbeitsbereiche anfallen, sondern erhält auch einen Einblick in die jeweiligen Leistungen. So enthält der Abschnitt über die Evangelische Akademie eine grundsätzliche Aufgabenbeschreibung, einen Rückblick auf den letzten und einen Ausblick auf den neuen Planungszeitraum, die mit der Arbeit verfolgten Ziele, den Beitrag der Evangelischen Akademie zu den strategischen Zielen der Landeskirche sowie Hinweise auf besondere Projekte. Es folgt eine detaillierte Auflistung der geplanten Tätigkeiten (Tagungen, Studienreisen, Medienbeiträge, Gottesdienste oder Beratungsgespräche) inklusive der intendierten Zahl von Teilnehmenden bzw. Veröffentlichungen. Dazu kommen in weiteren Spalten die in den letzten Jahren geplanten und tatsächlich durchgeführten Tätigkeiten.

Eine neue Geschäftsordnung für den Evangelischen Oberkirchenrat verankerte neben der gewohnten Aufteilung der Verwaltungsarbeit in sachbezogene Arbeitsfelder das Projektmanagement, setzte die Aufbauorganisation in Beziehung zum Haushaltswesen und führte jährliche Gespräche zwischen Mitarbeitenden und Vorgesetzten, Mitarbeiterbefragungen einschließlich der Beurteilung von Vorgesetzten sowie eine neue Regelung zur Bearbeitung von Schriftstücken ein, die den Dienstweg verkürzen soll.[235]

Weitere Elemente des NSM wie materielle Leistungsanreize für Mitarbeitende sind dagegen nicht übernommen worden.[236] Auch über das NSM hinausgehende Strategien zur Erzielung von Kosteneinsparungen, wie etwa die Verlagerung von Verwaltungsaufgaben auf andere Ebenen, ihre Privatisierung, die Straffung von Aufgaben oder ihre Abschaffung im Rahmen einer Aufgabenkritik hat die Evangelische Landeskirche in Baden bisher nicht verfolgt. Zudem blieben die Verwaltungsprozesse der Kirchenbezirke und der Kirchengemeinden samt ihrer vertikalen Verknüpfung mit denen der landeskirchlichen Ebene von größeren Veränderungen unberührt.

In ähnlicher Weise wie die Reformen in Baden ist die Reorganisation der nordelbischen Dienste und Werke von den Ideen des NSM beeinflusst.[237] So beschloss die Synode 2008 nach mehrjährigen Vorarbeiten, die gewachsene Vielfalt landeskirchlicher Einrichtungen entsprechend den Dezentralisierungsvorstellungen des NSM nach thematischen Gesichtspunkten in sieben »Hauptbereiche« genannte Fachabteilungen zu bündeln und mit einer eigenen Leitungsebene auszustatten. In Reinform ließ sich das allerdings nur in den vier Hauptbereichen einführen, die ausschließlich aus unselbstständigen Einrichtungen bestehen. In den drei anderen Hauptbereichen sind neben einigen kleineren Einrichtungen große selbstständige, in der Tradition des Vereinsprotestantismus stehende Werke (Ev. Presseverband, Brot für die Welt, Nordelbisches Missionszentrum, Diakonische Werke) zusammengefasst, die nur über vertraglich geregelte Zuschüsse mit der Landeskirche verbunden sind und sich dadurch einer direkten Einflussnahme von Synode, Kirchenleitung und Kirchenamt entziehen. Die Koordination von Zielen und Aufgaben sowie die Zusammenarbeit mit anderen Hauptbereichen kann deshalb nur auf freiwilliger Basis über ein sogenanntes Steuerungsgremium erfolgen, dessen Sprecher den Hauptbereich in der Gesamtkonferenz als dem Koordinationsgremium aller Hauptbereiche vertritt. Daneben liegen nach wie vor einzelne Arbeitsfelder in direkter Verantwortung des Kirchenamtes.

Den Hauptbereichen ordnete die Synode Budgets zu, deren Höhe sich an einem bestimmten Prozentsatz des der landeskirchlichen Ebene laut Finanzgesetz zustehenden Kirchensteueraufkommens orientiert, in Zeiten eines sinkenden Gesamtaufkommens also ebenfalls abnimmt und damit der Kostendeckelung dient. Von einer echten Budgetierung kann allerdings keine Rede sein, da über einen festen Stellenplan und Genehmigungsvorbehalte bei Stellenbesetzungen der größte und wichtigste Teil des Budgets der unselbstständigen Hauptbereiche weiterhin der direkten Kontrolle durch die kirchenleitenden Instanzen unterliegt. Eine Hauptbereichsleitung ist also nicht in der Lage, auf der Grundlage von Zielen frei über die zu ihrer Erreichung notwendigen Personalstellen zu entscheiden oder Maßnahmen an andere kirchliche Körperschaften oder private Anbieter zu vergeben.

Verbunden wurde die strukturelle Bündelung und Budgetierung mit der Umstellung der landeskirchlichen Haushaltsführung auf die Prinzipien des betrieblichen Rechnungswesens sowie der Entwicklung von strategischen Gesamtzielen für die Arbeit aller Dienste und Werke und daraus abgeleiteter Hauptbereichsziele in Anlehnung an die Balanced Scorecard. Ein Controllingverfahren, das kennzahlengestützt die Transparenz über die Leistungen einzelner Arbeitsfelder und den Stand der Zielerreichung herstellen soll, wird derzeit aufgebaut. In Zukunft sollen Synode und Kirchenleitung nicht mehr direkt in die Arbeit der Dienste und Werke eingreifen, etwa durch die Errichtung von Arbeitsstellen, Personalstellen oder Einzelbudgets, sondern nur noch mithilfe der Vorgabe von Zielen.

3. Praktische Erfahrungen

Für eine Einschätzung der Umsetzbarkeit und Wirksamkeit von Methoden des New Public Management in der Kirche sind zunächst die Erfahrungen von Bedeutung, die *staatliche* Körperschaften bisher damit gemacht haben. Zu den Wirkungen des NSM liegen die Ergebnisse eines am Lehrstuhl »Vergleichende Stadt- und Regionalpolitik« der Ruhr-Universität Bochum unter Leitung von Jörg Bogumil durchgeführten Forschungsprojekts vor. Danach hat das NSM zwar in deutschen Kommunen eine intensive Beschäftigung mit einer betriebswirtschaftlich ausgerichteten Binnenmodernisierung ausgelöst.[238] Dabei ist es allerdings in den wenigsten Fällen zu einer vollständigen Implementation des Ansatzes gekommen.[239] Ein Paradigmenwechsel vom »weberianischen Bürokratiemodell« zum »New Public Management« habe nicht stattgefunden.[240] Zudem hätten überwiegend nur mittlere und große kommunale Verwaltungen in Westdeutschland das NSM in nennenswertem Maße umgesetzt. Kleinere Kommunalverwaltungen seien nicht differenziert genug, als dass sich die Methoden des NSM anwenden ließen.[241] Ostdeutsche Gemeinden stünden wiederum weniger vor dem Problem einer Modernisierung als dem eines Rückbaus der Verwaltung, für das das NSM keine Lösungen bereithält.[242]

Die Wirkungen der im Rahmen des NMS realisierten Veränderungen fallen der Untersuchung der Bochumer Wissenschaftler zufolge zwiespältig aus. Das NSM hat zwar zu deutlichen Verbesserungen im Bereich der Bürger- und Kundenorientierung geführt.[243] Die dafür maßgeblichen Konzepte wie das Bürgeramt mit seiner Bündelung verschiedener Verwaltungsleistungen, die Optimierung von Baugenehmigungen oder Ansätze einer sozialraumbezogenen Jugendarbeit gehen allerdings auf Entwürfe aus den 1970er und 1980er Jahren zurück. Immerhin habe das NSM zu einem Reformklima beigetragen, das die Verwirklichung dieser Konzepte begünstigte.[244] Zugleich sind mithilfe des NSM aufs Ganze gesehen keine Effizienzsteigerungen und Kostenreduzierungen erreicht worden. Einsparungen auf der einen Seite liegen nicht unerhebliche Kosten für die Einführung des NSM und den Unterhalt seiner Steuerungs- und Controllingprozesse gegenüber.[245] In der gleichen Zeit vorgenommene Einsparungsprozesse wurden unabhängig vom NSM durchgeführt.[246]

Durch die Produktbildung und die Kosten-Leistungs-Rechnung konnten, so das Ergebnis der Untersuchung, die Transparenz des Verwaltungshandelns erhöht werden. Es liegen jetzt mehr und bessere Informationen über Umfang und Qualität von Verwaltungsleistungen und die damit verbundenen Kosten vor. Die Beschäftigung mit den eigenen Leistungen führte zu einem stärker ergebnisorientierten und kostenbewussten Verhalten von Mitarbeitenden. Diese Informationen haben jedoch nicht zu Veränderungen in der politischen und administrativen Steuerung der Kommunen geführt und blieben deshalb isoliert und dysfunktional.[247]

Die Budgetierung verwenden Städte und Gemeinden nach Beobachtung der Forschungsgruppe meist nur im Sinne einer Kostendeckelung, ohne sie mit Ziel- und Leistungsvorgaben bei gleichzeitiger Freiheit in der Entwicklung von Maßnahmen zur Zielerreichung zu verknüpfen.[248] Insbesondere die Steuerung der Ämter durch die Politik über die Verabredung von Zielen über Kontrakte ohne Einmischung in die operative Arbeit erwies sich als nicht realistisch. Hier widerspricht die Logik des politischen Handelns unter demokratischen Bedingungen den Vorstellungen eines stringenten Top-Down-Managements. Einmischungen in die Arbeit der Kommunalverwaltung um der Profilierung im Kampf um Wählerstimmen willen sind an der Tagesordnung, die Bereitschaft, sich mit Verwaltungsmodernisierung zu beschäftigen, ist gering ausgeprägt. Es bestehen nur wenig Möglichkeiten der Politik zur strategischen Schwerpunktbildung im Geflecht verschiedenster Interessen.[249]

Ein grundsätzliches Problem, so die Ergebnisse der Auswertung des NSM, stellt die Messung der Zielerreichung dar.[250] Vor allem bei komplexen Leistungen, wie etwa in der Kinder- und Jugendhilfe, stieß die Suche nach geeigneten Messgrößen über leicht zu erfassende quantitative Größen wie Teilnahmezahlen hinaus auf Grenzen. Der Versuch, qualitative Kriterien festzulegen, führte aufgrund heterogener Perspektiven zu unlösbaren Konflikten. Zwar habe die Einführung eines Berichtswesens für mehr Transparenz gesorgt und die Informationslage über Kostenentwicklungen verbessert, sodass Fehlentwicklungen früher erkennbar werden. Allerdings gilt: »Solange die Ergebnisse von Outputsteuerung und Berichtswesen die maßgeblichen Akteure nicht durch Anreize und Sanktionen unter Druck setzen (z. B. durch Veröffentlichung oder den Druck übergeordneter Ebenen) ihr Handeln zu ändern, bleiben die zweifelsohne vorliegenden Erkenntnisse über Steuerungsmängel häufig wirkungslos.«[251]

Die Dezentralisierung von Fachbereichen ließ sich nur in Ansätzen umsetzen.[252] Sie wurden formal gebildet, erhielten indes nur in geringem Maße

Verantwortung und unterliegen nur selten einer Steuerung nach Zielen. Das förderte zwar einerseits Synergieeffekte. Reibungsverluste wegen Doppelarbeiten und Abstimmungsnotwendigkeiten konnten verringert und die Kooperation zwischen einzelnen Abteilungen verbessert werden. Im Ergebnis führte diese Art der Realisierung andererseits jedoch dazu, *dass alte Steuerungsprobleme nicht beseitigt, zugleich aber neue geschaffen wurden.* Bei einer zu starken Dezentralisierung ohne Zielsteuerung und Controlling entstand in vielen Fällen eine Fragmentierung und Desintegration der Gesamtverwaltung, dem gegenwärtig mit einem Trend zur Re-Zentralisierung begegnet wird.[253]

Im Bereich des Personalmanagements fallen die Wirkungen des NMS der Bochumer Studie zufolge gering aus. Aufgrund der angespannten Haushaltslage waren nur wenig Mittel für Personalentwicklungsmaßnahmen vorhanden. Leistungs- und Motivationsanreize ließen sich nicht einsetzen, weil dem die Regelungen des Öffentlichen Dienstrechts entgegenstehen und sich die Verantwortlichkeiten für Zielerreichung nicht genau zuordnen lassen. Negative Konsequenzen ergaben sich im Blick auf die Zufriedenheit der Mitarbeitenden. Die Arbeitsbelastung nahm zu. Veränderungen lösten Demotivation und Blockadehaltungen aus. Zugleich fielen durch die Abschaffung von Hierarchieebenen Aufstiegschancen von Mitarbeitenden weg.[254]

Zusammenfassend betrachtet ist das NSM gemessen an seinen ursprünglichen Zielvorgaben zur Umwandlung der kommunalen Verwaltungen in Dienstleistungsunternehmen nach Auffassung der Forschungsgruppe um Jörg Bogumil gescheitert.[255] Zwar hat sich die Bürgernähe und Kundenorientierung von Kommunalverwaltungen verbessert. Der betriebswirtschaftliche Kern der Konzeption erwies sich jedoch entweder nur in dysfunktionalen Bruchstücken umsetzbar oder beeinträchtigte sogar kontraproduktiv die Steuerungsfähigkeit der Kommunen, weil sich die Logik des politisch gesteuerten öffentlichen Verwaltungshandelns als nur bedingt kompatibel zu Vorstellungen des strategischen Managements erwies. Ihre Umsetzung bewirkte entgegen den Erwartungen keine Kostenersparnis, gleichzeitig aber belastete sie stark die Arbeitszufriedenheit und Motivation der Mitarbeiterschaft. Allein das dadurch ausgelöste allgemeine Reformklima hat zu Prozessverbesserungen geführt, allerdings auf der Grundlage von Konzepten, die in keinem direkten Zusammenhang zum NSM stehen.

Über die Erfahrungen evangelischer Landeskirchen mit Ansätzen des New Public Management liegen bisher kaum auswertende Untersuchungen vor. Das Projekt »Kirchenkompass« der Evangelischen Landeskirche in Baden wird derzeit durch das Zentrum für zivilgesellschaftliche Entwicklung in Freiburg evaluiert.[256] Mit einer Veröffentlichung der Befunde ist nicht vor 2014 zu rechnen. Eine 2011 mithilfe qualitativer, halbstandardisierter Interviews und Reflexionsveranstaltungen im Auftrag der Kirchenleitung der Nordelbischen Ev.-Luth. Kirche durchgeführte Auswertung der Neuordnung der nordelbischen Dienste und Werke kommt zu ähnlichen Ergebnissen wie das Bochumer Forschungsprojekt.[257]

Mit dem Werkeneuordnungsgesetz war der größte Teil der landeskirchlichen Einrichtungen 2008 in sieben Fachabteilungen gebündelt worden. Dabei standen Kostensenkungen nicht im Vordergrund. Diese hatte die Landeskirche bereits vorher durch den Abbau von Personalstellen und den Verkauf von Gebäuden erzielt. Es ging Kirchenleitung und Synode vielmehr um eine Reorganisation des nach den Kürzungswellen übrig gebliebenen Umfangs, um über Effektivitäts- und Effizienzgewinne sicherzustellen, dass die mit den Diensten und Werken verbundenen inhaltlichen Anliegen trotz sinkender Kirchensteuermittel so weit wie möglich erhalten bleiben.[258]

Der Auswertung zufolge bewährt sich die thematisch orientierte Bündelung der nordelbischen Dienste und Werke in sogenannten »Hauptbereichen kirchlicher Arbeit« überwiegend. Drei Jahre nach Umsetzung der Reform lassen sich erste Synergie- und Effizienzeffekte sowie eine stärkere Außenorientierung landeskirchlicher Einrichtungen beobachten.[259] Die Hauptbereichsleitungen entfalten die beabsichtigten Wirkungen im Blick auf eine verbesserte Arbeitsplanung und Personalführung: Sie moderieren die Zusammenarbeit der verschiedenen in den Hauptbereichen zusammengeschlossenen Arbeitsfelder und nehmen Personalentwicklungsaufgaben wahr.[260] Darüber hinaus koordinieren sie gemeinsam in der »Gesamtkonferenz der Hauptbereichsleitungen« unter beratender Mitwirkung der zuständigen Dezernenten des Nordelbischen Kirchenamtes die Arbeit aller Dienste und Werke.

Das gilt allerdings nur für die vier Hauptbereiche, die ausschließlich aus unselbstständigen Einrichtungen bestehen. Im Medienwerk, im Bereich Mission und Ökumene und im Hauptbereich Diakonie ist es nicht die gemeinsame Leitungsstruktur, die die Koordination der Arbeit fördert, sondern die Erarbeitung gemeinsamer Konzepte oder die Durchführung gemeinsamer Projekte.[261] Die Einbindung der Diakonie in das System der Fachabteilungen scheiterte aufgrund der Selbstständigkeit diakonischer Einrichtungen gegenüber den Landesverbänden als Mitgliedern im Hauptbereich ganz, auch weil damit eine dysfunktionale Doppelstruktur zu bestehenden Koordinationsgremien entstand. Der entsprechende Hauptbereich wird deshalb wieder aufgelöst. Damit bleibt die Frage offen, wie die Diakonie sinnvoll auf andere nordelbische Arbeitsfelder bezogen werden kann.[262]

Die Mitarbeiterinnen und Mitarbeiter in den Diensten und Werke erleben die Reform unterschiedlich. Diejenigen unter ihnen, die bisher im Rahmen von Einzelbeauftragungen und kleinen Arbeitsstellen relativ isoliert tätig waren, begrüßen den Hauptbereich als neues Dach, das den regelmäßigen Austausch mit anderen Arbeitsfeldern und eine bessere Betreuung durch Leitungspersonen ermöglicht. Mitarbeitende größerer Werke, für die ein solches organisatorisches Setting selbstverständlich ist, kritisieren den Hauptbereich dagegen als zusätzliche Ebene, die sich zwischen sie und das Kirchenamt schiebt und auf diese Weise Abläufe verkompliziert. Der damit verbundene Koordinierungsaufwand koste Zeit und Kraft, die für die Wahrnehmung der eigentlichen Aufgaben fehle.[263]

Die Landeskirche setzt die Budgetierung – parallel zu den an der Umsetzung des NSM beteiligten Kommunen – nur als Instrument der Kostendeckelung ein, nicht zur Steuerung über Ziele bei gleichzeitiger unbegrenzter gegenseitiger Deckungsfähigkeit der Haushaltsposten. Eine eigenständige Bewirtschaftung der Stellen von Pfarrerinnen und Mitarbeitern ließ sich aus dienst- und arbeitsrechtlichen Gründen nicht umsetzen. Stellenplan und Stellenbesetzungen unterliegen nach wie vor Genehmigungsvorbehalten. Damit aber konnte die intendierte Absicht einer höheren Flexibilität im Umgang mit Ressourcen nicht erreicht werden. Das erscheint angesichts des hohen Budgetanteils für Personalstellen und Gebäude auch als wenig realistisch.

Neben Synergie- und Effizienzgewinnen hat die Gründung der Hauptbereiche ähnlich wie vergleichbare Dezentralisierungsprojekte in den Kommunen in der Folge eine Reihe neuer Steuerungsproblemen an den Schnittstellen zu Kirchenkreisen, kirchenleitenden Gremien und Verwaltung geschaffen. So sieht das Werkeneuordnungsgesetz für die vertikale Verknüpfung der Arbeit der Hauptbereiche mit den Diensten und Werken der Kirchenkreise den Abschluss von Kontrakten vor. Ein Pilotprojekt ergab jedoch, dass der dafür anfallende Verwaltungsaufwand in keinem Verhältnis zu dem damit zu erzielenden Koordinierungsgewinn steht und in der Regel mündliche Absprachen und kurze Protokollnotizen ausreichen, weil kaum ungebundene Finanzmittel oder feste Personalstellenanteile in die Zusammenarbeit einfließen.[264] Zugleich arbeiten viele Dienste und Werke bereits seit Jahrzehnten ebenenübergreifend zusammen, was die Sinnhaftigkeit zusätzlicher Verabredungen zwischen Hauptbereichsleitungen und den Leitungen der in sogenannten »Regionalzentren« zusammengefassten Einrichtungen der Kirchenkreise infrage stellt.[265]

Eine weitere Schwierigkeit entstand an der Schnittstelle zum Nordelbischen Kirchenamt. Traditionell vertreten die zuständigen Dezernenten die Anliegen der Dienste und Werke in Kirchenleitung und Synode. Mit den Hauptbereichsleitungen installierte die Synode eine neue Leitungsebene, die diese Funktion aufgrund der ihr zugeschriebenen Verantwortung und ihrer detaillierten Kenntnisse über die Arbeit vor Ort eigentlich übernehmen müsste. Das ist aber nicht vorgesehen. Damit hat sich eine potenziell konfliktträchtige Doppelstruktur gebildet, die einen hohen Koordinationsaufwand erfordert.[266] Hinzu kommt, dass die Bildung der Hauptbereiche eine aufwendige Neuabsprache der Verwaltungsabläufe zwischen den Einrichtungen vor Ort und dem Nordelbischen Kirchenamt nötig machte.[267]

Die mit der Neuordnung der nordelbischen Dienste und Werke analog zu den Vorstellungen des NSM intendierte stärkere Trennung zwischen strategischen und operativen Tätigkeiten ließ sich bisher ebenfalls nicht verwirklichen. Wie in den Kommunen fallen Entscheidungen auf landeskirchlicher Ebene in mehrheitlich mit Ehrenamtlichen besetzten Leitungsgremien nach dem Prinzip demokratischer Mehrheitsentscheidungen. In der Synode bilden die Beschäftigten der Dienste und Werke einen eigenen Wahlkörper mit einer festen Quote an Sitzen und sind mit einer Person in der Kirchenleitung vertreten. Über die Kammer für Dienste und Werke als ihrem Vertretungsorgan üben sie erheblichen kirchenpolitischen Einfluss aus. Zudem sind viele der Synodalen ehrenamtlich im Bereich der Dienste und Werke engagiert. Es ergibt sich also die für die evangelische Kirche typische Situation, dass die Mitarbeiterinnen und Mitarbeiter einer Körperschaft Mitglieder desjenigen Gremiums sind, das die Einrichtungen leitet, in denen sie arbeiten. So gesehen stellt die nordelbische Leitungsstruktur im Grunde ein System genossenschaftlicher Selbstverwaltung dar.

Mehrmals haben Synode und Kirchenleitung auch nach Bildung der Hauptbereiche aktiv in das operative Geschäft durch die Schaffung von Arbeitsstellen eingegriffen,[268] obwohl es ihre Aufgabe gewesen wäre, nur Ziele zu formulieren und der Gesamtkonferenz zu überlassen, konkrete Maßnahmen zu entwickeln. Umgekehrt haben nicht die landeskirchlichen Leitungsinstanzen, sondern die Hauptbereiche zusammen mit den Dezernaten die strategischen Gesamtziele für die Dienste und Werke entwickelt, was dazu führte, dass es zu keiner Schwerpunktsetzung kam, sondern zu fünfzehn Zielen, in denen sich, ähnlich wie in den sechs Schwerpunktzielen der Badischen Kirche, alle inhaltlichen Anliegen landeskirchlicher Einrichtungen wiederfinden.[269]

Eine unintendierte Folge der Gründung der Hauptbereiche besteht in der Abnahme der Beteiligungsmöglichkeiten von Ehrenamtlichen an Leitungsentscheidungen. Die verschiedenen Beteiligungsgremien wurden zugunsten eines gemeinsamen Hauptbereichskuratoriums aufgelöst. Damit stehen weniger Plätze für Ehrenamtliche als vor der Reform zur Verfügung. Umfang und Komplexität ihrer Aufgaben in einem Aufsichtsgremium über mehrere Arbeitsfelder haben zugenommen, zugleich besitzen sie gegenüber den alten Beiräten und Vorständen weniger Entscheidungskompetenzen. Dem Professionalisierungsgewinn auf der einen Seite entspricht also ein Verlust an Basisorientierung auf der anderen Seite, von dem sich erst mittelfristig zeigen wird, wie er sich auf die Motivation zur ehrenamtlichen Mitarbeit und die Basisnähe der Dienste und Werke auswirkt.[270]

Weitere Schwierigkeiten ergaben sich beim Aufbau des Controlling, die ähnlich wie im staatlichen Bereich bei der Frage begannen, an welchen Maßstäben der Erfolg landeskirchlicher Einrichtungen beurteilt werden soll.[271] Wirtschaftsunternehmen orientieren sich mit Kriterien wie Umsatz, Gewinn, Marktanteilen oder der Zufriedenheit ihrer Kundinnen und Kunden an *messbaren Wirkungen* und erfassen damit diejenigen Faktoren, von denen ihr *Überleben* abhängt. Eine Übertragung auf den kirchlichen Kontext setzt voraus, dass es sinnvoll und möglich ist, den Erfolg der Arbeit der Hauptbereiche an der *Wirkungsqualität* im Verhältnis zu den dafür eingesetzten Mitteln zu messen. Eine Kosten-Leistungs-Rechnung in diesem Sinne ist aber nur dort uneingeschränkt sinnvoll, wo Arbeitszweige in nennenswertem Umfang Verkaufserlöse erzielen, wie z. B. bei Übernachtungsbetrieben und sozialdiakonischen Einrichtungen in landeskirchlicher Trägerschaft, dem Amt für Öffentlichkeitsarbeit oder dem Evangelischen Pressverband.

Den größten Teil der nordelbischen Dienste und Werke machen Seelsorge- und Bildungseinrichtungen aus, deren Leistungen sich einer einfachen Messbarkeit entziehen. Die Sinnhaftigkeit der Seelsorgearbeit, so die in der nordelbischen Untersuchung aufgenommenen Einwände der Mitarbeitenden gegen das Controlling, erschließe sich »an ihrer Orientierung an den Grundsätzen der Kirche, nicht an ihrem Erfolg im Sinne damit erzielter Wirkungen.«[272] Auch fachliche Gründe stehen einer Erfassung von Leistungen in Kennzahlen entgegen. Welche Wirkungen von Gottesdiensten in Strafanstalten, Bildungsangeboten für Religionslehrerinnen und -lehrer, Prädikantenkursen, Veranstaltungen des Frauenwerkes, Begegnungen mit Partnerkirchen oder Seelsorgegesprächen mit Polizisten ausgehen und in welcher Weise sie kausal auf einen bestimmten Umfang oder eine bestimmte Form zurückzuführen sind, lässt sich aufgrund der Komplexität der damit verbundenen psychosozialen Prozesse weder in Messgrößen erfassen noch von externen Ursachen trennen.[273]

Die Wirkungen des kirchlichen Bildungshandelns sind nur in der Dimension abfragbaren Wissens objektiv überprüfbar. Seine Folgen für die Persönlichkeit, die religiöse Haltung, die fachliche Qualifikation oder das moralische Verhalten von Menschen und ihr Zusammenhang mit bestimmten Qualitäten des Bildungshandelns können, wenn überhaupt, nur mittels aufwendiger, langfristig angelegter sozial-empirischer Untersuchungen erfasst werden.[274] Auch die Prozessqualität der nordelbischen Arbeitsfelder lässt sich nicht leicht beurteilen.[275] Nur Strukturqualitäten wie Finanzmittel, Personalstellen, Qualifikationsanforderungen oder Personalentwicklungsmaßnahmen sind mithilfe von Kennzahlen gut zu planen und zu überprüfen.[276]

Immerhin hat die Diskussion um die Frage eines angemessenen Controllings zur Entwicklung von sogenannten »zusammenfassenden Darstellungen« geführt, die Kirchenleitung und Synode als Anhang zu Haushaltsplan und Jahresrechnung in komprimierter Form einen Einblick nicht nur in die Kostenstruktur, sondern auch in die Aufgaben, Schwerpunkte und aktuellen Herausforderungen der Hauptbereiche geben und damit die Transparenz der Arbeit der Dienste und Werke verbessern.[277] Die Details der Kostenverteilung werden dabei nicht mehr der Synode vorgelegt, sondern nur noch anhand von Wirtschaftsplänen von einem Unterausschuss des Finanzausschusses kontrolliert. Ob diese Darstellungen Steuerungsrelevanz für Entscheidungen der Synode über Aufgaben, Zielen und Schwerpunkte der Dienste und Werke in Verbindung mit einer entsprechenden Verteilung des Kirchensteueraufkommens gewinnen, wird sich erst herausstellen, wenn die Gesamtziele in einigen Jahren nach Gründung der Ev.-Luth. Kirche in Norddeutschland neu verhandelt werden.

Zusammenfassend betrachtet lassen sich nach bisherigen Erkenntnissen durch die Anwendung betriebswirtschaftlicher Ansätze in Anlehnung an das NSM für eine Reorganisation landeskirchlicher Einrichtungen und Verwaltungsämter in begrenztem Umfang Qualitäts-, Synergie- und Effizienzgewinne realisieren, allerdings um den Preis neuer Steuerungsprobleme im Zusammenwirken geistlicher, kirchenpolitischer, bürokratischer und managementorientierter Steuerungslogiken sowie einer abnehmenden Bedeutung ehrenamtlicher Mitarbeit.

Ein durchgehender Bezug auf Marketing- und Managementansätze in Verbindung mit dem Einsatz eines kennzahlengestützten Controlling ist nur dort sinnvoll, wo kirchliche Einrichtungen Erlöse erwirtschaften. Im Bereich der Seelsorge- und Bildungsarbeit aber lassen sich über die Erhebung der Anzahl von Veranstaltungen und Teilnehmenden sowie dem Grad ihrer Zufriedenheit hinaus keine Messgrößen erheben, die Auskunft über die angemessene Orientierung von Arbeitsfeldern am Auftrag der Kirche, ihre Wirkung oder ihre Qualität geben könnten.

Zugleich bleibt zweifelhaft, inwieweit die erhobenen Informationen angesichts des politischen Charakters landeskirchlicher Entscheidungsprozesse Steuerungsrelevanz gewinnen. Darüber hinausgehend stellt sich die Frage, wie diejenigen Leistungsaspekte, die sich in Kennzahlen operationalisieren lassen und solche, die sich einer Messbarkeit entziehen, im Rahmen des kirchlichen Leitungshandelns aufeinander bezogen werden sollen, ohne dass die nicht messbare Seite aus dem Fokus der Aufmerksamkeit gerät.

Kostensenkungen können Landeskirchen durch den Einsatz des NSM offensichtlich nicht erreichen, sondern nur durch die Zusammenlegung von Standorten, den Zusammenschluss von Einrichtungen oder eine Aufgabenkritik in Verbindung mit der Streichung von Personalstellen. Auch sind derartige Konzepte nur für große Körperschaften mit einem Budget im Bereich mehrstelliger Millionenbeträge sinnvoll. Kleinere Landeskirchen, Kirchenkreise und Kirchengemeinden können aufgrund ihrer geringen Differenziertheit kaum davon profitieren.

V. Zusammenfassung: Nur begrenzt wirksam

Mit dem Einsatz betriebswirtschaftlicher Methoden als Mittel zur Bewältigung aktueller kirchlicher Herausforderungen verbinden sich zwei Anliegen. Ein Teil der Vorschläge und praktischen Projekte zielt auf die Realisierung von Effizienzgewinnen in Reaktion auf die sinkenden Kirchensteuereinnahmen. Dazu nutzen kirchliche Körperschaften die betriebswirtschaftliche Kompetenz zur Erfassung von Finanzen und zur Herstellung von Kostentransparenz. Die dadurch gewonnenen Informationen fließen ein in Entscheidungen über Personalstellenkürzungen, den Verkauf von Gebäuden oder Reorganisationsmaßnahmen. Insgesamt beschränkt sich der Einsatz unternehmensanalytischer Konzepte und Methoden dabei auf die Abbildung von Finanzströmen, die kostensparende Gestaltung von Organisationsstrukturen und Unterstützungsprozessen. Die Inhalte, Aufgaben und Ziele von Kirchengemeinden, Diensten und Werken und Verwaltungsämtern bleiben davon unberührt.

Darüber hinausgehende Ansätze zielen auf die Steigerung der Wirksamkeit der kirchlichen Arbeit. Diese Wirksamkeit wird in quantitativen Messgrößen wie der Anzahl von Gottesdienstbesuchern, der Teilnehmerinnen und Teilnehmer an kirchengemeindlichen und übergemeindlichen Angeboten, Kasualien oder Kirchenein- und -austritten operationalisiert. Die Ursachen für die geringe Beteiligung am kirchlichen Leben, die hohen Kirchenaustrittszahlen, die sinkenden Einnahmen und den gesellschaftlichen Relevanzverlust werden in Anlehnung an marktwirtschaftliche Vorstellungen diagnostiziert. Nicht der Markt religiöser Nachfrage sei kleiner geworden, die Kirchen in Deutschland hätten nur ihre Monopolstellung auf diesem Markt verloren. Sie konkurrierten darauf mit anderen Sinnanbietern. Hier müsse sich die evangelische Kirchen in einem Wettbewerb um die Zeit und das Geld von Menschen behaupten.

Als Strategie zur Erreichung dieser Ziele wird in Anknüpfung an das Marketingdenken eine klare Orientierung der kirchlichen Arbeit an der Verkündigung des Evangeliums als ihrer Kernkompetenz gefordert, um auf diese Weise das eigene Profil auf dem Markt wiederkennbar zu machen. Diese klare Position gilt es dann, in ihrer Form an den zu Zielgruppen aggregierten individuellen Bedürfnissen vorhandener und potenzieller Kirchenmitglieder auszurichten. Darüber hinausgehend fordern einige Reformprogramme eine Orientierung der kirchlichen Organisations- und Leitungsstrukturen, Entscheidungs- und Personalführungsprozesse an betriebswirtschaftlichen Vorstellungen einer hierarchischen Trennung von Planung und Ausführung, schnellere Entscheidungswege und Möglichkeiten zur Motivation und Verpflichtung von Mitarbeitenden auf die Verwirklichung gesamtkirchlicher Ziele, um überhaupt im Raum der verfassten Kirche eine abgestimmte Marketingstrategie umsetzen zu können.

In diesen beiden Zielrichtungen lassen sich die Grundprinzipien betriebswirtschaftlichen Handelns erkennen.[278] Dem *Minimalprinzip* zufolge besteht die Aufgabe eines Unternehmens darin, seinen Ertrag mit einem Minimum an Aufwand zu erreichen. Dem entsprechen Anstrengungen zur Effizienzsteigerung des kirchlichen Handelns. Nach dem *Maximalprinzip* soll ein Unternehmen mit den zur Verfügung stehenden Mitteln ein Maximum an Ertrag erwirtschaften. Dem folgen Ansätze zu einer Steigerung der missionarischen Wirksamkeit der kirchlichen Arbeit.

Die praktischen Erfahrungen mit dem Einsatz betriebswirtschaftlicher Handlungsempfehlungen zur Bewältigung kirchlicher Rückbau-, Reorganisations- und Neuorientierungsprozesse fallen, gemessen an den damit verfolgten Zielen, ernüchternd aus. Da rund 70 % des Kirchensteueraufkommens in die Finanzierung unbefristeter Personalstellen und weitere 10 % in den Unterhalt von Gebäuden fließen, können Einnahmeausfälle kaum durch Effizienzsteigerungen ausgeglichen werden. Immerhin kann eine Umstellung der Haushaltsführung auf das betriebliche Rechnungswesen Kostentransparenz und Kostenbewusstsein fördern.

Eine Kosten-Leistungs-Rechnung und ein darauf aufbauendes kennzahlengestütztes Controllingverfahren ergeben ohne Einschränkung dagegen nur für solche Arbeitsfelder einen Sinn, die mit der Bereitstellung von Produkten, Dienstleistungen oder Nutzungsrechten Erlöse erwirtschaften, wie etwa Friedhöfe, sozialdiakonische Einrichtungen, Bettenbetriebe oder Presseverbände. Darüber hinaus lassen sich mit ihrer Hilfe Strukturqualitäten wie Finanzen, Gebäude, Personalstellen, Sachmittel, Personalentwicklungsmaßnahmen usw. abbilden.

Die Wirkungen und Qualitäten von Leistungen im Bereich von Verkündigung, Bildung und Seelsorge entziehen sich jedoch aus theologischen und fachlichen Gründen einer Operationalisierung in Kennzahlen, Messgrößen, Indikatoren und Zielwerten. Die Anzahl geplanter und durchgeführter Aktivitäten und der damit erreichten Menschen lässt sich zwar gut erheben. Diese Kriterien stellen aber keinen geeigneten *primären* Erfolgsmaßstab dar, denn sie erfassen nicht, ob Körperschaften, Arbeitsfelder oder einzelne Mitarbeiterinnen und Mitarbeiter ihren Auftrag angemessen wahrnehmen. Zugleich entfaltet ihre Erhebung keinerlei Steuerungsrelevanz, weil die Verteilung von Kirchensteuermitteln nach inhaltlich-theologischen, kirchenpolitischen und rechtlichen Gesichtspunkten erfolgt und sich nicht am Maßstab der mit kirchlichen Leistungen erzielten messbaren Wirkungen orientiert. Damit droht ähnlich wie bei den Bemühungen um eine Reform der Öffentlichen Verwaltung die Gefahr des Aufbaus kostenintensiver Rationalitätsfassaden.

Eine ebenenübergreifende Planung von Aufgaben, Inhalte, Prioritäten und Zielen ist aufgrund des Selbstverwaltungsrechts kirchlicher Körperschaften nicht umsetzbar. Auch eine strategische Fokussierung von Aktivitäten mit klaren Prioritäten erscheint angesichts der Pluralität volkskirchlicher Verhältnisse und der auf freiwillige Zusammenarbeit, Konsens und den Ausgleich von Interessen angelegten Willensbildungs- und Entscheidungsprozesse weder sinnvoll noch realistisch. Personalentwicklungsmaßnahmen haben inzwischen weite Verbreitung gefunden, Personalführungsinstrumente aber setzen die Weisungsbefugnis von Vorgesetzten voraus, die nicht durchgehend gegeben ist.

Aufgrund dieser Sperrigkeit kirchlicher Strukturen wandern Managementinstrumente, die in Unternehmen umfassende praktische Wirksamkeit entfalten, bei ihrem Import in die Kirche auf die Ebene des symbolisch-kommunikativen Handelns und verlieren dabei ihre eigentliche Funktionalität. Aus einem verbindlichen Strategieprogramm wird ein unverbindlicher Diskussionsimpuls, aus einem Zielvereinbarungsgespräch ein Jahresgespräch.

Anders als Managementmethoden lassen sich Marketingkonzepte zwar im Raum der verfassten Kirche umsetzen, etwa im Rahmen einer zielgruppenorientierten und milieusensiblen Gestaltung kirchlicher Veranstaltungen. Nach bisherigen Erfahrungen erreichen Kirchengemeinden und übergemeindliche Einrichtungen damit jedoch nur Menschen, die ihr überdurchschnittlich stark verbunden sind, nicht solche, die ihr fernstehen, die auszutreten drohen, die bereits ausgetreten sind oder die nie zu ihr Kontakt hatten. Nur das gute Drittel ihrer Mitglieder anzusprechen, die als »treue Kunden« gelten können, geht aber am eigentlichen Problem vorbei. Um wie gewollt ihren Mitgliederbestand zu sichern, müsste die

Kirche verstärkt die überwiegende Mehrheit ihrer distanzierten Mitglieder, Ausgetretene oder Konfessionslose erreichen. Man darf sich also bei der Beurteilung der Sinnhaftigkeit des Einsatzes von Marketingansätzen im Kontext der verfassten Kirche nicht von Einzelerfolgen blenden lassen. Sie sagen nichts über eine mögliche gesamtkirchliche Wirkung aus.

Die Ursachen für die beobachteten Schwierigkeiten bei der Umsetzung von Handlungsempfehlungen aus dem Bereich der Managementlehre lassen sich relativ leicht erkennen. Unter bestehenden Strukturbedingungen wie dem Selbstverwaltungsrecht kirchlicher Körperschaften, den genossenschaftsähnlichen Leitungsstrukturen unter maßgeblicher Beteiligung von Ehrenamtlichen, den kirchenpolitischen Entscheidungsabläufen, den mehrheitlich auf freiwillige Zusammenarbeit angelegten Arbeitsprozessen und der Unabhängigkeit des Pfarramtes können managementorientierte Planungs-, Organisations-, Personalführungs- und Kontrollkonzepte kaum Wirkung entfalten.

Schwerer zu verstehen ist die begrenzte Wirksamkeit von Marketingansätzen, weil konkrete Erfahrungen der Gesamtperspektive widersprechen. Vor Ort erleben Mitarbeitende, wie sich mit Hilfe eines klaren Angebotsprofils, einer zielgruppen- und milieubewussten Gestaltung und einer guten Öffentlichkeitsarbeit Beteiligungszahlen steigern lassen. Es leuchtet zunächst nicht ein, dass sich von einzelnen Beispielen nicht auf die Gesamtkirche schließen lässt. Warum soll es die evangelische Kirche nicht weiterbringen, wenn alle Körperschaften und Einrichtungen ihre Angebote durchgehend marketingorientiert planen? Mit dieser Frage setzt sich das folgende Kapitel auseinander.

C. Die Wirtschaftstheorie als Paradigma kirchlicher Selbstwahrnehmung

Der Einfluss des betriebswirtschaftlichen Denkens auf das kirchliche Handeln beginnt nicht erst auf die Ebene der praktischen Verwendung einzelner Konzepte und Methoden. Er zeigt sich bereits in den damit verbundenen Analysen, und zwar dort, wo die evangelische Kirche mikroökonomisch als ein am Markt tätiges Unternehmen interpretiert wird.

Die Ursachen für die finanziellen Schwierigkeiten eines Wirtschaftsbetriebs können entweder auf der Nachfrage- oder auf der Angebotsseite liegen. Möglicherweise sinkt die *Gesamt*nachfrage nach bestimmten Produkten, etwa aufgrund einer Rezession, technischer Innovationen, staatlicher Eingriffe oder Veränderungen des Konsumverhaltens. Dann steht eine Firma vor der Wahl, entweder auf die Herstellung von Produkten auszuweichen, für die eine höhere Nachfrage besteht, die Produktionskapazitäten zu verkleinern oder Insolvenz anzumelden. Wenn bei einer gleichbleibenden Gesamtnachfrage Kundinnen und Kunden zu Konkurrenzprodukten greifen oder ganz auf einen Kauf verzichten, wird man die Ursache auf der Angebotsseite suchen müssen. Vielleicht drängen neue Anbieter in den Markt, mit der Qualität der Produkte stimmt etwas nicht, der dafür verlangte Preis ist zu hoch, das Unternehmen wirbt nicht genügend für sich oder die Vertriebskanäle sind ungeeignet. Dann muss ein Betrieb die verantwortlichen Ursachen im Bereich der Produktionsfaktoren identifizieren und beseitigen, um seine Konkurrenzfähigkeit wiederherzustellen. Eben hier, so die These ökonomisch orientierter Analysen der kirchlichen Arbeit, liegen die Probleme der evangelischen Kirche. Nicht der Markt religiöser Nachfrage sei kleiner geworden, die Kirche habe nur ihre Monopolstellung auf diesem Markt verloren. Sie konkurriere darauf mit anderen »Sinnanbietern« oder säkularen Angeboten der Freizeitgestaltung.[1]

Nun kann aus wirtschaftstheoretischer Sicht kaum anders als angebotsorientiert argumentiert werden. Denn würde man eine sinkende Gesamtnachfrage konstatieren, müsste man der Kirche wie Unternehmen in gleicher Lage empfehlen, Inhalte zu produzieren, die sich besser absetzen lassen oder die Produktion zu verkleinern. Eine Anpassung der Inhalte an eine vorhandene oder vermutete Nachfrage kommt aus theologischen Gründen nicht infrage. Zugleich besteht die Attraktivität betriebswirtschaftlicher Handlungsempfehlungen gerade in ihrem Versprechen, zu einer Steigerung von Beteiligungs- und Mitgliederzahlen beitragen zu können. Wenn ihr Einsatz Sinn ergeben soll, muss die religiöse Gesamtnachfrage per definitionem im Prinzip vorhanden sein und die Kirche nur bei Form, Qualität oder Preis ihrer Angebote etwas verkehrt machen.

Diese ökonomische Sicht auf die Situation der evangelischen Kirche ist in sich konsistent und erscheint auf den ersten Blick plausibel, fallen einem doch sofort eigene Erlebnisse mit schlecht gemachten Amtshandlungen, langweiligen Predigten, lieblos gestalteter Liturgie, wenig einladenden Gemeindehäusern, Vereinsmuff, Cliquenwirtschaft und unfreundlichen Pfarrerinnen und Pfarrer ein. Sie ist attraktiv, weil sie der Kirche die Kraft zuspricht, ihre Probleme aus eigener Kraft lösen zu können. Zudem sagt eine solche Deutung übergemeindlichen Leitungsinstanzen zu, weil sie ihnen entgegen der üblichen antiinstitutionellen Ressentiments analog zum Management eine bedeutsame Rolle zuschreibt.

Wie die folgenden Ausführungen zeigen, wird diese Interpretation trotz ihrer vordergründigen Plausibilität der evangelischen Kirche indes nicht gerecht. Sie führt zwar einerseits zu einem gewissen Erkenntnisgewinn, erzeugt jedoch zugleich Wahrnehmungsverzerrungen von einiger Dramatik, die sich negativ auf die Eignung darauf aufbauender Handlungsempfehlungen auswirken. Um verständlich zu machen, wo die Aporien einer wirtschaftstheoretischen Beschreibung des kirchlichen Lebens liegen, bedarf es eines längeren Anlaufs, damit die dahinter stehenden Theorien, die ihnen zugrunde liegenden wissenschaftsmethodischen Überlegungen, Axiome und Hypothesen sowie die sich daraus ergebenden Probleme deutlich werden.

Ein erster Schritt beschreibt zunächst den praktische Kontext, den Problembezug, das erkenntnisleitende Interesse und die Methodik der Wirtschaftswissenschaften. Danach wird das Ökonomische Verhaltensmodell als die grundlegende Theorie des ökonomischen Denkens in seiner (noch) weitverbreiteten neoklassischen Ausprägung sowie einige seiner Anwendungsmöglichkeiten für die Analyse wirtschaftlicher Zusammenhänge und als allgemeine Theorie rationaler Entscheidungen dargestellt. Der darauf folgende Abschnitt gilt den von den Befürwortern des Ökonomischen Verhaltensmodells selbst zugestandenen Grenzen seiner Erklärungskraft und der Kritik, die ihm innerhalb und außerhalb der Ökonomik entgegenschlägt. Es folgt unter Aufnahme der aktuellen Diskussion in der Religionssoziologie die Auseinandersetzung mit ökonomischen Ansätzen zur Beschreibung religiöser Phänomene. Daraus ergibt sich abschließend die Frage nach den Chancen und Grenzen einer wirtschaftstheoretischen Interpretation der gegenwärtigen Lage der evangelischen Kirche.

I. Problembezug, erkenntnisleitendes Interesse und Methodik

Das Problem, mit dem sich die Ökonomik als Wissenschaft nach eigenem Selbstverständnis beschäftigt, besteht in dem der Knappheit natürlicher Ressourcen. Daraus ergibt sich der Zwang von Individuen, Haushalten, Organisationen, Volkswirtschaften und der Weltwirtschaft als ganzer, zu Entscheidungen darüber kommen zu müssen, was in welchem Umfang und in welcher Qualität wie daraus produziert und an wen es wie verteilt wird.[2] Dabei sucht sie nach Antworten auf die Frage, wie Produktion und Verteilung von Wirtschaftsgütern organisiert sein müssen, um aus den knappen Ressourcen ein Optimum an Nutzen ziehen zu können.[3]

Der Prozess der Produktion und Verteilung von Wirtschaftsgütern im Rahmen von Marktprozessen als der praktische Kontext, auf den sich die Wirtschaftswissenschaften beziehen, lebt von der Gewinnung natürlicher Ressourcen und ihrer Umwandlung in materielle Produkte durch Arbeitskraft, Maschinen und Energie. Dieser Vorgang lässt sich mathematisch beschreiben. Zugleich stellt das Wirtschaftsgeschehen als Interaktion zahlloser Menschen im Rahmen von Arbeits-, Dienstleistungs-, Rechts- und Tauschbeziehungen unter bestimmten historisch gewachsenen kulturellen, sozialen, politischen, rechtlichen und institutionellen Rahmenbedingungen ein komplexes soziales Phänomen dar.[4] Diese Komplexität lässt sich mittels der Verwendung von Geld als Kommunikationsmittel und Bindeglied zwischen der natürlichen und der sozialen Dimension des Wirtschaftens und der mathematischen Abbildung der sich daraus ergebenden Finanzströme nur teilweise reduzieren.[5]

Die Wirtschaftswissenschaften haben im Laufe der letzten Jahrhunderte unterschiedliche wissenschaftsmethodische Zugänge für die Erklärung des

Ineinanders von natürlichen und sozialen Zusammenhängen in Marktprozessen entwickelt. Vertreter der klassischen Nationalökonomie des 18. und der ersten Hälfte des 19. Jahrhunderts wie Adam Smith, Jeremy Bentham, David Ricardo, Thomas Robert Malthus, John Stuart Mill und Jean-Baptiste Say argumentierten moralphilosophisch, psychologisch, naturrechtlich und politisch. Inhaltlich standen volkswirtschaftliche Fragen im Vordergrund: Inwiefern tragen freie Märkte zur Effizienz der Produktion und Distribution von Gütern bei? Welche positiven und negativen Wirkungen des Marktgeschehens lassen sich beobachten? Wie kann man die positiven Wirkungen fördern und die negativen Wirkungen eindämmen? Welche Aufgaben soll der Staat dabei erfüllen? Inwieweit sollen Produktion und Verteilung von Wirtschaftsgütern zentral geplant und inwieweit dem freien Spiel von Angebot und Nachfrage überlassen werden?[6]

Karl Marx, Friedrich Engels und die ihnen nachfolgenden marxistischen Ökonomen deuteten das Wirtschaftsgeschehen als durch den Gegensatz zwischen Arbeit und Kapital, Proletariat und Bourgeoisie bestimmt. Die sogenannte historische Schule der Wirtschaftswissenschaften zwischen 1850 und 1950 mit Vertretern wie Wilhelm Georg Friedrich Wilhelm Roscher, Bruno Hildebrand, Gustav von Schmoller und Lujo Brentano sowie die Strömung der Institutionalisten in den USA Anfang des 20. Jahrhunderts betrachteten ökonomische Prozesse als geschichtliche Ereignisse, deren Dynamik von kulturellen und institutionellen Rahmenbedingungen bestimmt wird. Die Stichworte Keynesianismus, Monetarismus, Ordo- und Neoliberalismus stehen für verschiedene makroökonomische Theorien zur Funktion des Staates bei der Förderung der Effizienz ökonomischer Prozesse. Neuere Ansätze zur Analyse wirtschaftlicher Zusammenhänge bauen auf experimentalpsychologischen, systemtheoretischen oder ökologischen Überlegungen auf.

Es gilt also: »Ökonomen sind auch nur Menschen, und so gehen ihre Meinungen und Ideologien oft beträchtlich auseinander.«[7] In den letzten Jahrzehnten hat allerdings die sogenannte »neoklassische Schule« des wirtschaftswissenschaftlichen Denkens gegenüber anderen Strömungen enorm an Einfluss gewonnen.[8] Sie beherrscht große Bereiche der volkswirtschaftlichen Theoriebildung, dominiert die Lehrbücher und damit die studentische Ausbildung und beeinflusst so in erheblichem Maße die unternehmerische und wirtschaftspolitische Praxis. Es sind vor allem die Hypothesen dieser Denkrichtung, die ökonomisch inspirierte Ansätze für eine Neuorientierung des kirchlichen Handelns – meist implizit – übernehmen.[9]

Ökonomen wie William Stanley Jevons, Francis Ysidro Edgeworth, Eugen von Böhm-Bawerk, Irving Fisher, Léon Walras, Alfred Marshall, Carl Menger oder Vilfredo Pareto entwickelten in der zweiten Hälfte des 19. und frühen 20. Jahrhunderts ein methodisches Vorgehen in Anlehnung an die klassische Physik. Sie abstrahierten den Vorgang der Produktion und Verteilung von Wirtschaftsgütern von seinen geschichtlichen, politischen, sozialen, institutionellen und kulturellen Rahmenbedingungen, interpretierten ihn als einen von physikalisch gedachten entscheidungslogischen Gesetzmäßigkeiten bestimmten Mechanismus und postulierten auf dieser Grundlage allgemeingültige, mathematisch formulierte Ursache-Wirkungs-Zusammenhänge.[10] Auf diese Weise schufen sie einen einheitlichen, Mensch und Natur umfassenden theoretischen Rahmen zur Erklärung wirtschaftlicher Zusammenhänge.[11]

Allerdings können darauf aufbauende Hypothesen anders als in den Naturwissenschaften nicht durch Experimente verifiziert oder falsifiziert werden, da sich in der Regel keine Laborbedingungen herstellen lassen, unter denen einzelne ökonomische Faktoren nach der Ceteris-Paribus-Methode isoliert voneinander wirken.[12] Methodisch beschreiten neoklassisch orientierte Wirtschaftswissenschaftler deshalb einen doppelten Weg. Im Rahmen der Ökonometrie erheben sie Wirtschaftsdaten und versuchen auf diese Weise mit statistischen Mitteln induktiv zu allgemeinen Erkenntnissen zu gelangen. Die Menge der Daten und die Komplexität der Phänomene lässt dieses Vorgehen allerdings schnell an Grenzen stoßen. Eine wichtige Rolle spielt deshalb die Modellbildung:[13] Wirtschaftswissenschaftliche Erklärungen, Prognosen und Handlungsempfehlungen werden deduktiv aus logisch stringent aufgebauten Theorien abgeleitet, die die Wirklichkeit ausgehend von bestimmten, aus empirischen Beobachtungen des Wirtschaftsgeschehens abgeleiteten Prämissen abstrahierend modellieren, um auf der Grundlage dieser Modelle Arbeitshypothesen aufzustellen und dann zu überprüfen, ob sie in der Praxis »praktikabel«[14] sind. Ökonomische Lehrsätze, so formulierte bereits Max Weber, »stellen eine Serie *gedanklich* konstruierter Vorgänge dar, welche sich in dieser ›idealen Reinheit‹ selten, oft gar nicht, in der jeweiligen historischen Wirklichkeit vorfinden, die aber andererseits, – da ja ihre Elemente der Erfahrung entnommen und nur gedanklich ins Rationale *gesteigert* sind, – sowohl als heuristische Mittel der

Analyse, wie als konstruktive Mittel zur Darstellung der empirischen Mannigfaltigkeit brauchbar sind.«[15] Die ökonomischen Theorien der letzten Jahrhunderte haben sich also nicht getrennt vom kaufmännischen, unternehmerischen und wirtschaftspolitischen Handeln entwickelt, sondern sind eng darauf bezogen. Sie nehmen einerseits auf die Praxis normierend Einfluss, andererseits legitimieren sie bestimmte Praktiken und Ordnungen, die sich nach ihnen richten. So entsteht ein Zirkel, in dem sich Theorie und durch diese Theorie beeinflusste soziale Praxis gegenseitig verifizieren.

Der Gewinn neoklassischer Theorien im Kontext moderner Industriegesellschaften besteht darin, dass sie Kriterien zur Gestaltung einer Wirtschaftsordnung entwickeln, die im besten Fall die Effizienz der Produktion und Distribution von Wirtschaftsgütern steigert. Zugleich macht die Kombination aus deduktiver Theoriebildung, der Unmöglichkeit ihrer experimentellen Überprüfung bei gleichzeitiger Orientierung an den subjektiven Kriterien der Brauchbarkeit und Praktikabilität das neoklassische Denken anfällig für Ideologisierungen. Wie Steve Keene bemerkt: »Without the ability to undertake controlled experiments, statements which could be falsified will be unfalsifiable in practice. Economists of all persuasions are therefore liable to hang on to beliefs that they argue are scientific, but which in the end are ideological.«[16] Karl-Heinz Brodbeck konstatiert, ökonomische Denkmodelle »führen ein eigenständiges Leben, das nur mäßig von gegensätzlichen Erfahrungen geprägt wird.«[17]

Darüber hinaus ist ein ökonomisches Denken, welches das Wirtschaftsgeschehen als einen von gestimmten Gesetzmäßigkeiten bestimmten Mechanismus interpretiert, nicht in der Lage, dessen natürliche, technische und soziale Rahmenbedingungen zu erfassen. So wird etwa der Umstand, dass unser Wohlstand weniger auf der Effizienz von Wirtschaftsprozessen beruht als auf dem Zugang zu billigen fossilen Brennstoffen und technischen Erfindungen, nicht beachtet.[18] Auch gelten die ökologischen und sozialen Folgeprobleme des Marktgeschehens als »externe Effekte«, für deren Bewältigung andere zuständig sind.[19]

II. Das Ökonomische Verhaltensmodell

Eine der grundlegenden »deduktiv-nomologischen«[20] Theorien des an der Beschreibung des Markgeschehens als Mechanismus interessierten ökonomischen Denkens stellt das Ökonomische Verhaltensmodell dar. Es modelliert vor dem Hintergrund des Effizienzproblems das idealtypische Entscheidungsverhalten eines Individuums und erklärt darauf aufbauend die Dynamik des Marktgeschehens. Es entfaltet vielfältige Wirkungen in der Volks- und Betriebswirtschaftslehre, in der betrieblichen Praxis, in den Sozialwissenschaften, im öffentlichen Diskurs und nicht zuletzt im Rahmen betriebswirtschaftlich orientierter Vorschläge zur Bewältigung kirchlicher Neuorientierungsprozesse.

Mit der Entstehung des Merkantilismus wich die traditionelle Form der Subsistenzwirtschaft zunehmend einer geldbestimmten Form des Wirtschaftens, bei der die Erzielung von Profiten im Mittelpunkt steht. »Die dadurch veränderte Mentalität der Kaufleute wurde zum Muster für den späteren homo oeconomicus.«[21] Die Begrifflichkeit geht auf John Kell Ingram und Vilfredo Pareto zurück. Ingram verwendete den Ausdruck *economic men* Ende des 19. Jahrhunderts als zusammenfassende Bezeichnung für Adam Smiths Gedanken zur Legitimation individuellen Gewinnstrebens als Voraussetzung für den Wohlstand einer Gesellschaft.[22] Pareto umschrieb Anfang des 20. Jahrhunderts mit der Wendung *homo oeconomicus* die abstrahierende Reduktion des Menschen auf seine für die Erklärung ökonomischer Zusammenhänge wichtigen Züge: »Rational mechanics, when it reduces bodies to simple phyiscal points, and pure economics, when it reduces real men to the homo oeconomicus, make use of completely similar abstractions, imposed by similar necessities.«[23]

Darauf aufbauend ist das Ökonomische Verhaltensmodell im Laufe der Zeit verfeinert worden und wird seit einige Jahrzehnten auch auf Lebensbereiche außerhalb des Wirtschaftssystems angewendet. Einige Ökonomen billigen ihm inzwischen sogar den Status eines allgemeingültigen Gesetzes zu. So erfasst Karl Homann zufolge die Theorie vom homo oeconomicus die »elementare handlungstheoretische Grammatik der sozialen Welt«[24] und sei deshalb für die Gestaltung der sozialen Ordnung unverzichtbar.

1. Grundannahmen, Hypothesen und Anwendungen

Das Ökonomische Verhaltensmodell beschreibt zwar das Verhalten eines Individuums, das erkenntnisleitende Interesse richtet sich jedoch nicht auf die psychologische Erklärung des Verhaltens einzelner Menschen oder kleiner Gruppen, sondern auf die Frage, wie individuelle Entscheidungen im Durchschnitt aller Entscheidungen der Marktteilnehmer zu ökonomischen Makrophänomenen kumulieren und wie sie durch kaufmännische oder wirtschaftspolitische Anreize kurzfristig verändert werden können. Thematisiert wird also »die durchschnittliche Reaktion auf typische Situationen.«[25]

Das Modell des »homo oeconomicus« geht davon aus, dass Menschen im Rahmen des Wirtschaftsgeschehens mit einer »sich gegenseitig mit Desinteresse begegnenden Vernünftigkeit«[26] isoliert voneinander handeln. Eine Person wägt Vor- und Nachteile, Kosten und Nutzen der Alternativen gegeneinander ab und wählt dann diejenige aus, die seinen Präferenzen entsprechend den größten »Netto-Nutzen« verspricht. »Menschliches Verhalten wird in diesem Modell als rationale Auswahl aus den dem Individuum zur Verfügung stehenden Alternativen interpretiert.«[27]

Unter *Präferenzen* werden dabei im Anschluss an Peter Singer[28] die Wertvorstellungen, Maßstäbe, Intentionen, Bedürfnisse und Ziele eines Subjekts verstanden, die ihm als Kriterium zur Bewertung des Nutzens von Entscheidungsalternativen dienen. Sie ändern sich, wenn überhaupt, nur mittel- oder langfristig. Zugleich wird der Entscheidungsspielraum kurzfristig durch *Restriktionen* begrenzt. Dazu gehören Faktoren wie Preise, Einkommen, Gelegenheiten, Zeit, Informationen, Gesetze und vermutete Reaktionen Dritter.

Die wissenschaftsmethodische Krux dieser Theoriekonstruktion besteht darin, dass sich Präferenzen nicht empirisch beobachten lassen. In der Regel schließt man im Alltag von einem bestimmten Verhalten auf die Präferenzen einer Person. Wenn aus einer beobachtbaren ökonomischen Entscheidung auf die unbeobachtbaren Präferenzen geschlossen wird, um von den so erkannten Präferenzen aus wiederum die Entscheidung zu erklären, entsteht ein Zirkelschluss, der dazu führt, dass jedes beliebige Verhalten als nutzenmaximierend interpretiert werden kann. Deshalb stellen Wirtschaftswissenschaftler über Präferenzen axiomatische Hypothesen auf und überprüfen dann empirisch, inwieweit derart angenommene Präferenzen im

Zusammenspiel mit empirisch wahrnehmbaren Restriktionen zu plausiblen Erklärungen führen.

Im Rahmen der Beschäftigung mit ökonomischen Phänomenen wird in der Regel mit dem sogenannten *Eigennutzaxiom* gearbeitet. Es unterstellt hypothetisch, dass Menschen im Rahmen des Wirtschaftsgeschehens im Durchschnitt aller Entscheidungen ihrem Eigeninteresse folgen und sich nicht altruistisch, neidisch oder missgünstig verhalten. »Das allen unterstellte Ziel besteht in der Verbesserung der eigenen Situation.«[29]

Das ökonomische Verhaltensmodell bezeichnet das Verhalten von Marktteilnehmern als *im ökonomischen Sinne* rational, wenn sie sich nicht zufällig und willkürlich entscheiden, sondern entsprechend ihrem relativen Vorteil. Wirtschaftliche Phänomene sollen also weder durch veränderte Präferenzen noch durch altruistische oder emotional bedingte Motive erklärt werden, sondern durch Veränderungen der Rahmenbedingungen von Entscheidungen.

Dabei wird nicht behauptet, dass jeder Mensch sich tatsächlich im Rahmen des Marktgeschehens immer so verhält, sondern nur, dass es Sinn macht, wissenschaftsmethodisch mit dieser Unterstellung zu arbeiten, um auf diese Weise zu Erkenntnissen über Anreize zu gelangen, die als Restriktionen das Entscheidungsverhalten breiter Bevölkerungskreise mittels einer Veränderung ihrer Handlungsspielräume beeinflussen.[30] »Suche nach den relevanten Anreizwirkungen der sozialen Struktur, die dich interessiert, und nimm an, dass die Akteure, die sich in dieser Situation befinden, rational und eigeninteressiert auf Anreize reagieren.«[31] Die sich aus dem Ökonomischen Verhaltensmodell mit seinem Zusammenspiel von invariablen Präferenzen und variablen Restriktionen ergebende fundamentale These lautet also: *Das Entscheidungsverhalten von Marktteilnehmern lässt sich im großen Stil kurzfristig nicht über eine Veränderung von Präferenzen beeinflussen, wohl aber durch die bewusste Gestaltung der Restriktionen.*

An dieser Stelle werden der Sitz im Leben und das damit verbundene erkenntnisleitende Interesse des Ökonomischen Verhaltensmodells deutlich: Es ist die Lebenssituation eines Kaufmanns, die hier zur Geltung kommt. Er muss einerseits die Wünsche seiner Kundinnen und Kunden respektieren, sucht aber andererseits nach Möglichkeiten, ihre Kaufentscheidungen in seinem Sinne zu beeinflussen.

Diese Modellierung menschlichen Verhaltens auf realen und abstrakten Märkten gibt die Wirklichkeit des Marktgeschehens angemessen wieder.

Jeder von uns schiebt seinen eigenen Einkaufswagen durch den Supermarkt. Wir schielen nicht in den Einkaufswagen anderer Kunden und entscheiden daraufhin, was wir einkaufen wollen, sondern entscheiden nach eigenen Maßstäben. Zugleich sind wir nicht frei in unseren Kaufentscheidungen. Unser Geldbeutel schränkt uns ebenso ein wie die Zeit, die wir zum Einkaufen haben oder die Informationen, über die wir verfügen. Die räumliche Gestaltung von Läden, Sonderangebote, die Art wie Produkte in Regalen präsentiert werden oder ihre Verpackung beeinflussen als äußere Anreize unser Kaufverhalten. Auch kaufen wir in der Regel nichts ein, um andere Kunden im Laden oder den Verkäufer glücklich zu machen. Umgekehrt wird eine Kassiererin nicht uns zuliebe Waren am Kassenscanner vorbei in unseren Einkaufskorb legen, ein Verkäufer nicht seine Preise senken, um uns etwas Gutes zu tun. Für ökonomische Tauschprozesse gilt: »Geschäftspartner schenken sich wechselseitig nichts.[32]

Für die weitere Argumentation ist wichtig festzuhalten, dass das Ökonomische Verhaltensmodell damit keine *naturgesetzlichen Kausalzusammenhänge* oder natürlichen menschlichen Eigenschaften beschreibt, sondern *soziale Gewohnheiten* im Bereich alltäglichen Wirtschaftens unter den gegebenen kulturellen, politischen, rechtlichen, sozialen und institutionellen Rahmenbedingungen einer staatlich regulierten, geldbestimmten Marktwirtschaft.[33] Sie sind historisch gewachsen und können sich aufgrund persönlicher Entscheidungen, Veränderungen der natürlichen Lebensbedingungen, historischer Ereignisse oder einer Neugestaltung der Wirtschaftsordnung verändern. Andere, nicht geldbestimmte Wirtschaftsformen lassen sich damit nicht angemessen erfassen. Die Subsistenzwirtschaft von Naturvölkern und die Bewirtschaftung von Gemeinschaftsgütern und Allmenderessourcen folgen anderen Regeln.[34] Auch das soziale Verhalten außerhalb ökonomischer Transaktionsprozesse ist durch andere soziale Gewohnheiten und dahinter stehende Maßstäbe bestimmt, was deutlich wird, wenn man sich den Unterschied zwischen Ehe und Prostitution oder den zwischen Kindererziehung und Kinderarbeit vor Augen führt.

Als Theorie sozialen Handelns verbindet sich mit dem Ökonomischen Verhaltensmodell nicht nur das wissenschaftliche Interesse einer Erklärung wirtschaftlicher Zusammenhänge, sondern auch das politische Interesse der Legitimierung einer Wirtschaftsordnung, die die Freiheit von Märkten garantiert. »Deskription und Normativität, Interpretation und Legislatur [sind] eng ineinander verschränkt«.[35] Zugleich wird ihr normativer Gehalt durch die naturwissenschaftsähnliche Form der Beschreibung des Wirtschaftsgeschehens als quasi objektiver Wirklichkeit unsichtbar gehalten.

Das Konzept des »homo oeconomicus« bildet die theoretische Grundlage der Mikroökonomik als der Theorie des Verhaltens von Produzenten und Konsumenten im Zusammenspiel von Angebot und Nachfrage über den Mechanismus der Preisbildung.[36] Dabei unterstellen Ökonomen implizit, dass sich Märkte als ganze so verhalten wie ein einzelner Nachfrager im Gegenüber zu einem einzelnen Anbieter, dass eine einfache Entscheidungssituation zwischen zwei Gütern den gleichen Regeln folgt wie die zwischen einer höheren Anzahl und dass die zeitliche Dynamik keine Rolle spielt.[37]

Die Theorie des Haushalts geht davon aus, dass Konsumenten ihr Einkommen (bei nicht beeinflussbaren Preisen und vollständig informiert) so auf die zur Verfügung stehenden Güter verteilen und ihre Entscheidungen darüber, welchen Anteil sie ausgeben und welchen sie ansparen, so treffen, dass sie dabei ihren Nutzen maximieren, zusammengefasst in der Formel $V = f(P,U)$.[38] Die Theorie der Unternehmung beschreibt Unternehmer als Akteure, die (vollständig über Nachfrage und Preise informiert) langfristig so handeln, dass sie ihren Gewinn maximieren.

Die Allgemeine Gleichgewichtstheorie verbindet das Entscheidungsverhalten der beiden Wirtschaftssubjekte zu der Annahme, dass (unter den Bedingungen vollkommener Konkurrenz und vollständiger Information) Märkte insgesamt in Richtung eines Gleichgewichts tendieren, das einer optimalen Effizienz bei der Produktion und Verteilung privater Güter entspricht (Pareto-Optimum). Damit formuliert sie mathematisch, was bereits Adam Smith Ende des 18. Jahrhundert behauptete, dass nämlich eine »unsichtbare Hand« dazu führe, dass eigennutz- und gewinnorientiertes Verhalten gesamtgesellschaftlich als unintendierter positiver Effekt das Gemeinwohl fördere.[39] Auf der Grundlage der Gleichgewichtstheorie werden dann die Folgen von Restriktionen auf das Marktgeschehen näher untersucht, etwa die Wirkung von Oligo- oder Monopolen, Informationseinschränkungen, der Einfluss staatlicher Interventionen, sozialer Institutionen und kultureller Prägungen, nichtmaterieller Vorstellungen vom eigenen Nutzen oder anderer Unternehmensziele als Gewinnmaximierung.

Wie stark diese Sicht der Dinge durch das im Hintergrund stehende Ökonomische Verhaltensmodell bestimmt ist, wird deutlich, wenn man das Marktgeschehen auf der Grundlage einer anderen Theorie beobachtet. So hat Niklas Luhmann darauf hingewiesen, dass sich die Stabilität des

Wirtschaftssystems aus systemtheoretischer Sicht gerade nicht durch eine besondere Form des Gleichgewichts, sondern durch ein Ungleichgewicht erklärt, nämlich durch zu viele Waren und zu wenig Käufer in der freien Marktwirtschaft und durch zu wenig Waren und zu viele Käufer im sozialistischen Wirtschaftssystem.[40]

Im Rahmen der Nachfragetheorie wird der Nutzen zu einer mathematischen Funktion (Nutzenfunktion) formalisiert, um daraus naturwissenschaftlichen Gesetzen ähnelnde Regeln abzuleiten.[41] Dabei versteht die Volkswirtschaft Nutzen nicht als eine emotionale oder psychologische Größe, sondern als abstraktes Konstrukt im Sinne einer mathematischen Variable (A wird B vorgezogen), die erklärt, wie Menschen ihre knappen Ressourcen auf Güter aufteilen, um ihre Bedürfnisse zu befriedigen.[42] Die Theorie vom abnehmenden Grenznutzen[43] etwa besagt, dass der Konsum jeder zusätzlichen Einheit eines Gutes für den Empfänger einen abnehmenden subjektiven Nutzen hat. Daraus ergibt sich eine mathematische Kurve, die zunächst steil ansteigt und dann immer mehr abflacht, allerdings nie den Nullpunkt erreicht. Danach wäre ein wachsender Konsum von Waren linear mit einem immer höheren, wenn auch stetig abnehmendem Nutzen verbunden. Menschliche Präferenzen sind dabei als im Prinzip unendlich und nur durch das Budget begrenzt gedacht.

Die Idee einer Begrenztheit menschlicher Bedürfnisse durch einen Sättigungspunkt, von dem an der Nutzen wieder abnimmt oder sogar plötzlich in sein Gegenteil umschlägt, ein Begriff von Lebensqualität, der Glück nicht an steigende oder sinkende Gütermengen bindet, sondern an die Fähigkeit zum Schenken oder an die Notwendigkeit einer Balance zwischen Genuss und Verzicht können in einem solchen System nicht gedacht werden. Empirisch sinnvoll ist die Nutzenfunktion nur im Blick auf die mit bestimmten Gütern zu erzielenden Erlöse.[44] Im Hintergrund der Nachfragetheorie stehen also ebenso wie beim Ökonomischen Verhaltensmodell die Lebenssituation und das erkenntnisleitende Interesse eines Kaufmanns.

Im Bereich der Makroökonomik bildet das Ökonomische Verhaltensmodell die Grundlage der sogenannten Neuen klassischen Makroökonomik mit Vertretern wie Thomas J. Sargans, Robert E. Lucas und Neil Wallace.[45] Sie baut auf der Hypothese von der Rationalität der Erwartungen der Marktteilnehmer und dem Gleichgewicht der Märkte auf. Daraus ergibt sich etwa die Schlussfolgerung, dass wirtschaftspolitische Interventionen zur Stabilisierung der Preise und zum Abbau von Arbeitslosigkeit in der Regel unwirksam sind, weil Wirtschaftssubjekte ihre Folgen voraussehen und ihr Verhalten entsprechend anpassen. Da auch der Arbeitsmarkt im Gleichgewicht ist, kann es unfreiwillige Arbeitslosigkeit nicht geben. Beschäftigte entscheiden sich rational aufgrund niedriger Löhne für mehr Muße in der Hoffnung auf höhere Löhne in der Zukunft. Auf Grundlage dieser Theorie werden der Abbau von staatlichen Eingriffen in den Wirtschaftssektor und eine Senkung des Steuerniveaus gefordert, um damit Anreize für Arbeitnehmer zum Arbeiten und für Unternehmen zum Investieren zu setzen.[46] Praktische Wirkung entfaltete diese Schule des volkswirtschaftlichen Denkens seit den 1980er Jahren in Form der Wirtschaftsprogramme von Ronald Reagan und Margaret Thatcher.

Im Bereich des betriebswirtschaftlichen Denkens baut das Marketing auf dem Ökonomischen Verhaltensmodell auf. Unternehmen werden dabei als Organisationen verstanden, die einen bestimmten Nutzen bieten müssen, damit Kundinnen und Kunden im Austausch dafür bereit sind, Beiträge für ihren Erhalt zu leisten. Im Rahmen der Marktforschung werden individuelle Präferenzen erhoben und zu Zielgruppen von Individuen mit ähnlichen Bedürfnissen aggregiert. Firmen entwerfen dann Produkte entsprechend der Nutzen- und Qualitätserwartungen dieser Zielgruppen und arbeiten gleichzeitig an Restriktionen zur Beeinflussung von Kundenentscheidungen, indem sie z. B. über Werbekampagnen die Produktinformationen bewusst steuern, die Verpackung auf eine Weise gestalten, die auffällt, den Nutzen kommuniziert, sich von der Konkurrenz abheben, Produkte im Laden auffällig präsentieren oder über die Preisgestaltung die individuelle Kosten-Nutzen-Kalkulation von Kundinnen und Kunden zu beeinflussen suchen. Wie bereits erwähnt, lösen sich moderne Marketingansätze allerdings mehr und mehr von dem Modell des homo oeconomicus zugunsten komplexerer Theorien.[47]

In der Managementlehre ist der Einfluss des Ökonomischen Verhaltensmodells dort erkennbar, wo sich Vorschläge zur Gestaltung der strategischen und operativen Planung am Ideal der Gewinnmaximierung als oberstem Unternehmensziel orientieren und von dort aus die betrieblichen Leistungsprozesse »rational« durchgeplant werden. Dabei wird das Unternehmen als Einzelakteur gedacht, also mit dem Willen des Unternehmers gleichgesetzt.[48] Daraus wiederum ergibt sich die Forderung nach eindeutigen Zielen, hierarchischen Strukturen und Instrumenten zur Kontrolle des Verhaltens von Mitarbeitenden, um diesen Willen durchzusetzen. Das neoklassische Grundverständnis des Wirtschaftsgeschehens als Mechanismus wird darüber hinaus im Phänomen der Managementratgeber sichtbar, die grundlegende »Prinzipien« herausarbeiten, deren Beachtung zum Erfolg führe. So heißt es etwa im Vorwort von Jim Collins Bestseller »Good to Great«: »I like to think of our work as a search for timeless principles – the enduring physics of great organizations – that will remain true and relevant no matter how the world changes around us.«[49] Jedes Jahr erscheinen dutzende von Büchern dieser Art, die die Rezepte erfolgreicher Firmen oder die Eigenschaften und Tricks erfolgreicher Manager beschreiben.[50] Entgegen den Versprechen popularwissenschaftlicher Veröffentlichungen ist eine gezielte Steuerung makro- und mikroökonomischer Verhältnisse mit Hilfe von Anreizen nach Überzeugung der Wirtschaftswissenschaften indes nur in Grenzen möglich, da die Präferenzen von Menschen in der Kombination mit bewusst gesetzten Anreizen immer wieder zu Abweichungen und Nebenwirkungen führen.[51]

2. Die Theorie rationaler Entscheidungen

Die meisten Ökonomen schränken die Gültigkeit des Ökonomischen Verhaltensmodells und der darauf aufbauenden Theorien auf das Wirtschaftsgeschehen ein. Im Bereich der Wirtschaftswissenschaften sei die Fiktion des homo oeconomicus als vereinfachendes Modell eines von Eigennutz und äußeren Restriktionen in seinen Entscheidungen bestimmten Menschen eine sinnvolle Annahme, aber für die breite Anwendung in den Sozialwissenschaften nicht geeignet.[52]

Betriebswirtschaftlich orientierte Analysen der Situation der evangelischen Kirche argumentieren allerdings in Anlehnung an einen Zweig der wirtschaftswissenschaftlichen Forschung, der das Ökonomische Verhaltensmodell über die Erforschung ökonomischer Zusammenhänge hinaus als Theorie rationaler Entscheidungen (Rational-Choice-Theory) auf andere Lebensbereiche überträgt und damit zu einem allgemeinen sozialwissenschaftlichen Erklärungsansatz ausbaut. Einer der Begründer dieser Forschungsrichtung, der Ökonom und Nobelpreisträger Gary S. Becker, schreibt dazu: »In der Tat bin ich zu der Auffassung gekommen, daß der ökonomische Ansatz so umfassend ist, daß er auf alles menschliche Verhalten anwendbar ist, sei es nun Verhalten, daß monetär meßbar ist oder unterstellte ›Schatten‹-Preise hat, seien es wiederkehrende oder seltene Entscheidungen, seien es wichtige oder nebensächliche Entscheidungen, handele es sich um emotionale oder nüchterne Ziele, reiche oder arme Menschen, Männer oder Frauen, Erwachsene oder Kinder, kluge oder dumme Menschen, Patienten oder Therapeuten, Geschäftsleute oder Politiker, Lehrer oder Schüler.«[53]

Die Ökonomik wird in diesem Zusammenhang nicht über ihren Gegenstand, das Marktgeschehen, sondern über ihre methodische Problemstellung definiert. Nach Karl Homann, einem der Vertreter der Rational-Choice-Theory in Deutschland[54] geht es dabei um die allgemeine Analyse menschlichen Sozialverhaltens in Situationen, in denen Menschen aufgrund von Knappheit einerseits in Konkurrenz zueinander stehen, andererseits miteinander kooperieren müssen, sogenannten Dilemma-Strukturen, und der Erklärung von Verhaltensänderungen in derartigen Situationen über eine Veränderung von Restriktionen.

Das erkenntnisleitende Interesse der Ökonomik besteht dabei in der Analyse von »Implementationschancen erwünschter Verhaltensmuster und die Chancen zur Destabilisierung unerwünschter Verhaltensmuster«[55] auf der Basis von individuellen Vorteils-Nachteils-Kalkulationen der Akteure. »Die Begriffe Vorteil und Nachteil sind völlig offen in dem Sinne, dass darunter alles verstanden werden kann, was die Akteure selbst als Vorteile und Nachteile ansehen.«[56] Mit dieser Verallgemeinerung des Ökonomischen Verhaltensmodell verbindet Homann einen politischen Gestaltungsanspruch. Der Rückgriff auf Werte oder Moral reiche für das Zustandekommen und den Erhalt sozialer Ordnungen nicht aus. »Keine Religion, keine Weltanschauung oder Ethik wird von den Akteuren erfolgreich verlangen können, dauerhaft und systematisch gegen die eigenen Vorteile zu verstoßen oder sich gegen die Nachteile infolge der Ausbeutung durch andere in Dilemmastrukturen nicht zur Wehr zu setzen.«[57] So könne man etwa von Unternehmen im Wettbewerb nur dann Moral erwarten, wenn es sich für sie rentiere.[58]

Zugleich stellt Homann zufolge die Theorie rationaler Entscheidungen keine empirische Behauptung, sondern ein methodologisches, problembezogenes Konstrukt dar.[59] Während etwa die Psychologie in Laborexperimenten die Bedingungen gleichhielte und Unterschiede im Verhalten deshalb auf Persönlichkeitsmerkmale zurückführe, gehe die Ökonomik umgekehrt vor. Sie halte die Präferenzen gleich und frage nach der Anreizwirkung verschiedener Situationen.[60] Alle invariablen Faktoren würden dabei den Präferenzen, alle variablen Faktoren den Restriktionen zugeordnet. Phänomene wie die begrenzte Rationalität von Individuen, der gesellschaftliche Wertewandel, kulturelle Prägungen oder die funktionale Differenzierung der Gesellschaft gehörten in diesem Sinne auf die Seite der Restriktionen.[61]

Diese Erweiterung des Ökonomischen Verhaltensmodells führt jedoch dazu, dass es sich aufgrund der Auflösung der Eindeutigkeit der Präferenzseite nicht mehr falsifizieren lässt und damit zu einer »rein ideologischen Formel«[62] zu werden droht. Denn auf diese Weise lässt sich jedes beliebige soziale Verhalten als eigennützig und anreizgesteuert interpretieren. So hat etwa Gary S. Becker Erziehung, Aus- und Fortbildung sowie Gesundheitsvorsorge als Investitionen in Humankapital interpretiert.[63] Kinder sind für ihn »langlebige Konsum- und Produktionsgüter«[64]. Den Gehaltsabstand zwischen Männern und Frauen erklärt er damit, dass Frauen schwangerschaftsbedingt ihre Berufstätigkeit öfter unterbrächen oder nur auf Teilzeitbasis arbeiteten und deshalb weniger Anreize hätten, in ihr Humankapital zu investieren.[65] Die sinkende Geburtenrate in den modernen Industriestaaten führt Becker auf steigende Kosten für die Kindererziehung zurück.[66] Die Strafe für ein Verbrechen funktioniere wie eine Steuer, die den Verbrauch eines Gutes senkt. Geldstrafen seien besser als Gefängnisstrafen, weil sie den Staat weniger kosteten. Diebstahl sei nicht deshalb verwerflich, weil er Eigentum neu verteilt, sondern weil er die Zeit und Kraft von Menschen von produktiven Tätigkeiten abziehe hin zum unproduktiven Einsatz von Zeit und Geld für die Planung von Verbrechen bzw. zum Schutz davor.[67] Auch der Tod sei im Grunde ein Problem der rationalen Wahl. »Entsprechend dem ökonomischen Ansatz sind daher die meisten (wenn nicht alle!) Todesfälle bis zu einem gewissen Grad ›Selbstmorde‹, in dem Sinne, daß man sie hätte hinausschieben können, wenn man mehr Ressourcen in die Lebensverlängerung investiert hätte.«[68]

Während Beckers Analysen in der Soziologie umstritten sind und seine Theorien über Tod und Suizid als rationale Entscheidungen geradezu absurd anmuten,[69] hat sich die Analyse des Einflusses von Anreizen auf soziales Verhalten in anderen Bereichen fest etabliert, etwa in der Politik- und der Rechtswissenschaft.[70] So untersucht die Rechtsökonomik die Anreizwirkung von Gesetzen und Gerichtsurteilen und sucht nach Möglichkeiten der effizienten Gestaltung von Rechtsfindungsprozessen. Eines der Ergebnisse besteht in der gesetzlichen Legitimierung von Absprachen zwischen Richtern, Staatsanwaltschaft und Angeklagten durch neue Regelungen der Strafprozessordnung und die Ausweitung der Kronzeugenregelung in §46b StGB, die bewirken soll, dass bei einigen Straftatbeständen Urteile schneller und mit weniger Aufwand an Zeit und Geld gefällt werden können. Der Strafprozess wird so tendenziell zum Tauschgeschäft, in dem unter bestimmten Bedingungen durch das Versprechen von Straferlass Anreize für Angeklagte geschaffen werden, mit der Justiz zu kooperieren. Traditionelle Werte wie der Amtsermittlungsgrundsatz und das Legalitätsprinzip treten zugunsten des ökonomischen Kalküls in den Hintergrund.[71]

Die Public-Choice-Theory[72] untersucht die Anreizstrukturen im politischen Umfeld. Dabei wird das Handeln von Politikern und Beamten als nutzenmaximierend interpretiert. Sie verwenden ihre Macht- und Informationsvorteile, um sich ein »weitgehend leistungsloses Einkommen«[73] zu sichern. Politik bestehe im Kampf um solche Vorteile. Das führe im Ergebnis zu einer ständigen Ausweitung des Staates und zu Ineffizienzen und Verschwendung von Ressourcen.[74] Aus dieser Perspektive betrachtet müssen das staatliche Handeln so weit wie möglich eingeschränkt, monopolistische Strukturen aufgebrochen, Leistungen privatisiert und Wettbewerbsstrukturen durch Ausschreibungen, interne Verrechnungen, Benchmarking und Leistungsanreize eingeführt werden.[75] Diese Anwendung des Ökonomischen Verhaltensmodells ist insofern von unmittelbarer Relevanz für die evangelische Kirche, als die Konzepte zur Modernisierung des kirchlichen Verwaltungshandelns und der Dienste und Werke unter dem Stichwort des »New Public Management« darauf aufbauen.[76]

Die Institutionenökonomik[77] bearbeitet mithilfe von Ansätzen wie der Verfügungsrechts-, der Transaktionskosten- oder der Principal-Agent-Theorie auf der Grundlage des Ökonomischen Verhaltensmodells Fragen der Organisationgestaltung. Versteht man das Geschehen in Organisationen als Wechselspiel individueller Eigeninteressen und Restriktionen, erscheinen Institutionen als Lösung für die Erzielung von Kooperationsgewinnen bei Dilemmastrukturen und Hierarchien als Mechanismus, die den Opportunismus von Menschen als kostenverursachendes Phänomen mittels eines Beherrschungssystems senken.[78] Arbeitnehmern wird unterstellt, im Sinne des Ökonomischen Verhaltensmodells möglichst viel Lohn für möglichst wenig Arbeit erhalten zu wollen, weshalb die Aufgabe des Managements darin besteht, durch Anreize wie Bonuszahlungen, Zielvereinbarungen, Kontrollen und direkte Anweisungen dieses Verhalten möglichst klein zu halten. Auch hier ergeben sich eine ganze Reihe von Verbindungen zu kirchlichen Reformansätzen. So knüpfen die Reformvorschläge des Impulspapier der EKD »Kirche der Freiheit« im Blick auf die kirchliche Mitarbeiterschaft erkennbar an ein solches Denken an.[79] Der geforderte »Mentalitätswechsel« im Blick auf ein stärkeres Engagement von Mitarbeitenden für gesamtkirchliche Ziele setzt implizit voraus, dass diese von sich aus eigenen Interessen folgen und durch Leitungsebenen mithilfe von Anreizen und Sanktionsmöglichkeiten als Restriktionen in ihrer Motivation beeinflusst werden können.

Die Bildungsökonomik schließlich beschäftigt sich im Rahmen der Humankapitaltheorie mit der Bedeutung von personalen Wissensbeständen als Produktionsfaktor oder mit Fragen der Effizienz von Bildungsausgaben.[80] Bekannte Beispiele für bildungsökonomisch inspirierte Projekte stellen etwa die PISA-Studie, die Bologna-Reform und bildungspolitische Maßnahmen wie die Einführung der Schulfreiheit zur Schaffung eines »Bildungsmarktes«, nachfrageorientierte Finanzierungskonzepte, eine höhere Autonomie von Schulen, externe Bildungsstandards oder zentrale Abschlussprüfungen dar.[81]

3. Grenzen der Erklärungskraft

Aufgrund seiner Beschränkung auf individuelle Kosten-Nutzen-Kalkulationen im Zusammenspiel von invariablen Präferenzen und variablen Restriktionen in Dilemma-Situationen stößt das Ökonomische Verhaltensmodell als allgemeiner sozialwissenschaftlicher Erklärungsansatz allerdings auch aus Sicht seiner Befürworter an bestimmte Grenzen. So kann das Ökonomische Verhaltensmodell keine Situationen adäquat erfassen, in denen Menschen nicht in der Lage sind, rational Kosten und Nutzen abzuwägen, z. B. bei Wahrnehmungs- und Angststörungen, Suchterkrankungen, unter starkem Stress oder in einmaligen und ungewöhnlich komplizierten Entscheidungssituationen.[82]

Zudem kommt es dort, wo Menschen sich im Rahmen von Konsumentscheidungen nicht mehr isoliert voneinander mit »Desinteresse und Vernünftigkeit« begegnen, sondern sich gegenseitig beeinflussen, zu Nebenwirkungen. Der Herdentrieb an der Börse oder im Kaufhaus etwa führt zu Entscheidungen, die dem intendieren Nutzen eines Individuums objektiv widersprechen.[83] Darüber hinaus können Kosten und Nutzen nicht nur durch eine tatsächliche Veränderung von Restriktionen beeinflusst werden, sondern auch durch Veränderungen auf sprachlicher Ebene, die als Framing-Effekt[84] die Wahrnehmung der Situation verändern. Auch eignet sich das ökonomische Verhaltensmodell nicht zur Erklärung von Entscheidungen, die keine oder kaum direkte persönliche Folgen für einen Menschen haben, wie z. B. bei Wählern oder Richterinnen. Dort spielten Restriktionen kaum eine Rolle, sondern nur die Präferenzen eines Individuums.[85]

Grenzen der Erklärungskraft des Ökonomischen Verhaltensmodells lassen sich ebenfalls in den Fällen beobachten, in denen die Vorstellung einer kurzfristigen Entscheidungssituation an der Realität verbeigeht, weil Erfahrungen aus vergangenen Transaktionen die Einschätzung von Nutzen und Kosten in der Gegenwart beeinflussen. So neigen Investoren dazu, in ein Projekt, für das sie sich einmal entschieden haben, weiter zu investieren, selbst wenn es sich als Fehlschlag erwiesen hat und es objektiv gesehen sinnvoller wäre, das Engagement zu beenden. Auch schätzen Menschen den Wert eines Objekts, das sie in der Vergangenheit gekauft haben und in der Gegenwart verkaufen, höher ein als Menschen, die diese Güter nicht besitzen. Zudem bewerten sie die aus der Vergangenheit gewachsene Gegenwart höher als die sich aus der Gegenwart ergebende Zukunft und lassen sich nur zögerlich auf Veränderungen ein, selbst wenn sie sich damit klar erkennbar und objektiv schaden.[86]

Das ökonomische Verhaltensmodell kann schließlich keine Handlungen erklären, in denen starke emotionale Bindungen, Liebe, Neid, Hass, Missgunst, Altruismus oder Fairness dazu führen, dass Menschen Entscheidungen treffen, die sie mehr kosten als sie ihnen nutzen.[87] Vor allem altruistisches Verhalten, das den Nutzen anderer, aber nicht oder kaum den eigenen Nutzen steigert und zudem mit zum Teil erheblichen Kosten verbunden ist, bringt Ökonomen erkennbar in Erklärungsnot, weil es den Grundannahmen des Ökonomischen Verhaltensmodells widerspricht.

Teilweise behaupten sie deshalb, es gäbe keinen Altruismus, offensichtlich altruistische Verhalten sei in Wahrheit verkappter Eigennutz und diene langfristigen Eigeninteressen, wenn etwa der »ehrbare Kaufmann« aus wohlüberlegtem Kalkül heraus am Aufbau seiner Reputation als vertrauenswürdiger und ehrlicher Geschäftsmann arbeitet.[88] Wird die Realität altruistischen Verhaltens nicht geleugnet, erklären Ökonomen uneigennützige

Entscheidungen zur Ausnahme, die nur dann eine Rolle spielt, wenn die Kosten für ein derartiges Verhaltens gering sind (Kleinkostensituation), und die damit keine Bedeutung für die Erklärung gesellschaftlicher Makrophänomene besitzen, sodass es auf Ganze gesehen vernünftig ist, Anreize so zu setzen, dass moralisches Verhalten überflüssig wird.[89] Darüber hinaus sei es in vielen Lebensbereichen sinnvoll, ein solches Verhalten bewusst zu unterstellen, auch wenn es nicht immer zuträfe, z. B. im Rahmen der Familiengesetzgebung, die für den Fall greife, dass sich Ehepartner eben nicht kooperativ und uneigennützig verhielten.[90] Eine wissenschaftsmethodische Strategie zur Einordnung offensichtlich nicht eigennützigen Verhaltens in das Ökonomische Verhaltensmodell besteht in der Verschiebung der Ursachen altruistischen Verhaltens von der Seite der Präferenzen auf die der Restriktionen, indem man etwa von kulturellen Gewohnheiten spricht, die das Eigeninteresse beeinflussen.[91]

Teilweise wird sogar versucht, dem homo oeconomicus etwas Positives abzugewinnen. Gebhard Kirchgässner etwa begegnet der Kritik am Eigennutzaxiom mit der Entgegnung, immerhin sei der homo oeconomicus kein Bösewicht, sondern verhalte sich neutral, wie etwa der Priester und Levit in der Geschichte vom Barmherzigen Samariter. Das sei sicher kein christliches, aber vermutlich in vielen Situationen eine zutreffende Beschreibung menschlichen Verhaltens und deshalb besser geeignet zur Analyse tatsächlichen Verhaltens als ein zu optimistisches Wunschbild.[92]

Zugleich räumt er ein, bedürfe die Gesellschaft eines Mindestmaßes an moralischem Verhalten, um zu funktionieren. So seien weder die Wahlbeteiligung, noch der Erhalt der Rechtsordnung, die Qualität der Rechtsprechung, die Vertragstreue, die Arbeitsleistung von Arbeitnehmern oder Maßnahmen, die künftigen Generationen nützten, nur durch äußere Anreize wie Zwang, Strafen oder Kontrollen zu gewährleisten, sondern bedürften einer freiwilligen Normkonformität und gegenseitigen Vertrauens.[93] Auch brauche es einzelne »Helden«, die moralisch handeln und dadurch für die gesamte Gesellschaft öffentliche Güter bereitstellen, wie z. B. die Montagsdemonstranten in Leipzig.[94]

An den Grenzen seiner Erklärungskraft werden noch einmal der besondere Fokus des Ökonomischen Verhaltensmodells und die gleichzeitig damit gegebenen Beschränkungen deutlich. Es zielt auf die Analyse sozialer Anreizstrukturen und Möglichkeiten zu ihrer Veränderung, um darüber das Entscheidungsverhalten breiter Personenkreise bei Unterstellung eigennützíger Präferenzen in Richtung unternehmerischer oder wirtschaftspolitischer Ziele *kurzfristig* beeinflussen zu können. Dabei interessiert es sich nicht für einzelne Menschen, für ihr konkretes Verhalten, für Ansätze zu Verhaltensänderungen über die Beeinflussung von Präferenzen, die dafür nötigen mittel- und langfristig angelegten Sozialisations- und Bildungsprozesse oder die für die Prozesse notwendigen rechtlich-politischen, kulturellen und institutionellen Rahmenbedingungen.

Damit liegen die blinden Flecken des Ökonomischen Verhaltensmodells gerade an den Stellen, die für die kirchliche Arbeit von besonderer Bedeutung sind, wie sich am Beispiel des von Kirchgässner zitierten Bibeltextes deutlich machen lässt. Die Erzählung vom barmherzigen Samariter hält ökonomisch gesprochen die Restriktionen gleich. Priester, Levit und Samariter stehen unter gleichen Bedingungen vor der gleichen Entscheidungssituation. Zugleich wird ihr Verhalten offensichtlich nicht durch kulturelle, politische, religiöse oder soziale Gewohnheiten bestimmt, denn dann müssten die beiden Israeliten helfen und der Samariter müsste achtlos vorbeiziehen. Die Geschichte blendet also alle Restriktionen aus, durch die das Handeln der Personen erklärt werden könnte, um es auf den einen Maßstab zurückführen zu können, auf den es ihr ankommt: die bedingungslose Nächstenliebe. Dabei wird man das Verhalten von Levit und Priester, anders als Kirchgässner behauptet, auch gemessen an den Normen des antiken Judentums, nicht als »neutral« oder »normal« interpretieren dürfen, sondern als skandalösen Fall unterlassener Hilfeleistung.[95] Der mit den Juden verfeindete Samariter tut das, was Priester und Levit hätten selbstverständlich tun müssen. Der Bereich der Ökonomie begegnet in der Person des Wirtes der Herberge, in die der Samariter das Opfer des Überfalls bringt. Seine Bezahlung macht deutlich, dass das barmherzige Handeln keinen ökonomische Restriktionen unterliegt. Der Samariter tut, was nötig ist, um dem Mitmenschen in Not zu helfen und nimmt dafür auch Kosten in Kauf. Zuletzt schließt die Situation aus, dass der durchreisende Samariter in irgendeiner Weise Dank zu erwarten hätte. Nach Lukas erzählt Jesus diese Geschichte, um einem Schriftgelehrten deutlich zu machen, welches Handeln dem Glauben an Gott entspricht, um damit die handlungsleitenden Präferenzen eines Menschen zu beeinflussen.

Zugleich wird man festhalten dürfen, dass der in der Geschichte vom Barmherzigen Samariter paradigmatisch zum Ausdruck kommende Geist der Nächstenliebe nicht nur die Präferenzen einzelner »Helden« prägt. Das sich daraus ableitende breite diakonische Engagement der christlichen Gemeinden trug entscheidend zum Aufstieg des Christentums in der Antike bei und hat die Gesellschaft des römischen Reiches auf vielfältige Weise beeinflusst.[96] Darüber hinaus sei in diesem Zusammenhang daran erinnert, dass die christlichen Kirchen im 19. Jahrhunderts mit ihrem sozialen Engagement entgegen manchen Vorurteilen viel zur Bewältigung der negativen externen Effekte des Wirtschaftsgeschehens getan haben, etwa durch Initiativen wie die Innere Mission, die Kolping-Bewegung oder die politische Einflussnahme zugunsten eines sozialstaatlichen Handelns.[97]

Der Auftrag der christlichen Kirchen besteht nicht in der kurzfristigen Beeinflussung menschlichen Verhaltens über Restriktionsänderung bei gleichzeitiger Akzeptanz eigennützig geprägter Präferenzen, sondern in der Beeinflussung von Präferenzen, ein schwieriges, nach theologischer Überzeugung der direkten Machbarkeit entzogenes Geschäft, das langfristig angelegter, generationsübergreifender individueller, kultureller und gesellschaftlicher Lernprozesse bedarf und mit vielen Rückschlägen verbunden ist. Das ökonomische Denken trägt dafür nichts aus, weil es sich für die Beeinflussung von Präferenzen nicht interessiert. Wenn Kirchgässner Recht hat und das Wirtschaftsgeschehen ein Mindestmaß an moralischem Verhalten und »heldenhafter« Moral braucht, um zu funktionieren, dann gehört eine an christlichen Grundsätzen orientierte kirchliche Arbeit in Abwandlung des Diktums von Ernst-Wolfgang Böckenförde zu den Voraussetzungen einer freien Marktwirtschaft, die sie selbst nicht garantieren kann.[98]

4. Empirische und wirtschaftsethische Einwände

Das Ökonomische Verhaltensmodell bildet – wenn auch mit unterschiedlicher Einschätzung der Reichweite seiner Erklärungskraft – derzeit die weithin akzeptierte theoretische Grundlage der Ökonomik, wird aber auch innerhalb der Wirtschaftswissenschaften zunehmend infrage gestellt.

Ein erster Kritikpunkt betrifft den Versuch, makroökonomische Phänomene als aggregierte Summe individuellen Verhaltens zu verstehen. So wird in Lehrbüchern behauptet, die Nachfragekurve, die einen linearen Zusammenhang zwischen dem Kaufverhaltens eines Individuums und der Höhe des Preises für ein Produkt konstruiert, bilde ein allgemeines Gesetz ab, das für den Markt als ganzes gelte: Die Nachfrage nach einem Produkt steige in dem Maße, in dem die Preise dafür sänken. In Wirklichkeit aber unterscheidet sich die Nachfragedynamik auf Märkten erheblich vom Nachfrageverhalten einzelner Konsumenten. »The reason this does not follow is that most economic phenomena at the social level [...] are ›emergent phenomena‹: they occur because of our interactions with each other [...] rather than because of our individual natures.«[99]

Daneben gibt es eine Reihe von Hinweisen darauf, dass sich Marktteilnehmer nicht den Voraussagen des Ökonomischen Verhaltensmodell entsprechend verhalten. So ergab ein von Reinhard Sippel 1997 mit einigen Studenten durchgeführtes Experiment,[100] dass die überwiegende Mehrzahl von ihnen in einer Situation, in der sie ein begrenztes Budget auf unterschiedliche Mengen acht verschiedener Konsumgüter verteilen sollten, nicht ihren Nutzen maximierten. Sie scheiterten daran, dass sich aus den zur Verfügung stehenden Mengen und dem zur Verfügung stehenden Budget rund 1.600 Auswahlmöglichkeiten ergaben, eine Zahl, die die Vorstellung von Konsumenten als Nutzen und Kosten rational kalkulierenden Individuen ad absurdum führt. »Truly rational behavior is therefore not choosing the best option, but reducing the number of options you consider so that you can make a satisfactory decision in finite time.«[101]

Auch dort, wo die Auswahlmöglichkeiten begrenzt sind, widersprechen die Ergebnisse verhaltenspsychologischer Experimente, bei denen Versuchspersonen etwa im Rahmen des Ultimatums- oder des Diktatorspiels künstlich ökonomischen Dilemmasituationen ausgesetzt werden, dem Ökonomischen Verhaltensmodell.[102] Menschen orientieren sich bei finanziellen Entscheidungen unter den Bedingungen von Knappheit mehrheitlich nicht zweckrational an Maßstäben der Maximierung des eigenen Nutzens, sondern wertrational an denen von Kooperation, Fairness und Reziprozität. Dabei entscheiden sie sich nicht nur selbst dementsprechend, sondern bestrafen konsequent eigennütziges Verhalten anderer, auch wenn es ihnen schadet. Etwa 40 % bis 50 % aller Teilnehmerinnen und Teilnehmer an spieltheoretisch fundierten Experimenten verhalten sich in dieser Weise. Durch ihr Bestrafungsverhalten beeinflussen sie zugleich das Verhalten der etwa 20 % bis 30 %, die sich eigennützig verhalten, in Richtung Kooperation und üben damit erheblichen Einfluss auf das Gesamtverhalten von Gruppen aus. Etwa 20 % verhält sich entweder altruistisch oder missgünstig.[103]

Aus dem Zusammenspiel zwischen den von Fairness und Kooperation und den von Egoismus und Konkurrenz geleiteten Menschen ergeben sich eine ganze Reihe von Phänomenen, die dem Ökonomischen Verhaltensmodell widersprechen. So berücksichtigt die Mehrheit der Menschen das Wohl anderer im Rahmen ihrer Entscheidungen positiv oder negativ in je nach Kontext von Familie, Nachbarschaft, Firma oder Geschäft unterschiedlicher Form.[104] Sie reagieren freundlich, wenn andere freundlich sind und feindlich, wenn sich andere feindlich verhalten. Als Kriterium dienen dabei die wahrgenommenen Intentionen, die hinter einer Handlung stehen, nicht die Handlungen selbst.

Dem Ökonomischen Verhaltensmodell zufolge tragen Menschen nur sehr begrenzt zum gemeinsamen Wohl bei und müssen deshalb durch materielle Anreize dazu angeregt werden. Verhaltensexperimente belegen dagegen, dass Menschen viel häufiger kooperieren, als es das Ökonomische Verhaltensmodell voraussagt.[105] Anstrengungsbereitschaft und Kooperation von Menschen hängen vom Verhalten anderer ab und davon, ob unkooperatives und unfaires Verhalten bestraft wird, nicht von monetären Anreizen. In dem Maße, in dem eine vorhandene, durch intrinsische soziale Präferenzen motivierte Kooperation durch monetäre Anreize ergänzt wird, nimmt die intrinsisch motivierte Kooperation ab.[106] Auch hat sich gezeigt, dass ein hoher Grad an Kommunikation zwischen Menschen Kooperation fördert.[107]

Belohnungen können das Verhalten von Menschen steuern, senken aber zugleich die Selbstregulation von Individuen, untergraben die Verantwortung dafür, sich selbst zu motivieren, und sind deshalb kurzfristig erfolgreich, langfristig aber schädlich. Drohungen am Arbeitsplatz als negative Anreize bewirken sogar sinkende Arbeitsbereitschaft. Die intrinsische soziale und kooperative Motivation sinkt auch, wenn Individuen meinen, dass ihr eigener Wille, ihr Gestaltungsfreiraum und ihr Selbstbewusstsein negativ beeinflusst werden.[108] Deshalb schwächen externe Interventionen die intrinsische Motivation, wenn sie als Kontrolle wahrgenommen werden. Sie stärken die instrinsische Motivation, wenn sie als Unterstützung wahrgenommen werden, die das Selbstbewusstsein fokussieren und den eigenen Willen und die Gestaltungsmöglichkeiten fördern.[109]

Zusammenfassend betrachtet mag sich das Ökonomische Verhaltensmodell aus verhaltenspsychologischer Sicht als vereinfachendes Modell zur groben Erklärung marktwirtschaftlicher Zusammenhänge eignen, führt aber bei der Erklärung von Phänomenen auf der Ebene konkreter Zweierbeziehungen, kleinen Gruppen und Organisationen zu Fehlwahrnehmungen.[110]

Einige Ökonomen verteidigen das Eigennutzaxiom, indem sie auf die begrenzte Aussagekraft verhaltenspsychologischer Experimente hinweisen. Wer freiwillig an Laborexperimenten teilnehme, sei vermutlich von vornherein kooperativer als der Durchschnitt der Bevölkerung. Außerdem würden Menschen unter Laborbedingungen von Forschern beobachtet, was sich als Restriktion in Richtung eines fairen Verhaltens auswirke.[111] Mehr und mehr schält sich jedoch auch unter Ökonomen die Erkenntnis heraus, dass das Eigennutzaxiom nicht der Realität entspricht. So schließt Axel Ockenfels seinen Überblick über den Stand der Forschung mit dem Satz zusammen: »Die Übersicht über Experimente und Theorien belegt, daß die Eigennutzhypothese nicht tragfähig ist.«[112]

Seiner empirischen Widerlegung halten die Vertreter des Ökonomischen Verhaltensmodells entgegen, dass der homo oeconomicus kein Menschenbild sei, sondern ein Theoriekonstrukt, das für sich allein noch nichts erkläre, sondern erst in Verbindung mit spezifischen Bedingungen.[113] Der Vorwurf, es sei nicht realistisch, träfe das Modell deshalb nicht. Auch würde sich das Eigeninteresse nicht nur auf materielle oder monetäre Vorteile beziehen, sondern umfasse auch Phänomene wie nicht-materielle Vorteile, intrinsische Belohnungen oder soziale Anerkennung. In diesem Sinne behauptet Milton Friedman, wissenschaftliche Theorien dürfe man nicht danach beurteilen, wie realistisch ihre Annahmen seien, sondern nur danach, wie gut ihre Vorhersagen ausfielen.[114]

Hans Albert hat auf die wissenschaftstheoretische Problematik einer solchen Argumentation hingewiesen, die einerseits den abstrakten Modellcharakter betont, um Kritik zu entkräften, andererseits behauptet, reale soziale Zusammenhänge angemessen abbilden zu können. Er spricht im Zusammenhang der idealisierenden Abstraktion sozialen Verhaltens von einem »Modell-Platonismus«[115], der dazu führe, dass sich das Ökonomische Verhaltensmodell und andere ökonomische Theorien ihrer empirischen Überprüfung entzögen. Würden konkrete Verhaltensweisen benannt, die dem Modell widersprechen, könne immer behauptet werden, die im Modell angenommenen logischen Zusammenhänge träfen im Grundsatz zu, nur veränderte Anfangs- und Randbedingungen hätten in diesem konkreten Fall zu Abweichungen geführt. Zugleich blende das Verfahren der entscheidungslogischen Formalisierung den Einfluss in der Realität vorhandener Informations- und Motivationsprobleme sowie die Bedeutung institutionell abgesicherter politischer und rechtlicher Rahmenbedingungen auf das Marktgeschehen aus und übersähe damit Faktoren, die wesentlichen Einfluss auf das Wirtschaftsgeschehen ausüben.[116]

Steve Keen widerspricht Argumenten wie denen von Homann und Friedman mit dem Einwand, dass man die Realitätsnähe von Annahmen nur dort ignorieren dürfe, wo sie zu vernachlässigende Randbedingungen beträfen. Eine Theorie verliere aber ihre Plausibilität, wenn Annahmen zu den Bedingungen, unter denen sie gültig ist, der Wirklichkeit widersprächen oder logisch inkohärent seien.[117] Zudem steht Keen zufolge die Prognosekraft neoklassischer Modelle infrage, seit der gegenwärtige Mainstream der Wirtschaftswissenschaft nicht in der Lage war, die Finanz- und Wirtschaftskrise vorherzusagen.[118]

Kritik am Ökonomischen Verhaltensmodell wird auch von Wirtschaftsethikern geäußert. So bezeichnet Peter Ulrich die Hypothese vom homo oeconomicus als »axiomatische as-if-Modellannahme«[119], aus der sich unmittelbar weder normative Orientierungskraft für die ökonomische Praxis noch empirische Erklärungskraft gewinnen ließe. Für die Erklärung tatsächlichen Verhaltens müsse sie in eine verhaltenspsychologische Hypothese umgedeutet werden. Damit aber werde aus einem abstrakten Modell unter der Hand ein substanzielles Menschenbild[120], das an seiner empirischen Überprüfung scheitere und es nötig mache, mit realistischeren Annahmen zu arbeiten.

Zugleich enthalte das Konzept des homo oeconomicus die keineswegs wertfreie Prämisse des erfolgsrationalen Handelns der Wirtschaftssubjekte. »Das theoretische Konstrukt des ökonomischen Determinismus verbirgt so das parteiliche Interesse jener Wirtschaftssubjekte, die unternehmerisch leben *wollen*, hinter der scheinbar unparteilichen und wertfreien, ›reinen‹ ökonomischen Rationalität, die unter der paradigmatisch modellierten Sachzwangsstruktur des idealen Marktes ›gilt‹.«[121] In diesem Sinne sei das Ökonomische Verhaltensmodell implizit strukturkonservativ, andere Verhaltensweisen würden als unrealistisch, utopisch oder heroisch beurteilt.[122]

Die Unterscheidung von Handlungsbedingungen und Handlungsspielräumen impliziert Peter Ulrich zufolge zudem, dass die Handlungsbedingungen die Grenzen des ethisch Möglichen bestimmten. Die Frage, ob die

Bedingungen selbst und die Zwecksetzungen legitim seien oder ob moralischer Widerspruch gegen sie geboten sei, werde ausgeblendet. Dagegen müsse das Erfolgsstreben grundsätzlich unter einen ethischen Legitimitäts- und Verantwortungsanspruch gestellt werden. »Im Prinzip *kann* sich jeder Mensch den Sachzwängen stets verweigern; die Frage ist nur, welche lebenspraktischen Folgen er dafür billigerweise in Kauf nehmen *soll.*«[123]

Ein zweites Problem besteht aus wirtschaftsethischer Sicht in der schon seit Adam Smith aufgestellten Behauptung, dass das Eigeninteresse der Einzelnen wie von unsichtbarer Hand auf gesellschaftlicher Ebene das Gemeinwohl fördere und Moral deshalb überflüssig sei.[124] So spricht Karl Homann provokativ davon, dass der Wettbewerb solidarischer sei als das Teilen.[125] Wenn Ökonomen damit auf die unintendierten positiven sozialen Folgen individuellen unternehmerischen Verhaltens aufmerksam machen, unterschlagen sie die gleichzeitig vorhandenen unintendierten negativen sozialen Folgen, wie etwa die Ausbeutung natürlicher Ressourcen oder die im liberalen Wirtschaftssystem angelegte Tendenz zu zunehmender sozialer Ungleichheit.[126]

Im Blick auf die Übernahme einer ökonomischen Perspektive für die Analyse kirchlicher Herausforderungen sind darüber hinaus die theologischen Hintergründe dieser »Metaphysik des Marktes«[127] von Bedeutung. Peter Ulrich spricht von einer »Offenbarungstheorie des Marktes«[128], in deren Rahmen dem Markt Qualitäten zugesprochen werden, die durch ein Eingreifen des Menschen nur zerstört werden könnten. »Dem fast grenzenlosen (Ur-)Vertrauen der klassisch-liberalen Ökonomen in die Selbstregelungskräfte des ›freien‹ Marktes (Harmonie-Ökonomie) korrespondiert als Kehrseite ein tiefes, genauso religiös verwurzeltes Misstrauen gegenüber der moralischen Stärke und der praktischen Vernunft des Menschen als unmündigen ›Kindern Gottes‹ *(ethischer Skeptizismus)*, dessen Wurzeln sich wiederum bei Smith nachlesen lassen«.[129] Die dabei verwendete Denkstruktur, dass man nicht an das Allgemeinwohl denken müsse, weil Gott dem helfe, der sich selbst hilft, stehe in seiner Grundstruktur erkennbar in der Tradition der calvinistischen Prädestinationslehre.[130]

Hans Christoph Binswanger hat hingegen auf die Verwandtschaft des Ökonomischen Verhaltensmodells mit dem Denken der Stoa hingewiesen, das den Gegensatz zwischen Gut und Böse mit dem Hinweis auf das Wirken der Götter im Sinne einer ordnenden, auch aus dem Bösen etwas Gutes schaffenden Kraft relativiert.[131] So heißt es bei Adam Smith: »The ancient stoics were of opinion, that as the world was governed by the all-ruling providence of a wise, powerful, and good God, every single event ought to be regarded, as making a necessary part of the plan of the universe, and as tending to promote the general order and happiness of the whole: that the vices and follies of mankind, therefore, made as necessary a part of this plan as their wisdom or their virtue; and by that eternal art which educes good from ill, were made to tend equally to the prosperity and perfection of the great system of nature.«[132] Insofern bilden nach Biswanger die Ökonomen eine »stoische Glaubensgemeinschaft« bzw. eine »Werturteilsgemeinschaft par excellence.«[133]

5. Zwischenbilanz: Eine problematische Theorie

Die im Anschluss an das Ökonomische Verhaltensmodell entwickelten Theorien samt den dazu gehörigen mathematischen Formeln und Diagrammen suggerieren eine wissenschaftliche Exaktheit, die sich bei näherem Hinsehen als Rationalitätsfassade entpuppt. Sie stellen vielmehr ein philosophisches Gedankengebäude mit normativem Anspruch im Gewand naturwissenschaftlicher Deskription dar und besitzen nur deshalb empirische Aussagekraft, weil auf ihrer Grundlage die Wirtschaftsordnung gestaltet wird. »Beschreibt man die Wirtschaft mechanisch und formuliert politische Programme gemäß diesem Denkmodell, so wirken diese Beschreibungen und erschaffen Wirklichkeit.«[134] Auf diese Weise entsteht ein Zirkel aus sozialer Theorie und sozialer Praxis, der die Theorie als sich selbst erfüllende Prophezeiung verifiziert.

Das Ökonomische Verhaltensmodell mag sich zur groben Analyse makroökonomischer Phänomene eignen, in denen Menschen in hoher Zahl mit gleichen Interessen isoliert voneinander kurzfristig vor vergleichbaren Entscheidungssituationen stehen. Sobald aber andere Präferenzen als Eigennutz, Emotionen, starke Bindungen, die Interaktion mit anderen Menschen oder langfristige Prozesse das soziale Verhalten beeinflussen, verliert es an Plausibilität. Hans Nutzinger spricht in diesem Zusammenhang vom »abnehmenden Grenzertrag der Homo-oeconomicus-Theorie«, der sinke, je weiter er sich von der Erklärung wirtschaftlicher Zusammenhänge entferne.[135]

Das erkenntnisleitende Interesse des Ökonomischen Verhaltensmodells besteht in der kurzfristigen Beeinflussung allgemeiner Tendenzen sozialen

Verhaltens durch Restriktionsänderungen bei als gegeben vorausgesetzten Präferenzen. Es interessiert sich weder für die Entstehung, die Veränderbarkeit oder die normative Qualität von Präferenzen, noch für das personale Verhalten einzelner Menschen, Fragen der persönlichen Verantwortung, die Bedeutung emotionaler Bindungen, der Gestaltung von Beziehungen oder die Dynamik in Gruppen.

Zugleich schwächen Handlungsempfehlungen in Orientierung am Ökonomischen Verhaltensmodell aus verhaltenspsychologischer und wirtschaftsethischer Sicht kooperative, faire und am Gemeinwohl orientierte Verhaltensweisen und stärken egoistisches Verhalten. Sie unterschätzen ethische Spielräume personalen Handelns und die Möglichkeit, institutionelle, politische, rechtliche und organisatorische Rahmenbedingungen so zu gestalten, dass sie kooperatives, faires und am Gemeinwohl orientiertes Verhalten fördern.

Die Grenzen der Erklärungskraft des Ökonomischen Verhaltensmodells erklären sich aus der gewählten Methodik einer »sozialen Physik«[136]. Das Verhalten von Menschen lässt sich anders als die Bewegung fallender Körper weder im Bereich der Ökonomie noch sonst angemessen auf die Wirksamkeit einer einzigen Kraft im Zusammenspiel mit unterschiedlichen Situationsbedingungen zurückführen.[137] Jede Waschmaschine, so konstatiert Karl-Heinz Brodbeck, sei komplexer aufgebaut als das Ökonomische Verhaltensmodell.[138] Dem Marktgeschehen liegen historisch gewachsene kulturelle Prägungen, bewusst getroffene wirtschaftspolitische Entscheidungen und institutionelle Settings zugrunde, die jederzeit verändert werden können.

Was auch immer das alles für die Frage einer angemessenen wissenschaftlichen Wahrnehmung des Wirtschaftsgeschehens bedeuten mag, lassen der besondere Fokus und die Methodik des Ökonomischen Verhaltensmodells, die Grenzen seiner Erklärungskraft und die mit seiner Verwendung verbundenen Nebenwirkungen vermuten, dass es sich nur bedingt als theoretische Grundlage zur Analyse religiöser und kirchlicher Phänomene eignet, weil hier Fragen nach der Entstehung und Beeinflussbarkeit von Präferenzen, den dafür notwendigen Kommunikations-, Interaktions-, Sozialisations- und Identifikationsprozessen sowie der Förderung personaler Verantwortung und altruistischer Verhaltensweisen berührt werden, Aspekte der Wirklichkeit, für die sich das ökonomische Denken nicht interessiert, die es zur Ausnahme erklärt oder sogar für kontraproduktiv hält. Diese

Vermutung bestätigt sich, blickt man auf die Auseinandersetzung, die in den letzten Jahren innerhalb der Religionssoziologie mit ökonomischen Ansätzen zur Erklärung der Vitalität und Stabilität religiöser Überzeugungen, Praktiken und Gemeinschaften geführt wurde.

6. Das Marktmodell in der Religionssoziologie

Seit Mitte der 1980er Jahre wendet eine kleine Gruppe von Soziologen um Rodney Stark, William Bainbridge, Roger Finke und Laurence Innaccone die Rational-Choice-Theorie in Anlehnung an die Arbeiten von Gary S. Becker auf religiöse Phänomene an.[139] Dabei geht es ihnen nicht um die Beschreibung der ökonomischen Dimension religiöser Gemeinschaften, sondern um die Frage, inwiefern sich religiöse Phänomene auf gesamtgesellschaftlicher Ebene durch den kumulativen Effekt einzelner Entscheidungen von Individuen erklären lassen, die durch Nutzen-Kosten-Erwägungen motiviert und durch Restriktionen beschränkt sind.

Die religiöse Nachfrage einer Gesellschaft wird dabei in Analogie zum Eigennutzaxiom des ökonomischen Verhaltensmodells als im Grunde gleichbleibend angenommen. Daraus leiten Stark und Bainbridge die These ab, dass es nicht die Präferenzen eines Individuums sind, die über Mitgliedschaft und Beteiligung in religiösen Gemeinschaften entscheiden, sondern Restriktionen. Damit gerät das aktive Handeln religiöser Anbieter und die Rahmenbedingungen des »religiösen Marktes«, die dieses Handeln beeinflussen, als Ursache für makrosoziale religiöse Phänomene in den Mittelpunkt der Betrachtung.

So erklären die Vertreter der Rational-Choice-Theory das im Vergleich zu Europa auffällig vitale religiöse Leben in den USA volkswirtschaftlich. Das oligopolartige, staatlich stark regulierte religiöse Leben in Europa führe zu einer geringen Attraktivität religiöser Angebote, da Geistliche weniger Anreize hätten, sich anzustrengen, um Menschen für ihre Gemeinde zu gewinnen. Die offene oder verdeckte staatliche Subventionierung etablierter Kirchen erhöhe darüber hinaus die Markteintrittskosten für neue religiöse Bewegungen, sodass keine Konkurrenz entstehen könne.[140]

Der vollständig deregulierte religiöse Markt in den USA dagegen zwinge religiöse Gemeinschaften, sich im Wettbewerb miteinander aktiv um Mitglieder und Gottesdienstbesucher zu bemühen mit dem Ergebnis, dass insgesamt das religiöse Leben vitaler als in Europa ausfalle. Dabei wird die in den USA bestehende höhere Stabilität konservativer gegenüber liberalen Denominationen mit den strengen Bedingungen für eine Mitgliedschaft erklärt, die als höhere Eintrittskosten zu einem höheren Engagement der Mitglieder und damit zu einem attraktiveren Gemeindeleben führten. Zugleich würden dadurch Menschen, die den religiösen Nutzen solcher Gemeinschaften in Anspruch nehmen wollen, ohne sich an den Kosten in Form von Zeit und Geld angemessen zu beteiligen, abgeschreckt.[141]

Der Verdienst der Rational-Choice-Theory besteht darin, religiöse Organisationen und Individuen nicht als ausschließlich passive Opfer gesamtgesellschaftlicher Prozesse zu betrachten, sondern als aktiv Handelnde, die immer auch Spielräume im Umgang mit gesellschaftlichen Entwicklungen besitzen und diese wiederum beeinflussen.[142] Allerdings widersprechen eine ganze Reihe von Tatsachen den von der Rational-Choice-Theory postulierten Ursache-Wirkungs-Zusammenhängen.[143]

So sind erhebliche Zweifel an der Behauptung einer gleichbleibenden religiösen Nachfrage angebracht. Diese These ergibt sich nicht aus empirischen Beobachtungen, sondern deduktiv aus den Prämissen des Ökonomischen Verhaltensmodells. »Because it defines secularization as a decline in religious demand, and because it defines religious demand as a constant, the religious economies model simply defines secularization out of existence in much the same way that neoclassical economics defines irrational action out of existence.«[144]

Zwar behaupten eine ganze Reihe von Religionssoziologen, nur die institutionell gebundene Form von Religion nähme ab, nicht jedoch die individuelle Religiosität der Menschen. Dazu verweisen sie unter dem Sammelbegriff der »unsichtbaren Religion«[145] auf Phänomene wie Esoterik, fernöstliche Spiritualität, Meditation, Psychoanalyse, Astrologie, New Age oder »kleine Transzendenzen«[146] wie Kultur, Literatur, Wellness und Sport. Damit wird Religion allerdings in einem sehr weiten Sinn funktional als Bündel von Überzeugungen und Praktiken definiert, das der Sinn- und Lebensdeutung, der ethischen Orientierung oder der Kontingenzbewältigung dient. Wenn alles Religion ist, was im oben genannten Sinne funktional als solche definiert wird, lässt sich die Individualisierungsthese kaum widerlegen, wird dann aber zugleich bedeutungslos für die Untersuchung von Veränderungen der Vitalität und Stabilität inhaltlich bestimmter religiöser Überzeugungen, Praktiken und Gemeinschaften.[147]

Zugleich darf der Grad der Pluralisierung religiöser Überzeugungen und Praktiken nicht überschätzt werden. Entgegen der medialen Aufmerksamkeit gehören weniger als 1 % der Bevölkerung alternativen religiösen Gemeinschaften an und weniger als 2 % haben Erfahrungen mit Meditation.[148] »Trotz des in den Massenmedien vielfach behaupteten Esoterik-, Zen-, Spiritismus-Booms, liegt die Zustimmung zu diesen Vorstellung und Praktiken weit unter der Akzeptanz des Glaubens an Gott.«[149] Allerdings hat die Akzeptanz der Astrologie seit den achtziger Jahren zugenommen. Auch sind abergläubische Vorstellungen wie die Bedeutung von vierblättrigen Kleeblättern, Sternschnuppen oder Schornsteinfegern weit verbreitet.[150]

Aber all das tritt nicht an die Stelle traditioneller Religiosität. Dazu sind zum einen die Zahlen zu gering. Zum anderen korrelieren alternative religiöse Überzeugungen und Praktiken weder positiv noch negativ mit traditionell kirchlichen Überzeugungen.[151] Es ist also nicht so, dass Menschen in Deutschland die beiden großen christlichen Kirchen verlassen, um stattdessen andere Formen der Religiosität zu pflegen. Es mag eine kleine Unterströmung hin zu alternativen religiösen Überzeugungen und Praktiken geben, aber weder fördert noch hindert sie den Prozess zunehmender Säkularisierung. Zugleich dürfen »belonging« und »believing«[152], die institutionelle und die individuelle Dimension von Religion, nicht als Gegensätze verstanden werden, denn die Vitalität christlicher Überzeugungen korreliert stark mit der Häufigkeit der Teilnahme am kirchlichen Leben. Anders als viele Protestanten von sich behaupten, ist die Stärke individueller Religiosität abhängig von ihrer institutionellen Zugehörigkeit.[153]

Der schottische Religionssoziologe Steve Bruce bemerkt kritisch zur Individualisierungsthese: »For whatever reason, much sociology of religion seems unusually eager to find signs of robust health in the religious life of the contemporary West. Perhaps the simplest way of expressing my reservations about this approach is to reverse the ›football-is-really-a-religion‹ argument. Sociologists of sport have no difficulty accepting that people may have no interest at all in sport, either as participants or spectators: They do not count as ›sporty‹ people who take no part in any sport, who never read the sport pages of newspapers, and who never watch sport on television, but who say, when prompted in a survey, that they are ›somewhat‹ sporty. They do not assert that all people are latently sporty and are prevented from playing Sunday Legue football only by the need to go to church. Sociologists of sport do not assert that, because sport and religion share some common features, religion is really a sport. And they do not try to annex other spheres of social life to their territory by looking for ›implicit sport.‹«[154]

Gegen die Thesen von Finke, Stark, Innaocconne und anderen Vertretern der Rational-Choice-Theory spricht darüber hinaus, dass die Vielfalt religiöser Angebote in einer Region und die Vitalität und Stabilität religiöser Praktiken und Gemeinschaften entgegen den Voraussagen der Rational-Choice-Theory *negativ* korrelieren. So ergab eine Untersuchung auf der Ebene der us-amerikanischen Landkreise (counties), dass Mitgliedschaft und Gottesdienstbesuch insgesamt je geringer ausfallen, je vielfältiger sich die Landschaft religiöser Gemeinschaften darstellt.[155] Nur dort, wo einer Denomination mehr als 50 % der Wohnbevölkerung angehören, bleibt beides stabil oder steigt sogar an, ein Effekt, der verstärkt auftritt, wo die gleiche Denomination auch in den benachbarten Landkreisen mindestens genauso stark vertreten ist. Ein deutsches Forschungsprojekt hat diesen Zusammenhang für Nordrhein-Westfalen bestätigt.[156] Die Vitalität und Stabilität religiöser Überzeugungen, Praktiken und Zugehörigkeit wird also durch die Einheitlichkeit des sozialen Umfelds gestützt, nicht durch seine Vielfalt. Auch historische Untersuchungen mit statistischen Zahlen aus England, Wales und Schottland im 19. und 20. Jahrhundert zeigen, dass die Höhe der Kirchenein- und -austritte und der Gottesdienstbesucherzahlen nicht den volkswirtschaftlichen Grundsätzen von Angebot und Nachfrage folgen, sondern von anderen Faktoren abhängen[157]

Zudem verdeckt die im Vergleich zu Europa ungeheure Vielfalt an Denominationen in den USA, die vollen Gottesdienste und Einzelphänomene wie die megachurches, dass Vitalität und Stabilität religiöser Überzeugungen, Praktiken und Gemeinschaften auch hier seit Jahrzehnten sinken. Zwar geben Jahr für Jahr über 40 % aller erwachsenen Amerikanerinnen und Amerikaner bei Medienumfragen an, wöchentlich den Gottesdienst zu besuchen.[158] Die Auswertung von Gemeindestatistiken und Einzeluntersuchungen haben aber aufgezeigt, dass der Anteil der erwachsenen Wohnbevölkerung, die wöchentlich den Gottesdienst besucht, zwischen 1965 und 2005 von 42 % auf 17 % gesunken ist.[159] Der Anteil konfessionsloser Erwachsener an der Gesamtbevölkerung hat sich zwischen 1990 und 2008 von acht auf fünfzehn Prozent verdoppelt.[160] Das alles spricht eher dafür, dass die USA einem eigenen Entwicklungspfad im Rahmen allgemeiner

Säkularisierungstendenzen folgen, als dass hier ökonomische Mechanismen wirksam wären.[161]

Zugleich lässt sich für die USA zeigen, dass Menschen die Mitgliedschaft in religiösen Gemeinschaften keineswegs »frei« wählen. Zwar wechseln sie häufiger Gemeinden, bleiben dabei aber meistens ihrer eigenen Denomination treu.[162] Auch für Deutschland belegen eine ganze Reihe von sozialempirischen Untersuchungen: Menschen sind in ihrer Lebens- und Weltanschauung zutiefst durch ihr familiäres und soziales Umfeld geprägt. »The effects of socialization limit freedom of choice significantly, and therefore the notion of the freely deciding individual ist misleading.«[163]

Isolde Karle vergleicht religiöse Bindungen mit dem Erwerb von Sprachen: »Religion probiert man nicht nach Lust und Laune aus, man kann sie auch nicht wechseln wie einen Mobilfunkanbieter. Religion ist weniger mit einem Produkt als mit einer Sprache vergleichbar. Wer Religion ernst nimmt, der muss sie sich aneignen, ihre Sprache sprechen und die Sprachgemeinschaft kennen lernen, um seinen individuellen Stil zu finden.«[164] Der von der Rational-Choice-Theory postulierte Mechanismus von Angebot und Nachfrage hat also auf der mesosozialen Ebene verschiedener Kirchengemeinden verwandter Denominationen einer Region eine gewisse Bedeutung, allerdings innerhalb eines makrosozialen Rahmens, in dem die religiöse Nachfrage insgesamt sinkt.

Zugleich lässt sich die im Vergleich zu Europa höhere Vitalität religiöser Überzeugungen, Praktiken und Zugehörigkeiten in den USA zwanglos mit den unterschiedlichen kulturellen und institutionellen Rahmenbedingungen erklären.[165] Zum einen hat es anders als in Europa in den USA nie den Gegensatz zwischen einem sich säkular verstehenden Staat und religiösen Gemeinschaften gegeben.[166] Zwar sind Kirche und Staat institutionell getrennt, aber kulturell versteht sich der Staat keineswegs säkular, sondern religiös im Sinne einer an den Deismus der Gründungsväter angelehnten »civil religion«[167]. Phänomene wie häufig im öffentlichen Raum verwendete religiöse Aussagen,[168] die Präsenz der amerikanischen Flagge in Gottesdiensträumen, das durch Geistliche verschiedener Religionen gehaltene Morgengebet und der Abendsegen auf Parteitagen oder die im Vergleich zu Europa auffällige Ablehnung atheistischer Weltanschauungen weisen auf diese enge kulturelle Verbindung hin. In den USA bestehen also soziale Plausibilitätsstrukturen, die zwar keine bestimmte Konfession unterstützen, aber eine generische Form bürgerlicher Religiösität, die der Vitalität und

Stabilität religiösen Überzeugungen, Praktiken und Gemeinschaften insgesamt zugutekommt.

Zusätzlich fördern die ein hohes Maß an lokaler Selbstverwaltung ermöglichenden politischen Strukturen anders als in Europa die Entstehung religiöser Subkulturen und damit die Aufrechterhaltung und Tradierung religiöser Inhalte. Man denke etwa an die Glaubensgemeinschaft der Amish in Pennsylvania, die Mormonen in Utah oder den Fall des Ehepaars Romeike, das seine Kinder aus religiösen Gründen nicht an öffentliche Schulen gehen lassen wollte, mit diesem Ansinnen in Deutschland vor Gericht scheiterte, in den USA dagegen auf keinerlei Probleme stieß.[169]

Darüber hinaus erfüllen Kirchengemeinden in den USA eine Reihe sozialer Funktionen, die in Europa von anderen Institutionen wahrgenommen werden. Sie fördern die Integration von Immigranten, indem sie ihnen ermöglichen, einen wichtigen Teil ihrer heimatlichen Identität zu erhalten und zugleich Zugang zu den sozialen Regeln des neuen Landes zu gewinnen. Zugleich liegt ein nicht unerheblicher Teil der Freizeitangebote in ihrer Hand, ein Bereich, der in Deutschland überwiegend durch das Vereinswesen abgedeckt wird.[170]

Zudem stellen die Mitgliedschaft in einer religiösen Gemeinschaft und die Beteiligung an ihrem Leben in einem Land, das nur wenig staatliche Unterstützung im Sozial- und Gesundheitsbereich kennt, eine wichtige Form der sozialen Daseinsvorsorge dar. Will man deshalb von Konkurrenz sprechen, so besteht sie in den USA zwischen den verschiedenen Gemeinden einer Denomination und denen verwandter Denominationen, in Deutschland dagegen zwischen den Kirchen auf der einen Seite, dem Staat und dem Vereinswesen auf der anderen Seite.[171]

Ein weiterer Einwand gegen die Gültigkeit der Thesen der Rational-Choice-Theory ergibt sich aus der Tatsache, dass sich die Kirchenaustrittszahlen der evangelischen und der katholischen Kirche in Deutschland seit Jahrzehnten gleichlaufend bewegen. Offensichtlich sind es nicht das inhaltliche Profil, der Stil oder die Qualität der kirchlichen Arbeit, die das Mitgliederverhalten beeinflussen, sondern gesamtgesellschaftliche Faktoren. Die im Vergleich zur evangelischen Kirche niedrigeren Austrittszahlen der katholischen Kirche lassen sich plausibel mit dem sakramentalen Kirchenverständnis erklären. Eine höhere Qualität der katholischen Messe gegenüber dem evangelischen Gottesdienst, eine ansprechendere Gestaltung oder eine bessere seelsorgerliche Betreuung als Anreiz für Gottesdienstbesuch und Mitgliedschaft erscheint demgegenüber als Ursache eher unwahrscheinlich. Auch treten Katholiken, die mit dem Zölibat, der Sexualmoral oder der kirchlichen Hierarchie unzufrieden sind, kaum in die evangelische Kirche über, obwohl die dort gelebten religiösen Präferenzen viel eher ihren eigenen entsprechen.

Zusammenfassend betrachtet bestätigt sich in der Auseinandersetzung der Religionssoziologie mit den Thesen der Rational-Choice-Theory die im vorigen Abschnitt aus theoretischen Gründen vermutete begrenzte Erklärungskraft ökonomischer Theorien für religiöse Phänomene. Sie besitzt eine gewisse Berechtigung im Blick auf die mesosoziale Ebene einzelner Kirchengemeinden verwandter Konfessionen einer Region. Der im Ökonomischen Verhaltensmodell angelegte Fokus ist aber nicht in der Lage, die im Blick auf die Vitalität und Stabilität religiöser Überzeugungen, Praktiken und Gemeinschaften wirksamen sozialen Faktoren angemessen zu erfassen.

III. Anwendung auf aktuelle kirchliche Herausforderungen

Wendet man das Ökonomische Verhaltensmodell mit seiner strukturorientierten Sicht auf menschliche Entscheidungen und dem Fokus auf der Suche nach Restriktionen zur Beeinflussung des Entscheidungsverhaltens breiter Bevölkerungskreise auf den kirchlichen Kontext an, ergeben sich eine Reihe von Anregungen für den Umgang mit Finanz-, Beteiligungs- und Mitgliederproblemen. Zugleich wird deutlich, wo die Grenzen einer ökonomisch bestimmten Sicht auf das kirchliche Leben liegen.

1. Steigerung der Wirtschaftlichkeit des kirchlichen Handelns

Es ist sicher sinnvoll, sich bei der Suche nach Möglichkeiten zur Senkung von Kosten nicht auf moralische Appelle an einen wirtschaftlichen Umgang mit den knappen Mitteln zu verlassen. Hier hilft das ökonomische Denken, vorhandene Anreizstrukturen zu erkennen und gegebenenfalls zu verändern. So bestand ein erster Schritt bei der Bewältigung kirchlicher Rückbauprozesse seit Mitte der 1990er Jahre in vielen Fällen darin, mithilfe betriebswirtschaftlicher Kompetenz im Dickicht der in Jahrzehnten gewachsenen Einrichtungen, Arbeitsfelder, Personalstellen und Gebäude Transparenz über die geleistete Arbeit und die damit verbundenen Kosten herzustellen. Die Einführung von Abschreibungen auf Gebäude und Sachmittel als Restriktionsänderung hilft dabei, mittel- und langfristig anfallende Kosten bei der Finanzplanung zu berücksichtigen. Durch die Einrichtung von Sonderfonds können übergemeindliche Körperschaften Anreize zur Steigerung der Wirtschaftlichkeit der kirchengemeindlichen Arbeit setzen, indem sie z. B. Fundraising-Projekte oder die energetische Sanierung von Gebäuden, die Regionalisierung kirchengemeindlicher Einrichtungen oder die Kooperation übergemeindlicher Einrichtungen bezuschussen.

Kritisch rückt bei einer solchen Betrachtungsweise die pauschale Finanzierung von Arbeitsfeldern per Kirchensteuervorwegabzug in den Blick. So könnte eine Umstellung der Finanzierung kirchlicher Verwaltungsämter auf eine Abrechnung einzelner Leistungen als Restriktionsänderung zu Kostentransparenz und sinkenden Verwaltungsausgaben beitragen. Zum einen würde das den Vergleich zwischen Ämtern erlauben und damit teure Leistungsanbieter unter Rechtfertigungsdruck setzen. Kirchliche Körperschaften und Dienste und Werken müssten dann aber wie diakonische Einrichtungen bei Unzufriedenheit mit der Arbeit kirchlicher Verwaltungsämter auf die Angebote privater Anbieter für die Erledigung von Verwaltungsgeschäften zurückgreifen dürfen. Das würde voraussetzen, dass der Anschlusszwang aufgehoben wird, sich die Personalstellen im Bereich der Dienstleistungsverwaltung kurzfristig auf- und abbauen und auf das tarifliche Niveau der Privatwirtschaft absenken lassen. Die bisherigen Erfahrungen mit einer betriebswirtschaftlich orientierten Verwaltungsreform im staatlichen Bereich mahnen allerdings zu Vorsicht vor allzu euphorischen Erwartungen.[172]

Was auch immer sich sonst aus einer Suche nach Restriktionsänderungen zur Steigerung der Wirtschaftlichkeit des kirchlichen Handelns an weiteren Anregungen ergeben mag, die Spielräume sind durch die hohe Personalkostenquote begrenzt. Zwischen sechzig und achtzig Prozent des Kirchensteueraufkommens sind langfristig an die Gehälter unbefristet beschäftigter Mitarbeiterinnen und Mitarbeiter gebunden sind, davon über die Hälfte an die Besoldung und Versorgung der Pfarrerinnen und Pfarrer.[173] Wie die geschilderten Beispiele aus der Praxis kirchlicher Rückbau- und Reorganisationsprozesse deutlich machen,[174] kann für diesen Bereich der Ausgaben ein Absinken der Kirchensteuereinnahmen nur durch die Kürzung von Gehältern oder eine Streichung von Personalstellen mit einem entsprechenden Wegfall an Arbeitskraft aufgefangen werden,[175] der sich aufgrund der Bedeutung persönlicher Kontakte für die meisten kirchlichen Arbeitsfelder einem Ausgleich mittels Effizienzsteigerungen größtenteils entzieht.

Zwar lassen sich durch die Zusammenlegung von Standorten bei übergemeindlichen Einrichtungen und Verwaltungsämtern in begrenztem Umfang Gebäude- und Personalkosten einsparen. Auch kann die organisatorische Ausgliederung und Regionalisierung von kirchengemeindlichen Einrichtungen wie Kirchenbüros, Kindertagesstätten, Altenpflegestationen oder Friedhöfen Pfarrerinnen/Pfarrer und Kirchenvorstände von Verwaltungsarbeit entlasten und für andere Aufgaben freistellen, wenn auch um den Preis des Verlustes von Kontaktflächen und der Identifikation dieser Einrichtungen, ihrer Leistungen und ihrer Mitarbeiterinnen und Mitarbeitern mit der Kirchengemeinde vor Ort.

Aber ein Rückbau von vier auf drei Pfarrstellen, einer ganzen auf eine halbe Kirchenmusikerstelle, von drei auf zwei Referentenstellen in einer übergemeindlichen Bildungseinrichtung oder von mehreren Sachbearbeiterstellen in einem Verwaltungsamt führt selbst bei einer intelligenten Anpassung der Organisationsstrukturen und der Arbeitsorganisation in jedem Fall entweder zu einer höheren Belastung des übrig gebliebenen Personals mit einer entsprechenden Zunahme von Krankenstand und Fluktuation oder zu einer Abnahme des Leistungsumfangs. Die nicht mehr zur Verfügung stehende Arbeitskraft von Hauptamtlichen kann realistischerweise nur durch die Abschaffung von Aufgaben oder den Einsatz von Ehrenamtlichen aufgefangen werden.

Bei Themen der Gewinnung und Begleitung von Ehrenamtlichen und der Gestaltung der Zusammenarbeit mit haupt- und nebenamtlichen Mitarbeitenden aber ist Vorsicht geboten beim Einsatz wirtschaftstheoretischer Denkmuster, wie die verhaltens- und motivationspsychologische Kritik am Ökonomischen Verhaltensmodell zeigt.[176] Das Modell nutzenmaximierender Individuen führt hier in die Irre. Der Versuch, Anreize für ehrenamtliches Engagement zu schaffen, etwa durch Belohnungssysteme oder eine finanzielle Absicherung, könnte mehr schaden als nutzen. Vielmehr müsste man nach Möglichkeiten suchen, wie kooperatives, an Fairness und Gemeinwohl orientiertes Verhalten und die Bereitschaft, zur Schaffung öffentlicher Güter beizutragen, strukturell gefördert und egoistisches Verhalten zurückgedrängt werden kann. Dafür bietet es sich an, gemeinwirtschaftliche Ansätze aufzunehmen.[177]

2. Steigerung der Wirksamkeit des kirchlichen Handelns

Auch für die Frage nach Strategien zur Erhöhung von Teilnahme- und Mitgliederzahlen ergeben sich aus der Suche nach Anreizstrukturen interessante Perspektiven, die allerdings in andere Richtungen führen als die Handlungsempfehlungen marketingorientierter Kirchenreformansätze.

a. Beteiligung am kirchlichen Leben

So erklärt sich die rapide Abnahme der Beteiligung am Sonntagsgottesdienst seit der zweiten Hälfte des 18. Jahrhunderts mit der Aufhebung landesherrlicher Edikte zur Sonntagspflicht und der Sperrstunden am Stadttor zur Gottesdienstzeit, der Schleifung der Stadtmauern und dem Entstehen neuer Freizeitangebote.[178] Diese Maßnahmen verdrängten den Gottesdienst aus seiner »bis dahin monopolhaften Stellung als Kommunikations- und Geselligkeitszentrum der Gemeinden«.[179] Der Philosoph Friedrich Paulsen schreibt dazu über den Zustand seiner Heimatgemeinde im ländlichen Nordfriesland nach 1870: »Seitdem konnte es geschehen, dass sich in der Kirche, die gegen 600–700 Personen fasste, nicht mehr als drei, vier Leute außer den paar gebetenen Besuchern einfanden. Die Prediger, von denen der eine unaussprechlich langweilig, ein anderer um seiner persönlichen Lebensführung willen unerträglich war, haben dazu das Ihre beigetragen. Aber ohne Zweifel hat auch ein großer Umschwung der Sitte stattgefunden: das Band, das den einzelnen mit der Kirche als der geschichtlichen Lebensform verbindet, hat an Stärke sehr viel verloren. Der elterlichen Generation wäre ein Leben ohne Kirche noch undenkbar vorgekommen; von der jetzt heranwachsenden würde das Verschwinden der Kirche kaum noch als eine große Lücke in ihrem Leben empfunden werden. So rasch hat sich die Entfremdung gegen die Kirche auch auf die ländlichen Gemeinden eines an sich kirchlichen Landstriches ausgedehnt. Vor allem trägt dazu wohl der Umstand bei, dass das ganze Leben weltförmiger geworden ist, der gesamte

Vorstellungskreis mit anderen Interessen sich erfüllt hat: die tägliche Zeitung, der Roman, die Vergnügungen, die Reisen haben die Kirche und den Sonntagsgottesdienst, die vor zwei Menschenaltern eigentlich noch die einzige Unterbrechung des Werktaglebens boten, entbehrlich gemacht. Denn darüber wird man sich freilich nicht täuschen, dass es auch damals nicht das persönliche religiöse Bedürfnis war, das die große Masse sonntags in die Kirche führte.«[180]

Die Höhe der Gottesdienstbesucherzahlen früherer Jahrhunderte sagt also nicht unbedingt etwas über die Religiosität von Menschen aus, sondern begründet sich mit äußeren Zwängen und der Verbindung religiöser Funktionen mit solchen politischer, wirtschaftlicher, sozialer oder kultureller Natur.[181] Der im Vergleich zu Großstädten insgesamt höhere Grad an Beteiligung und Mitgliedschaft in ländlichen Regionen hat seine Ursache aus dieser Perspektive weniger in einer ausgeprägteren Frömmigkeit als darin, dass Kirchengemeinden auf dem Land politische, soziale und kulturelle Funktionen erfüllen, die in Großstädten aus der Kirche ausgewandert sind. Wollte die evangelische Kirche auf dieser Analyse aufbauend anreizorientierte Strategien entwickeln, dürfte sie allerdings gerade nicht ihr religiöses Profil schärfen oder an der Qualität ihrer religiösen Angebote arbeiten, wie marketingorientierte Kirchenreformansätze fordern, sondern müsste versuchen, ihre religiösen Leistungen mit anderen Funktionen zu verbinden.[182]

Genau das aber praktizieren Kirchengemeinden und übergemeindliche Einrichtungen seit langem. Der Gottesdienstbesuch der freiwilligen Feuerwehr am Volkstrauertag verdankt sich der Verbindung von politischen und religiösen Aspekten. Ein Familiengottesdienst mit anschließendem Grillen verbindet religiöse Kommunikation mit den sozialen Bedürfnissen von Familien. Die Pfadfinderarbeit knüpft an soziale Bedürfnisse von Kindern und Jugendlichen nach Freizeitgestaltung, Gruppenerlebnissen, Abenteuer, Reisen und Selbstständigkeit an sowie an den Wunsch von Eltern nach Freizeitbetreuung und einer ethisch orientierten Erziehung ihrer Kinder. Der gute Besuch einer Aufführung des Weihnachtsoratoriums oder eines Gospelkonzerts lebt nicht nur von religiösen, sondern auch von sozialen und kulturellen Bedürfnissen. In den Angeboten der Jugend-, Frauen- und Missionswerke mischen sich religiöse mit gesellschaftspolitischen, sozialen und kulturellen Aspekten. »Unter den Bedingungen funktionaler Differenzierung wachsen Gemeinden, denen es gelingt, Geselligkeit, Ästhetik, religiöse Bildung, politisches Engagement und Gottesdienst miteinander zu verbinden – ohne notwendig in irgendeinem Bereich ›exzellent‹ zu sein.«[183]

Mit dem Einfluss von Restriktionen lassen sich darüber hinaus die in Großstädten im Vergleich zu ländlichen Gebieten höhere Anzahl an Personalgemeindemitgliedern[184] und die hohen Gottesdienstbesucherzahlen einzelner Zentral- und Profilkirchen mit dem dort vorhandenen vielfältigen, qualitativ hochwertigen und gut erreichbaren kirchlichen Angebot erklären. Auf dieser Ebene existiert durchaus ein Markt religiöser Angebote mit einer Konkurrenzsituation zwischen verschiedenen Kirchengemeinden und Einrichtungen eines Sozialraums, deren Dynamik von Faktoren wie dem inhaltlichen Profil, der Form und der Qualität der kirchlichen Arbeit, der Ausstrahlungskraft von Mitarbeitenden oder den Merkmalen von Gebäuden beeinflusst wird.

Selbst in Großstädten bewegt sich die Anzahl der Personalgemeindemitglieder allerdings überwiegend im einstelligen Prozentbereich.[185] Man wird darum die Wirkung der Angebotsgestaltung auf das Mitgliederverhalten nicht überschätzen dürfen. Eine Befragung von Kirchengemeinden in Bremen ergab zudem, dass Umgemeindungen weniger mit der Suche nach neuen sozialen oder geistlichen Erfahrungen oder einem bestimmten Profil begründet werden, als mit dem Bedürfnis, nach einem Umzug der vertrauten Wohnortgemeinde treu bleiben zu wollen.[186] Das Motiv für einen Wechsel der Kirchengemeinde bildet also nicht die Ausrichtung oder Qualität des kirchlichen Angebots, sondern der Wunsch nach dem Erhalt gewachsener Beziehungen.[187] Auch scheint eine zu große Profilierung Ablehnungseffekte auszulösen.[188] Gleichzeitig sinkt die Zahl von Kirchenmitgliedern in Großstädten trotz seit langem bestehender Vielfalt kirchlicher Angebote stärker als in ländlichen Gebieten. Das Wachstum einzelner Kirchengemeinden und kirchlicher Einrichtungen geschieht also nicht gegen den Trend, sondern überwiegend auf Kosten anderer in einem insgesamt schrumpfenden Markt.[189]

b. Kirchenaustritte

Auch die Höhe der Kirchenaustritte seit 1919 lässt sich gut mit Restriktionsänderungen erklären. Die Ermöglichung des Kirchenaustritts nach dem Ersten Weltkrieg bewirkte zunächst eine regelrechte Austrittswelle, der Ernst Troeltsch als Unterstaatssekretär im preußischen Kultusministerium dadurch erfolgreich entgegenwirkte, dass er den einfachen Austritt per Postkarte durch die heute noch bestehende Notwendigkeit einer persönlichen Erklärung vor dem Standesamt ersetzte, also durch eine Änderung der Entscheidungsbedingungen.[190] Die Machtergreifung Hitlers führte zunächst zu einer Welle von Kircheneintritten, später zu Austritten und der Zusammenbruch 1945 wiederum zu Wiedereintritten. In gleicher Weise wirkte sich die Religionspolitik der SED auf die Höhe der Kirchenaustritte in der DDR aus. Die Neueinführung einer der Kirchensteuer vergleichbaren Annexsteuer an die Lohn- und Einkommensteuer, wie der Ergänzungsabgabe 1968, des Konjunkturzuschlags 1970 oder des Solidaritätszuschlags 1991 und 1995, beeinflusste als unintendierte Restriktionsänderung das Entscheidungsverhalten einer großen Anzahl von evangelischen und katholischen Christinnen und Christen in Richtung Kirchenaustritt.

Dagegen tragen normalerweise weder negative persönliche Erfahrungen mit der Kirche in nennenswertem Umfang zum Kirchenaustritt bei, noch positive Erfahrungen zum Wiedereintritt.[191] Allerdings fördert das diakonische Engagement in gewissem Umfang offenbar die Bindung von Menschen an die Kirche.[192] Umgekehrt führten die Missbrauchsfälle des Jahres 2010 zu einer erhöhten Anzahl von Austritten aus der katholischen Kirche.[193]

Die kirchliche Praxis wirkt als begrenzt wirksame Restriktion auf das Mitgliederverhalten offensichtlich vor allem dann, wenn sie die *Glaubwürdigkeit* der Kirche fördert oder untergräbt. Zugleich wird an der Entwicklung der Kirchenaustrittszahlen deutlich, dass das Ein- und Austrittsverhalten zum größten Teil nicht dem Einfluss der evangelischen Kirche unterliegt, sondern von der staatlichen Religions-, Wirtschafts- und Steuerpolitik abhängt.[194] Die Religionssoziologin Grace Davie schreibt dazu: »Europeans, as a consequence of the state church system (an historical fact whether you like it or not) regard their churches as public utilities rather than competing firms. […] It simply does not occur to most people that the churches will or might cease to exist but for their active participation.«[195] Aus dieser Perspektive lässt sich besser verstehen, warum es der evangelischen Kirche kaum gelingt, politische Entscheidungen und institutionelle Interessen über eine Mobilisierung ihrer Mitglieder zu beeinflussen.[196]

c. Kirchensteuer

Aus einer anreizorientierten Sicht ergibt sich ein interessanter Zusammenhang zwischen dem Kirchensteuereinzugs- und -verteilungssystem und der Höhe der Kirchenaustritte. Für den überwiegenden Teil ihrer Einnahmen ist die evangelische Kirche auf die Steuermoral ihrer Mitglieder angewiesen. Sozial-empirische Untersuchungen zeigen, dass diese umso höher ausfällt, je überschaubarer das Gemeinwesen ist, für dessen Erhalt die Steuern erhoben werden, je mehr sich die Bürgerinnen und Bürger deshalb mit ihm identifizieren und je mehr direkte Mitwirkungsmöglichkeiten sie bei der Gestaltung des Steuerwesens besitzen.[197]

Aus dieser Perspektive betrachtet könnte die evangelische Kirche ungewollt selbst zu einer Distanzierung ihrer Mitglieder beigetragen haben. Denn bis in die 1960er Jahre hinein wurde die Kirchensteuer lokal erhoben, in den Haushalten der Kirchengemeinden nachgewiesen und von dort per Umlageverfahren an Kirchenkreise und Landeskirche weitergeleitet. Das Wissen um die Höhe der Einnahmen und die Art ihrer Verteilung zusammen mit der Möglichkeit, über die Verwendung zu entscheiden, war eng an lokale Gemeinschaften geknüpft und förderte die Identifikation mit den kirchlichen Aufgaben vor Ort. Die Umstellung auf den zentralen Einzug auf landeskirchlicher Ebene seit Mitte der 1960er Jahre[198] erhöhte zwar einerseits die Effizienz der Verteilung, kappte aber zugleich die lokalen Verbindungen und leistete damit der Anonymisierung des Mitgliedschaftsverhältnisses und der Distanzierung von der Kirche Vorschub.

Insofern konterkariert das Kirchensteuereinzugs- und Verteilungssystem in seiner jetzigen Form die gegenwärtigen Bemühungen der evangelischen Kirche um eine stärkere Beteiligung von Menschen am kirchlichen Leben. Alle Gemeindeaufbaukonzepte und Ansätze einer »Beheimatung« von Menschen in der Kirche sind zum Scheitern verurteilt, wenn nicht auch die ökonomische Dimension der Kirchenmitgliedschaft dem inhaltlichen Leitbild von sich aktiv am kirchlichen Leben beteiligenden, mündigen Christinnen und Christen entspricht. Steuerrechtlich und technisch dürfte es kein Problem sein, Kirchensteuereinnahmen lokal nachzuweisen und in bestimmten Grenzen das Mitbestimmungsrecht der Kirchenmitglieder über die Höhe der Umlagen und ihre Verwendung durch Formen direkter oder indirekter Demokratie zu stärken, ohne ins andere Extrem zu fallen und die übergemeindliche Arbeit als vermeintlichen Wasserkopf abzuwerten.

Das aber würde bedeuten, dass die mittleren und die landeskirchlichen Ebenen einen Teil ihrer Gestaltungsmöglichkeiten an die kirchengemeindliche Ebene abgeben müssten, ein Vorhaben, das dem gegenwärtigen kirchenpolitischen Trend entgegenläuft.

Ebenfalls auf eine Restriktionsänderung zur Stabilisierung des Kirchensteueraufkommens zielt die Idee einer Umstellung der Bemessungsgrundlage für die Kirchensteuer auf das Bruttoeinkommen. Damit ließe sich vermutlich die kirchenaustrittsfördernde Wirkung der staatlichen Steuerpolitik umgehen. Zudem wäre der Mitgliedsbeitrag von den Ungerechtigkeiten des jetzigen Einkommensteuersystems entkoppelt.[199] Der Vorschlag der Einführung einer Mandatssteuer wie in Italien, Spanien oder Ungarn zielt in eine ähnliche Richtung. Das würde allerdings, wie Reiner Preul bemerkt, die Abhängigkeit von der staatlichen Steuerpolitik nicht verringern und zugleich die Bindung von Mitgliedschaft und Beitrag aufheben.[200]

d. Missionarische Wirksamkeit

Für eine gesamtkirchlich wirksame Förderung christlicher Überzeugungen, Praktiken und Zugehörigkeiten sind auf dem Ökonomischen Verhaltensmodell und der Rational-Choice-Theory aufbauende mikroökonomisch orientierte Analysen nicht geeignet. Es gibt keinen Markt, auf dem die Kirche mit anderen »Sinnanbietern« konkurrieren würde, sondern nur einen von Kirchenmitgliedern einer Region mit einer ähnlichen Frömmigkeitsprägung und ähnlichen Erwartungen an die kirchliche Arbeit. Aus den Erfolgen einzelner Kirchengemeinden und Einrichtungen im Blick auf Beteiligungs- und Mitgliederzahlen mithilfe betriebswirtschaftlicher Mittel auf eine Strategie für die Gesamtkirche schließen zu wollen, greift zu kurz. Sie bilden eine Art Halo-Effekt, bei dem eine kurzfristige Beeinflussung über Restriktionsänderungen die fehlende Veränderbarkeit von Präferenzen verdeckt.

Für die Entstehung, die Vitalität und die Stabilität religiöser Überzeugungen, Praktiken und Gemeinschaften besitzt das Ökonomische Verhaltensmodell keinerlei Erklärungskraft, weil es sich für Präferenzen nicht interessiert, sondern sie als gegeben voraussetzt. Religiöse Phänomene lassen sich auf gesamtgesellschaftlicher Ebene nicht in Anlehnung an Vorstellungen von Märkten, ökonomischen Transaktionen, nutzenmaximierenden

Individuen, Anreizstrukturen und den Mechanismus von Angebot und Nachfrage erklären. Auch entscheiden sich einzelne Menschen nicht für oder gegen bestimmte religiöse Überzeugungen, Praktiken oder Gemeinschaften wie für oder gegen den Kauf von Wirtschaftsgütern. Das Konzept einer konsumorientierten Auswahl von Religion gehört in den Bereich der Satire.[201] Die Stabilität von Glaubensüberzeugungen und religiösen Praktiken wird durch die Einheitlichkeit sozialer Plausibilitätsstrukturen gestärkt, nicht durch die Vielfalt religiöser Angebote.

Die Vorstellung einer im Grunde gleichbleibenden Nachfrage nach religiösen Angeboten und eines von Konkurrenz geprägten Marktes von »Sinnanbietern« ergibt sich deduktiv aus der Theoriekonstruktion invariabler Präferenzen und variabler Restriktionen, wird aber der Realität nicht gerecht. Will man die gesellschaftliche Situation der evangelischen Kirche als eine der Konkurrenz interpretieren, müsste man weniger auf Phänomene wie fernöstliche Religionen, Astrologie, esoterische Bücher, Psychotherapie oder »kleine Transzendenzen« hinweisen, als auf die Folgen der Aufklärung für die Haltung zu Glaube und Kirche, die atheistische Kosmologie der Naturwissenschaften, das säkulare Selbstverständnis des Staates, die sozialistische Religionspolitik, die staatliche Bildungs- und Sozialarbeit, die Steuerpolitik der Bundesregierung oder das Freizeitangebot in Medien und Vereinen.[202] Diese zweifellos bedenkenswerte Sicht der Dinge, aus der sich vermutlich eine ganze Reihe von Handlungsempfehlungen ableiten ließen, gerät aber durch das Ökonomische Verhaltensmodell aufgrund seine Konzentration auf das abstrakte Modell eines individuellen Konsumenten mit gleichbleibenden religiösen Präferenzen im Verhältnis zu einem individuellen Produzenten religiöser Angebote und den dabei wirksamen Restriktionen nicht in den Blick.

Damit ergeben sich erhebliche Zweifel an der Richtigkeit der Analysen des Evangelischen Münchenprogramms, des Impulspapiers der EKD »Kirche der Freiheit« oder anderer mikroökonomisch orientierter Ansätze zur Wahrnehmung der kirchlichen Wirklichkeit. Der von ihnen unterstellte Zusammenhang zwischen dem Mitgliederverhalten und der Ausrichtung oder der Qualität der kirchlichen Arbeit existiert so nicht. Es stimmt einfach nicht, dass der christliche Glaube eigentlich viele Menschen ansprechen müsste, weil er einen persönlichen Nutzen, etwa in Form eines erhöhten Inerleukin-6-Wertes, einer um 25 % erhöhten Lebenserwartung oder der Aussicht auf das ewige Leben verspreche und das Problem deshalb darin liegen müsse, dass die Kirche diesen Nutzen nicht gut genug verkaufe.[203]

Zugleich kann aus ökonomischer Perspektive im Blick auf die kirchliche Arbeit nur angebotsorientiert argumentiert werden. Die Hypothese einer Milieuverengung von Kirchengemeinden oder von Qualitätsproblemen bei der pfarramtlichen Tätigkeit ergibt sich aus dem gewählten Ansatz, nicht aus einer empirischen Analyse der kirchlichen Arbeit. Das Impulspapier gibt diese Tatsache im Grunde selbst zu, wenn es heißt: »Über die Qualität der kirchlichen Arbeit – ins besondere des Pfarrdienstes – ist insgesamt zu wenig bekannt«[204], um dann trotzdem stillschweigend im Folgenden von einer mangelnden Qualität auszugehen. Dadurch entsteht eine verzerrte Wahrnehmung der kirchlichen Wirklichkeit, die zweifellos vorhandene Phänomene wie lieblos gemachte Gottesdienste und Amtshandlungen, das unangemessene kommunikative Verhalten kirchlicher Mitarbeitender oder eine exklusive Cliquenbildung zu einem durchgehenden Problem stilisiert, für dessen Lösung wiederum betriebswirtschaftliche orientierte Handlungsempfehlungen propagiert werden. Kenneson und Street bemerken in ihrer kritischen Auseinandersetzung mit dem Kirchenmarketing zu dieser stark deduktiven Form der Wahrnehmung des kirchlichen Lebens: »Holding a hammer in your hand increases the likelihood that you will see everything as a nail.«[205]

Die Ergebnisse der letzten Mitgliedschaftsuntersuchung der EKD dagegen widerspricht der These allgemeiner Qualitätsprobleme. So geben 93 % der Befragten an, einen sehr guten oder guten Eindruck von ihrer Gemeindepfarrerin/ihrem Gemeindepfarrer zu haben.[206] Gleichzeitig wird der Ärger über kirchliche Mitarbeitende nur von einer Minderheit als Grund für den Kirchenaustritt genannt.[207] Eine Umfrage zur Zufriedenheit mit verschiedenen Leistungen der evangelischen und der katholischen Kirche kommt zu ähnlichen Ergebnissen. Nur etwa 9 % der evangelischen und 14 % der katholischen Kirchenmitglieder sind unzufrieden mit den Leistungen auf den Gebieten Seelsorge, Gemeinschaft, Erziehung/Bildung und Soziales, 92 % bzw. 86 % äußern sich zufrieden oder neutral.[208] Trotzdem treten mehr Menschen aus der evangelischen als aus der katholischen Kirche aus. Gäbe es ein durchgehendes Qualitätsproblem, müssten die Umfragen anders ausfallen.

Auch die These von der Milieuverengung von Ortsgemeinden nimmt die tatsächlichen Verhältnisse zu einseitig wahr. Sie mag auf einzelne Kreise und Gruppen zutreffen. Aber kaum jemand überschreitet so oft Milieugrenzen wie Pfarrerinnen und Pfarrer.[209] Bei Besuchen aus Anlässen von Amtshandlungen, Geburtstagen, Jubiläen, Krankheiten, privaten Problemen oder bei Konfirmandeneltern kommen sie regelmäßig mit einer Vielzahl sozialer Schichten und Lebenssituation in Kontakt. Es gibt wohl nur wenige Berufsgruppen, die die privaten Lebensverhältnisse der Menschen in Deutschland so gut kennen wie Geistliche.[210] Im Konfirmandenunterricht müssen Jugendliche sehr unterschiedlicher Herkunft und Begabung lernen, miteinander über die Grenzen von Milieus hinweg zu kommunizieren. Ähnliches ließe sich über die Kindertagesstättenarbeit, Kindergottesdienst- und Pfadfindergruppen oder Posaunenchöre sagen. Einmal abgesehen davon, dass solche Vorwürfe die kirchliche Arbeit in ihrer Breite diffamiert[211] und damit die Motivation kirchlicher Mitarbeiterinnen und Mitarbeiter zur Unterstützung betriebswirtschaftlicher Handlungsempfehlungen nicht gerade fördern, überschätzt eine ökonomische Analyse die Einflussmöglichkeiten des kirchlichen Handelns, verstellt zugleich den Blick auf tatsächlich vorhandene Zusammenhänge und droht damit zu einer Überforderung kirchlicher Mitarbeitender und zu falschen Prioritätensetzungen beizutragen.

IV. Zusammenfassung: Blinde Flecke von einiger Dramatik

Eine wirtschaftstheoretische Perspektive ist nur begrenzt geeignet, die gegenwärtige Situation der evangelischen Kirche analytisch zu erhellen. Zwar kann sie die Aufmerksamkeit auf Anreize für eine sparsame Bewirtschaftung von Haushalten lenken. Zugleich erweisen sich ökonomische Denkmuster im Blick auf einen möglichen Ausgleich von Personalstellenstreichungen durch ehrenamtliche Mitarbeit jedoch als kontraproduktiv.

Eine gesamtkirchlich wirksame Steigerung der Effektivität des kirchlichen Handelns ist von der Verwendung ökonomischer Analysen und daran anknüpfender betriebswirtschaftlicher Methoden nicht zu erwarten. Zwar können Marketingansätze einzelnen Körperschaften und Einrichtungen nützen, indem sie der Kirche stark verbundene Menschen zur Teilnahme an Veranstaltungen motivieren und ihre Spendenbereitschaft erhöhen. Dabei kommt es allerdings nicht wie bei Dienstleistungsunternehmen auf das Profil, die Vielfalt oder die Qualität des kirchlichen Handelns an, sondern auf seine Einheitlichkeit, Glaubwürdigkeit, Verlässlichkeit und die damit verbundene Beziehungsqualität.

Zugleich lässt sich nach der Analyse der hinter den marketingorientierten Kirchenreformvorschlägen stehenden Theorien in Auseinandersetzung mit religionssoziologischen Erkenntnissen besser verstehen, warum Marketingansätze keine gesamtkirchliche Wirkung entfalten. Anders als eine mikroökonomisch orientierte Beschreibung suggeriert, liegt das eigentliche Problem der Kirche nicht auf der Restriktions-, sondern auf der Präferenzseite einer abnehmenden individuellen und gesellschaftlichen Relevanz religiöser Überzeugungen und Praktiken. Der Kirche entfremdete oder fernstehende Menschen werden durch eine vielfältige, zielgruppengerechte und milieusensible Gestaltung von Arbeitsfeldern deshalb nicht erreicht. Marketingmethoden wirken als kurzfristige Verhaltensbeeinflussung über das geschickte Setzen von Anreizen. *Das geschieht jedoch im Rahmen vorhandener lebens- und weltanschaulicher Präferenzen, die sie nicht beeinflussen können.*

Darüber hinaus stellt sich am Ende der Auseinandersetzung mit dem Ökonomischen Verhaltensmodell die Frage nach der Vereinbarkeit betriebswirtschaftlicher Denkmuster mit Wesen und Auftrag der Kirche. Die im Hintergrund stehenden ökonomische Theorien arbeiten mit dem Modell des Menschen als einem bedingt rational kalkulierenden, nutzenmaximierenden Egoisten. Das beschreibt sozial-empirisch gesehen nur die Präferenzen einer Minderheit, beeinflusst aber über eine daran orientierte Gestaltung von institutionellen Settings das Verhalten einer Mehrheit in die gleiche Richtung. Marketing- und Managementtechniken sind keineswegs zweckfreie Instrumente. Sie implizieren eine Vorstellung von sozialen Ursache-Wirkungs-Zusammenhängen, die im Wirtschaftssystem ihr Recht haben mögen oder auch nicht, sich aber nur begrenzt zur Erklärung religiöser und kirchlicher Phänomene eignen. Mit ihrem abstrakten, an der Physik orientierten zeit- und geschichtslosen Denken, dem Interesse an kurzfristigen Verhaltensveränderungen über das Setzen von Anreizen, dem mangelnden Interesse an einer Beeinflussung von Präferenzen und dem unterentwickelten Verständnis für die Bedeutung interaktionaler Dynamiken liegen ihre blinden Flecke genau an den Stellen, die für die kirchliche Arbeit von besonderer Bedeutung sind. Die Theologie ist deshalb gut beraten, betriebswirtschaftliche Denk- und Sprachmuster kritisch auf ihre Verträglichkeit mit der Verkündigung des Evangeliums hin zu überprüfen, soll die evangelische Kirche nicht ungewollt in Konflikt mit ihren Grundsätzen geraten. Das soll im folgenden Kapitel geschehen.

D. Zum Verhältnis religiöser und ökonomischer Rationalität

Theologisch wird der Einsatz betriebswirtschaftlicher Methoden regelmäßig mit dem siebten Artikel der Confessio Augustana begründet. Er definiert die Einheit der Kirche als inhaltliche Übereinstimmung der Verkündigung und der Sakramentsverwaltung mit dem Evangelium. Danach ist ein Konsens in Glaubensinhalten ausreichend (»satis est«), eine Einheitlichkeit von Riten oder Zeremonien dagegen nicht nötig.[1] Marketing- und Managementinstrumente werden im Sinne dieser Unterscheidung als *traditiones humanae* interpretiert, die Wesen und Auftrag der Kirche nicht berühren. So heißt es im Impulspapier der EKD »Kirche der Freiheit«: »Das reformatorische Bemühen, dem geistlichen Charakter des verkündigten Wortes den Vorrang zu geben, hat Konsequenzen für die Ordnung der Kirchen: Es gibt keine mit Heiligkeit versehene äußere Ordnung der Kirchen, keine unveränderbare Hierarchie. [...] Diese theologische Entlastung des Kirchenverständnisses eröffnet den Raum für eine aktive Gestaltung der kirchlichen Strukturen nach den jeweiligen sachlichen Erfordernissen.«[2] Martin Schinderhütte schreibt zur Begründung der Einführung von Jahresgesprächen in der Ev.-Luth. Landeskirche Hannovers: »Dieses ›satis est‹ schafft eine große Freiheit in der Gestaltung von Kirche, um es modern zu sagen, in der Gestaltung der Kommunikationsbedingungen des Evangeliums. Es schafft Freiheit, sie auf die jeweiligen historischen Erfordernisse zu beziehen. Das ›satis est‹ verwehrt es uns, kirchenreformerische Prozesse allzu kurzschlüssig mit der Bekenntnisfrage zu verbinden.«[3]

Auch wenn nicht immer ausdrücklich genannt, durchzieht die im reformatorischen Kirchenverständnis angelegte organisatorische Gestaltungsfreiheit als Hintergrundannahme die meisten Veröffentlichungen zum Thema. Sie setzen als selbstverständlich voraus, dass sich kirchliche Arbeitsprozesse und Organisationsstrukturen nicht an biblischen Vorbildern oder gewachsenen Traditionen, sondern am Kriterium der Zweckmäßigkeit zu orientieren haben und von daher einer Verwendung betriebswirtschaftlicher Methoden nichts im Wege steht.

Damit wird die Zielrichtung der Argumentation des Augsburger Bekenntnisses allerdings verkürzt. Denn die Reformatoren behaupteten keineswegs, die äußere Ordnung der Kirche könne beliebig gestaltet werden, ohne dass Auswirkungen auf den Inhalt der Verkündigung zu befürchten seien. Es ging ihnen nicht um Freiheit im Sinne von Beliebigkeit, sondern um die Freiheit zur Abkehr von einer Ordnung des kirchlichen Lebens, die dem Evangelium widerspricht und zu seiner Neugestaltung in einer Form, die ihm dient.[4]

Der Hinweis auf das »satis est« reicht also nicht aus, um die Verwendung betriebswirtschaftlicher Sozialtechniken im Kontext kirchlicher Veränderungsprozesse theologisch zu legitimieren. Es muss darüber hinaus überprüft werden, inwiefern sie der Verkündigung des Evangeliums tatsächlich zugutekommt oder sie im Gegenteil beeinträchtigt.

Die folgenden Ausführungen widmen sich dieser Überprüfung. Im Mittelpunkt steht dabei die Frage, wie in Theologie und kirchlicher Praxis Botschaft und Ordnung, die religiös-kommunikative und die organisatorisch-ökonomische Dimension des kirchlichen Lebens aufeinander bezogen werden. Dabei lassen sich idealtypisch drei Modelle der Zuordnung erkennen. In Bibel und Urchristentum werden organisatorisch-ökonomische Fragen konsequent in das religiöse Handeln einordnet. Daran knüpft auch die Reformation an. Infolge des landesherrlichen Kirchenregiments und der Aufklärung hat sich dann ein Verständnis der evangelischen Kirche entwickelt, das beide Dimensionen stark voneinander trennt. Der Einsatz betriebswirtschaftlicher Methoden wiederum läuft häufig auf die Einordnung der religiösen in die ökonomische Handlungslogik hinaus. Demgegenüber plädiert diese Studie unter Aufnahme des wirtschaftsethischen Ansatzes von Traugott Jähnichen für einen interdisziplinären Dialog als geeigneter Form der Aufnahme betriebswirtschaftlicher Ansätze in den Kontext der verfassten Kirche.

I. Unterordnung der ökonomischen unter die religiöse Rationalität

1. Gott und Geld in Bibel und Urchristentum

Theologisch betrachtet begegnet der Kirche im System der Geldwirtschaft ein konkurrierender Glaube. Das zeigt sich etwa an begrifflichen Überschneidungen: Gläubige und Gläubiger, Schuld und Schulden, Erlösung und Erlös, Lobpreis und Preis, credere und Kredit, Offenbarung und Offenbarungseid, Messe und Handelsmesse, numisma und numen.[5] Hostien und Münzen verbindet eine Reihe von Eigenschaften: Sie teilen dieselbe Form, beiden sind Bilder des Emittenten eingeprägt, sie weisen nicht als Zeichen auf etwas anderes, sondern als Symbol auf sich selbst, ihr Einsatz zielt nicht auf das Horten, sondern die Zirkulation, sie dienen der Überwindung von Abwesenheit, sie versprechen etwas, von dem sich erst in der Zukunft herausstellen wird, ob dieses Versprechen gedeckt ist, und sind deshalb auf Vertrauen angewiesen.[6] Redensarten wie »Geld regiert die Welt«, »Alles ist käuflich« oder »Am Golde hängt, zum Golde drängt doch alles« verweisen auf einen Allmachtsanspruch, der in Konkurrenz zur Herrschaft Gottes steht.

Die Bibel ist wenig an der Erklärung ökonomischer Zusammenhängen interessiert. Dass Menschen für ihr täglich Brot, für Kleidung und Wohnung sorgen müssen, wird vorausgesetzt.[7] Ihr geht es um das Verhältnis des Menschen zu Gott. Erst von da aus gerät der menschliche Umgang mit Geld und Gut in den Blick und zwar in dem Moment, in dem irdischer Besitz droht, die Beziehung zu Gott und zum Nächsten zu beeinträchtigen.

Prägendes Bild für einen das Gottesverhältnis bedrohenden Gebrauch von Reichtum ist der sprichwörtlich gewordene Tanz des Volkes Israels um das Goldene Kalb (2. Mose 32,1ff). Ursache ist die Erfahrung der Gottesferne. Sie müsste nach allem, was die Israeliten erlebt haben, ohne Probleme im Vertrauen auf die Treue Gottes ausgehalten werden können. Aber Mose bleibt vierzig Tage auf dem Berg Sinai und scheint nicht zurückzukehren. So lässt Aaron einen Stier aus dem Gold der Israeliten gießen und ihm Opfergaben darbringen.[8] Hier wird das Gold dazu gebraucht, einen Götzen herzustellen und ihn anzubeten. Der unsichtbare, nicht kontrollierbare, unendlich überlegene Gott als das personale Gegenüber zum Menschen wird eingetauscht gegen einen sichtbaren, verfügbaren und damit im Grunde dem Menschen unterlegenen, dinglichen Götzen, der sich ganz ihrem Bedürfnis nach Sicherheit durch Führung, Nähe und Halt unterordnet. Die Unsicherheit des Lebens wird nicht durch Glaube und Vertrauen bewältigt, sondern durch den Versuch magischer Kontrolle nach dem Prinzip des »do ut des«.

Dieser Konflikt zwischen dem Glauben und einer Haltung, in der Geld und irdischer Besitz eine angstreduzierende, das Leben sichern wollende Zentralfunktion einnehmen, die nur Gott zusteht, kommt auch im Neuen Testament zur Sprache. Lukas lässt Jesus sagen: »Seht zu und hütet euch vor aller Habgier; denn niemand lebt davon, dass er viele Güter hat« (Lk 12,15). Die Bedeutung dieses Satzes wird im Anschluss mit dem Gleichnis vom Kornbauern illustriert, der meint, sein Leben durch Reichtum sichern zu können und damit scheitert. Es folgt die Aufforderung, sich über den Tag hinaus nicht um Nahrung und Kleidung zu sorgen: »Denn das Leben ist mehr als die Nahrung und der Leib mehr als die Kleidung« (Lk 12,23). Der Blick in die Natur soll den Menschen zum Vertrauen auf Gottes Fülle und zum Verzicht auf das Horten von Geld animieren.[9] Eher kommt ein Kamel durch ein Nadelöhr als ein Reicher in den Himmel (Mt 19,24), die Armen werden gepriesen (Lk 6,20), die Reichen mit einem Wehe-Ruf bedroht (Lk 6,24), die Wechsler aus dem Tempel vertrieben (Mk 11,15–17 par). Simon Magus entgeht nur knapp der Verfluchung, als er versucht, die Vollmacht der Apostel gegen einen Geldbetrag zu erwerben (Apg 8,9–24f). Es geht den neutestamentlichen Texten nicht um eine grundsätzliche Ablehnung ökonomischer Aktivitäten, sondern darum, dass ökonomische Fragen nicht das Herz der Menschen, ihre Lebensmitte, ihre Lebensorientierung, ihren Lebensmut beherrschen. Ein Kompromiss ist hier nicht möglich, sondern nur eine klare Entscheidung: »Kein Knecht kann zwei Herren dienen; entweder er wird den einen hassen und den andern lieben, oder er wird an dem einen hängen und den andern verachten. Ihr könnt nicht Gott dienen und dem Mammon« (Lk 16,13). Die Geschichte vom reichen Jüngling veranschaulicht diesen Satz (Mt 19,16–22). Sie erzählt, wie die Bindung an Besitz einen Menschen davon abhält, Jesus nachzufolgen. Dabei wird nicht das menschliche Streben nach Gewinn und Steigerung von Lebensfülle an sich infrage gestellt. Aber wahrer Reichtum und wahre Fülle des Lebens entstehen durch die Beziehung zu Gott, nicht durch das Sammeln irdischer Güter und die

Sorge um sie. Paulus kann in diesem Sinne sogar sagen, alles, was ihm bisher Gewinn gewesen sei, erachte er im Lichte Christi nun für Verlust (Phil 3,7f). Nicht Besitz an sich, sondern sein quasireligiöser Gebrauch stehen also in der Kritik. Paulus empfiehlt seiner Gemeinde in Korinth als angemessenen Haltung, »diese Welt [zu] gebrauchen, als brauchten sie sie nicht« (1 Kor 7,31).

Die Ökonomik Gottes ist keine der Knappheit, sondern eine der Fülle.[10] Das Neue Testament beschreibt Gottes Zuwendung zu den Menschen in Bildern der Fülle und Verschwendung. Glaube bedeutet, »sich auf diese Fülle einlassen, sie in Anspruch zu nehmen und schließlich zu ihrem Medium für andere werden.«[11] Immer wieder verwenden die Gleichnisse und Parabeln der Evangelien Bilder und Begriffe aus dem Bereich der Ökonomie, um diesen Kontrast herauszuarbeiten. Das Himmelreich gleicht einem unerwartet gefundenen, nicht einem über Jahre erarbeiteten Schatz, einer überraschend entdeckten, nicht einer aktiv gesuchten wertvollen Perle (Mt 13,44–46). Die beiden Texte zielen auf die Identifikation der Hörer mit der Freude, die diese Glücksfälle bei dem Tagelöhner und dem Kaufmann auslösen sowie mit der Dynamik der Veränderung, die von ihrem Fund ausgeht, der sie sich nicht entziehen können und die ihr Leben verändert.[12]

Die Parabel vom Schalksknecht (Mt 18,23–35) hat ihre Pointe in dem Umstand, dass der unverdiente und überraschende Erlass seiner gesamten Schulden einen Menschen unverständlicherweise gerade nicht dazu bringt, sich seinen Mitmenschen gegenüber entsprechend zu verhalten, sondern seine eigenen Interessen zu maximieren. Das Gleichnis von den Arbeitern im Weinberg durchbricht das ökonomische Grundprinzip vom gleichen Lohn für gleiche Arbeit (Mt 20,1–16).

Ethisch folgt daraus eine Haltung, die sich nicht an Geld und Besitz bindet, sondern sie zum Wohl des Nächsten einsetzt. Jesus lobt die Witwe, die zwei Scherflein in den Opferstock legt (Mk 12,41–44/Lk 21,1–4). Der Samariter bezahlt den Wirt, damit er den Kranken weiter pflegt (Lk 10,35). Umgekehrt sterben Hananias und Saphira eines geheimnisvollen Todes, weil sie den Erlös aus dem Verkauf eines Ackers aus Habgier nicht vollständig in die Gütergemeinschaft der Gemeinde einbringen (Apg 5,1–11). Geld soll also der Inklusion anderer Menschen, nicht der Herstellung von Exklusivität dienen.

Die neutestamentlichen Texte spiegeln keine bloße Theorie wider. Die ersten christlichen Gemeinden übernahmen bewusst nicht die Finanzierungsformen der Synagogalverbände und Kultvereine ihrer Umwelt. Sie verstanden »finanzielle Strukturen als wesentlicher Ausdruck des Kirche-Seins«[13] im Sinne einer klaren Unterordnung der ökonomischen Logik unter die Gottes- und Nächstenliebe. Ausgaben für die Diakonie hatten Vorrang. Das umfasste nicht nur die Fürsorge für die Armen, den Freikauf von Sklaven oder Bergwerksarbeitern, sondern auch die Versorgung der meist mittellosen und ganz mit ihrem Auftrag in der Nachfolge Jesu identifizierten Missionare sowie die Unterstützung anderer Gemeinden.[14] Privatbesitz galt als dem Gemeindeinteresse untergeordnet, allerdings auf freiwilliger Basis. Die Grundlage des kirchlichen Vermögens bildete die »herzliche Gebefreudigkeit besser situierter Gemeindeglieder.«[15]

Für Jesus und den Jüngerkreis gehörte der Verzicht auf Berufsausübung und das damit verbundene Leben in Unsicherheit und Armut als »eine Art permanente Zeichenhandlung, die das Reich Gottes als Gnade und Gericht personhaft nahebrachte.«[16] In dieser Tradition stehen die Wandermissionare der urchristlichen Gemeinden, deren Unterhalt das älteste Finanzproblem der christlichen Kirche darstellt.

Die urchristlichen Texte spiegeln sowohl diesen Unterhaltsanspruch wider[17] als auch erste Formen des Missbrauchs. Lk 10,7 lässt erkennen, dass sich wandernde Missionare offensichtlich gerne das Haus aussuchten, in dem es das beste Essen gab. Mt 10,8 verbietet, sich für die Predigt bezahlen zu lassen. Did 13,3 empfiehlt Gemeinden, ihre Propheten, Lehrer und Gemeindeleiter nur mit Naturalien, nicht mit Geld zu entschädigen. Hier sind erste Übergänge zu einer stärker institutionalisierten Unterstützung kirchlicher Mitarbeiter zu erkennen. Zugleich schärft die Didache ein, dass die Verbindung mit der Armenunterstützung gewahrt bleiben müsse (Did 13,4–6).

Über die judenchristlichen Gemeinden in Israel ist wenig bekannt. Die Darstellung der Apostelgeschichte (Apg 2,44–46; 4,34–37) bietet keine zuverlässigen Fakten. Sie will die Gütergemeinschaft als ethische Norm etablieren. Historisch lässt sich immerhin so viel erkennen, dass die ersten Christinnen und Christen die gemeinsamen Mahlzeiten nicht nur als Gottesdienst, sondern auch als Sättigungsmahl hielten und damit einen sozialen Ausgleich zwischen Arm und Reich praktizierten. In Apg 5,1 ist die Erinnerung aufgehoben, dass offensichtlich Einzelne auf freiwilliger Basis einen großen Teil ihres Besitzes verkauften und der Gemeinde zur Verfügung stellten. Von einer verbindlichen Pflicht zum Besitzverzicht ist jedoch nirgends die Rede.

Paulus hat bekanntlich auf die Unterstützung durch die Gemeinden, in denen er arbeitete, verzichtet, um die Glaubwürdigkeit seiner Verkündigung nicht zu gefährden (1 Kor 9,4ff), zugleich aber zugestanden, dass wandernde Missionare Anspruch auf Unterhalt haben. Wir erfahren aus seinen Briefen nichts über die Frage, ob Ämter bezahlt wurden oder wie die Finanzen der Gemeinden organisiert waren. Aus Gal 6,6 lässt sich herauslesen, dass kirchliche Lehrer unterstützt wurden. Die Nennung von Phoebe in Röm 16,1f als Diakonin scheint auf ein bezahltes Amt hinzuweisen.

Wichtigste Aufgabe auch der paulinischen Gemeinden war die Diakonie. Sie wird in Röm 12,13 vorausgesetzt. Röm 12,7 nennt die Diakonie als Charisma. Von einer Kollekte für die Gemeinde in Jerusalem ist mehrmals die Rede. Die Missionstätigkeit mit ihren weiten Wegen und den damit verbundenen Seereisen muss Kosten verursacht haben, ohne dass wir wissen, inwieweit diese durch die entsendenden oder die empfangenen Gemeinden oder durch die Berufsausübung der Missionare gedeckt wurden.

Die christlichen Gemeinden dieser Zeit kennen weder Rechtsordnungen noch bezahlte Ämter, Eintrittsgelder oder feste Beiträge. Die für Diakonie und Mission nötigen Mittel werden durch freiwillige Spenden gesammelt. Erst die Pastoralbriefe zeigen eine sich konsolidierende Organisation, in der sich mit Episkopen und Presbytern funktionale Ämter herausgebildet haben, auf die die apostolische Unterhaltsregel übergegangen ist. 1. Tim 5,16 setzt eine Gemeindekasse voraus, aus der ein Diakon Witwen unterstützt.

Diese Indienstnahme des ökonomischen Handelns für Glaube und Nächstenliebe hat sich im Laufe der Kirchengeschichte immer wieder in die Herrschaft des ökonomischen Denkens über den christlichen Glauben verkehrt, ablesbar etwa an den jahrhundertelangen Klagen über den Missbrauch kirchlicher Abgaben und Gebühren,[18] der Praxis des Ämterkaufes, am Armutsstreit des Mittelalters[19] oder dem protzigen Gebaren der Renaissance-Päpste. Nicht zuletzt galt der Thesenanschlag zu Wittenberg als symbolisches Ursprungsgeschehen der evangelischen Kirche dem Widerspruch gegen das Ablasswesen, der dahinter stehenden materiell-verdinglichten Vorstellung von der Gnade Gottes als dem Schatz der Kirche aus den Verdiensten der Heiligen, aus dem den Gläubigen Vergebung zugeteilt wird, und dem darin zum Ausdruck kommenden Geist »geistlicher Arithmetik« und »kirchlicher Buchhaltung«[20].

2. Botschaft und Ordnung in der Reformation

Wenn nach reformatorischer Auffassung die Rechtfertigung des Sünders allein aus dem Glauben an das verkündigte Wort des Evangeliums geschieht, dann sind alle Versuche des Menschen, sich die Gnade Gottes mithilfe von Bußleistungen und frommen Werken zu verdienen, sinnlos und alle Angebote der Kirche in dieser Richtung schädlich. Gottes Liebe ist keine Leistung, die man sich verdienen könnte, sondern ein *Geschenk*, das Gott schon längst umsonst gegeben hat und weiter umsonst gibt. Die Versuche des Papsttums, Luther zum Widerruf zu bewegen, waren wiederum der Angst geschuldet, seine Kritik könnte zum Austrocknen einer attraktiven Finanzquelle führen, deren Erträge bereits fest für ein Geschäft zwischen Papst Leo X, Albrecht von Brandenburg-Hohenzollern und dem Bankhaus Fugger eingeplant waren.[21]

Im Interesse einer Befreiung des Evangeliums von seiner ökonomischen Verzweckung definieren die Bekenntnisschriften die Einheit der Kirche nicht strukturell, sondern inhaltlich-prozessual. Luther schreibt in den Schmalkaldischen Artikeln: »es weiß gottlob ein Kind von 7 Jahren, was die Kirche sei, nämlich die heiligen Gläubigen und die ›Schäflein, die ihres Hirten Stimme hören‹.«[22] Diese Stimme kommt nach CA VII in den kirchlichen Vollzügen des im Sinne der Rechtfertigungslehre rein gepredigten Evangeliums und in einer diesem Evangelium gemäßen Form der Darreichung der Sakramente zu Gehör.[23] In Abgrenzung zum Papsttum wird festgehalten, dass die organisatorische Dimension christlicher Existenz kein geeigneter Maßstab für die Einheit der Kirche sein könne.[24] Nach CA XV sind Kirchenordnungen »von Menschen gemacht«. Sie dienen nur der »guten Ordnung in der Kirche«. Ihr Kriterium besteht darin, dass sie »ohne Sünd mögen gehalten werden.«[25] Für den Zugang zur Gnade Gottes wird die äußere Ordnung gegenüber der Verkündigung als zweitrangig angesehen. Um Heil und Seligkeit zu erlangen, ist es nicht primär notwendig, sich den Ordnungsvorgaben von Papst und Bischöfen zu unterwerfen. Der Glaube an das Evangelium reicht aus.

Bei der Unterscheidung zwischen Inhalten und Kommunikationsprozessen einerseits, Organisationsstrukturen andererseits ging es den Reformatoren also nicht um die Trennung zweier unterschiedlicher Größen, von denen die eine wichtig, die andere unwichtig wäre, sondern um ihre sachgemäße Zuordnung. Die Kritik an der Papstkirche entsprang der Wahrnehmung, dass die institutionelle Gestalt dem Auftrag und dem Wesen der Kirche widersprach. Das Anliegen der Reformation bestand in der evangeliumsgemäßen Ausrichtung kirchlicher Ordnungen, nicht in ihrer Vergleichgültigung.

Davon zeugen die liturgischen, katechetischen und kirchenrechtlichen Neuentwicklungen der Reformationszeit. So begründet Martin Luther in seiner Vorrede zur Deutschen Messe die Ordnung von Gottesdienst und Unterricht mit ihrer pädagogischen und missionarischen Funktion. Beides diene der Einübung und Erziehung von Kindern und Jugendlichen zum christlichen Glauben. Die Schrift müsse »in die Herzen getrieben«[26] werden, damit Menschen sprachfähig würden in Sachen des Wortes Gottes und in der Lage sind, ihren Glauben zu vertreten und weiterzugeben. Gleichzeitig gehe es um die »öffentliche Reizung zum Glauben und zum Christenthum«[27] für die Mehrzahl der Menschen, die noch nicht glaubten oder nur schwache Christen seien. Eine gewisse Einheitlichkeit sei von daher sinnvoll, um die Leute nicht zu verwirren und damit Anstoß für Zwietracht zu geben. Aber die von ihm vorgeschlagene Form sei nur eine von vielen Möglichkeiten. Auch wenn Menschen die neue Freiheit missbrauchten, den Gottesdienst mieden und keine Ahnung von ihrem Glauben hätten, sei von jeglichem Zwang abzusehen: »Wir sollen niemand zum Glauben oder zum Sakrament zwingen«.[28] Luther versteht die Kirche in ihrer sichtbaren Gestalt also nicht als sakrale Heilsanstalt, sondern als Bildungsinstitution, die dem Glauben des Einzelnen dient.

Zugleich brach mit dieser Neudefinition der Kirche und der damit verbundenen Abschaffung der bestehenden Abgaben, Opfer, Ablässe und Messstipendien sowie der Säkularisierung von Klöstern und Stiften durch die Landesherrn die Grundlage für die Versorgung der Geistlichen und Lehrer zusammen. Viele Gemeinden waren trotz der hohen Summen, die sie früher aufgewendet hatten, nicht bereit, den für den Pfarrer nötigen Unterhalt zu leisten, auch weil die Sanktion des Kirchenbannes weggefallen war. »Tatsächlich gab es Adelige und Bauern, die die Pfarrer für überflüssig hielten, da man ja Bücher habe.«[29] Luther wurde mit Klagen über hungernde Pfarrer und geizige Gemeinden überhäuft. Zudem musste für eine Übergangszeit die Versorgung altgläubiger Geistlicher und Ordensleute sichergestellt werden. Entsprechend galt eine seiner ersten Maßnahmen in Kursachsen 1525 der Veranlassung einer rein ökonomischen Zwecken dienenden Visitation.[30] Ein Ausschuss aus zwei Mitgliedern des Adels und zwei Amtsleuten ohne Beteiligung von Theologen (!) sollte die Vermögensverhältnisse der Kirchengemeinden prüfen. Dabei kam es, nicht unähnlich der heutigen Situation, aufgrund der ungünstigen Einkommensverhältnisse zur Zusammenlegung mehrere Dörfer zu einer Pfarrei.[31]

Ansonsten hielt sich Luther in Fragen der Neuordnung der Pfarreien und übergemeindlichen Leitungsämter zurück. Einen ersten Entwurf für eine Kirchenverfassung in Hessen lehnte er 1526 als verfrüht ab. »Die Strukturen sollten organisch wachsen und danach erst fixiert werden [...]. Konkret galt es zunächst, die Pfarrer und Lehrer zu versorgen. Dann sollten örtlich und in lokalter Nachbarschaft Formen der Kooperation erprobt werden, die man schließlich in eine knappe Ordnung fassen konnte.«[32]

Weitere Visitationen galten der Durchsetzung der reformatorischen Inhalte bei der Gestaltung von Gottesdiensten, der Auswahl, Aus- und Fortbildung der Pfarrer, der Kirchenzucht, dem Schulwesen und der Armenpflege. Auf der Grundlage der praktischen Erfahrungen, die Luther dabei machte, entstanden der Kleine und der Große Katechismus. Der in diesem Zusammenhang von Melanchthon verfasste »Unterricht der Visitatoren an die Pfarrherrn im Kurfürstentum zu Sachen«[33] von 1528 und die darauf aufbauenden Kirchenordnungen der Reformationszeit verbinden theologische und katechetische Elemente mit rechtlichen Regelungen zur Versorgung und Aufsicht der Pfarrer, zum Schul- und Armenwesen und zu kirchlichen Leitungsstrukturen.

II. Trennung religiöser und organisatorisch-ökonomischer Aspekte

1. Glaubenskirche und Rechtskirche

In der lutherischen Theologie ist mit der Unterscheidung von Botschaft und Ordnung eine gewisse »Flexibilität im Blick auf die äußere, rechtliche Gestalt und Ordnung der Kirche«[34] angelegt. Der Kampf um eine Neuordnung der Kirche in der Reformationszeit »zielt nicht so sehr auf eine bestimmte, feststehende Kirchenstruktur, sondern es geht ihr um eine Verfahrensregel: die Regel, daß alle Entscheidungen ebenso wie die Ausbildung struktureller Elemente der Kirche an ihrem Bekenntnis zu messen sind.«[35] Diese Flexibilität im Sinne einer funktions- und situationsgerechten Gestaltung von strukturellen Rahmenbedingungen ist im Laufe der Geschichte immer wieder so missverstanden worden, als seien Fragen der äußeren Ordnung für die Inhalte und Formen der kirchlichen Arbeit ohne Bedeutung. »Theologisch hat die Konzentration des lutherischen Interesses auf die reine Lehre eine gewisse Vernachlässigung des Problems der richtigen Ordnung der Gemeinde zur Folge gehabt.«[36] Themen wie die rechtliche Gestaltung von Organisations- und Leitungsstrukturen, geeignete Methoden der Geschäfts- und Personalführung, der Verwaltung und des kirchlichen Leitungshandelns im Zusammenhang geistlicher und organisatorischer Aufgaben und im Zusammenwirken verschiedener Ebenen, Berufsgruppen und Ehrenamtlicher sowie Probleme der Wirtschaftlichkeit des kirchlichen Handelns und der Ressourcenverteilung werden in der Leitungspraxis der evangelischen Kirche und der Praktischen Theologie traditionellerweise als zweitrangig, wenn nicht sogar als unwichtig im Vergleich zu einer Beschäftigung mit den Inhalten und Formen der kirchlichen Arbeit betrachtet. Der Neutestamentler Jürgen Roloff spricht von einem »notorische[n] Desinteresse der lutherischen Theologie an Gestalt und Wesen der Kirche«.[37]

Dieses diastatische Verständnis des Verhältnisses zwischen der geistlichen und der organisatorischen Dimension der evangelischen Kirche, die damit verbundene »vornehme Zurückhaltung«[38] in Fragen von Leitung und Verwaltung und das »fromme Schweigen über die materiellen Notwendigkeiten der Kirche«[39] mag etwas mit den üppigen Kirchensteuereinnahmen der letzten Jahrzehnte und einer durch die kirchliche Finanzverteilung geförderten Versorgungsmentalität zu tun haben, hat aber vor allem geschichtliche Gründe. In der Praxis konnte eine solche Interpretation lange Zeit plausibel erscheinen, weil die Behandlung von Ordnungsfragen jahrhundertelang in der Hand des Staates lag. Sie wurden mit dem Landesherrn als Notbischof an der Spitze als Teil der staatlichen Verwaltung durch Gesetze und Rechtsverordnungen geregelt und im Rahmen der Kirchenrechtslehre reflektiert.[40]

Die Theologie kümmerte sich ausschließlich um die Reinheit der Lehre. Die Kirchenrechtslehre wiederum verstand die Reformation als »Kampf um die Freiheit des Glaubens gegen die Herrschaft des Rechts in der Kirche«[41] und entwickelte darauf aufbauend einen doppelten Begriff von der Kirche als Glaubens- und Rechtskirche. Entsprechend fühlten sich Theologen nicht für Ordnungsfragen zuständig und Kirchenjuristen betrachteten Glaubensfragen als Probleme theologischen Nachdenkens ohne Bedeutung für das Kirchenrecht. Damit ging der ursprüngliche Zusammenhang von Botschaft und Ordnung verloren. Exemplarisch kommt ein solches Kirchenverständnis bei Rudolph Sohm zur Sprache: »Das Wesen des Kirchenrechts steht mit dem Wesen der Kirche in Widerspruch«.[42]

Diese im reformatorischen Kirchenverständnis angelegte und im landesherrlichen Kirchenregiment praktisch vollzogene Trennung hat dann im Zeitalter der Aufklärung mit der »Auswanderung der Religion aus dem Raum der Kirche«[43] zu einem Verständnis des christlichen Glaubens beigetragen, das religiöse Inhalte und die Kirche als Organisation stark voneinander trennt. Seit der zweiten Hälfte des 18. Jahrhunderts veränderten sich die überkommenen Strukturen des kirchlichen Lebens. Die Schleifung der Stadtmauern, die Aufhebung der landesherrlichen Edikte zur Gottesdienstpflicht und der Sperrstunden am Stadttor zur Gottesdienstzeit sowie die zunehmende Mobilität führte dazu, dass der Gottesdienst aus der bis dahin bestehenden »monopolhaften Stellung als Kommunikations- und Geselligkeitszentrum der Gemeinden«[44] verdrängt wurde. Kirchliche Dogmen, Ohrenbeichte und Kirchenzucht, Teile der Liturgie und Messgewänder erschienen den Zeitgenossen als überholt und wurden abgeschafft. Wanderungen in der Natur galten nun ebenso als Gottesdienst wie der Besuch von Theatervorstellungen oder das wissenschaftliche Arbeiten. Fichte konnte um 1800 sagen: »Alle gehören zur Kirche, inwiefern sie die rechte moralische Denkungsart haben, und alle sollen zu derselben gehören.«[45]

Eine Ausnahme bildet Friedrich Schleiermachers Entwurf der Praktischen Theologie.[46] Vor dem Hintergrund der französischen Revolution, der Niederlage Preußens gegen Napoleon und der preußischen Reformen[47], in einer Zeit, als vorübergehend die Selbstständigkeit der evangelischen Kirche vom Staat eine realistische Möglichkeit zu sein schien, entwarf Schleiermacher die Praktische Theologie als Wissenschaft von der »richtigen Verfahrensweise bei der Erledigung aller unter den Begriff der Kirchenleitung zu bringenden Aufgaben«[48]. Seiner eigenen umfangreichen Tätigkeit als Prediger, Wissenschaftler, Publizist und Kirchenpolitiker entsprechend entfaltete er dabei das gemeinde- und kirchenleitende Handeln in umfassender Weise.[49]

Der erste Teil »Kirchendienst« gilt Fragen der Gestaltung kirchengemeindlicher Arbeitsfelder wie Gottesdienst, Predigt, Unterricht, Seelsorge, Diakonie und Ordnungsfragen, etwa dem Umgang mit Konflikten in der Gemeinde und zwischen Pfarrern sowie pastoralethischen Themen. In einem zweiten Teil widmet sich Schleiermacher unter der Überschrift »Kirchenregiment« der Frage nach einer dem Evangelium angemessenen Kirchenverfassung, beschäftigt sich mit den Aufgaben übergemeindlicher Leitungsebenen, dem Verhältnis der Landeskirchen zum Staat und zueinander sowie der Rolle der theologischen Fakultäten und der christlichen Publizistik. Der durchgehende Gedanke bei der Gestaltung der kirchlichen Ordnung besteht dabei in dem Bezug zur Grundaufgabe der »Seelenleitung«[50] und der Bewahrung eines Höchstmaßes an Gewissensfreiheit für den Einzelnen. Mit Sanktionen verbundene, das Handeln des Einzelnen begrenzende oder Aufgaben zentralisierende gesetzliche Regelungen[51] seien im Raum der Kirche ein »nothwendiges Uebel«[52] und auf ein Mindestmaß zu beschränken. Zugleich wertet Schleiermacher Fragen der Gestaltung der »äußerlichen Dinge«[53] als eher unwichtig ab. Den Hintergrund für diese Abwertung bildet bei ihm anders als bei den Reformatoren nicht die Übermacht der päpstlichen Hierarchie, sondern das durch die landesherrliche Konsistorialverfassung bedingte Übergewicht des staatlichen Verwaltungshandelns.[54] Das Fehlen einer evangelischen Prinzipien entsprechenden Ordnung des kirchlichen Lebens führe dazu, dass Staatsbeamte Kirchenangelegenheiten nur nebenbei, nach persönlichem Ermessen und überwiegend juristisch behandelten[55] und sich dabei vor allem um »externa« wie Finanzen und Diakonie kümmerten, nicht aber um »interna« wie das »tadelswerthe Betragen der Geistlichen«[56], die Regelung liturgischer oder dogmatischer Fragen oder die Lehraufsicht.[57] Eine »strenge Verwaltung« ist Schleiermacher zufolge etwas Gutes, »hat aber seinen Ort nur in den äußerlichen Dingen, und das sind in den kirchlichen Angelegenheiten die Nebendinge«[58].

Dieses umfassende Verständnis des gemeinde- und kirchenleitenden Handelns, das dogmatische, historische und empirische Gesichtspunkte miteinander verbindet, blieb allerdings eine Episode. Mit dem Einsetzen der Restauration 1815 ging jede Chance auf Verwirklichung der Selbstständigkeit der evangelischen Kirche und einer synodal-presbyterial verfassten Ordnung verloren. 1817 verordnete Friedrich Wilhelm III eine von monarchischen Interessen geleitete Reform. Zwar kam es im weiteren Verlauf des 19. Jahrhunderts nach und nach zur Ausgliederung der Konsistorien aus der staatlichen Verwaltung, zur Gründung von Synoden und 1919 zur endgültigen Entlassung der Kirchen in die rechtliche Selbstständigkeit. Das änderte jedoch nichts an der getrennten Behandlung von inhaltlichen und strukturellen Fragen. An die Stelle des Landesherrn traten Synoden und neue personale Leitungsämter. Praktisch aber erledigten weiterhin die Konsistorien alle geschäftsführenden Aufgaben. »Die Herrschaft der Experten in den landeskirchlichen Behörden war […] nahezu unangefochten.«[59]

Erst im Rahmen der Auseinandersetzung mit dem Nationalsozialismus kam es zu einer Wiederentdeckung des inneren Zusammenhangs von Botschaft und Ordnung, als die demokratischen Willensbildungs- und Entscheidungsprozesse der evangelischen Kirche, der Arierparagraph, staatliche Gesetze zur kirchlichen Vermögensverwaltung und die Gründung der Reichskirche unter der Herrschaft eines Reichsbischofs zum Mittel der ideologischen Gleichschaltung der evangelischen Kirche durch die Deutschen Christen wurden.[60] Vor diesem Hintergrund hält die Barmer Theologische Erklärung von 1934 im dritten Artikel die Bedeutung der äußeren Ordnung für die geistlichen Inhalte fest: »Wir verwerfen die falsche Lehre, als dürfe die Kirche die Gestalt ihrer Botschaft und ihrer Ordnung ihrem Belieben oder dem Wechsel der jeweils herrschenden weltanschaulichen und politischen Überzeugungen überlassen.«[61]

Aufgrund der Erfahrungen mit dem Nationalsozialismus waren sich zwar alle kirchenleitenden Personen nach 1945 bei der Neuordnung des kirchlichen Lebens im Prinzip darüber einig, dass die Ordnung des kirchlichen Lebens dem Bekenntnis entsprechen müsse, zogen daraus indes sehr unterschiedliche Konsequenzen. De facto setzte sich nach vielen Streitigkeiten das Interesse an der Erhaltung und der Stabilität der überkommenen landeskirchlichen Struktur durch. Dorothea Wendebourg spricht in diesem Zusammenhang vom »langen Schatten des landesherrlichen Kirchenregiments«[62].

2. Inhalte, Prozesse und Strukturen

Die in der lutherischen Ekklesiologie angelegte und durch das landesherrliche Kirchenregiment und die Aufklärung praktisch wirksam gewordene Trennung von Botschaft und Ordnung, von Inhalten und Prozessqualitäten der kirchlichen Arbeit auf der einen Seite, Strukturqualitäten auf der anderen Seite wirkt bis in die heutige Zeit nach.

Wohl hat sich seit dem Zweiten Weltkrieg ein Leitungsverständnis herausgebildet, das von der Einheit geistlicher und rechtlicher Leitung im Zusammenwirken aller Leitungsorgane ausgeht. So heißt es in der Grundordnung der Evangelischen Landeskirche in Baden an prominenter Stelle: »Die Leitung der Evangelischen Landeskirche in Baden geschieht auf allen ihren Ebenen geistlich und rechtlich in unaufgebbarer Einheit. Ihre Organe wirken im Dienste der Leitung zusammen. Die verschiedenen Ämter in der Kirche begründen keine Herrschaft der einen über die anderen, sondern haben teil an dem der ganzen Kirche anvertrauten Dienst.«[63] Darin kommt zum Ausdruck, »daß souveräner Träger oder Inhaber der Kirchengewalt keinesfalls ein Organ allein oder das ›Kirchenvolk‹, [...] sondern letztlich allein der Herr der Kirche selbst sein kann.«[64]

Wie aber genau geistliche und rechtliche Leitung zu definieren, voneinander zu unterscheiden, aufeinander zu beziehen, und wie auf welche Organe und Ämter zu verteilen sind, bleibt in den kirchlichen Verfassungen unklar.[65] Teilweise wird geistliche Leitung im Sinne von Verkündigung und Sakramentsverwaltung verstanden, teilweise Visitation und Ordination hinzu gezählt, teilweise auch Unterricht, Diakonie, Mission und andere Arbeitsfelder. Teilweise werden darunter alle rechtlich nicht bindenden Aspekte kirchlichen Handelns zusammengefasst, teilweise rechtliche Regelungen mit einbezogen, teilweise das geistliche Handeln dem geistlichen Amt zugewiesen, teilweise darüber hinausgehend anderen oder allen Leitungsorganen.[66] Ausgeschlossen ist nur die klare Trennung beider Dimensionen des kirchlichen Handelns und ihre undifferenzierte Einheit.

Diese Unklarheit des Zusammenhangs der geistlichen und der rechtlichen Dimension der evangelischen Kirche führt dazu, dass beide Dimensionen in der Praxis de facto weiterhin auseinander gehalten werden. Die meisten Kirchenmitglieder trennen stark zwischen ihrem Glauben und der Kirche. Ihr Verhältnis zur evangelischen Kirche ist durch »Fremdheit und kritische Distanz«[67] gekennzeichnet. »Ich kann auch ohne die Kirche christlich sein«[68] ist der am zweithäufigsten angegebene Grund für den Kirchenaustritt. Die persönliche Gottesbeziehung, nicht die Kirchlichkeit oder die »Einbettung oder Einbindung in die Institution«[69] bilden für die Mehrzahl der Protestanten den Maßstab ihrer Christlichkeit.

In ähnlicher Weise verstehen Pfarrerinnen und Pfarrer ihr Amt als etwas außerhalb der Organisation Kirche Stehendes. Sie empfinden ihren Dienst nicht als Job, für den sie von der Kirche bezahlt werden, sondern als Berufung, die sie unabhängig von aller Bezahlung in apostolischer Freiheit wahrnehmen. Sie sehen sich in ihrer Verkündigung allein ihrem Ordinationsgelübde verpflichtet, nicht irgendwelchen Zielvorgaben. Sie erleben sich als persönliche Zeugen des Evangeliums, nicht als Vertreter einer Institution. Zugleich stehen sie faktisch der Kirche gegenüber in einem beamtenähnlichen Treueverhältnis, sind institutionell eingebunden, erhalten monatlich ihre Besoldung vom Landeskirchenamt überwiesen und reichen dort Anträge auf Beihilfe ein. Mit den Worten von Manfred Josuttis: »Der Pfarrer [...] will Prophet sein, obwohl er Priester ist.«[70]

Viele Pfarrerinnen und Pfarrer betrachten die »externa« der Leitung und Verwaltung gegenüber Aufgaben im Blick auf Gottesdienste, Amtshandlungen, Unterricht und Seelsorge als uneigentlichen Teil ihres Amtspflichten, obwohl sie neben der Predigt den größten Teil ihrer Zeit in Anspruch nehmen.[71] Im Vikariat spielen Themen wie Geschäfts- und Personalführung, Umgang mit Ehrenamtlichen, Konflikt-Management, Verwaltung und Finanzen oder Bauunterhaltung trotz ihrer enormen Bedeutung für den pastoralen Alltag nur eine untergeordnete Rolle. »Das Wissen und das Know How fürs Führungsgeschäft wird in der theologischen Ausbildung nicht unbedingt als vordringlich eingeschätzt.«[72]

Dem entspricht ein Bild von der evangelischen Kirche, das sie als Gemeinschaft versteht, die sich mit der Kirchengemeinde als »Kernzelle der Kirche«[73] von unten nach oben aufbaut und seinen rechtlichen Ausdruck im synodal-presbyterialen Leitungssystem findet. Dementsprechend kommt es häufig zu einer abwertenden Haltung gegenüber dem kirchlichen Verwaltungshandeln. Axel von Campenhausen klagt: »Bei den Sitzungen der Hannoverschen Landessynode gehört es fast zum Ritual, anzudeuten, daß man im Landeskirchenamt eine Anhäufung von konservativen, den Fortschritt blockierenden Bürokraten erkennen zu müssen glaubt.«[74] Die Ursachen dafür sieht er in dem Umstand, dass Verwaltungsämter als »Reste des landesherrlichen Kirchenregiments«[75] gesehen werden. Auch die »traditionelle Rechtsfremdheit und verbreitete Rechtsfeindlichkeit des evangelischen Pfarrerstandes«[76] spiele eine Rolle. »Die Kirchenbehörde erscheint [...] als Inbegriff der Rechtsmacht und damit als Widerspruch zu christlicher Freiheit.«[77] Die Mitarbeitenden der Verwaltungsämter reagieren auf diese »endemische Rechtsneurose«[78] ihrerseits mit Unwillen. Dadurch entsteht ein Zirkel gegenseitiger Abwertung zwischen Pfarrerinnen/Pfarrern und Verwaltungsangestellten, Kirchengemeinden und übergemeindlichen Aufsichtsebenen, der immer wieder unnötige Konflikte provoziert und Leitungsprozesse lähmt.

Zugleich übt das System von Körperschaften des öffentlichen Rechts, ausgestattet mit dem Privileg der Rechtsetzung, des Steuereinzugs, mit Behörden zur Vorbereitung und Umsetzung rechtlich bindender Entscheidungen, mit umfangreichen Rechtsgebieten wie dem Finanz-, Haushalts- und Kassenrecht, dem Bau- und Archivrecht, dem Pfarrerdienst-, Besoldungs-, Tarif- und Arbeitsrecht faktisch erheblichen Einfluss auf das kirchliche Leben aus.

Der Vorstellung einer Einheit von geistlicher und rechtlicher Leitung auf der Ebene kirchlicher Verfassungen steht also in der Praxis die unverbundene Gleichzeitigkeit unterschiedlicher Vorstellungen des Verhältnisses der geistlichen und rechtlichen, religiösen und organisatorischen Dimension gegenüber. Diese Gleichzeitigkeit löst »widerstrebende Dynamiken auf allen Ebenen«[79] aus und macht das Leitungshandeln in der Kirche zu einer schwierigen Aufgabe.

Das gleiche Phänomen findet sich analog dazu im Bereich des wissenschaftlichen Nachdenkens über die Kirche. Die Praktische Theologie beschäftigt sich anders als ihr Gründervater Friedrich Schleiermacher heute überwiegend mit inhaltlichen und methodischen Fragen der Gestaltung von Gottesdiensten, Kasualien, Predigten, Unterricht, Seelsorge und Gemeindeaufbau. Die Behandlung der Frage nach einer den Inhalten und Prozessen angemessenen Gestaltung kirchlicher Organisations- und Leitungsstrukturen, Willensbildlungs-, Entscheidungs-, Umsetzungs-, Verwaltungs-, Geschäftsführungs- und Personalführungsprozesse im Zusammenwirken der verschiedenen Ebenen, Berufsgruppen und Ehrenamtlichen dagegen führt ein Schattendasein.[80] In Dietrich Rösslers »Grundriß der Praktischen Theologie«[81], Gerd Ottos »Grundlegung der Praktischen Theologie«[82] und Christian Möllers »Einführung in die Praktische Theologie«[83] fehlt das Thema ganz. In seiner »Einleitung in die Praktische Theologie« spricht Godwin Lämmermann davon, dass »Organisation und Leitung keine primären und selbständigen Funktionen kirchlichen und religiösen Handelns sind. Das liegt schon daran, dass selbstreferentes Leiten und Organisieren dazu neigt, die jeweils Betroffenen zu Objekten ihres Handelns zu degradieren. [...] Ob Leiten überhaupt eine wesentliche Funktion in der protestantischen Kirche sei, ist ebenso umstritten wie die Frage, wie sie wahrgenommen werden soll.[84]

Das jüngst erschienene Lehrbuch von Christian Grethlein beschreibt die Tätigkeiten und Methoden des kirchlichen Handelns als »Kommunikation des Evangeliums in der Gegenwart« an verschiedenen sozialen Orten.[85] Das Werk bietet eine Fülle von interessanten Perspektiven. So nimmt Grethlein etwa Erkenntnisse der katholischen Pastoraltheologie und Impulse aus den USA auf,[86] benennt die Schule als Ort kirchlichen Engagements[87] und würdigt ausführlich die Bedeutung der ehrenamtlichen Arbeit.[88] Auch Organisations- und Leitungsstrukturen kommen in den Blick.[89] Das gemeinde- und kirchenleitende Handeln als inhaltliche und organisatorische Aspekte aufeinander beziehender Prozess jedoch wird als möglicher Gegenstand praktisch-theologischer Reflexionsbemühungen ausgeblendet, die Kybernetik in ganzen drei Absätzen auf Pastoral- und Kirchensoziologie reduziert.[90]

Die im Impulspapier gebündelten Bemühungen der Landeskirchen um eine Neuorientierung der kirchlichen Arbeit deutet Grethlein als »Ausdruck kirchenamtlicher Orientierungslosigkeit«[91], als problematische Fortschreibung einer Verkirchlichung religiöser Kommunikation und als unangemessene Priorisierung von Zielen des institutionellen Selbsterhalts.[92] In Abgrenzung davon zielt sein Buch auf die Relativierung der organisatorischen Dimension des kirchlichen Lebens als Unterstützungsfunktion für die religiöse Kommunikation in anderen Sozialräumen.[93] Was diese Verhältnisbestimmung für Leitungsfragen, den Umgang mit sinkenden Einnahmen, die Reorganisation kirchlicher Strukturen und die Neubestimmung von Aufgaben und Zielen bedeutet, wird nicht entfaltet. Damit beschränkt

Christian Grethlein die Rolle der Praktischen Theologie in einer für sein Fach typischen Weise auf die Abschirmung der inhaltlichen Arbeit gegenüber organisationsförmigen Prozessen.

Der Artikel »Kybernetik« in der Theologischen Realenzyklopädie umfasst ganze drei Seiten.[94] Das »Handbuch Praktische Theologie« gesteht dem Thema mit einem von Michael Meyer-Blanck verfassten Artikel zum Thema Gemeindeleitung[95] und einer Seite über »Leitung und Verwaltung« in Reiner Preuls Artikel »Kirche als Unternehmen«[96] gerade einmal dreizehn von über 800 Seiten zu. Die einzigen beiden praktisch-theologischen Lehrbücher zum Thema sind das Ergebnis von Dissertationsprojekten.[97] Die Ausnahme zu diesem überwiegenden Desinteresse bilden die Veröffentlichungen von Reiner Preul und Jan Hermelink.[98]

Im Bereich der Kirchenrechtslehre entwickelten Johannes Haeckel, Hans Dombois und Erik Wolf nach nach dem Zweiten Weltkrieg vor den Hintergrund der Erfahrungen des Kirchenkampfes Ansätze, um die Spaltung zwischen der geistlichen und der rechtlichen Dimension der Kirche, zwischen »äußerem Kirchenwesen und innerer Glaubensgemeinschaft«[99] zu überwinden.[100] Sie blieben allerdings nach Hans-Richard Reuters Auffassung hinter dieser Aufgabe zurück, weil der dabei verwendete, einheitlich rechtstheologisch definierte Kirchenbegriff wiederum den theologischen Differenzierungen des reformatorischen Kirchenverständnisses nicht gerecht wird. »Rechtliche Sozialbegriffe wurden von den rechtstheologischen Entwürfen derart in den theologischen Begründungszusammenhang aufgenommen, dass sie die Funktion verloren, die Struktur der Kirche als eines menschlichen Werkes zu explizieren.«[101]

Die Grundlagenproblematik des Kirchenrechts in der Spannung zwischen Geistlichem und Weltlichem, Ekklesiologie und Rechtswissenschaft ist nach wie vor nicht befriedigend gelöst.[102] Zugleich beschränkt sich die Kirchenrechtslehre in der Behandlung von Struktur- und Leitungsfragen auf die Reflexion juristisch fassbarer, formalisier- und generalisierbarer Sachverhalte. Damit fehlt ein Ort, der – bei aller Differenzierung der Betrachtungsweise – das gemeinde- und kirchenleitende Handeln der Kirche in der Gleichzeitigkeit geistlicher, interaktionaler, organisatorischer, rechtlicher, verwaltungstechnischer und finanzieller Themen und im Zusammenwirken der verschiedenen kirchlichen Ebenen, Gremien, Ämter, Leitungspersonen, Berufsgruppen, haupt- und ehrenamtlicher Mitarbeitender, ihre Themen und Herausforderungen und die zu ihrer Bewältigung nötigen

Konzepte und Methoden unter Aufnahme theologischer, rechts- und verwaltungswissenschaftlicher, organisationssoziologischer und -psychologischer, betriebswirtschaftlicher und systemtheoretischer Erkenntnisse praktisch-theologisch reflektiert.

Der Gewinn einer deutlichen Trennung der Inhalte und Formen der kirchlichen Arbeit von den dafür nötigen Strukturbedingungen in Praxis und Theorie liegt in der Vermeidung einer unsachgemäßen Vermischung des christlichen Glaubens mit Logiken politischer, rechtlicher, organisatorischer oder ökonomischer Natur. Man kann an der kirchlichen Arbeit vieles kritisieren, aber sicher nicht, dass sich Inhalte an den ökonomischen Interessen der Kirche oder solchen des institutionellen Selbsterhaltes orientieren würden. Die evangelische Kirche ist weit entfernt davon, in dieser Hinsicht Druck auf ihre Mitarbeitenden auszuüben. Auch von einer kritiklosen Übereinstimmung mit Dogmen oder einer obrigkeitlichen Einordnung in kirchliche Hierarchien kann nicht die Rede sein. In diesem Sinne lässt sich berechtigterweise von der evangelischen Kirche als einer »Institution der Freiheit«[103] sprechen. Diese Freiheit ermöglicht ein hohes Maß an Flexibilität für eine adressaten- und situationsgerechte Gestaltung von Handlungsfeldern.

Diese diastatische Verhältnisbestimmung mag in Zeiten institutioneller Stabilität ausreichen. In Zeiten organisatorischer Veränderungen aber wird sie der Realität nur unzureichend gerecht. Denn wie das Absinken des Kirchensteueraufkommens vor Augen geführt hat, bilden die Finanzen, die davon bezahlten Personalstellen, Gebäude und Sachkosten, die dadurch möglichen Leistungen, die damit verfolgten inhaltlichen Anliegen, Aufgaben und Ziele, die dafür nötigen Organisationsstrukturen, Leitungs- und Verwaltungsprozesse einen aufeinander bezogenen Zusammenhang. Wenn etwa infolge sinkender Mittel Pfarrstellen gekürzt oder regionalisiert werden, dann verändert eine solche strukturelle Entscheidung auch die Inhalte und Schwerpunkte der Tätigkeit von Pastorinnen und Pastoren, die Arbeitsabläufe, die Form ihrer Zusammenarbeit mit Kolleginnen und Kollegen, anderen haupt- und nebenamtlich angestellten Mitarbeitenden und Ehrenamtlichen, das Verhältnis zu Nachbargemeinden und zum Kirchenkreis, die damit verbundenen Verwaltungsaufgaben, ihre Beziehungen zu Gemeindegliedern und ihre Motivation.

Gerät diese Einheit der Differenz von Inhalten, Prozessen und Strukturen aus dem Blick, entstehen an einer Reihe von Punkten blinde Flecke, die die kirchliche Arbeit behindern. So verstellt etwa die Vorstellung der Kirche als einer Gemeinschaft Gleichgesinnter den Blick auf Fragen nach einer dem Evangelium angemessenen Form der Personalführung, des Umgangs mit Machtasymmetrien und mit Interessenkonflikten. Die Ausblendung der Wirkmächtigkeit von Strukturen führt dazu, dass Konflikte im Raum der verfassten Kirche personalisiert werden oder Pfarrerinnen und Pfarrer sich weigern, Leitungsaufgaben anzunehmen und damit ein Vakuum erzeugen, das Chaos und unlösbare Dauerkonflikte erzeugt.

Umgekehrt kann eine differenzbetonte Verhältnisbestimmung von Botschaft und Ordnung dazu führen, dass Struktur-, Leitungs-, Verwaltungs- und Finanzfragen ein Übergewicht im Vergleich zur Reflexion inhaltlicher Fragen bekommen, ein Phänomen, das ebenfalls weit verbreitet ist, wie ein Blick auf die Tagesordnungspunkte der Sitzungen von Kirchenvorständen und Synoden vor Augen führt. Darüber hinaus kann die Tendenz, strukturelle Fragen zu Adiaphora zu erklären, zum Einfallstor für den unreflektierten Import von Konzepten und Methoden werden, deren Logik sich nur schwer mit der des christlichen Glaubens verträgt, wie der folgende Abschnitt zeigt.

III. Einordnung der religiösen in die betriebswirtschaftliche Rationalität

Die meisten betriebswirtschaftlich orientierten Vorschläge zur Gestaltung kirchlicher Reformprozesse argumentieren in einer Weise, die auf eine Einordnung religiöser und theologischer Bezüge in das betriebswirtschaftliche Denken hinauslaufen.[104] Hans Nutzinger spricht von einer Tendenz der Ökonomik zum »imperialistischen Sprachspiel«.[105] Norbert Mette und Hermann Steinkamp nennen ein solches Denkmodell im Blick auf das Verhältnis von Praktischer Theologie und Sozialwissenschaften im Anschluss an Joachim Scharfenberg das »Fremdprophetie-Paradigma«.[106] »Die Theologie rezipiert fasziniert ein ganzes Theoriegebäude, eine Handlungsmethode, einen Wissensbestand aus einer anderen Wissenschaft samt der ihnen impliziten Werte, Grundannahmen, Menschenbilder.«[107] Damit verbinde sich einerseits die Chance zur kritischen Überprüfung und Weiterentwicklung der kirchlichen Praxis. Andererseits bestehe die Gefahr, »daß die Theologie ob ihrer Begeisterung für die neue ›Heilslehre‹ ihre Identität und ihrer kritisches Potential zu verlieren droht«.[108] Der fachfremde Denkansatz okkupiert auf unangemessene Weise das theologische Denken, biblische Texte und ekklesiologische Gedankengänge verlieren ihre steuernde Funktion für die kirchliche Praxis und geraten in die Rolle einer Magd, die dazu dient, betriebswirtschaftlich orientierte Analysen und Handlungsempfehlungen plausibel zu machen und gegen Einwände zu verteidigen. Die folgenden Abschnitte zeigen, an welchen Punkten es bei einer solchen Zuordnung der religiösen und organisatorisch-ökonomischen Rationalität zu einer unangemessenen Überfremdung von Inhalt und Logik des kirchlichen Handelns kommt.

1. Aktivismus statt Vertrauen

Eine erste Form der Einordnung religiöser Rationalität in ökonomische Denkmuster lässt sich dort erkennen, wo die betriebswirtschaftliche Vorstellung von Erfolg als Steigerung von Zahlen und seiner Machbarkeit durch den Einsatz von Sozialtechniken unreflektiert auf das kirchliche Planungshandeln übertragen wird. Das betrifft vor allem Ansätze, die auf eine Zunahme von Beteiligungs- und Mitgliederzahlen zielen, wie etwa Gemeindewachstumsprogramme, das evangelische Münchenprogramm oder das Impulspapier der EKD »Kirche der Freiheit«. Aus theologischer Sicht ist daran sowohl die primäre Orientierung an quantitativen Kriterien als auch die damit verbundene einseitige Konzentration auf ein wirkungsorientiertes, am Zweck-Mittel-Schema ausgerichtetes Handeln problematisch.

Wenn Arbeitsvorhaben vornehmlich entlang mess- und kontrollierbarer Größen geplant werden, geraten qualitative Gesichtspunkte, die sich der Erfolgskontrolle entziehen, tendenziell aus dem Fokus. Dabei geht es nicht nur um die in der Managementlehre immer wieder zitierten »weichen Faktoren« (soft facts) wie Mitarbeitermotivation, Kundenzufriedenheit oder Unternehmenskultur. Mit diesem Begriff bezeichnet die Betriebswirtschaftslehre den nicht in Kennzahlen erfassbaren Anteil von Arbeitsprozessen, die in der Sache von »harten Faktoren« (hart facts) wie Stückzahlen, Umsatz und Gewinn bestimmt sind. In der kirchlichen Arbeit aber bilden die res interna im Sinne Schleiermachers umgekehrt gegenüber den res externa den Schwerpunkt der Aktivitäten.[109] Das lässt sich etwa daran erkennen, dass Finanzen und Verwaltung kirchlicher Körperschaften zwar der Revision unterliegen. Inhaltliche Aspekte jedoch werden nicht mithilfe von Messgrößen kontrolliert, sondern durch ein qualitatives Verfahren, nämlich die Visitation.

Themen wie das theologische Niveau von Predigten, das Interaktionsverhalten von Pfarrerinnen und Pfarrern, die Qualität der religionspädagogischen Arbeit in Kindertagesstätten, die Beziehungsdynamik in Kirchenvorständen, Mitarbeiterteams und Kirchengemeinden im Kontext des sozialen Umfelds vor dem Hintergrund der Geschichte eines Ortes, die sich daraus ergebenden Erfolge, Glücksmomente, Misserfolge und Konflikte, das Glaubens- und Kirchenverständnis, Inklusions- und Exklusionstendenzen, die religiöse Sprachfähigkeit der Gemeindeglieder, das ökumenische und diakonische Engagement, die Beziehungen zu Kommunen, anderen Religionsgemeinschaften, Vereinen, Verbänden und Medien uvm. lassen sich nur im Rahmen von persönlichen Begegnungen und Gesprächen erörtern, reflektieren, weiterentwickeln und gegebenenfalls korrigieren.

Die größte Schwierigkeit einer undifferenzierten Orientierung an quantitativen Kriterien besteht in der sich damit verbindenden Annahme, der Erfolg der kirchlichen Arbeit ließe sich an ihren sichtbaren Wirkungen ablesen. Die Höhe und die Entwicklung von Beteiligungs- und Mitgliederzahlen oder andere empirisch erfassbare Phänomene stellen aber aus theologischer Sicht keinen legitimen Maßstab dar, an dem sich das Planungshandeln der Kirche orientieren könnte.

Dazu schreibt Dietrich Rössler: »Das Handeln der Kirche ist nicht als Funktion seiner Resultate zu begreifen […] Die Praxis, die dem Auftrag der christlichen Kirche entspricht, ist durch ihre Grundsätze bestimmt, nicht durch das, was sie bewirkt oder nicht bewirkt. Dieses Verständnis des Handelns ist in der reformatorischen Theologie begründet (durch die Bestimmung, nach der das Evangelium ›rein‹ [pure] zu predigen ist [CA V] besagt, daß die Predigt allein den Grundsätzen des Evangeliums und keinen anderen Absichten zu folgen habe) und von der Praktischen Theologie immer bewahrt worden. In diesem Sinne ist die ›Selbstmächtigkeit‹ des Wortes stets die Grundlage für alle Aufstellungen in den verschiedenen Epochen der Praktischen Theologie gewesen.«[110]

Rössler spielt hier auf eine von Schleiermacher in die Praktische Theologie eingeführte Denkfigur im Anschluss an die antike Philosophie an.

Bereits bei Aristoteles findet sich die handlungstheoretische Unterscheidung zweier Tätigkeitsformen.[111] Die ποίησις als das *Herstellen* und die πραξίς als das *Handeln* verfolgen unterschiedliche Ziele. Die Poiesis zielt auf Realisierung eines äußeren Werkes (ἔργον), die Praxis dagegen auf eine bestimmte Tätigkeit, die ihr Ziel in sich selbst hat (ἐνέργεια). Sie mag indirekt etwas bewirken, aber ohne dass der Handelnde bestimmte Wirkungen intendieren würde. Schleiermacher bezeichnet diese Unterscheidung in seiner philosophischen Ethik mit den Begriffen des »Symbolisierens« und »Organisierens« und in seiner religiösen Ethik mit denen des »darstellenden« und des »wirksamen« Handelns.[112] Von da ausgehend definiert er in der Praktischen Theologie den Gottesdienst als »das Hervorheben einer individuellen religiösen Darstellung aus dem gemeinsamen Gebiet religiöser Gefühle und im Zurückgehen darauf«[113]. Er hat zwar wie alles kirchliche Handeln einen Zweck: »Die Hauptsache bleibt immer Belebung des religiösen Bewußtseins, die Erbauung«.[114] Aber dieser Zweck wird nur dadurch erreicht, dass Inhalte ohne eine intendierte Wirkung zweckfrei mitgeteilt werden, »denn die Wirksamkeit [...] hängt ab von der Reinheit der Darstellung.«[115]

Damit trägt Schleiermacher der Erkenntnis Rechnung, dass die Kirche den Glauben nicht direkt bewirken kann, sondern in ihrem Handeln dem Wirken des Heiligen Geistes Raum geben muss. Was dabei in jedem Einzelnen und in der Gemeinschaft der Getauften geschieht oder nicht geschieht, entzieht sich der Machbarkeit und der menschlichen Urteilskraft. Dazu heißt es bei Karl Barth im Anschluss an 2 Kor 2,17: »Das Wort Gottes kann nicht gekauft werden; darum hat es auch keine noch so gewandten Verkäufer nötig. Das Wort Gottes sucht nicht nach Abnehmern; darum kann man auch nicht krämern und hökern damit, darum braucht es keine Unterhändler. Das Wort Gottes tritt nicht in Konkurrenz mit den anderen Artikeln, die auf dem Jahrmarkt des Lebens feilgeboten werden. Es will durchaus nicht um jeden Preis an den Mann gebracht sein. Es hat nur ein Verlangen: rein und lauter sich selbst zu sein, keine Veränderungen und Anpassungen sich gefallen lassen zu müssen, leuchten zu dürfen in seinem eigenen Glanz, um dann von denen ergriffen zu werden, die es nicht kaufen, sondern als Gnade, als Geschenk annehmen wollen, wie es ist. Unterdessen fragt es nicht danach, ob das Publikum dankbar oder undankbar ist.«[116]

Dieses vom Vertrauen auf das Wirken des Heiligen Geistes durch das Wort Gottes getragene Offenhalten von Räumen, in denen geschieht, was geschieht, geht verloren, wenn das kirchliche Handeln primär auf das Erreichen messbarer Wirkungen ausgerichtet ist. So macht etwa Jan Hermelink in seiner Auseinandersetzung mit dem Impulspapier[117] deutlich, dass die Bindung an die Kirche aus der befreienden Erfahrung des Glaubens resultiert, nicht aus der Beheimatungskraft kirchlicher Angebote oder der organisatorischen Einbindung kirchlicher Mitarbeitender. Eine kausale Zurückführung von geistlich gedachten Wirkungen des Evangeliums wie Wachstum, Gemeinschaftsbildung oder missionarische Ausstrahlungskraft auf planbare Aspekte wie Qualität, Innovation, Leitung oder Leistung übersehe die Unverfügbarkeit und die Freiheit religiöser Erfahrung. »Eine geistliche ›Heimat‹ lässt sich gerade nicht herstellen, kirchliches Wachstum ist nach biblischer Überzeugung wesentlich Gottes Werk (Apg 2,47; 11,21). Die menschliche, Wirkung und Ziel bedenkende Organisation der Kirche kann gewiss nicht ohne Bezug zu der Erfahrung geschehen, dass Gott – durch den Glauben – die Gemeinschaft der Glaubenden wachsen lässt; aber dieser Bezug muss doch theologisch – und sprachlich – präziser bestimmt werden, als das Papier der EKD zu erkennen gibt.«[118]

In ähnlicher Weise kritisiert Isolde Karle, dem Impulspapier fehle die Gelassenheit, zu unterscheiden zwischen dem, was die Kirche selbst steuern könne und dem, was sich ihren Handlungsmöglichkeiten entziehe. Statt geistlicher Aufbrüche und dem Vertrauen auf die Selbstwirksamkeit des Wortes Gottes gehe es zu sehr um Veränderungen der Organisation Kirche. Den Glauben aber könne man nicht herstellen, deshalb sei die Kirche auch kaum mit einem Wirtschaftsunternehmen zu vergleichen.[119]

Das heißt nicht, dass die Kirche nicht auch wirksam, also gestaltend, ziel- und wirkungsorientiert handeln sollte, aber nicht primär, nicht ausschließlich und nicht losgelöst vom darstellenden Handeln. Reiner Preul unterscheidet in diesem Zusammenhang zwischen »kommunikativen« und »disponierenden« Akten als Vollzugsformen des gemeinde- und kirchenleitenden Handelns.[120] Schwerpunktmäßig stehen in der Kirche kommunikative Vollzüge im Vordergrund: Gottesdienst, Predigt und Gemeindegesang, Unterricht, Seelsorge und Publizistik, Denkschriften und Diakonie als Kommunikation der Tat.[121] Das disponierende Handeln bezieht sich auf die Gestaltung der dafür nötigen äußeren Rahmenbedingungen. »Das disponierende Handeln realisiert sich grob gesagt in dreierlei Entscheidungen: in Strukturentscheidungen (Einrichtung von Stellen etwa), in Sachentscheidungen (Festsetzung des Kirchensteuerhebesatzes, Verabschiedung des Haushalts und dergleichen) und in Personalentscheidungen (Bischofswahl beispielsweise).«[122] Akte des disponierenden Handelns dienen damit der Optimierung der kommunikativen Akte des kirchlichen Handeln.[123]

Die einseitige Orientierung des kirchlichen Handelns an seiner Wirksamkeit ist beileibe kein neues Phänomen. Bereits in nachreformatorischer Zeit empfanden Theologen den Einfluss der Predigt auf den Alltag als ungenügend und reagierten darauf mit Reformmaßnahmen in Form meditativer Vertiefungsangebote.[124] Die Kombination aus spezifischen Erwartungen Hauptamtlicher an die empirisch erkennbare Wirkung der Verkündigung, der Unzufriedenheit mit dem Erreichten, der Suche nach den dafür verantwortlichen Faktoren und daraus abgeleiteten Reformanstrengungen durchzieht als sich regelmäßig wiederholende Dynamik die Geschichte des Protestantismus.[125] Betriebswirtschaftlich orientierte Analysen und Handlungsempfehlungen können an diese Tradition einer defizitorientierten Selbstwahrnehmung unmittelbar anschließen.

Dahinter wird ein tiefes Misstrauen in die Selbstwirksamkeit des Wortes Gottes sichtbar und eine mangelnde Offenheit dafür, gegen den Augenschein an das Wirken des Heiligen Geistes in, mit und unter allen sichtbaren Unzulänglichkeiten zu glauben. Dagegen heißt es bei Luther über die Kirche: »Sie will nicht ersehen, sondern erglaubt sein«[126]. In diesem Sinne hat Christian Möller darauf aufmerksam gemacht, dass die Aufgabe der Kirche nicht in der »Versichtbarung von Gläubigkeit, von Fortschrittlichkeit, von Lebendigkeit«[127] besteht. Sie zielt vielmehr auf die »Verbergung der Menschen in den Boden derjenigen Bilder, die sich als fruchtbar erwiesen haben, damit Gemeinde aus ihnen wächst«[128]. Es kommt also darauf an, sich im Urteil über den Glauben und die Kirche von der Orientierung an empirischen Kriterien zu lösen.

Karl Barth spricht von einem »ekklesiastischen Doketismus, der […] ihre irdisch geschichtliche Gestalt entweder für indifferent erklären oder feindselig negieren oder doch bloß als ein notwendiges Übel behandeln will zugunsten einer unsichtbaren Gemeinschaft des Geistes und der Geister.«[129] Wer aber das credo ecclesiam spreche, der blicke weder an der Kirche vorbei, noch »tiefsinnig durch sie hindurch«[130]. »Indem er sieht, was vor aller Augen ist, sieht er – nicht daneben, nicht dahinter, sondern darin – das, was nun allerdings nicht vor aller Augen ist.«[131] Das mag mit vielen Unterscheidungen, mit Fragen, Kummer, Kritik und Scham verbunden sein und nicht vielmehr als eine Sehnsucht ausdrücken. Aber: »Er bekennt den Glauben an das Unsichtbare, das das Geheimnis gerade des Sichtbaren ist.«[132]

Zusammenfassend betrachtet lässt sich eine durchgehende Ausrichtung der kirchlichen Arbeit auf die quantitative Steigerung von Beteiligungs- und Mitgliederzahlen theologisch nicht rechtfertigen. Zum einen geraten dadurch die nicht messbaren, qualitativen Aspekte von Arbeitsfeldern aus dem Fokus der Aufmerksamkeit. Zum anderen geht auf diese Weise das Vertrauen in die Selbstwirksamkeit des Wortes Gottes verloren. Das aber beschädigt die Identität der evangelischen Kirche an einem ihrer zentralen Punkte.

2. Tausch statt Geschenk

Regelmäßig verwenden betriebswirtschaftlich orientierte Ansätze für eine Neuorientierung der kirchlichen Arbeit biblische Motive. So zitieren die Autorinnen und Autoren des Impulspapiers der EKD »Kirche der Freiheit« im Zusammenhang der ins Auge gefassten Strategien die biblischen Wendungen vom »Licht der Welt«, das zeichenhafte Handeln Jesu, das paulinische Wort vom Leib Christi und die Metapher von »Christus als Haupt der Gemeinde« aus dem Epheserbrief.[133] Diese Zitate haben nach ihrer Überzeugung »eine orientierende und vergewissernde Funktion im Grundsätzlichen. Sie ermutigen dazu, auf bestimmten Wegen weiter zu gehen; denn wo sich Vertrautes mit neuen Visionen verbindet, wird der Weg des Wandels leichter«.[134]

Auf die Herstellung von Akzeptanz zielt auch die Anpassung betriebswirtschaftlicher Begriffe an den kirchlichen Sprachgebrauch. So sprechen Marketingansätze von Mitglieder- statt von Kundenorientierung oder von Beheimatung statt von Kundenbindung, ohne dass sich damit das dahinter stehende sachliche Verständnis der Kirche als Unternehmen auf einem religiösen Markt und das von Tauschbeziehungen zwischen Unternehmen und Kunden verändert hätte.

Eine beliebte Argumentationsfigur bringt betriebswirtschaftlich orientierte Ansätze für eine Neuorientierung der kirchlichen Arbeit mit biblischen oder kirchengeschichtlich bedeutsamen Personen in Verbindung. So heißt es bei Wolfgang Nethöfel: »Schon Jesus, Paulus, Augustin und Luther verwendeten die jeweils neuesten Medien und die effizientesten Organisationsformen ihrer Zeit, um möglichst viele potentielle Kundinnen und

Kunden für die Sache Gottes zu interessieren, die sie vertraten.«[135] Siegfried Klostermann schreibt: »Auch Jesus war in seinem öffentlichen Auftreten ein Mann des Marktes. Daraus ergibt sich, daß die Frage, ob es ein kirchliches Marketing geben darf, nicht ernsthaft gestellt werden kann.«[136] Andere Autoren weisen in diesem Zusammenhang auf den Auftritt von Paulus auf dem Areopag (Apg 17)[137] oder seinen Umgang mit der Gemeinde in Korinth[138] als Beispiel für ein marktorientiertes Handeln hin. Teilweise verbindet sich mit einer solchen Argumentation der Hinweis auf 1. Thess 5,21 (»Prüfet aber alles und das Gute behaltet«) als Aufforderung, sich ökonomischen Ansätzen gegenüber aufgeschlossen zu zeigen.[139] Auf diese Weise werden betriebswirtschaftliche Methoden als Teil der kirchlichen Tradition legitimiert und gleichzeitig Kritikern unterstellt, sie selbst würden davon abweichen. Eine solche Argumentation ist allerdings paradox, werden sie doch gleichzeitig als etwas Neues angepriesen. Wenn sie aber neu sind, können sie nicht bereits seit den Zeiten des Neuen Testaments bekannt sein.[140]

Auf diesen Widerspruch reagieren eine Reihe von Autorinnen und Autoren mit der Unterscheidung zwischen einer impliziten und einer expliziten Verwendung betriebswirtschaftlicher Methoden. So schreibt Sabine Krüger im Handbuch »Unternehmen Kirche«: »Die von Pfarren und anderen kirchlichen Mitarbeitern oft geäußerten negativen Meinungen über Marketing erstaunen, da diese sich oft nicht bewusst sind, dass sie bereits Marketing betreiben oder zumindest einzelne Instrumente des Marketing anwenden. Denn auch zwischen Kirche und Gläubigen finden Austauschprozesse statt. Die Kirche ermöglicht den Gläubigen religiöse Erfahrungen, Sinnfindung und Selbsterfahrung. In verschiedenen Veranstaltungen werden religiöse, soziale und moralische Werte vermittelt. Die Gläubigen bieten wiederum den Kirchen Geld, freiwillige Mitwirkung und Unterstützung.«[141]

Hans Raffée spricht davon, dass die Kirche schon immer ein implizites Marketing verwendet habe. Sie trete Menschen mit einem Angebot gegenüber und arbeite etwa in der Jugendarbeit zielgruppenorientiert. Sie tue das nur nicht umfassend und professionell genug und reduziere damit ihre Wirksamkeit.[142] Cla Reto Famos sieht unter Hinweis auf die biblischen Speisungswunder in der Bedürfnissensibilität den »heimlichen Motor der Praktischen Theologie.«[143] Martin Patzen behauptet: »Management war implizit seit je her integraler Bestandteil einer organisierten Kirche.«[144]

Es stellt sich allerdings die Frage, ob die mithilfe solcher Argumente suggerierte Kontinuität und Vertrautheit der Realität entspricht. Zwar mögen Jesus, Paulus, Augustin und Luther einzelne Methoden aus profanen Zusammenhängen übernommen haben. Aber deren Einsatz für die Arbeit an »situations- und adressatengerecht gestalteten menschlichen Vermittlungsformen des Evangeliums«[145] ist etwas anderes als die umfassende Ausrichtung an Tauschprozessen zum gegenseitigen Vorteil in Orientierung an den Bedürfnissen von zu Zielgruppen aggregierten Individuen und die darauf abgestimmte Gestaltung von Planungs- und Kontrollprozessen.[146] Für ökonomische Tauschprozesse gilt: »Geschäftspartner schenken sich wechselseitig nichts«[147]. Das Evangelium dagegen folgt nicht der Logik berechnender Tauschprozesse, sondern der des überraschenden, unerwarteten Beschenktwerdens und Weiterschenkens. »The concept of gift is critically central to the logic of Christian convictions.«[148] Der Erfolg der Verkündigung besteht nicht darin, dass Menschen dafür wiederum Geld und Unterstützung leisten. Sie sollen vielmehr ihre Erfahrungen mit dem Glauben an andere weitergeben (Mt 18,23–25). Die kirchliche Arbeit soll keinen Kreislauf bilden, sondern Kreise ziehen.

Um diesem besonderen Charakter des kirchlichen Lebens gerecht zu werden, spricht eine Reihe von Publikationen von Dienstleistungen. »Dieses Modell entspricht dem Produktionsprozess in der Kirche eher, denn der Mensch ist nicht nur Kunde, der sich seine geistlichen Bedürfnisse befriedigen lässt, sondern er ist selbst Teil des Produktions-, besser: Kommunikationsprozesses.«[149] So könne die Spannung zwischen kirchlicher Organisation und individueller Glaubenserfahrung so aufeinander bezogen werden, »dass diese weder von der Macht des Heiligen verschlungen noch der Glaube in die Regie der Institution genommen wird.«[150] Institutionelle Vorgaben wie tradierte Symbole und Riten des Glaubens und die individuelle Aneignung wirken auf diese Weise zusammen und lassen das Evangelium zur Wirkung kommen. »Diese Wirkung ist dann ein Geschehen des Glaubens, das weder auf die leistungsfähige kirchliche Struktur noch auf die Mitwirkung der Einzelnen verzichten kann, ohne doch einer dieser Größen zugerechnet werden zu dürfen.«[151]

Nun wird man nicht bestreiten wollen, dass die evangelische Kirche Dienste an Menschen leistet. Dabei kommt es aber nicht zu einem in sich geschlossenen Tauschkreislauf zwischen Leistung und Gegenleistung mit der Möglichkeit zum Ausschluss bei Nichtzahlung. Kirchliche Kindertagesstätten, Einrichtungen der ambulanten Altenpflege, Altenheime und Friedhöfe kommen allen Menschen einer Region zugute, ohne dass Mitglieder bevorzugt würden. Auch im Bereich der Kasualien wird die strikte Tauschlogik von Kirchenmitgliedschaft gegen Leistung im Sinne sogenannter »Klubgüter« vermieden. So können Familien ihre Kinder taufen lassen, obwohl der verdienende Ehepartner aus Gründen der Steuerersparnis aus der Kirche ausgetreten ist. Bei der Konfirmation spielt die Kirchenzugehörigkeit der Eltern aufgrund der Religionsmündigkeit keine Rolle. Oft genug werden Ehepaare auch dann getraut, wenn einer der Ehepartner nicht mehr der Kirche angehört. Bei Bestattungen lässt sich aufgrund der Bedeutung der Taufe und des kollektiven Charakters der Leistung – sie gilt auch den Angehörigen, von denen in der Regel mindestens einige der Kirche angehören – eine klare Beschränkung auf Mitglieder nicht durchhalten.

Neben der damit implizierten Tauschlogik eignet sich der Dienstleistungsbegriff auch deshalb nicht für die Bezeichnung kirchlicher Tätigkeiten, weil sich damit trotz der Rede vom Kirchenmitglied als »Ko-Produzenten« ein Bedeutungsgefälle zwischen Hauptamtlichen und einfachen Kirchenmitgliedern einschleicht. Das aber widerspricht dem Gedanken des allgemeinen Priestertums aller Getauften, der davon ausgeht, dass Gemeindegliedern in gleicher Weise Verantwortung zukommt wie denen, die im kirchlichen Dienst stehen. »Es geht also nicht darum, dass jemand eine Dienstleistung anbietet, die ein anderer nachfragt. Im Idealfall geben und nehmen beide gleichermaßen.«[152]

Weil sich die Botschaft der evangelischen Kirche und die damit verbundenen Arbeitsprozesse der Logik von Leistung und Gegenleistung entziehen, gehören sie volkswirtschaftlich betrachtet in den Bereich der sogenannten *öffentlichen Güter*. Mit diesem Begriff werden für das Funktionieren einer Gesellschaft notwendige Produkte, Dienstleistungen und Rechte bezeichnet, deren Bereitstellung Kosten verursacht, die sich aber der Preisbildung über den Mechanismus von Angebot und Nachfrage ganz oder teilweise entziehen, weil sie entweder überreichlich vorhanden sind, einen allgemeinen, nicht konkret individuell abrechenbaren Nutzen entfalten, weil von ihrer Nutzung niemand wegen Nichtzahlung ausgeschlossen werden kann oder weil ihre Nutzung konkurrenzlos möglich ist. Zu den öffentlichen Gütern werden klassischerweise Leistungen wie Landesverteidigung und öffentliche Sicherheit, Umwelt-, Küsten- und Naturschutz, Infrastruktur, Einrichtungen zur Sicherung der Seeschifffahrt und Bildungseinrichtungen gezählt.[153]

In diesem Sinne stellt auch das Evangelium ein öffentliches Gut dar. Es besitzt immateriellen Charakter, wird umsonst verschenkt, ist in überreichlichem Maße vorhanden und kann konkurrenzlos genutzt werden. Sein Geschenkcharakter schließt eine direkte Zahlung aus. Deshalb sind die zu seiner Bereitstellung notwendigen Leistungen nicht marktfähig. Opferhandlungen, die als religiöses Tauschgeschäft nach der Vorstellung des »do ut des« verstanden werden könnten, sind nach christlichem Verständnis durch das als Sühneopfer verstandene Leiden und Sterben Christi am Kreuz abgelöst und überflüssig geworden, alle Schulden durch ihn als Lösegeld (Mk 10,45) aufgehoben.

Trotzdem bedarf die kirchliche Arbeit der Finanzierung. Die fast zweitausendjährige Geschichte kirchlicher Finanzen bietet reichlich Anschauungsmaterial zu den verschiedenen Möglichkeiten, diese Spannung zwischen »Geld und Güte«[154] auf angemessene Weise zu bewältigen. Ob nun mithilfe einer großzügig geübten Gastfreundschaft[155], durch Kollekten[156], die Bildung von Gemeinschaftseigentum[157], den Verzicht kirchlicher Amtsträger auf Bezahlung[158], Schenkungen und Vermächtnisse von wohlhabenden Gläubigen in Form von Ländereien und Gebäuden, den Zehnt, Staatsleistungen, Pachten, Mieten, Kirchensteuern oder Erträge aus eigener wirtschaftlicher Tätigkeit[159], das gemeinsame Prinzip kirchlichen Wirtschaftens durch die Jahrhunderte hindurch besteht in der Vermeidung einer direkten Koppelung von Nutzung und Zahlung.

Nutzungsbezogene Gebühren wie Stolgebühren, Messstipendien, Ablässe, Servitien, Annaten, Palliengelder und andere Taxen waren jahrhundertelang als mit dem Evangelium nicht vereinbar verpöhnt. Erst auf dem IV. Laterankonzil 1215 wurden sie im Zuge ihrer Verbreitung als »laudabilis consuetudo« (löblicher Brauch) mit der Auflage legalisiert, sie erst nach der jeweiligen Handlung zu erheben und die wirtschaftliche Lage der Empfänger zu berücksichtigen.[160] Zugleich blieben sie aufgrund des immer wieder zu beobachtenden Gewinnstrebens von Klerikern und des damit verbundenen Missverständnisses, Gottes Gnade ließe sich kaufen, umstritten.[161]

Wenn Luther vom »fröhlichen Wechsel« zwischen Christus und dem Glaubenden spricht[162], dann steht im Hintergrund zwar die Vorstellung eines Tauschgeschehens, aber eines, das die Maßstäbe ökonomischer Vernunft auf den Kopf stellt: Christus gibt dem Glaubenden seine Seligkeit, während der Glaubende Christus seine Sünde gibt. Zudem geht es in diesen Wechsel nicht um die Konstituierung eines Vertrags unter Gleichberechtigten; »vielmehr wird durch ihn allein die Aneignung der immer schon christologisch begründeten Einheit von Gott und Mensch im Glauben thematisiert.«[163] Geblieben sind das »Lobopfer« als Dank für die Gabe Gottes und die Kollekte als Opfer zum Wohl des Nächsten, das sich als Folge daraus ergibt.

Daher besteht kein Anreiz für Menschen, die mit dem Evangelium verbundenen Leistungen mit Geld zu bezahlen und kein Anreiz für die Kirche, sie zu verkaufen. Gottesdienste sind nicht anders vorstellbar als ein jedermann ohne Zahlung zugängliches öffentliches Gut. Kirchengebäude werden in Deutschland als öffentliche Gebäude verstanden, die jedem Menschen zu jeder Zeit offen stehen und für deren Besuch keine Nutzungsgebühr bezahlt werden muss. Versuche von Kirchengemeinden, angesichts knapper Kassen Eintrittsgelder für Besichtigungen zu nehmen, stoßen deshalb regelmäßig auf Unverständnis und Protest.[164] Werden sie doch erhoben, ergeben sich Konflikte zwischen religiösen und ökonomischen Zielen. So heißt es etwa auf der Internetseite der St Marienkirche zu Lübeck: »Die Kirchengemeinde St. Marien nimmt seit dem 15. März 2010 von jedem erwachsenen Besucher zwei Euro Erhaltungsgebühr, den Marientaler. Freien Eintritt haben Kinder und Jugendliche, Mitglieder der Gemeinde und Besucher, die die Kirche ausschließlich zum Gebet nutzen wollen.«[165] Der Text vermeidet das Wort »Eintrittsgeld« und versucht auf diese Weise, den Anschein einer direkten Kopplung von Nutzung und Zahlung zu vermeiden, obwohl es sich der Sache nach um eine solche handelt. Zugleich stellt sich die Frage der praktischen Umsetzung. Die Erhebung einer Gebühr bei angemeldeten Besuchergruppen stellt kein Problem dar. Aber wie soll bei Einzelnen am Eingang kontrolliert werden, ob jemand die Kirche nur besichtigen will, sie zum Gebet nutzt oder ob er oder sie zur Gemeinde gehört? Werden Menschen dazu befragt? Müssen Mitgliedsausweise vorgezeigt werden? De facto verzichtet die Kirchengemeinde auf eine Kontrolle. Damit aber ist das, was als Gebühr bezeichnet wird, seinem Charakter nach eine freiwillige Spende.

Die Gemeinde von Westminster Abbey in London hat das Problem so gelöst, dass die Kirche zu normalen Zeiten ausschließlich gegen Zahlung eines nicht unerheblichen Eintrittspreises zu besichtigen ist, zu den festen Gottesdienstzeiten aber jedermann offen steht, wobei man von den Küstern an der Kirchentür darauf hingewiesen wird, dass man die Kirche nur zum

Zweck des Gottesdienstbesuchs betreten dürfe.[166] Ähnlich verfährt die Berliner Domgemeinde.[167] Das aber schränkt die geistliche Nutzung der Kirche als Ort der Besinnung und des Gebetes stark ein und verschreckt damit gerade Menschen, die der Kirche besonders verbunden sind. Der Versuch einer direkten Kopplung von Nutzung und Zahlung für Kirchengebäude kann also entweder nicht konsequent durchgehalten werden oder beschädigt ihren Charakter als Ort religiöser Kommunikation.

Bei kollektiven Katastrophen wie dem Eisenbahnunglück von Eschede oder den Amokläufen in Erfurt und Winnenden wird die ohne Bedingungen geltende Zuwendung der Kirchen selbstverständlich erwartet und selbstverständlich umsonst und im Regelfall hoch qualifiziert geleistet. Wer aus der Kirche austritt und damit keine Beiträge für die Finanzierung kirchlicher Leistungen zahlt, kann aus theologischen Gründen nur teilweise davon ausgeschlossen werden. Ausgetretenen wird weder die Taufe, das Patenamt, noch das Recht, Gottesdienste zu besuchen, abgesprochen. Sie werden weder exkommuniziert noch verflucht. Keine Pfarrerin und kein Pfarrer verweigert ihnen in Notfällen den seelsorgerlichen Beistand. Kulturelle und sozialdiakonische Leistungen der Kirche wie etwa Kindertagesstättenplätze, Grabstätten, Bildungsveranstaltungen, Reisen, Kirchenkonzerte, Bücher, audiovisuelle Medien oder Werbeartikel werden dagegen als private Güter verstanden und entsprechend direkt bezahlt. Eine Nichtzahlung hat wie bei anderen Wirtschaftsgütern den Ausschluss von ihrer Nutzung zur Folge.

Insgesamt widerspricht eine durchgehende Orientierung der kirchlichen Arbeit an der Vorstellung, die Kirche müsse wie bei privaten Gütern Anreize bieten, damit Menschen im Austausch dafür bereit sind, Beiträge zu ihrem Erhalt zu leisten, dem Charakter der christlichen Botschaft als Geschenk und öffentlichem Gut. Bereitstellung und Zahlung religiöser Leistungen müssen aus theologischer Sicht deutlich voneinander getrennt werden. Das Dilemma der evangelischen Kirche besteht aus makroökonomischer Sicht darin, dass sie öffentliche Güter bereitstellt, sich Menschen aber anders als bei staatlichen Steuern der Beitragspflicht durch Kirchenaustritt entziehen können, ohne dafür anders als bei privaten Gütern Leistungsverluste hinnehmen zu müssen. *Die für das ökonomische Wohlergehen der evangelischen Kirche entscheidende Frage lautet, wie die Bereitschaft von Menschen gestärkt werden kann, zur Bereitstellung von Gütern beizutragen, die nicht einem selbst nützen, sondern allen gemeinsam.*

3. Nutzen statt Wahrheit

Dem Einwand einer Unvereinbarkeit ökonomischer Methoden mit dem Inhalt des Evangeliums halten die Befürworter betriebswirtschaftlicher Ansätze die Unterscheidung zwischen Inhalt und Form des kirchlichen Handelns entgegen. So spricht Hans Raffée davon, dass das Kirchenmarketing nicht die Inhalte der christlichen Botschaft an den Erwartungen und Bedürfnissen von Menschen orientieren dürfe. Auch lasse sich der Glaube nicht herstellen. »Aber Kirchenmarketing kann Menschen an Glauben und Kirchen heranführen, heranbringen, Kirchennähe zu schaffen versuchen, die *Formen* kirchlicher Arbeit zugänglicher machen.«[168] Michael Herbst verwendet implizit die gleiche Unterscheidung, wenn er fragt: »Ist es wirklich immer die Anstößigkeit der Kreuzesbotschaft, die Menschen abschreckt oder nicht doch die Unfreundlichkeit, Lieblosigkeit und Vorgestrigkeit kirchlicher Präsentation in der Öffentlichkeit?«[169]

Analog dazu wird die Unterscheidung zwischen Kern und Rand verwendet. So argumentiert Herbert Lindner: »Glaubensweckung ist im Kern nicht organisierbar. Aber ihre Randbedingungen sind es sehr wohl – und deren Vernachlässigung kann sie verhindern oder erschweren. Es gibt also förderliche Beziehungen zwischen dem angestrebten Zweck der Weckung des Glaubens und der dazu verwendeten Form, nämlich der einer Organisation.«[170] Kristin Butzer-Strothmann konstatiert, die Kirche dürfe natürlich zentrale Inhalte wie etwa die Zehn Gebote nicht an Kundenerwartungen anpassen. »Es gibt aber im Fall der Kirchen sehr wohl auch Leistungsbestandteile, die nicht aus theologischen Gründen unverrückbar sind und folglich nachfrageorientiert ausgestaltet werden können.«[171] Als Beispiele nennt sie den Einsatz einer Band statt eines Kirchenchores im Gottesdienst oder die Verwendung von Dias oder Filmen zur Steigerung der Überzeugungskraft der Predigt. »Nachfrageorientierung in der kirchlichen Arbeit kann zwar nicht völlig mit Kundenorientierung in der Wirtschaft gleichgesetzt werden. Sieht man aber von einem eher kleinen [!] Kernbereich ab, sind die meisten Teilbereiche kirchlicher Aktivitäten grundsätzlich geeignet, nachfrageorientiert gestaltet zu werden.«[172] Die gleiche Argumentation steht auch im Hintergrund anderer marketingorientierter Ansätze. Dabei wird unterstellt, es handle sich bei betriebswirtschaftlichen Methoden um »wertfreie Zweckinstrumente«[173], die sich mit jedem beliebigen Inhalt füllen ließen.

Die Unterscheidung zwischen unwandelbarem Inhalt und wandelbarer Form, Kern und Rand greift allerdings zu kurz, weil die bedürfnisorientierte Veränderung von Formen auf die Inhalte rückwirkt. Dass dies geschehen kann, wird auch von den Befürwortern betriebswirtschaftlicher Ansätze zugestanden,[174] aber als vermeidbar angesehen, wenn Marketingmethoden etwa »spirituell« gebraucht[175] oder kirchentheoretisch reflektiert[176] werden.

Eine solche Einschätzung übersieht jedoch die Eigendynamik von Marketing- und Managementmethoden. Denn die Kategorien von Tausch und Planbarkeit bestimmen in jedem Fall die Wahrnehmung des kirchlichen Lebens. Wie Kenneson und Street bemerken: »Having management techniques at one's disposal encourages one to see all people as objects to be managed and controlled, just as having marketing techniques at the center of the picture encourages one to view the entire world as a series of manageable exchanges.«[177]

So wird der christliche Glaube im Impulspapier in einer Weise beschrieben, die seinen individuellen Nutzen betont. Dem menschlichen Bemühen darum, ein Leben im Vertrauen auf die Güte Gottes zu führen, sei »eine Kraft und ein Gelingen zugesagt, die weit über unser Mühen und Tun hinausreichen.«[178] Christenmenschen dürften deshalb »auf ein getröstetes und getrostes Herz hoffen, weil sie sich auf Gottes Gnade verlassen.«[179] Die den einzelnen Kapiteln mit Handlungsempfehlungen vorangehende Formulierung »Auf Gott vertrauen und das Leben gestalten«[180] interpretiert den Glauben als Ressource, die dem menschlichen Handeln die für das aktive Handeln nötige Kraft gibt.

Peter Barrenstein verweist auf wissenschaftliche Untersuchungen, die angeblich belegen, dass religiöse Menschen einen höheren Interleukin-6-Wert besitzen, deshalb gesünder sind und länger leben.[181] Zusammen mit der Hoffnung auf das ewige Leben sei das doch ein einzigartiges Verkaufsversprechen. Wenn es der Kirche nicht gelänge, dafür Menschen zu gewinnen, könne das nur an hausgemachten Problemen liegen.

Dieter Tscheulin und Martin Dietrich beschreiben aus Marketingsicht die Kommunikation des Evangeliums mit den Worten: »Der Vollzug der Interaktion innerhalb eines religiösen Systems beruht darauf, dass durch den Religionsstifter ein Deutungsangebot gemacht wird, das bei Anwendung durch den Gläubigen ein Bezugssystem darstellt, das einen *konstruktiven und befriedigenden Beitrag zur Seinsbewältigung* leisten kann.«[182]

Mit solchen Deutungen des christlichen Glaubens wird der Anschluss an das nach dem individuellen Nutzen von Produkten fragende Marketingdenken hergestellt. Dabei bleiben zentrale Aspekte des christlichen Glaubenslebens ausgeblendet, wie etwa die Erfahrung der Anfechtung, die Bereitschaft zur Nachfolge und zum Leiden oder die Fähigkeit zu Selbstverleugnung und Verzicht zugunsten des Wohls anderer Menschen.

Auch die Tatsache, dass in allen ökonomisch orientierten Kirchenreformansätzen die Predigt in ihrer zentralen Bedeutung für die Identität der evangelischen Kirche und die Wirksamkeit der kirchlichen Arbeit kaum zur Sprache kommt, spricht dafür, dass das Marketingdenken in seinem Bemühen um die Form ungewollt die Einfluss auf die Inhalte der kirchlichen Arbeit nimmt.[183] Dem könnte man entgegenhalten, dass eine der wenigen praktischen Wirkungen der Vorschläge des Impulspapiers der EKD die Gründung des Zentrums für Predigtkultur in Wittenberg war. Allerdings wird auch hier der Einfluss des Marketingdenkens sichtbar, wenn sich etwa das dort angebotene Predigtcoaching auf die Arbeit an Fragen der äußeren Form der Predigt wie Aufbau, Sprache, Rhetorik und homiletischer Präsenz beschränkt. Eine exegetische, dogmatische oder hermeneutische Reflexion und die kritische Auseinandersetzung mit dem Einfluss von Biographie und Zeitgenossenschaft auf die Inhalte der Predigt sind nicht vorgesehen.[184]

Zusammenfassend betrachtet führt eine Konzentration auf die Gestaltung der Formen der kirchlichen Arbeit in der Absicht, dadurch Resonanz zu erzeugen, zu einer unangemessenen Verkürzung der Inhalte der Verkündigung. An dieser Stelle zeigt sich besonders deutlich, wie bei der Verwendung betriebswirtschaftlicher Planungsmethoden das dahinter stehende Ökonomische Verhaltensmodell zur Wirkung kommt. Präferenzen werden auch in der kirchlichen Arbeit als gegeben akzeptiert und das Verhalten über Anreize beeinflusst. Die Präferenzen Einzelner können aber theologisch schlechterdings nicht der Maßstab sein, an dem sich die kirchliche Arbeit orientiert. »The church that seeks to meet the undisciplined needs of people is not a church that lives by memory; rather it is a church that underwrites the presumption that our needs and wants require no justification beyond the fact that they are our needs and wants.«[185]

Der Eigennutz einzelner Menschen ist als gesellschaftliches Phänomen nicht zu leugnen. Der sich selbst verifizierende Kreislauf aus Wirtschaftsordnung und Ökonomik fördert über seinen Einfluss auf die Gestaltung des gesellschaftlichen Zusammenlebens eigennützige Verhaltensmuster und beeinflusst so als Anreiz das Verhalten der Mehrheit der Menschen mit entweder reziproken oder altruistischen Präferenzen in die gleiche Richtung. Aber der Auftrag der Kirche besteht darin, über die Verkündigung des Evangeliums in Wort und Tat die Präferenzen von Menschen zu beeinflussen und auf diese Weise den Eigennutz zu bekämpfen, nicht darin, sich ihm geschickt anzupassen und damit ungewollt einen gesellschaftlichen Trend zu verstärken, der dem christlichen Glauben fundamental widerspricht.

Theologisch gesehen geht es in der kirchlichen Arbeit nicht um die Befriedigung von Bedürfnissen, sondern um die Bezeugung einer Wahrheit. »Christen glauben, weil sie in Jesus Christus die Wahrheit ihres Lebens erkannt haben und nicht weil sie sich davon persönliche Vorteile oder ein langes Leben versprechen.«[186] Der christliche Glaube lässt sich in Kategorien von Nutzen, Wert oder Sinn nicht angemessen erfassen. Er ist in den Worten von Eberhard Jüngel eine »wertlose Wahrheit«,[187] die das Leben als eine »Erfahrung mit der Erfahrung«[188] elementar unterbricht. Menschen, die sich und ihr Leben im Licht dieser Wahrheit neu sehen, werden dadurch frei, nicht mehr danach zu fragen, was ihnen nützt, sondern wo sie Gutes tun können. Das widerspricht allerdings schon im Ansatz dem Zeitgeist, den nicht interessiert »was wahr, sondern was wirksam, was effektiv, was wertvoll ist«.[189]

4. Hierarchie statt Netzwerk

Eine Rückwirkung der betriebswirtschaftlichen Präferenz für hierarchische Organisations- und Leitungsstrukturen auf das Kirchenverständnis lässt sich exemplarisch an den Ausführungen Martin Schinderhüttes zur Einführung von Jahresgesprächen in der Ev.-Luth. Landeskirche Hannovers erkennen, in denen er sich mit den Vorwurf auseinandersetzt, eine solche Leitungsmethode widerspreche dem Wesen der Kirche. »Es gibt ja Stimmen, die sagen, mit diesen neuen Instrumenten kirchlicher Leitung und Führung stehe Grundlegendes etwa im Blick auf das geistliche Amt auf dem Spiel. Nun solle der Berufsstand der Pastorin und des Pastors an die Kandare gelegt werden. Nun wolle man Durchgriffsrechte von oben nach unten installieren und die Kirche wie ein Unternehmen führen. Freiheit und Vielfalt seien in Gefahr. Theologisch seien all diese Instrumente kaum zu begründen.«[190] Damit lässt Schinderhütte Befürchtungen zu Wort kommen, die angesichts der Art und Weise, wie dieses Instrument in der freien Wirtschaft gebraucht wird, nicht von der Hand zu weisen sind.[191]

Schinderhüte begründet die Einführung der Jahresgespräche zunächst pragmatisch mit einem erhöhten Abstimmungs- und Koordinierungsbedarf zwischen Kirchengemeinden einer Region und mit übergemeindlichen Einrichtungen. »Er wird unabweisbar notwendig, intensiv miteinander zu kooperieren. Das geht wiederum nicht ohne verbindliche Kommunikation und daraus entwickelte und aufeinander bezogene Zielvereinbarungen.«[192] Die Jahresgespräche sind also Teil der Bemühungen um eine Steigerung der Effizienz kirchlicher Arbeitsprozesse durch eine bessere horizontale und vertikale Abstimmung von Aufgaben, Zielen und Inhalten.

Diese betriebswirtschaftlichen Denkansätzen geschuldete Strategie der Schaffung verbindliche Absprachen mithilfe von Zielvereinbarungen will Schinderhütte in der Folge theologisch begründen. Dazu erinnert er zunächst unter Hinweis auf 1. Kor 3,5–11 daran, dass der Erfolg der kirchlichen Arbeit vom Wirken Gottes abhängt. Das entlaste und befreie von Verantwortung, motiviere und stelle die eigene Praxis in einen größeren Rahmen.[193] Zum aktiven Tun gehöre deshalb immer, »uns zugleich in gemeinsamer Spiritualität mit all unserem Tun in Gottes Wirken in unserer Kirche als sein Ackerfeld und Bau zu bergen. Unser ganzes Planen und Strukturieren bis in detaillierte Programme der Personalentwicklung wird nicht gelingen, wenn wir uns nicht zugleich in Gottesdienst und Gebet, in einer evangelischen Spiritualität Gottes Zuspruch in Verheißung und Tat und gesagt sein lassen und ihn geistlich erfahren und vergewissern.«[194]

Die paulinische Unterscheidung zwischen der Kirche und ihrem Grund interpretiert Schinderhütte also im Sinne einer Einordnung einzelner Aktivitäten in das Wirken Gottes und überträgt diesen Gedankengang in der Folge dann auf die Organisationsstrukturen der Kirche. Das Tun der einzelnen Pfarrerin, des einzelnen Pfarrers müsse in die Gesamtkirche (hier offensichtlich verstanden im Sinne der Landeskirche) eingeordnet werden. »Es gilt die Freiheit der Verkündigung des Einzelnen, insbesondere auch der Pastorinnen und Pastoren, zu achten und doch zugleich in den verbindlichen Kontext des Auftrages der ganzen Kirche zu stellen.«[195] Deshalb gilt zwar: »Individualität und Personalität der Mitarbeitenden ist nicht etwa ein chaotisierendes Problem, dem man mit Planung und Zielvereinbarungen endlich entgegenwirken muss, damit Kirche stromlinienförmig wird und man wie bei Mc Donalds überall das gleiche antrifft.«[196] Andererseits erinnere Paulus in 1 Kor 12 neben dem Hinweis auf die Individualität der einzelnen Glieder an den einen Leib, in den der Einzelne eingegliedert ist, um damit den zentrifugalen Kräften in Korinth entgegenzuwirken.

Ähnlich argumentiert Schinderhütte im Blick auf die Bekenntnisschriften. Die Verkündigung des Evangeliums sei nach evangelischer Überzeugung Aufgabe aller Christinnen und Christen. Zugleich binde CA XIV die Verkündigung des Evangeliums jedoch an die Berufung in ein ordentliches Amt. Nach CA XXXIII sei das Bischofsamt einerseits »sine vi sed verbo« auszuüben, jedoch solle den Bischöfen gehorcht werden, solange dies ohne Sünde möglich sei. »In unserer Sprache ausgedrückt gehört zum Amt der öffentlichen Verkündigung sowohl die Freiheit des Einzelnen als auch die Verbindlichkeit im Kontext der ganzen Kirche.«[197] Schinderhütte deutet also die in CA XIV vorausgesetzte berufende Instanz und das Bischofsamt als Repräsentanten der Universalität der Kirche, in die sich der einzelne Prediger einzuordnen habe.

Diese strukturelle Interpretation der Spannung zwischen Partikularität und Universalität entlang der Unterscheidung zwischen Kirchengemeinden und übergemeindlichen Körperschaften übersieht allerdings, dass auch Kirchenkreise, Landeskirchen und gesamtdeutsche Zusammenschlüsse nur eine partikulare Form von Kirche darstellen. »Die ἐκκλεσία des Neuen Testaments lebt in der Spannung zwischen Universalität und Partikularität; sie kommt darin zum Ausdruck, dass die Kirche sowohl als Gesamtkirche wie als Kirche vor Ort existiert. In jeder Ortskirche ist die ganze Kirche je konkret verwirklicht, und umgekehrt ist die Universalkirche nicht der Zusammenschluss der Lokalkirchen, sondern der Inbegriff ihres Einsseins in Christus als Gemeinschaft Verschiedener.«[198] Das »Ganze« kommt also nur in ihrer Beziehung zu Jesus Christus als ihrem gemeinsamen Grund zum Tragen, nicht in hierarchisch aufeinander bezogenen Organisationsstrukturen oder aufeinander abgestimmten Zielvorgaben. Die Ebenen der Kirchenkreise, der Landeskirchen oder der gesamtdeutschen Zusammenschlüsse können nicht als die Instanzen identifiziert werden, die in besonderer Weise die Einheit der Kirche oder den Auftrag der ganzen Kirche repräsentieren.

Die Behauptung, Kirchengemeinden vor Ort hätten nur ihre Partikularinteressen im Blick, übergemeindliche Ebenen aber würden »das Ganze«

sehen, widerspricht nicht nur einem theologischen Verständnis der Kirche, sondern geht auch organisationspsychologisch gesehen an der Realität vorbei. Dahinter steht die geographische Metapher von Leitung als einer höheren Position, nach dem Motto: »Wer höher sitzt, sieht mehr und weiter.«[199] Sie verdankt sich der militärischen Vorstellung des Hügels, von dem aus der Feldherr einen besseren Überblick hat als die Truppen, die im Tal kämpfen. Das hat jedoch mit der Wirklichkeit wenig zu tun. Es handelt sich hier um einen von vielen Führungsmythen. Er betont Einheit und Gemeinschaft und verdrängt dabei die Realität von individuellen Unterschieden, Differenzen und Konkurrenz.[200] Die vielen Erfahrungen mit »Groupthink«[201], bei denen die Gruppendynamik von Leitungsgremien zur Ausblendung der Realität und zu verhängnisvollen Fehlentscheidungen führt, zeigen dagegen, wie eingeschränkt die Sichtweise übergeordneter Ebenen sein kann. Zudem haben übergemeindliche Ebenen und Einrichtungen nie nur das Wohl der ganzen Kirche im Blick, sondern verfolgen immer auch Partikularinteressen. So zielte die Nordelbische Reform unter anderem darauf, die Dienste und Werke vor einer befürchteten Priorisierung der kirchengemeindlichen Arbeit zu schützen.[202]

Die Spannung zwischen einer strukturell-organisatorisch verstandenen Partikularität und Universalität der Kirche wirkt sich nach Schinderhütte auf die Anwendung von Zielvereinbarungen im Raum der verfassten Kirche aus. Einerseits könne es im Rahmen von Jahresgesprächen keine einseitigen Diktate geben. »Es sind eher Vereinbarungen, in denen mögliche unterschiedliche Perspektiven für eine bestimmte Zeit und in einem bestimmten Arbeitsfeld so weit es geht abgeglichen werden.«[203] Zugleich müssten am Ende aber Ergebnisse stehen. »Kann auf Dauer in solchen Dialogen keine Verständigung für nächste gemeinsame Schritte erreicht werden, stößt das dialogische Grundprinzip an seine Grenze. Wir treten ein in den Bereich, der auch Durchsetzungsmöglichkeiten des Rechtes beinhaltet.«[204] Die Jahresgespräche dienten der Fürsorge und dem Schutz vor Überforderung, der wertschätzenden Wahrnehmung von Leistungen, aber wo nötig auch der Kritik. Insgesamt sei die Einführung von Jahresgesprächen zusammen mit anderen Strukturveränderungen keine »grundstürzende Veränderung unserer Kirche […], in der die grundlegenden, dem Bekenntnis verpflichteten Strukturen unserer Kirche berührt sind.«[205]

Doch lassen die Ausführungen von Schinderhütte genau daran zweifeln. Die Interpretation der Spannung von Partikularität und Universalität im

Sinne einer entlang kirchlicher Hierarchieebenen zunehmenden Universalität und einer daraus abgeleiteten Richtlinienkompetenz entspricht eher einem katholischen als einem evangelischen Verständnis von Kirche. Man fragt sich, warum Pfarrerinnen und Pfarrer mit ihrem Dienstvorgesetzten über die Ziele ihrer Arbeit sprechen sollen, Kirchenvorstände als Leitungsgremien der Gemeinden und andere haupt-, neben- und ehrenamtliche Mitarbeiterinnen und Mitarbeiter in eine solche Diskussion aber nicht einbezogen werden.

Zugleich widerspricht ein solches Kirchenbild bestehenden kirchenrechtlichen Bestimmungen, können doch weder Vorgesetzte noch Kirchenvorstände die Arbeit von Pfarrerinnen und Pfarrern per Anordnung steuern, noch Kirchengemeinden gegen ihren ausdrücklichen Willen auf bestimmte Ziele verpflichtet werden. So bleiben die von Schinderhütte ins Auge gefassten rechtlichen Konsequenzen eine rhetorische Drohgebärde ohne praktische Bedeutung. Zudem zeigt sich in seinen Ausführungen deutlich die den Zielvereinbarungsgesprächen inhärente Doppelbödigkeit, die von Vereinbarungen unter Gleichen spricht und damit hierarchische Vorgaben, Einschränkungen von Handlungsspielräumen, Kontrolle und die Verschiebung von Verantwortung und Risiken meint.[206]

5. Illustration statt theologischer Reflexion

Teilweise beschränken sich betriebswirtschaftlich orientierte Kirchenreformansätze auf eine rein museale Verwendung von Theologumena. So erinnert das Impulspapier daran, dass der Glaube als individuelles Vertrauen auf die Güte Gottes durch kirchliches Handeln nicht herstellbar ist, sondern vom unverfügbaren Wirken des Heiligen Geistes abhängt: »Die Gegenwart des Evangeliums ist nicht gebunden an leuchtende Kirchen oder wirkmächtige Predigten.«[207] Der christliche Glaube sei deshalb auch nicht einfach an der Zugehörigkeit zur Kirche ablesbar. Auch besitze die Pfarrerschaft nicht die alleinige Definitionsmacht, sondern bleibe eingebunden in die allen Getauften zugesprochene Berufung zu Zeugnis und Dienst, was sich etwa an den synodalen Leitungsstrukturen zeige.[208] Diese theologischen Bezüge entfalten allerdings für die weitere Argumentation, die sich an Prinzipien der Machbarkeit kirchlichen Wachstums und der Hierarchisierung von Leitungsstrukturen orientiert, keine Bedeutung. Auf diese Weise entsteht eine »Kluft zwischen theologischer Beschreibung und den Grundgedanken des Maßnahmenkatalogs.«[209]

In ähnlicher Weise definiert das evangelische Münchenprogramm den Auftrag der Kirche zwar theologisch als »Vermittlung des Evangeliums von der Liebe Gottes für die Menschen von heute durch Verkündigung, Nächstenhilfe und gesellschaftliches Engagement sowie Gemeinschaftsbildung«.[210] Als Ziel wird festgehalten: »Der Glaube der Mitglieder, besonders der entfremdeten, soll geweckt werden bzw. wachsen. Ihr Verbundenheitsgefühl mit der Gemeinde soll zunehmen. Das Verhältnis von Kirchenaustritten und Kircheneintritten soll sich im Zeitraum der nächsten zehn Jahre umgekehrt haben.«[211] Die eingesetzten Methoden folgen dann allerdings rein betriebswirtschaftlichen Vorstellungen von Erfolg. »Obwohl das Glaubensthema im evangelischen Münchenprogramm stark betont wird, bleibt das Verhältnis von besserer ›Kundenorientierung‹ (Dienstleistung) und profilierter Evangeliumsverkündigung letztlich spannungsvoll und ungeklärt. Das liegt nicht zuletzt daran, daß die Orientierung an den Bedürfnissen individueller Kirchenmitglieder zu marktförmig gedacht wird.«[212] Die damit verbundene Ökonomisierung der Ekklesiologie erstaunt den katholischen Pastoraltheologen Erich Garhammer: »Aber fast hat man den Eindruck, daß das Glaubensbekenntnis abgelöst wird vom Credo zur Institution und zur Organisationsentwicklungstheorie. Das Ja zur Institution Kirche ist geradezu für die evangelische Kirche ein institutionelles Novum. Erstaunlich ist, daß dieses Credo auf dem Hintergrund einer Organisationsentwicklungstheorie formuliert wurde.«[213]

Der gleiche Sachverhalt lässt sich in den nach 1990 entstandenen landeskirchlichen Reformpapieren beobachten.[214] Sie zitieren Texte wie den siebten Artikel der Confessio Augustana, die dritte These der Barmer Theologischen Erklärung oder die als Lebensäußerungen, Grundvollzüge oder Auftragsbeschreibungen des kirchlichen Handelns bezeichneten Begriffe *leiturgia, martyria, koinonia* und *diakonia*.[215] Die Fragen der Gestaltung des kirchlichen Lebens im Umgang mit Finanz- und Mitgliederproblemen werden damit aber nicht in Verbindung gebracht.[216] Insgesamt zeigt die museale Verwendung von Texten der biblischen und theologischen Tradition besonders deutlich, wie stark die Eigendynamik betriebswirtschaftlicher Ansätze theologische Gesichtspunkte an den Rand drängt.

IV. Der interdisziplinäre Dialog als alternative Form der Zuordnung

Angesichts der Tendenz betriebswirtschaftlicher Denk- und Sprachmuster zur Überfremdung der religiösen Rationalität des kirchlichen Handelns stellt sich die Frage nach der angemessenen Form ihrer Rezeption jenseits »fremdprophetischer« Euphorie. Hier bietet sich meines Erachtens der Ansatz von Traugott Jähnichen zur Gestaltung des Gesprächs von Ökonomik und Ethik im Rahmen der Wirtschaftsethik an. Jähnichen lehnt sowohl die Korrektur ökonomischer Probleme durch ethische Überlegungen als auch die Einordnung der ethischen Rationalität in die ökonomische Logik und Versuche ihrer Vermittlung oder Integration ab. Angesichts des Fehlens eines einheitlichen wissenschaftlichen Bezugsrahmens müsse man sich einer einseitigen Überordnung einer Disziplin unter die andere ebenso verweigern wie einer vermittelnden Integration. »Imperialistische oder monopolisierende Tendenzen einzelner Wissenschaften führen in der Regel zu einem Reduktionismus, der wesentliche Aspekte, wie sie von anderen Wissenschaften reflektiert werden, ausblendet und somit zu einer reduzierten Wirklichkeit führt.«[217]

Es gelte vielmehr, einen interdisziplinären Dialog zu führen, der die Eigenlogik beider Wissenschaften respektiere. Der Gewinn einer solchen, von gegenseitigem Respekt für die jeweils andere Perspektive getragenen Kommunikation liegt Jähnichen zufolge zum einen darin, dass man sich gegenseitig auf die blinden Flecke der jeweiligen wissenschaftlichen Perspektive aufmerksam machen kann. Zum anderen schlägt er im Anschluss an Helmuth Schelsky[218] vor, die jeweils andere Wissenschaft als »produktive Irritation«[219] zu nutzen, die Aussagen und Fragestellungen der fremden Disziplin im Horizont der eigenen Wissenschaft zu reformulieren, die so transponierte Problemstellung mit den eigenen Methoden zu bearbeiten und darauf aufbauend Handlungsempfehlungen zu entwickeln.

Der interdisziplinäre Dialog scheint mir die angemessene Form des Umgangs mit Marketing- und Managementinstrumenten im kirchlichen Kontext zu sein. So wird die kurzschlüssige Übertragung oberflächlich attraktiv erscheinender Analysen, Konzepte und Methoden vermieden, die sich in der Praxis entweder nicht umsetzen lassen, kaum Wirksamkeit entfalten oder sogar kontraproduktive Effekte erzeugen. Vielmehr trägt die fremde

Perspektive zur Ausleuchtung blinder Flecke bei und wirkt als Anstoß zur Entwicklung eigener Lösungen.

Was die blinden Flecke betrifft, lässt das betriebswirtschaftliche Denken deutlich das vor allem in der lutherischen Tradition angelegte Defizit bei der Reflexion der organisatorischen Rahmenbedingungen des kirchlichen Handelns hervortreten. Kirche und Theologie haben auch fast hundert Jahre nach Ende des landesherrlichen Kirchenregiments kein konstruktives Verhältnis zur sichtbaren Gestalt kirchlicher Existenz und den sich daraus ergebenden Notwendigkeiten entwickelt. Die Kirche hat sich überwiegend auf den Staat als Garanten ihrer institutionellen Stabilität und ihres wirtschaftlichen Wohlergehens verlassen. Die bestehenden staatskirchenrechtlichen Rahmenbedingungen und die üppigen Steuereinnahmen der letzten Jahrzehnte haben eine Haltung gefördert, die Fragen des institutionellen Selbsterhalts und der Effizienz des kirchlichen Handelns ausblendet. Dem entspricht auf der Ebene der theologischen Reflexion ein Defizit bei der Entwicklung einer ekklesiologisch angemessenen Wahrnehmung der empirischen Wirklichkeit kirchlicher Organisation und darauf aufbauender Konzepte für den Umgang mit Planungs-, Struktur- und Personalführungsfragen. Gleichzeitig herrscht ein Übergewicht bei der rechtlich-verwaltungstechnischen Betrachtung organisatorischer Gestaltungsfragen. Insofern geht vom betriebswirtschaftlichen Denken ein »heilsamer Zwang zur Empirie«[220] aus.

Zugleich lässt sich aus dieser Sicht neben zahllosen Projekten und Publikationen vor allem das Impulspapier der EKD »Kirche der Freiheit« als ausgesprochen *produktive Irritation* würdigen. Sein Erscheinen 2006 hat eine bis heute andauernde Debatte um die inhaltliche Ausrichtung der kirchlichen Arbeit, die dafür nötigen Struktur- und Prozessqualitäten und das sich damit verbindende Kirchenverständnis ausgelöst, von der man nur wünschen kann, dass sie sich im Verantwortungsbereich kirchlicher Bildungseinrichtungen und theologischer Fakultäten als langfristig geführter Diskurs institutionalisiert. Auch wenn man seinen Antworten nicht zustimmt, beinhalten doch die Fragen nach den Chancen, die sich der evangelischen Kirche gegenwärtig bieten, den Herausforderungen, vor denen sie steht, den Stärken und Schwächen ihres Handelns und den Prioritäten, die sich daraus ergeben, wertvolle Impulse zur Reflexion und Weiterentwicklung der organisationalen Dimension des kirchlichen Lebens.

Zugleich aber müssen betriebswirtschaftliche Kategorien wie Erfolg, Umsatz, Gewinn, Marktanteile, Effektivität, Effizienz, Nutzenmaximierung, Angebot und Nachfrage, Unternehmen, Manager, Markt, Tausch, Produkt, Dienstleistung, Kundenorientierung, Zielorientierung usw. in sinnparallele theologische Aussagen übersetzt werden. Mit einer bloßen Anpassung von Begriffen wie der Rede von Mitglieder- statt von Kundenorientierung ist es nicht getan, wenn die damit verbundene Logik unverändert übernommen wird. Auch eine Eingrenzung von Marketing- und Managementmethoden auf Strukturfragen entlang der Unterscheidung zwischen dem darstellenden und dem wirksamen bzw. dem kommunikativen und disponierenden Handeln der Kirche reicht nicht aus, weil entsprechend gestaltete Organisationsstrukturen auf Arbeitsabläufe und Inhalte der kirchlichen Arbeit rückwirken.

Eine sinnparallele Übertragung des Begriffs der Effektivität findet sich etwa bei Elisabeth Gräb-Schmidt: »Der Gedanke der Effektivität, dem Leistungsstreben Genüge zu leisten, sollte Anspruch auch kirchlichen Handelns sein, aber doch ganz anders als in der Wirtschaft. Die Leistung bemißt sich dabei gerade nicht in erster Linie an Nutzenorientierung oder gar Gewinnmaximierung, weder dem Nutzen für die Gemeindeglieder noch für die Kirche als Institution in ihrer Selbsterhaltung. Die Leistung bemißt sich vielmehr am geglückten Entprechungsverhalten gegenüber dem kirchlichen Auftrag. [...] Der Auftrag ist nicht primär die Gewinnung möglichst aller oder vieler für die Heilsbotschaft. Primärer Auftrag ist die Verkündigung selbst.«[221] Kirchliches Handeln ist also dann effektiv, wenn es das Evangelium in Wort und Tat zur Sprache bringt. So gesehen sind die christlichen Kirchen in Deutschland ausgesprochen erfolgreich. Die christliche Botschaft ist flächendeckend, auf allen Kommunikationskanälen und vielen Ebenen des gesellschaftlichen Lebens präsent. In zahllosen sozialdiakonischen Projekten in Kirchengemeinden, Diakonie und Caritas, Brot für die Welt und Misereor und über die politische Einflussnahme auf das sozialstaatliche Handeln bezeugen sie das Evangelium durch ihr Tun. Zugleich stellt sich dabei nicht die empirische Frage nach den sichtbaren Wirkungen all dieser Aktivitäten, sondern die theologische Frage danach, inwiefern das, was da geredet und getan wird, tatsächlich dem Evangelium von Jesus Christus entspricht. Damit rücken beispielsweise die *Inhalte* von Gottesdiensten und Predigen und die damit zusammenhängenden homiletischen und liturgischen Probleme in den Mittelpunkt des Interesses.

Aber auch das diakonische Engagement gerät unter der Frage in den Blick, wie lange die evangelische Kirche sich unter den gegenwärtigen Bedingungen eines kontinuierlichen Abbaus sozialer Leistungen und der Verschlechterung sozial-, arbeits- und gesundheitspolitischer Rahmenbedingungen an der Erfüllung sozialstaatlicher Aufgaben beteiligen kann, ohne in Widerspruch zum Evangelium zu geraten. So haben sich etwa durch die Einführung der Pflegeversicherung die ökonomischen Bedingungen für Träger ambulanter und stationärer Einrichtungen im Bereich der Altenpflege derart verschärft, dass diakonische Einrichtungen zwangsläufig immer wieder in Konflikt mit christlichen Maßstäben eines angemessenen Umgangs mit pflegebedürftigen Menschen und Angestellten geraten.[222] Wenn ein mit dem religiösen Charakter von Einrichtungen begründetes kirchliches Sonderrecht zu Lohndumping über die Ausgliederung von Subunternehmen bei gleichzeitiger Verweigerung von Streiks führt,[223] dann ist das ein Zeichen dafür, dass der »Spagat zwischen Wirtschaftlichkeit und Nächstenliebe«[224] nicht gelingt.

Bei Fragen wie denen nach der Angemessenheit der Inhalte der Verkündigung oder des diakonischen Engagements entfaltet die Theologie eine Steuerungsfunktion, die im Bereich der Betriebswirtschaftslehre sinnparallel dem Marketing zukommt. Denn während für Wirtschaftsbetriebe der Markt die primäre Außenrelation darstellt, beziehen sich Kirchen prioritär auf die biblische Tradition in Auseinandersetzung mit anderen Lebens- und Weltanschauungen politischer, philosophischer, psychologischer, soziologischer, ökonomischer, szientistischer, fundamentalistischer, hedonistischer oder utilitaristischer Art.

In ähnlicher Weise wie der Begriff der Effektivität muss die Tauschlogik von Marktprozessen sinnparallel in die den christlichen Glauben bestimmende Geschenklogik übersetzt werden.[225] Das schließt das durchgehende Verständnis von kirchlichen Aktivitäten als Dienstleistungen aus. Der Geschenklogik entspricht im Bereich der Ökonomik vielmehr der Begriff der öffentlichen Güter, bei denen aus verschiedenen Gründen Kosten und Leistung nicht direkt miteinander gekoppelt werden können, oder dem der Allmende- und Gemeinschaftsgüter. Die Kirche kann sich deshalb nicht damit begnügen ihre Arbeit in Anlehnung an den – sich im Übrigen derzeit gerade umkehrenden – Trend hin zur Privatisierung öffentlicher Leistungen auf marktförmige Anbieter-Kunden-Beziehungen umzustellen. Sie muss vielmehr fragen, wie sie die Bereitschaft von Menschen fördern kann, zu Gütern beizutragen, die nicht unmittelbar ihnen selbst, sondern der Allgemeinheit nützen.[226]

V. Zusammenfassung: Abstand ist geboten

Theologisch betrachtet lässt sich der durchgehende Einsatz betriebswirtschaftlicher Methoden zur Bewältigung kirchlicher Rückbau-, Reorganisations- und Neuorientierungsprozesse nicht mit Wesen und Auftrag der Kirche vereinbaren. Die im ökonomischen Denken angelegte Tendenz zur Okkupation anderer Lebensbereiche führt zwangsläufig zu einer Einordnung der religiösen Rationalität des kirchlichen Handelns in die Logik eines erfolgsorientierten und nutzenmaximierenden Denkens und bewirkt damit, dass die kirchliche Arbeit an zentralen Punkten in massive Konflikte mit theologischen Grundüberzeugungen gerät. Eine Ausrichtung von Arbeitsprozessen am Ziel quantitativen Wachstums von Teilnahme- und Mitgliederzahlen lässt sich nicht mit dem Vertrauen in die Selbstwirksamkeit des Wortes Gottes vereinbaren. Eine Orientierung an der Logik ökonomischer Tauschprozesse widerspricht dem Charakter des Evangeliums als umsonst geschenkter, frei machender Wahrheit. Die damit verbundene Privatisierung seines Verständnisses beschädigt seinen öffentlichen Charakter. Die Vorstellung einer zentralen Steuerung der kirchlichen Arbeit widerspricht dem evangelischen Kirchenverständnis. Darüber kann auch die illustrative Verwendung von Bibelstellen und Theologumena nicht hinwegtäuschen.

Die Anpassung von Begriffen an den kirchlichen Sprachgebrauch und die ekklesiologisch reflektierte Begrenzung des Einsatzes betriebswirtschaftlicher Methoden reichen nicht aus, weil sich die übergriffige Eigenlogik des ökonomischen Denkens und Handelns nicht spirituell oder kirchentheoretisch einhegen lässt, sondern in jedem Fall auf die Inhalte der Verkündigung in unangemessener Form zurückwirkt.

Im Kern geht es im Blick auf den Einsatz betriebswirtschaftlicher Instrumente im kirchlichen Kontext um die Frage, ob die evangelische Kirche der Selbstwirksamkeit des Wortes Gottes auch gegen den Augenschein vertraut oder nicht. Eine von Vertrauen getragene Haltung konzentriert sich auf die Arbeit an einer klaren, situations- und adressatengerechten Bezeugung des Evangeliums in Wort und Tat, richtet die Strukturen so aus, dass sie diese Bezeugung ermöglichen und überlässt die Wirkungen des kirchlichen Handelns und die Sorge um den Erhalt der Kirche dem Wirken des Heiligen Geistes. Dann kann sie das betriebswirtschaftliche Denken als Gegenüber zur Ausleuchtung ihrer blinden Flecke und als produktive Irritation zur Entwicklung eigener Lösungen für die Bewältigung von Rückbau-, Reorganisations- und Neuorientierungsprozessen nutzen. Aber sie muss sich davon verabschieden, unternehmensanalytische Analysen und Methoden einfach zu übernehmen.

Verwendet sie dagegen Marketing und Management als Mittel der Steigerung von Beteiligungs- und Mitgliederzahlen, orientiert sie die Formen ihrer Verkündigung und damit ungewollt auch ihre Inhalte an den Nutzenerwartungen vorhandener oder potenzieller Mitglieder und richtet ihre internen Abläufe und Strukturen entsprechend aus, verabschiedet sie sich von den weniger anschlussfähigen Inhalten des christlichen Glaubens.

E. Die Systemtheorie als alternatives Paradigma kirchlichen Leitungshandelns

Die Auseinandersetzung mit den praktischen Wirkungen betriebswirtschaftlicher Instrumente im Kontext der verfassten Kirche, den dahinter stehenden wirtschaftstheoretischen Annahmen und der Frage ihrer theologischen Legitimität in den letzten Kapiteln ergab, dass sich Marketing- und Managementmethoden nur bedingt zur Bewältigung kirchlicher Rückbau-, Reorganisations- und Neuorientierungsprozessen eignen. Mit ihrer Orientierung an der neoklassischen Sozialphysik nutzenmaximierender Monaden und einem anreizorientierten Denken sind sie nicht in der Lage, die für die Vitalität und Stabilität christlicher Überzeugungen, Praktiken und Zugehörigkeiten wichtigen Einflussgrößen zu erfassen. Sie entfalten deshalb größtenteils keine oder sogar kontraproduktive Wirkungen. Damit stellt sich die Frage nach Alternativen. Hier bietet sich meines Erachtens ein am Paradigma der Systemtheorie orientiertes Vorgehen an, sowohl zur Analyse der Situation, in der sich die evangelische Kirche gegenwärtige befindet, als auch zur Abschätzung von Handlungsspielräumen und zur Entwicklung von Lösungsstrategien.

I. Grundzüge der Systemtheorie

1. Problembezug

Während sich das ökonomische Denken in seiner derzeit herrschenden neoklassischen Form am Paradigma der klassischen Physik und damit an der Beobachtung von Himmelskörpern orientiert, entstand das systemtheoretische Denken im Kontext der wissenschaftlichen Beschäftigung mit lebenden Organismen.[1] Analysiert man statt Planetenbewegungen die Stoffwechselprozesse von Lebewesen, geraten nicht isolierte Objekte in den

Fokus der Aufmerksamkeit, »denen irgendwelche Eigenschaften, Beziehungen, Aktivitäten oder Betroffenheiten zugeschrieben werden«[2], sondern die Relationen als das Dazwischenliegende, die »Muster ihrer funktionellen Koppelung.«[3]

Der Biokybernetiker Frederik Vester hat diese wissenschaftsmethodische Perspektive durch ein grob gepixeltes Portrait von Abraham Lincoln veranschaulicht, das gerade dadurch erkennbar wird, das man nicht auf einzelne Pixel blickt, sondern auf das von ihnen gebildete Muster.[4] In diesem Sinne kommt es nach Vester für die wissenschaftliche Erkenntnis nicht darauf an, die einzelnen Elemente eines Phänomens so genau wie möglich zu kennen, sondern das Ganze zu betrachten, einzelne Schlüsselelemente zu identifizieren und die Art ihrer Vernetzung zu beschreiben.

Die Grundsätze des systemtheoretischen Denkens entstanden nach dem Zweiten Weltkrieg zeitgleich in mehreren Wissenschaften. Begriffsreihen und Theorien haben sich über die Grenzen einzelnen Disziplinen hinweg gegenseitig beeinflusst und ausgehend von einigen allgemeinen Erkenntnissen zu unterschiedlichen Konzeptionalisierungen und Anwendungen geführt.[5] Grundlegend sind die Beiträge der Biologen Ludwig von Bertalanffy, Humberto Maturana und Francesco Varela, der Mathematiker Norbert Wiener, John von Neumann und George Spencer Brown, des Kybernetikers Heinz von Foerster, des Anthropologen Gregory Bateson sowie der Soziologen Talcott Parsons und Niklas Luhmann.

Thermodynamische, quantenmechanische, meteorologische, physiologische, evolutionäre, genetische und ökologische Prozesse, technische Regelungsmechanismen und Computerprogramme, die Dynamiken in Familien und Organisationen sowie gesellschaftliche Entwicklungen entziehen sich anders als viele im Rahmen der klassischen Physik und der Technik beschriebene Zusammenhänge der zergliedernden Analyse und der Erklärung durch einlineare Kausalketten. Denn ihre miteinander gekoppelten Elemente – in vielen Fällen einschließlich des durch die Beobachtung mit dem Objekt wechselwirkenden Beobachters – reagieren wechselseitig aufeinander.

Zusammengefasst unter dem Begriff der Kybernetik werden rekursiv angelegte Systeme der Mess-, Steuerungs-, Regelungs- und Computertechnik zum Gegenstand wissenschaftlichen Interesses. Die Biologie erforscht die Steuerungs- und Regelungsprozesse in Organismen und die Dynamik ökologischer Systeme. In Psychologie und Soziologie sind die Muster der

Kommunikationsprozesse psychischer und sozialer Systeme Gegenstand des Interesses. In der Betriebswirtschaftslehre kommen die Beziehungen zwischen Mitarbeitenden in Unternehmen und zwischen Unternehmen und ihrer Umwelt in den Blick. Dabei bilden systemtheoretisch orientierte Ansätze keine einheitliche Theorie, sondern eine Theoriefamilie mit ähnlicher Grundausrichtung bei gleichzeitig unterschiedlicher Ausarbeitung im Einzelnen. Ihr gemeinsames Interesse besteht darin, der Komplexität der Prozesse innerhalb von Systemen und zwischen Systemen ohne simplifizierende Kurzschlüsse gerecht zu werden.

2. Grundansatz

Erste Ansätze der Systemtheorie definierten Systeme als aus verschiedenen Elementen zusammengesetzte, von ihrer Umwelt abgeschlossen operierende und mit ihrer Umwelt strukturell gekoppelte Einheiten.[6] Bestimmte Inputs aus ihrer Umwelt lösen bestimmte Prozesse aus, die zu bestimmten Outputs an die Umwelt führen. Die internen Prozesse zeichnen sich durch *Wechselwirkungen mit rekursiven Ursache-Wirkungs-Ketten* (A beeinflusst B, B beeinflusst A) aus. So sind in der einfachsten Form eines Systems in einem Thermostaten eine Mess- und eine Stelleinrichtung zu einem kreisförmigen Prozess negativer Rückkoppelung – je höher die Temperatur, desto geschlossener das Ventil und umgekehrt – zusammengekoppelt.

Biologische, psychische und soziale Systeme unterscheiden sich von solchen technischer Art durch den Grad ihrer Komplexität der miteinander verkoppelten, ineinander verschachtelten Prozesse und dadurch, dass sie energetisch in Wechselwirkung mit ihrer Umwelt stehen. Sie sind in den Worten Heinz von Foersters »nichttriviale Maschinen«[7]. Ihre internen Prozesse verarbeiten gleiche oder ähnliche Anstöße von außen nicht automatisch zu gleichen oder ähnlichen Wirkungen. Während ein Thermostat auf den gleichen Umweltreiz mit dem gleichen Wert reagiert, hängen bei lebenden Systemen die Ergebnisse von Prozessen in der Gegenwart von solchen in der Vergangenheit ab. Die Wiederholung eines Reizes zu einem späteren Zeitpunkt kann deshalb zu einer anderen Reaktion führen als zu einem früheren Zeitpunkt. Zugleich können sehr geringe Unterschiede des Inputs zu sehr großen Unterschieden des Outputs führen. Dabei entziehen sich die internen Prozessabläufe aufgrund ihrer Komplexität einer Analyse von außen. Das Verhalten lebender Systeme ist daher nur bedingt voraussagbar.[8]

Humberto Maturana und Francisco Varela haben diese Kennzeichen lebender Systemen in dem Begriff der *Autopoiesis* zusammengefasst.[9] Danach sind lebende Systeme strukturell determiniert, reproduzieren sich rekursiv selbst, bestimmen selbst ihre Grenzen und bauen sich nach eigenen Regeln auf. So sind die molekularen Bestandteile einer Zelle zu einem dynamischen Prozess der Wechselwirkung, dem Zellstoffwechsel, miteinander gekoppelt. Die Zellwand als Grenze zwischen System und Umwelt ist Teil dieses Prozesses und bildet zugleich sein Ergebnis. Systeminterne Prozesse schließen dabei immer wieder an systeminterne Prozesse an. Diese Prozesse können von außen irritiert, aber nicht direkt verändert werden. Die grundsätzliche Frage, die sich vor dem Hintergrund des Zweiten Hauptsatzes der Thermodynamik stellt, ist dabei immer die gleiche: Wie gelingt es lebenden Systemen, sich angesichts einer physikalischen Umwelt, in der die Entropie zunimmt, zu stabilisieren, also einen gegenüber ihrer Umwelt höheren Grad an Komplexität zu erhalten?

Aus systemtheoretischer Sicht sind die Strukturen eines Systems nicht die Voraussetzung für seine Prozesse, sondern ihre evolutionäre Folge, indem »Operationen mit minimalem Strukturaufwand […] komplexere Strukturen aufbauen, die wiederum differenziertere Operationen ermöglichen.«[10] Prozesse und Strukturen bedingen einander. Ein System operiert einerseits in sich geschlossen nach eigenen Regeln, ist aber zugleich für Anregungen aus seiner Umwelt offen, in vielen Fällen für sein Überleben sogar darauf angewiesen. Dies geschieht allerdings nicht direkt, sondern durch Prozesse struktureller Kopplung.[11] Dazu bilden Systeme Strukturen aus, die eine hochselektive Empfänglichkeit für bestimmte Reize aus der Umwelt ausbilden. Die meisten strukturellen Kopplungen sind lose, d. h. nicht jeder Reiz von außen führt automatisch zu einer Reaktion. So kommunizieren Zellen mit ihrer Umwelt über eng definierte Schnittstellen. Ämter und Personen sind nur lose miteinander gekoppelt, damit das Amt auch dann bestehen bleiben kann, wenn die Person wechselt.[12] Die technischen Systeme von Großanlagen wie Kernkraftwerken oder Flugzeugen sind dagegen so fest miteinander gekoppelt, dass bereits kleine Probleme das gesamte System destabilisieren können.[13] Dem begegnen Ingenieure mit dem Einbau redundanter Ressourcen. Beobachtet man die Welt der Prozesse, gerät verstärkt der Zusammenhang zwischen dem Subjekt und dem Objekt der

Beobachtung als grundlegender Relation wissenschaftlichen Arbeitens in den Blick und führt zu einer neuen Sicht auf erkenntnistheoretische und ontologische Fragen.[14] Die neurobiologische Forschung der letzten Jahrzehnte hat gezeigt, dass das Gehirn die Wirklichkeit keineswegs passiv wie eine Art Leinwand abbildet. Vielmehr reduziert es die Sinneseindrücke mithilfe eines aus mehreren Subsystemen bestehenden Systems enorm in ihrer Komplexität, verarbeitet sie nach eigenen, biologisch, kulturell und individuell geprägten und von außen nicht durchschaubaren Gesetzmäßigkeiten intern und ist nur über die hochselektive Schnittstelle der verbalen und nonverbalen Kommunikation mit seiner sozialen Umwelt gekoppelt.[15]

Wenn Kommunikation die basale Operation von sozialen Systemen darstellt und Erkenntnisse über die Dynamiken der Kommunikation in Familien, Betrieben, Märkten oder Gesellschaften wiederum nur in Form von Kommunikation praktiziert werden können, der Beobachter selbst Teil solcher Kommunikationszusammenhänge ist und seine Beobachtungen Rückwirkungen auf die Art haben, wie diese Systeme sich selbst beobachten, führt das zu einer Reihe von Paradoxien, die nur gelöst werden können, wenn jeweils genau unterschieden wird, wer von welchem Standpunkt aus wie beobachtet.[16]

Beobachtungen stellen aus systemtheoretischer Sicht also kein objektives Abbild der Realität, sondern eine aktive Konstruktion dar, eine Art geistige Landkarte, die zwar mehr oder weniger angemessen zur Beschreibung der Realität sein kann, aber immer von der jeweiligen Perspektive des Beobachters abhängt und nie die Realität als solche abbildet, denn die sprachlichen Unterscheidungen sind so in der Realität nicht vorhanden. Damit aber gibt es keinen Standpunkt, von dem aus die Wirklichkeit »objektiv« beurteilt werden könnte.

Die Grundeinsichten der Systemtheorie haben in den letzten Jahrzehnten in den verschiedensten Wissenschaften zur Neuentwicklung von Analyse- und Interventionsansätzen geführt. Die Informatik hat hier ebenso ihren Ursprung wie mathematische Ansätze zur Beschreibung nichtlinearer Prozesse. Begreift man den Menschen nicht als unteilbare Einheit (»individuum«), sondern als Schnittpunkt strukturell miteinander gekoppelter biochemischer, psychischer und sozialer Prozesse, ergeben sich neue Behandlungsansätze in Medizin, Psychosomatik und Psychotherapie.[17] So beobachtet z. B. die Familientherapie nicht einzelne Familienmitglieder, sondern die Muster ihrer Kommunikation und entwickelt daraus oft paradox anmutende Interventionsstrategien.[18]

3. Soziale Systeme

Für das hier diskutierte Thema sind systemtheoretisch orientierte Ansätze von Bedeutung, die an Niklas Luhmanns Analyse sozialer Systeme anschließen. Luhmann beobachtet die Gesellschaft als Zusammenhang eigenständiger und zugleich aufeinander bezogener *Kommunikationssysteme*. Menschen bilden die Voraussetzung für die Existenz solcher Systeme, sind selbst aber nicht Gegenstand der soziologischen Forschungsbemühungen. Die Soziologie interessiert sich, so Luhmann, nicht für »das Sterben der Fische an sich«[19], sondern dafür, welches soziale System mit wem darüber wie spricht, wer wie darauf reagiert, wie über das Thema kommuniziert wird und mit welchen Folgen für das jeweilige System.

Ein System definiert Luhmann dabei im Anschluss an Gregory Bateson und George Spencer Brown *differenztheoretisch* über den Prozess, durch den ein System einen Unterschied zwischen Innen und Außen, zwischen sich selbst und seiner Umwelt erzeugt. »Die Differenz von System und Umwelt entsteht allein aus der Tatsache, dass eine Operation eine weitere Operation gleichen Typs erzeugt.«[20] Durch die in ihm angelegte Differenz entscheidet ein System selbst, was zu ihm gehört und was nicht. Es muss deshalb unterschieden werden zwischen der Selbstreferenz, also dem, was das System selbst als Umwelt behandelt, und der Fremdreferenz, also dem, was ein Beobachter von außen als Umwelt wahrnimmt. Kausalzusammenhänge erscheinen aus dieser Perspektive nicht als Tatsachen, sondern als Zuschreibungen eines Beobachters aus einer bestimmten Perspektive mit bestimmten Interessen. Luhmann beschreibt seine Position dabei als Beobachter zweiter Ordnung, also als jemand, der die Selbstbeschreibungen der Gesellschaft beobachtet.

Soziale Systeme operieren nach Luhmann im *Modus fortlaufender Kommunikation:* »Ein soziales System kommt zustande, wenn immer ein autopoietischer Kommunikationszusammenhang entsteht und sich durch Einschränkung der geeigneten Kommunikation gegen eine Umwelt abgrenzt. Soziale Systeme bestehen demnach nicht aus Menschen, auch nicht aus Handlungen, sondern aus Kommunikationen.«[21] Dabei definiert Luhmann Kommunikation in Anlehnung an Karl Bühler und Gregory Bateson als den Gesamtzusammenhang von Information, Mitteilung und Verstehen.[22] Ein Akt der Kommunikation ist ein flüchtiges Ereignis. Damit ein Kommunikationsprozess entsteht, müssen weitere derartige Akte daran anschließen. Dieser Anschluss wird von Luhmann *Operation* genannt. Operationen geschehen in Orientierung an systemspezifische Unterscheidungen, also den internen Regeln des jeweiligen an der Kommunikation beteiligten psychischen oder sozialen Systems entsprechend.

Die Funktion sozialer Systeme besteht nach Luhmann darin, die Komplexität der Wirklichkeit im Blick auf bestimmte Probleme kommunizierend zu reduzieren, um auf diese Weise zwischen der Komplexität der Außenwelt und der Verarbeitungskapazität psychischer Prozesse zu vermitteln. Dazu konstruieren sie *Sinnzusammenhänge*, die sich daraufhin befragen lassen, über welche Phänomene kommuniziert wird und welches Probleme damit gelöst werden sollen (Sachdimension), wer kommuniziert (Sozialdimension), in welchen Zeiträumen (Zeitdimension) und wie äquivalente Lösungen aussehen könnten.[23] Dabei denkt Luhmann Sinn als den Prozess fortlaufenden intentionalen Auswählens eines bestimmten Sinnzusammenhangs aus der Menge möglicher Sinnzusammenhänge, die bei jeder Auswahl im Hintergrund als Möglichkeit im Hintergrund präsent sind und nach der Auswahl als Horizont weiter präsent bleiben.[24]

Beobachtet man Kommunikationssysteme unter der Fragestellung, mithilfe welcher Prozesse sie sich von ihrer Umwelt abgrenzen und so fortlaufend stabilisieren, ergeben sich nach Luhmann drei Arten sozialer Systeme, die zwar aufeinander bezogen sind, aber nach je eigener Logik operieren und sich nicht durcheinander ersetzen lassen.

Interaktionen als »einfache Sozialsysteme elementarer Kommunikation«[25] stabilisieren sich durch Anwesenheit und schließen Abwesende als ihre Umwelt aus. Dabei beschränken sie sich in der Regel auf ein bestimmtes Thema. *Organisationen* überwinden die Beschränkungen interaktionsbasierter Systeme. Sie organisieren die »Möglichkeit der Abwesenheit«[26] und sind in der Lage, eine Vielzahl von Themen gleichzeitig zu bearbeiten. Das leisten sie durch zwei klare Entscheidungen: »Wir sehen das Spezifische organisierter Sozialsysteme in der nichtkontingenten Verknüpfung zweier kontingenter Sachverhalte: der Entscheidung über Mitgliedschaft (also Ein- und Austritt) und der Festlegung der Strukturmerkmale (zum Beispiel

Zweck, hierarchische Anordnung der Weisungsbefugnisse, Arbeitsentgelt), die im Falle einer Mitgliedschaft akzeptiert werden.«[27]

Gesamtgesellschaftliche Kommunikationsprozesse als umfassendstes Sozialsystem und Rahmen, in dem Interaktionen und Organisationen kommunizieren, leisten »die grundlegende Strukturselektion menschlichen Zusammenlebens wie Sprache, allgemeine Wertmuster, Gesichtspunkte der Systemdifferenzierung.«[28] Nach Luhmann existiert unter den Bedingungen der Globalisierung nur noch ein einziger derartiger Kommunikationszusammenhang, nämlich der der Weltgesellschaft.

Um diese mikro-, meso- und makrosozialen Ebenen gesellschaftlicher Systembildung einzeln und in ihrem Zusammenspiel angemessen beobachten zu können, müssen Soziologen nach Luhmann mit einer Mehrzahl von System-Umwelt-Perspektiven rechnen. Wenn sozialwissenschaftliche Theorien eine dieser Ebenen als Beobachtungsstandpunkt verabsolutieren, kommt es zu Fehlwahrnehmungen.[29] Aus dieser Sicht teilen der Marxismus und das wirtschaftsliberale Denken die gleiche wissenschaftsmethodische Schwäche. Der Marxismus interpretiert individuelles Verhalten und die Dynamik von Organisationen ausschließlich als Folge allgemeiner gesellschaftlicher Verhältnisse. Das neoklassische Denken deutet umgekehrt gesellschaftliche und organisatorische Verhältnisse als das kumulative Ergebnis isoliert handelnder Individuen. Beide übersehen das komplexe Zusammenspiel der interaktionalen, organisatorischen und gesellschaftlichen Ebenen der Kommunikation. Schon aufgrund dieser Beschränktheit, so lässt sich aus systemtheoretischer Sicht argumentieren, sind ökonomische Theorien nur bedingt zur Beobachtung religiöser und kirchlicher Phänomene geeignet.

Im Laufe der Entwicklung des menschlichen Zusammenlebens hat sich nach Luhmann im Laufe der Zeit die primäre Form ihrer strukturellen Differenzierung verändert. Archaische Gesellschaften sind primär segmentär differenziert. Sie bilden ein loses Netzwerk von Familien, Clans, Stämmen oder Dörfer als Nebeneinander ähnlicher sozialer Systeme. Diese Subsysteme sind stark an Interaktion gebunden, also an die Kommunikation unter Anwesenheit in Bindung an bestimmte Orte. »Alle sozialen Formen werden okkasionell gefunden, bleiben an konkrete Lokalisierungen gebunden und müssen präsent sein, um wirken zu können.«[30] Komplexe Formen der Arbeitsteilung und die dafür notwendigen organisationsförmigen Kommunikationsprozesse sind in einem solchen Setting weder nötig noch möglich.

Angefangen von den frühen Hochkulturen bis zum Beginn der Neuzeit strukturierten sich Gesellschaften in zunehmendem Maße primär nach stratifikatorischen Gesichtspunkten, also durch die Bildung von Rangunterschieden. Soziale Systeme stehen in hierarchischer Beziehung zueinander. Damit verändert sich die Art und Weise, wie eine Gesellschaft kommuniziert. »Nicht *was* gesagt wird, sondern *wer* es sagt, ob *oben* oder *unten*, ist entscheidend.«[31] Der Stand der jeweiligen Person dient als Kriterium zur Entscheidung über gesellschaftliche Fragen. Daneben wirkt die Unterscheidung zwischen Peripherie und Zentrum strukturbildend.

Die moderne Gesellschaft ist nach Luhmann dadurch gekennzeichnet, dass sie ihre Kommunikationsprozesse nicht mehr primär nach segmentären oder stratifikatorischen, sondern nach funktionalen Gesichtspunkten ordnet. Sie strukturiert sich »als Differenzierung in nicht füreinander substituierbare Funktionen«.[32] Politik, Wirtschaft, Recht, Religion, Erziehung, Wissenschaft, Medien, Kunst usw. bilden eigenständige, jeweils auf bestimmte Funktionen spezialisierte, autopoietisch in Orientierung an bestimmten Leitunterscheidungen operierende Kommunikationssysteme. So codieren alle wirtschaftlichen Kommunikationsprozesse ihre Operationen nach dem Schema Zahlung/Nichtzahlung, Politik orientiert sich in ihrer Kommunikation an der Unterscheidung zwischen Macht und Ohnmacht, Wissenschaft an der zwischen Wahrheit und Unwahrheit, Religion an der zwischen Transzendenz und Immanenz. »Es bilden sich gewissermaßen nebeneinander Kosmologien aus [...]. Sie können nur sehen, was auf dem Bildschirm ihrer funktionsspezifischen Perspektive auftaucht. Alles andere bleibt ausgeschlossen, da es schlicht nicht in die Kontextur der beobachtungsleitenden Unterscheidung passt.«[33]

Die verschiedenen Teilsysteme sind zwar aufeinander bezogen, aber nicht direkt, sondern koppeln sich mithilfe von nach eigenen Regeln bestimmten Programmen mit ihrer Umwelt. So bezieht sich Politik auf die Wirtschaft durch die Formulierung von Parteiprogrammen, Recht durch die Formulierung von Gesetzen, Erziehung durch die Ausgestaltung von Lehrplänen, Religion durch wirtschaftsethische Kommunikationsprozesse. Jedes gesellschaftliche kommunikative Teilsystem bezieht sich also auf das andere nur nach Maßgabe der ihm eigenen Leitunterscheidung.[34]

Damit einher geht eine Verschiebung gesellschaftlicher Funktionen von interaktionsbasierten hin zu organisationsbasierten sozialen Systemen. Während etwa Aufgaben der Machtverteilung, Rechtsetzung, Güterproduktion, Kindererziehung, Freizeitgestaltung oder Altenpflege in früheren Zeiten undifferenziert von Familien, Klans und Dorfgemeinschaften wahrgenommen wurden, liegen sie heute zunehmend in der Hand von darauf spezialisierten Organisationen wie Parteien, Gerichten, Fabriken, Schulen, Kinos oder Pflegeheimen.

Organisationen können mithilfe formalisierter, arbeitsteiliger Prozesse mehr Informationen als kleine Gruppen verarbeiten und lange zweckorientierte Handlungsketten aufbauen. Personen kommen aus dieser Perspektive nur ausschnitthaft im Blick auf bestimmte Kompetenzen und Handlungsanforderungen in den Blick. Andere Aspekte des Lebens werden als Privatangelegenheit ausgeblendet. Kommunikationsprozesse von Person zu Person verlieren daher in modernen Gesellschaften tendenziell an Bedeutung und solche zwischen Personen und Organisationen und zwischen Organisationen nehmen zu.

Dabei können einige Teilsysteme der Gesellschaft, z. B. Politik und Wirtschaft, weitestgehend auf Interaktion verzichten. So vollzieht sich die Kommunikation von Parteien oder Unternehmen zu Wählerinnen und Kunden in der Regel indirekt durch Wahlen bzw. Werbung. Andere Teilsysteme, wie etwa Medizin, Recht, Erziehung, Bildung oder Religion, sind auf Interaktion angewiesen: Medizinische Kommunikation funktioniert überwiegend nur im persönlichen Kontakt zwischen Arzt und Patient; ein Gerichtsprozess setzt die Anwesenheit der streitenden Parteien oder ihrer Vertreter voraus; Bildungsprozesse bedürfen der Begegnung von Lehrerinnen und Schülern; Prozesse religiöser Kommunikation setzen »dichte, dialogische Sozialbeziehungen«[35] voraus.

Nach Luhmann werden gesellschaftliche Funktionen in der modernen Gesellschaft zwar schwerpunktmäßig von Organisationen wahrgenommen, aber keine gesellschaftliche Aufgabe lässt sich vollständig organisieren. Exemplarisch zeigt sich das an der medizinischen Versorgung alter Menschen. Zwar nimmt hier das Gesundheitswesen mit Organisationen wie Krankenhäusern, Apotheken und Arztpraxen und Altenpflegeeinrichtungen die Mehrzahl der Funktionen wahr. Daneben haben indes auch nicht organisierbare psychosoziale Faktoren wie die Art ihrer Einbindung in die Familie, Kontakte zu Enkelkindern oder zu den Nachbarn indirekt erheblichen Einfluss auf ihre Gesundheit.

Im Laufe der Geschichte hat sich systemtheoretisch betrachtet die Gesellschaft also von einem Netzwerk multifunktionaler, überwiegend interaktionsbasierter sozialer System hin zu einem Geflecht vielfach aufeinander bezogener, organisationsförmiger Teilsysteme mit stark spezialisierter Funktion ausdifferenziert. Diese Systeme erfüllen ihre Teilaufgaben nach jeweils eigenen Logiken und sind nicht mehr deckungsgleich mit interaktionsbasierten Gemeinschaften. Das soziale Erleben und Handeln spielt sich damit gleichzeitig auf verschiedenen, aufeinander bezogenen, aber jeweils nach eigenen Gesetzen funktionierenden sozialen Teilbereichen und Ebenen ab. Dabei interpretiert jedes Teilsystem die Grenzen der Gesellschaft auf andere Weise: »Die politisch sinnvollen (konsensbildenden) Grenzen sind nicht mehr zugleich Grenzen sinnvoller wissenschaftlicher Diskussion, religiöser Kommunikation, Grenzen der Familienbildung oder Grenzen der wirtschaftlich einzukalkulierenden Möglichkeiten.«[36] Zugleich bleiben diese Ebenen nicht konstant, sondern verändern sich in Richtung auf eine »zunehmende Verselbständigung und Unabhängigkeit der Ebenen voneinander.«[37]

4. Religion, Interaktion und Organisation

Vor dem Hintergrund dieser Theorie hat sich Niklas Luhmann seit den 1970er Jahren immer wieder mit religiösen und kirchlichen Phänomenen auseinandergesetzt, vor allem mit den Schwierigkeiten, in die Religion in der Moderne durch den gesellschaftlichen Strukturwandel hin zu einer funktionalen, stark von organisationsförmigen Kommunikationsprozessen bestimmten Ausdifferenzierung gerät.[38]

Für den Zusammenhang der Frage nach möglichen Lösungsansätzen zur Bewältigung kirchlicher Rückbauprozesse in Auseinandersetzung mit betriebswirtschaftlichen Handlungsempfehlungen ist vor allem der Kirchenbegriff von Bedeutung, der sich aus Luhmanns Überlegungen ergibt. Systemtheoretisch betrachtet lässt sich die evangelische Kirche als Zusammenhang von drei nicht aufeinander zurückführbaren, aber aufeinander bezogenen Kommunikationssystemen beschreiben: Religion, als zusammenfassender Begriff für alle Prozesse religiöser Kommunikation entlang der Unterscheidung von Transzendenz und Immanenz, Interaktion als Ausdruck für verschiedenste Formen informeller Kommunikation von Mensch zu Mensch und Organisation als Bezeichnung für die Summe aller formalisierter Kommunikationsprozesse, die der Entscheidung über Inhalte, Strukturen, Abläufe und personale Zugehörigkeiten dienen.[39] Daraus ergeben sich drei Mitgliedschaftsbegriffe, nämlich die religiöse Mitgliedschaft durch Taufe und Glaube, die interaktionale Mitgliedschaft durch Teilnahme am kirchlichen Leben und die organisatorische Mitgliedschaft als Kirchenmitglied oder als haupt-, neben- und ehrenamtlicher Mitarbeitender.

Religiöse, interaktionale und organisatorische Kommunikationsprozesse wirken im Raum der Kirche zusammen, sind aber nicht deckungsgleich. Religiöse Kommunikation geschieht auch außerhalb der Organisation Kirche, z. B. in anderen Konfessionen oder Religionen, in der Präambel des Grundgesetzes, in Literatur, Kunst und Theater, in der Popmusik, in privaten Hauskreisen, im Religionsunterricht oder beim Tischgebet.

Umgekehrt sprechen Menschen bei ihrer Begegnung im Raum der Kirche nicht nur über religiöse Themen. So unterhalten sich etwa Gottesdienstbesucher in der Kirche auch über vieles andere, besonders ausgeprägt sichtbar im Verhalten der Konfirmandinnen und Konfirmanden. Sie kommen nicht nur aufgrund religiöser Bedürfnisse, sondern weil sie Menschen begegnen, die sie mögen, weil ihnen die Musik gefällt, weil der Tod ihrer Mutter abgekündigt wird, weil sie konfirmiert werden wollen, weil sie sich einsam fühlen, weil sie eine Verpflichtung gegenüber dem Pastor verspüren oder weil sie im Chor mitsingen.

Organisatorische Kommunikationsprozesse in der Kirche beziehen sich sogar selten direkt auf religiöse Themen, wie Menschen immer wieder überrascht feststellen, die in Kirchenvorständen und Synoden mitarbeiten und mit Tagesordnungen konfrontiert werden, in denen es mit Ausnahme eines geistlichen Impulses zu Beginn so gut wie ausschließlich um Finanz-, Personal-, Bau- und Organisationsfragen geht.

Die drei Dimensionen kirchlicher Mitgliedschaft überschneiden sich nur teilweise: Nicht alle getauften Menschen nehmen am kirchlichen Leben teil oder sind Mitglied der evangelischen Kirche. Nicht alle Teilnehmenden sind getauft oder Kirchenmitglieder. Nicht alle Mitglieder nehmen am kirchlichen Leben teil. Dieser systemtheoretisch fundierte dreistellige Kirchen- und Mitgliedschaftsbegriff bietet eine Fülle von Möglichkeiten für die Analyse der Situation, in der sich kirchliche Körperschaften derzeit befinden, und für die Entwicklung darauf aufbauender Handlungsempfehlungen, wie die folgenden Beispiele exemplarisch zeigen.

II. Praktisch-theologische Perspektiven

Luhmanns Theorie sozialer Systeme ist in den letzten Jahrzehnten auf vielfältige Weise in der Theologie rezipiert worden.[40] Allerdings sind erst in jüngerer Zeit Veröffentlichungen erschienen, die auf dieser Grundlage kirchliche Rückbauprozesse reflektieren.[41] Im Folgenden sollen entsprechende Überlegungen von Anna Stöber und Isolde Karle vorgestellt werden. An ihnen lässt sich exemplarisch zeigen, wo die Unterschiede einer systemtheoretisch orientierten Sichtweise gegenüber einer wirtschaftstheoretischen Reflexionsperspektive liegen.

1. Synergetisch sensibles gemeindeleitendes Handeln

Anna Stöber[42] arbeitet am Beispiel ihrer eigenen Kirchengemeinde in Berlin Prenzlauer Berg heraus, wo der Reflexionsgewinn einer am Denken Luhmanns orientierten systemtheoretischen Analyse des kirchlichen Lebens gegenüber den betriebswirtschaftlichen Handlungsempfehlungen des evangelischen Münchenprogramms (eMp) liegt.[43]

Sie konzediert zunächst, dass sich das vom eMp entwickelte Konzept zur Analyse der Stärken und Schwächen im Blick auf Planung und Kontrolle, Organisation und Personalführung gut auf eine Kirchengemeinde übertragen lässt und zu konkreten Anregungen für die Gestaltung der Gemeindearbeit führt.[44]

- Entwicklung aller Angebote nach strategischen Gesichtspunkten und laufende Überprüfung ihrer Wirksamkeit mit klarer Strukturierung des Informationsflusses, um über die Kerngemeinde hinaus neue Zielgruppen erreichen zu können,
- Steigerung der Angebotsqualität durch Verbesserung der kirchlichen Personalführung mit Maßnahmen wie Qualitätskontrollen, Mitarbeitergesprächen und Fortbildungen,
- Abschaffung der doppelte Bearbeitung von Verwaltungsvorgängen in Kirchengemeinden und Verwaltungsämtern,
- Erfassung der Kosten für einzelne Arbeitsfelder durch eine Umstellung der Haushaltsführung auf das kaufmännische Rechnungswesen.

Stutzig macht allerdings, so Stöber, dass sich zentrale Empfehlungen des eMp im Dekanat München nicht umsetzen ließen. Weder kam es zu einer dekanatsweiten Angebotssteuerung noch zur Einrichtung der dazu notwendigen Stabsstellen oder zum Aufbau der Mitgliederforschung. Zudem entwickelten sich erhebliche Widerstände gegen das Programm.[45] Die Vertreter von McKinsey machten angesichts dieser Entwicklung Erfolgsfaktoren aus, die jedoch Verhältnisse wie in Unternehmen voraussetzen und von daher unrealistisch sind. Zugleich wird zu Enthusiasmus und Vertrauen aufgefordert. Die Vorschläge eMp konnten also offenbar nur wenig überzeugen.[46] Das deutet Anna Stöber zufolge darauf hin, dass das ökonomische Denken nicht in der Lage ist, die kirchliche Wirklichkeit angemessen zu erfassen.

Alternativ analysiert Stöber die Situation mithilfe von Luhmanns Theorie sozialer Systeme. Dabei fragt sie danach, wie sich Kirchengemeinden mithilfe von Religion, Interaktion und Organisation und deren Funktionen gegenüber ihren jeweiligen Umwelten stabilisieren. Sie kommt zu dem Ergebnis, dass es das synergetische Zusammenwirken religiöser, interaktionaler und organisatorischer Kommunikationssysteme ist, das ihr Gedeihen fördert. Religion, formale Organisation und Gemeinschaft koppeln Mitgliedschaft in je unterschiedlicher und voneinander unabhängiger Weise an bestimmte Verhaltenserwartungen. Religiöse Kommunikation bietet ein »Reflexionsangebot«[47] und stiftet Gemeinschaft. Organisation gewährleistet »wiedererkennbare Strukturen in sozialer, sachlicher, zeitlicher und symbolischer Hinsicht«[48] und sichert berufliche Rollen. Gemeinschaft stabilisiert Gemeinde »durch das Vertrauen, das in persönlichen Beziehungen entsteht«.[49]

Keiner der drei Systeme ist allein in der Lage, die Kirchengemeinde zu stabilisieren. Gemeinsam aber wirken sie als »Stabilisierungszusammenhang«[50] zusammen, in idealer Weise dort, wo ein Getaufter sich zugleich als Mitglied der kirchlichen Gemeinschaft fühlt und aktiv mitarbeitet. Das Zusammenwirken von Religion, Interaktion und Organisation erlaubt Kirchengemeinden ein hohes Maß an Flexibilität bei der Ausgestaltung ihrer Arbeit. »Gemeinschaft wie Interpretation der Glaubensinhalte kann sich so den Veränderungen ihrer gesellschaftlichen Umwelt flexibel anpassen.«[51]

Das Problem besteht nach Stöber nicht darin, dass Kirchengemeinden nicht professionell genug organisiert seien, wie die Vorschläge des eMp suggerieren. Sicher gebe es hier und da organisatorischen Optimierungsbedarf. Aber die eigentliche Schwierigkeit liege darin, dass die Synergie von Religion, Interaktion und Organisation zunehmend verloren geht.[52] Durch die funktionale Differenzierung und Organisationsförmigkeit der Gesellschaft geraten Kirchengemeinden vor Ort in eine schwierige Lage. Sie müssen Funktionen an außer- und übergemeindliche Organisationen abgeben. So werden sozialdiakonische Dienste von der Diakonie wahrgenommen, Bildungs- und Seelsorgedienste von übergemeindlichen Einrichtungen. »Gemeindeleben reduziert sich zunehmend auf die institutionalisierten religiösen Handlungen, also Gottesdienste und Kasualien.«[53] Das aber hat Folgen: »Auf diese Weise droht Kirchengemeinde ihre Existenzberechtigung zu verlieren. Wenn immer weniger Menschen einen Grund haben, zu einer Kirchengemeinde zu gehen, ist Kirchengemeinde für all diejenigen als soziales System nicht vorhanden, die nicht durch Zufall an sie geraten [...] Damit aber gerät nicht nur Kirchengemeinde, sondern auch Kirche in finanzielle Schwierigkeiten: Denn warum sollte man Kirchensteuer zahlen, wenn man für die einzelnen Leistungen (Diakonie, Erziehung etc.) doch wieder einzeln zahlen soll? Um eine Gemeinschaft zu erhalten, deren Rituale man nicht nachvollziehen kann und deren Sprache einem fremd ist?«[54]

Für die Kirchengemeinde in Berlin Prenzlauer Berg ergeben sich aus dieser systemtheoretisch orientierten Situationsanalyse völlig andere Handlungsempfehlungen als die des eMp. Sie muss nach Stöber darauf achten, »das Gleichgewicht zwischen Religion, formaler Organisation und Gemeinschaft immer wieder neu zu schaffen.«[55] Da sich dieses Gleichgewicht zu Ungunsten von Religion und Gemeinschaft verschoben hat, gilt es, gerade diese beiden Dimensionen der kirchlichen Existenz aufzuwerten. Der Kirchengemeinde ist zu empfehlen, einerseits »religiöse Komponenten«[56] wie Bibelarbeiten oder christliche Rituale zu betonen, andererseits »so stark und in jeder Hinsicht auf Interaktion zu setzen, wie sie nur kann: Kiezfeste, Teilnahme an Vereinen, Mitsprechen bei kommunalen Entscheidungen und Präsenz bei allem, was irgendwie diejenigen betrifft, die auf dem Gemeindegebiet landen.«[57] Zudem sollte sie so weit wie möglich sozialdiakonische Aktivitäten und Bildungsveranstaltungen selbst anbieten.

Die Kirche als formale Organisation dagegen muss konsequent als Dienstleister für die religiösen und interaktionsorientierten Aktivitäten der Kirchengemeinde ausgerichtet sein. Hier besteht Stöber zufolge Optimierungsbedarf, etwa im Blick auf die Zügigkeit der Erledigung von Verwaltungsaufgaben und der Bearbeitung von Anträgen oder im Meldewesen.

Es sollten aber alle Dienstleistungen abgebaut werden, die die Kirche ohne den Weg über die Gemeinde anbietet. »Natürlich impliziert das Evangelium den Auftrag, Bildung, Kranken- und Altenpflege zu gewährleisten. Es impliziert aber nicht, gleichzeitig einerseits Pflege als konkurrenzfähige Dienstleistung und andererseits attraktive Freizeitgestaltung zu gewährleisten. Wenn man ernst nimmt, dass Christentum neben Religion und formaler Organisation auch Gemeinschaft heißt, müssen all diejenigen Leistungen, die unabhängig von Taufe und Gemeinschaft gewährleistet werden, abgebaut werden.«[58] Anders als das eMp empfiehlt, kann es also nicht einfach um die Konzentration von Kirchengemeinden auf ihre Kernkompetenz gehen, sondern im Gegenteil um die Bündelung möglichst vieler Funktionen vor Ort, um auf diese Weise die Beteiligung am kirchlichen Leben in einer Weise zu stärken, die Anknüpfungspunkte für religiöse Themen bietet.

Von dort aus kommt Stöber zu einer kritischen Einschätzung der Handlungsempfehlungen des eMp. Gemeinschaft bzw. Interaktion sei mit betriebswirtschaftlichen Ansätzen nicht zu vereinbaren. »Da sich Gemeinschaft durch Vertrauen, Wertschätzung um individueller Eigenschaften willen, persönlichen Beziehungen etc. stabilisiert, laufen Vorschläge wie Trennung von Aufgabenbereichen, Ausweitung von zentralen Stabsstellen, Standardisierung von Verfahren zur Angebotserstellung etc. auf die Auflösung der Grundlagen dieses Stabilisierungsmechanismus hinaus.«[59]

Eine aus rein finanziellen Gesichtspunkten initiierte Zusammenlegung von Kirchengemeinden zerstört deshalb die gemeinschaftliche Dimension, wenn nicht wirtschaftliche Fragen Teil der gemeinschaftlichen Kommunikation werden und Vertrauensbeziehungen Vorrang vor Effizienz genießen.[60] Eine betriebswirtschaftliche Professionalisierung ist nach Stöbers Auffassung auch insofern von wenig Nutzen, als der damit verbundene Ausbau von Stabsstellen die Fixkosten erhöht. Eine glaubens- und gemeinschaftsorientierte Organisation kann dagegen aufgrund der vielfältigen Formen ehrenamtlicher Arbeit Leistungen kostengünstig erbringen.

Die von Anna Stöber entwickelten Handlungsempfehlungen überraschen, weil sie sich sehr von dem unterscheiden, was sonst an Reformvorschlägen binnenkirchlich kursiert. In der Regel wird entweder die Stärkung der religiösen Dimension kirchlicher Kommunikation oder die Professionalisierung ihrer Organisation angemahnt. Die Achtsamkeit für die von emotionalen Dynamiken geprägte Beziehungsebene menschlicher Kommunikation im Rahmen persönlicher Begegnungen gehört zwar zu den in der Ausbildung vermittelten Grundkompetenzen kirchlicher Berufsgruppen und umfasst auch die bewusste Pflege der Geselligkeit, wird aber nicht als bedeutsame Komponente für die organisatorische Stabilität des evangelischen Kirche wahrgenommen, sondern im Gegenteil eher als »Vereinskirche« oder »Milieuverengung« abgewertet. Demgegenüber ermöglicht eine systemtheoretische Sicht auf das kirchliche Leben, den spezifischen Beitrag jeder der drei Kommunikationsprozesse für die Vitalität und Stabilität des kirchlichen Lebens und ihre Bezüge zueinander wahrzunehmen. Dadurch lassen sich falsche Prioritätensetzungen verhindern, einseitige Betrachtungsweisen erweitern und blinde Flecke verkleinern.

2. Interaktion und Organisation im Dienst des Evangeliums

In mehreren Aufsätzen, einem Buch und einem von ihr herausgegebenen Sammelband hat sich Isolde Karle in den letzten Jahren unter Aufnahme Luhmanns Theorie sozialer Systeme intensiv mit den betriebswirtschaftlich orientierten Reformvorschlägen des Impulspapiers »Kirche der Freiheit« auseinandergesetzt.[61] Den Vorteil einer systemtheoretischen Betrachtungsweise gegenüber älteren religionssoziologischen Ansätzen, wie sie etwa Karl-Wilhelm Dahm, Trutz Rendtorff, Joachim Matthes, Ernst Lange oder Volker Drehsen rezipiert haben, sieht Karle darin, dass sie erlaubt, die Kirche selbstreferenziell zu beschreiben, also nicht von einem externen Standpunkt aus, sondern so, wie sie sich selbst beobachtet.[62] Dadurch wird es möglich, zwischen Innen- und Außenperspektive, zwischen der *Funktion* religiöser Kommunikation und ihren *Leistungen* für die Gesellschaft, dem Auftrag der Kirche und den Wirkungen ihrer Arbeit zu unterscheiden. Ihre Funktion besteht im Vollzug der Verkündigung des Evangeliums selbst, der »Deutung des Lebens im Licht des Evangeliums«[63]. Deshalb gilt: »Vollzug und Funktion von Religion fallen zusammen.«[64] Zugleich erbringt die Kirche dadurch, dass sie diese Funktion wahrnimmt, eine Reihe von Leistungen. »So können die ethische Wertevermittlung und die helfende Begleitung durchaus wichtige *Leistungen* kirchlichen Handelns sein, sie beschreiben aber nicht die *Funktion* und damit die Operationsform religiöser Kommunikation, sondern sind lediglich Implikate und *sekundäre Folgewirkungen* christlicher Verkündigung.«[65]

Im Zentrum von Isolde Karles Überlegungen steht die Einsicht in die Bedeutung von Interaktion als der mündlichen Kommunikation unter Anwesenden für die kirchliche Arbeit. Bereits in ihrer Habilitationsschrift heißt es dazu: »Die konkrete, sinnenfällige Kommunikation unter Anwesenden ist für die christliche Verkündigung, für den Glauben von Einzelnen und ihre Bindung an die Kirche und für die Kirche selbst von kaum zu überschätzender Bedeutung.«[66] Das ergibt sich aus der reformatorischen Bindung des Glaubens an das verkündigte Wort, das seine Wirksamkeit »primär und zuerst in der öffentlichen, interaktiven Gemeinschaft«[67] entfaltet. Auch aus soziologischer Sicht – so zeigt Karle mit Bezug auf Niklas Luhmann und der daran anschließenden Professionstheorie von Rudolf Stichweh[68] – erweist sich die zentrale Bedeutung von Interaktion für die Inklusion von Menschen in Gesundheitswesen, Justiz, Bildungssystem und Kirche über die Ausbildung von Professionen.[69] Eine Bearbeitung von Themen wie Krankheit, Schuld, Erziehung, Angst und Glauben ist anders als die Erfüllung politischer, wirtschaftlicher oder kultureller Funktionen ohne die persönliche Begegnung von Menschen mit Ärztinnen, Richtern, Lehrerinnen bzw. Pastoren nicht möglich.[70]

Interaktion bietet Karle zufolge gegenüber weniger persönlichen Formen der Inklusion – etwa durch Wahlen, den Kauf von Produkten oder den Besuch von Theatervorstellungen – besondere Chancen. Die Kommunikation unter Anwesenden ist »eindrücklicher, nachhaltiger und anschaulicher«[71] als jede Form massenmedialer Kommunikation. Sie erlaubt, die Glaubwürdigkeit der Inhalte zu überprüfen und schützt Vertrauen. Auf das Entstehen von Vertrauen und den Schutz vor Missbrauch von Vertrauen aber ist religiöse Kommunikation besonders angewiesen.[72] Ein weiterer Vorteil interaktionaler Sozialformen besteht darin, dass religiöse Inhalte im Kontext persönlicher Begegnungen »individuell, konkret und spezifisch«[73] auf die jeweilige Lebenssituation einzelner Menschen ausgerichtet werden können.

Dabei umfasst Interaktion nach Karle nicht nur die von der Kirche bewusst organisierten Formen menschlicher Begegnung, sondern alle Formen der Geselligkeit: »Aber zugleich lebt eine Kirchengemeinde von den vielen kleinen, auch zufälligen und keineswegs immer geplanten Interaktionen und informellen Kontakten, die eine eigene Dynamik und Logik entwickeln und nicht als Teil organisationsförmiger Kommunikation zu begreifen sind.«[74] In der für die Verkündigung des Evangeliums notwendigen Begegnung von Mensch zu Mensch und der damit verbundenen personalen und räumlichen Nähe sieht Karle die besondere Stärke der kirchengemeindlichen Arbeit und der pfarramtlichen Tätigkeit: »Dies ist einer der wesentlichen Gründe für die vielfach unterschätzte Stärke der Parochie, der Gemeinde vor Ort und der vielfach überschätzten Reichweite übergemeindlicher Aktivitäten und Veranstaltungen.«[75] Deshalb sei die segmentär strukturierte, ortsgebundene kirchliche Arbeit keinesfalls überholt und für den Kontext der modernen Gesellschaft ungeeignet, wie praktisch-theologische Konzepte in den 1960er und 1970er Jahre immer wieder behaupteten, sondern im Gegenteil unverzichtbar.[76]

Wort und Glaube, die für die Verkündigung notwendige persönliche Nähe, die Pflege von Gemeinschaft, die seelsorgliche Begleitung von Menschen und die Vertrauenswürdigkeit der pfarramtlichen Tätigkeit bilden für Isolde Karle den Gesamtzusammenhang dessen, worauf es bei der kirchlichen Arbeit ankommt. Aus dieser theologisch und systemtheoretisch begründeten Perspektive heraus hat sie in den letzten Jahren immer wieder in Auseinandersetzung mit dem Impulspapier der EKD »Kirche der Freiheit« die Übernahme betriebswirtschaftlicher Denk- und Sprachmuster kritisiert. Deren unreflektierter Einsatz führt aus ihrer Sicht zu einer einseitigen Konzentration auf die organisationalen Aspekte der Kirche, übersieht dabei die Autopoiesis religiöser und interaktionaler Prozesse und richtet dadurch mehr Schaden an als dass er nützt. Kurz gefasst laute ihr zentraler Einwand: »Religion kann es nicht genügen, gut organisiert zu sein.«[77]

Ebenso wie Anna Stöber sieht Isolde Karle auf dem Gebiet der Organisation manchen Verbesserungsbedarf, etwa im Bereich der Personalführung und Personalentwicklung.[78] Aber zum einen führt die mit der Aufnahme betriebswirtschaftlicher Denk- und Sprachmuster verbundene Interpretation der Kirche als Dienstleistungsorganisation dazu, dass die religiösen Inhalte der kirchlichen Arbeit aus dem Blick geraten. Das Wort Gottes steht, obwohl der Sache nach intendiert, »faktisch nicht im Zentrum der Reformbemühungen«[79]. Die vom Impulspapier formulierten gesamtkirchlichen Ziele orientieren sich primär an organisationsförmigen Wirkungen und bringen diese kausal mit bestimmten handwerklichen Qualitäten des kirchlichen Handelns in Verbindung, nicht mit bestimmten Inhalten, Traditionen oder Programmen.[80]

Das wiederum hängt Isolde Karle zufolge damit zusammen, dass sich religiöse Inhalte einer organisationsförmigen Kommunikation entziehen: »Denn den Glauben kann man nicht herstellen wie ein Auto – deshalb ist jede Parallelisierung der Kirche mit einem Wirtschaftsunternehmen problematisch. Den Glauben kann man nicht kaufen wie ein Produkt, die Sache ist [...] wesentlich komplexer und voraussetzungsvoller.«[81]

Mit der einseitigen Konzentration auf die organisatorische Dimension der Kirche gerät aus dem Blick, dass die Kirche im Kern nicht vor Managementproblemen steht, sondern in einer »geistlichen Orientierungskrise«[82] steckt. Auf die Aufklärung zurückgehende Säkularisierungsprozesse und der »Gewohnheitsatheismus« der Moderne beeinträchtigen die »Artikulationsfähigkeit des christlichen Glaubens«[83], erkennbar in der immer wieder zu beobachtenden »Banalisierung und Moralisierung der christlichen Botschaft« oder der Flucht in eine »kontextlos gültige dogmatische Sprache«.[84] Gegen eine »verflachende Rationalisierung« und den Trend, »sich rationalitätsfeindlich und argumentationsschwach in liturgischer Bilderlust zu verstecken und in Rituale und unreflektierte Mythen und Symbole zu fliehen«[85] müssen die Inhalte des christlichen Glaubens hermeneutisch anspruchsvoll »bewahrt, plausibilisiert und transformiert«[86] werden.

Neben dem mangelnden Bezug zur religiösen Dimension der Kirche und den auf dieser Ebene zu bearbeitenden theologischen Problemen geht durch die Übernahme betriebswirtschaftlicher Denkansätze der Blick für die interaktionale Dimension der Kirche verloren. Das Impulspapier übersieht nach Isolde Karles Auffassung, dass Gefühle der Zugehörigkeit zur Kirche nur in kleinen, interaktionsbasierten Systemen wachsen können, nicht über die formale Mitgliedschaft zu einer Organisation. »Ohne Beziehung verfällt der Glaube.«[87] Insofern seien Strategien wie die vom Impulspapier vorgeschlagene Regionalisierung und Zentralisierung von Aufgaben und Personal und der damit verbundene Rückzug aus der Fläche kontraproduktiv. Die Kirche kann nicht als hierarchisches Unternehmen mit einer Konzernspitze und vielen Filialen gedacht werden,[88] sondern nur als Netzwerk- und Flächenorganisation.[89] »Kirche realisiert sich primär und zuerst in und als Gemeinde und hat nur als Gemeindekirche eine Zukunft.«[90]

Als größtes Problem empfindet Karle die sich aus dem fehlenden Verständnis für den besonderen Charakter religiöser Kommunikation und die Bedeutung von Interaktion ergebende abwertende Haltung des Impulspapiers gegenüber der Ortsgemeinde und der Tätigkeit der Gemeindepfarrerinnen und -pfarrer. Ihrer Meinung nach ist zwar im großstädtischen Kontext – wie von der EKD vorgeschlagen – ein differenziertes kirchliches Angebot in Profilgemeinden, Citykirchen und netzwerkorientierten Veranstaltungen durchaus sinnvoll. Auch bilden Tourismus-, Akademie, Jugend-, Internetgemeinden und andere funktionale Dienste einen wichtigen Teil der kirchlichen Arbeit. Sie können aber die ortsgebundene Arbeit aufgrund der Bedeutung persönlicher Begegnungen nur ergänzen, nicht ersetzen.

Die fehlende Berücksichtigung interaktionaler Aspekte wirkt sich nach Karle darüber hinaus negativ auf die Vorschläge des Impulspapiers zum Thema Personalführung aus. Der dort in Anlehnung an das Dienstleistungsmarketing konstruierte Zusammenhang zwischen dem Mitgliederverhalten und der Qualität des pastoralen Handelns[91] führt zu einer von Misstrauen geprägte Haltung kirchenleitender Ebenen gegenüber den Pfarrerinnen und Pfarrern, einer »Hermeneutik des Verdachts«[92]. Statt ihr hohes Engagement zu würdigen, »werden Pfarrerinnen und Pfarrer zum kirchlichen Qualitäts- und Finanzproblem stilisiert und pastorale Arbeit als defizitär und unprofessionell diffamiert.«[93] Das wiederum produziert Abwehr, demotiviert und fördert Tendenzen der »Ent-Identifikation«[94]. Die Vorstellung von Pfarrerinnen und Pfarrern als Dienstleistern mit kundenförmig gedachten Beziehungen zu Gemeindegliedern untergräbt Karle zufolge die Professionalität der pfarramtlichen Tätigkeit und droht damit an einem für die Verkündigung des Evangeliums entscheidenden Punkt der Kirche zu schaden.[95] Demgegenüber mahnt sie einen Leitungsstil an, der die Professionalität von Pfarrerinnen und Pfarrern wertschätzt, Bevormundung vermeidet, vorhandene Handlungsfreiräume achtet und die Dynamik intrinsischer Motivation versteht.[96]

Teilweise wird Isolde Karles Position als Ablehnung der organisatorischen Dimension der Kirche zugunsten einer reinen Gemeindekirche missverstanden. So lehnt zwar Jan Hermelink ebenfalls eine wirtschaftstheoretische Beschreibung der evangelischen Kirche ab.[97] Zugleich kritisiert er jedoch, die Übertragung des Luhmannschen Organisationsbegriffs auf die Kirche führe zu einer einseitigen Priorisierung gemeinschaftlicher und ortsgebundener Arbeitsformen und werte das kirchenamtliche Organisationshandeln zu stark ab.[98] Dabei werde die Leistung organisationsförmiger Kommunikation, zwischen verschiedenen Ebenen und Teilbereichen des kirchlichen Lebens zu vermitteln, zu wenig beachtet und die Bedeutung übergemeindlicher Arbeitsformen übersehen.[99] Hermelink arbeitet deshalb im Anschluss an den Soziologen Armin Nassehi mit einem »systemisch-dialektischen« Organisationsbegriff. Er beschreibt ein Wechselspiel zwischen formalen und informellen Prozessen, das dazu dient, die religiöse Kommunikation zu stabilisieren und verschiedene Themen, Orte und Funktionen so aufeinander zu beziehen, dass die dafür jeweils nötigen Freiräume geschaffen werden und gewahrt bleiben.[100]

Dem würde Isolde Karle vermutlich nicht widersprechen, geht es doch auch ihr nicht um ein Entweder-Oder, sondern um das angemessene Verhältnis von Interaktion und Organisation vor dem Hintergrund der besonderen Qualität religiöser Kommunikation. »Für eine Reform und Belebung der Kirche kommt es darauf an, kirchliche Makrostrukturen mit religiös-sozialen Mikrostrukturen, die universelle Kirche mit lokaler Gemeinschaftlichkeit in ein konstruktives Verhältnis zu setzen.«[101] Es ist die einseitige Kolonisierung der religiösen und interaktionalen Dimension des kirchlichen Lebens durch organisationsförmige Kommunikationsprozesse, die sie kritisiert, nicht Organisation als solche. Wie Anna Stöber hält sie fest: »Nur wenn alle drei Mechanismen – Interaktion/Gemeinschaft, Organisation und Religion – zusammenwirken, kann Kirche gedeihen.«[102] Die sich aus der Mehrdimensionalität des kirchlichen Lebens ergebende Mehrdeutigkeit, Widersprüchlichkeit und Unordnung des kirchlichen Lebens sind – so konstatiert Karle im Anschluss an Maren Lehmann – Ausdruck der Stabilität und Leistungsfähigkeit der evangelischen Kirche. Zu viel Ordnung und Regelung dagegen gefährde die Funktionalität dieses Zusammenhangs.[103]

3. Schlussfolgerungen für die kirchliche Praxis

Wie die Überlegungen von Anna Stöber und Isolde Karle zeigen, nimmt eine systemtheoretisch orientierte Beobachtung des kirchlichen Lebens die gegenwärtige Situation der evangelischen Kirche deutlich differenzierter wahr als eine Betrachtungsweise in Orientierung an ökonomischen Denk- und Sprachmustern. Dabei wird zugleich sichtbar, wo die blinden Flecke einer einseitig auf die betriebswirtschaftliche Professionalisierung gerichteten Neuorientierung des kirchlichen Handelns liegen: Sie kann die Eigenlogik religiöser und interaktionsförmiger Kommunikation und deren Bedeutung für Gestalt und Grenzen organisationsförmiger Kommunikationsprozesse nicht erfassen.

Die Konzentration auf die organisationale Dimension der Kirche führt zu einer zu starken Reduktion der Komplexität der Wirklichkeit. Das bietet zwar den Vorteil einfach zu verstehender Analysen und klarer Handlungsempfehlungen: Die Kirche muss den Konkurrenzkampf um das Geld und die Zeit von Menschen annehmen, sich missionarisch ausrichten und auf dem Markt der Sinnangebote klar positionieren, die ästhetische Form kirchlicher Angebote zielgruppen-, milieu- und qualitätsbewusst planen, strategische Stoßkraft entwickeln und Mitarbeitende auf den eingeschlagenen Kurs verpflichten. Mit der Konzentration auf das Plan- und Machbare verbindet sich der Zuspruch, die Kirche könne ihre Finanz-, Beteiligungs-, Mitglieder- und Relevanzprobleme aus eigener Kraft lösen. Durch diese Beschränkung auf das organisatorische Machbare aber werden ungewollt Prozesse der Selbstsäkularisierung und der Schwächung informeller Kommunikationsprozesse gefördert, die der Vitalität und Stabilität des kirchlichen Lebens aufs Ganze gesehen schaden.

Eine systemtheoretische orientierte Beschreibung der evangelischen Kirche ist wesentlich unanschaulicher. Sie schließt nicht wie ökonomische Ansätze an das Alltagserleben an, sondern arbeitet mit der abstrakten Vorstellung wechselseitig aufeinander bezogener Kommunikationssysteme. Zudem ist ihre Botschaft nüchterner: Die Handlungsspielräume der Kirche sind begrenzt, es gibt keine einfachen Lösungen, jede organisierbare Lösung produziert mehr Probleme, als sie löst.

Zugleich lässt sich auf diese Weise aber die Komplexität des kirchlichen Lebens in seinem Miteinander religiöser, interaktionaler und organisatorischer Prozesse besser erfassen. Aus der allgemeinen Empfehlung, im Rahmen notwendiger Rückbau-, Reorganisations- und Neuorientierungsprozesse nicht isoliert auf eine organisatorische Professionalisierung zu setzen, sondern auf die angemessene Relation zwischen der Kommunikation des Evangeliums, der persönlichen Begegnung von Mensch zu Mensch und organisationsförmigen Prozessen zu achten, ergeben sich eine Reihe konkreter Handlungsempfehlungen.

So macht es aus systemtheoretischer Sicht mehr Sinn, angesichts knapper Mittel behutsam die Kooperation zwischen kirchlichen Körperschaften zu verstärken und damit die gewachsenen Netzwerke zu erhalten, als sich vorschnell zusammenzuschließen, so zwar mehr organisatorische Effizienz zu gewinnen, aber gleichzeitig Interaktionsflächen zu verlieren.

Es mag aus Kostengründen nötig sein, in einer Kleinstadt einige der in den sechziger und siebziger Jahren erbauten Kirchen und Gemeindehäuser zu verkaufen und sich auf ein oder zwei Predigtstätten zu konzentrieren.

Das darf aber nicht ersatzlos geschehen. Die Kirche muss auch weiterhin in den entsprechenden Stadtteilen Präsenz zeigen und dabei zugleich religiös kommunizieren, z. B. durch den Neubau eines Pastorats mit Gruppenraum in öffentlicher Lage im Verbund mit vermietbaren Geschäfts- und Wohnräumen, erkennbar durch die Gestaltung der Fassade mit einem Bibelvers oder religiöser Kunst.

Das Friedhofswesen einer Kirchengemeinde muss vielleicht aus Kostengründen in einen Verband überführt werden. Aber es bedarf gleichzeitig der Einrichtung von Ortsausschüssen mit klaren Mitbestimmungs- und Kontrollrechten, in denen Vertreter der Ortsgemeinde und der Kommune Mitverantwortung für den Friedhof vor Ort übernehmen.

Die organisatorische Ausgliederung der Altenpflege aus Kirchengemeinden lässt sich aufgrund der gesetzlichen Vorschriften nicht immer verhindern. Aber aus systemtheoretischer Sicht muss ein Teil der Zuschüsse, die Landeskirchen und Kirchenkreise der Diakonie gewähren, in Projekte zur Förderung gemeindenaher diakonischer Projekte fließen. So könnte etwa eine »diakonische Gemeindeberatung« gemeinsam mit Kirchenvorständen die sozialen Probleme vor Ort analysieren und mit ihnen an den Formen ihres lokalen diakonischen Engagements arbeiten.

Vorstellbar wäre auch die Entwicklung synergetisch achtsamer Gemeindeentwicklungsprojekte. Ihr Fokus bestünde nicht wie bei der Gemeindewachstumsbewegung in der marketingorientierten Verbesserung kirchlicher Angebote. Vielmehr ginge es darum, die religiöse, interaktionale und organisatorische Dimension des gemeindlichen Lebens einzeln und in ihrem Zusammenhang in den Blick zu nehmen und darauf aufbauend Handlungsschritte zu entwickeln.

III. Systemtheoretisch orientierte Managementansätze

Neben der praktisch-theologischen Rezeption der Systemtheorie sind für das gemeinde- und kirchenleitende Handeln im Rahmen kirchlicher Rückbauprozesse systemtheoretisch orientierte Ansätze von Bedeutung, die im Bereich der Profit- und der Nonprofit-Managementlehre entwickelt wurden. Eine Sichtweise entlang der Unterscheidung von System und Umwelt bietet für die Analyse betrieblicher Prozesse den Vorteil, sich gleichermaßen für die Analyse natürlicher wie sozialer Phänomene zu eignen. Damit kann sie als einheitlicher Referenzrahmen für ihr komplexes Ineinandergreifen im Rahmen von Marktprozessen dienen.[104] Die Managementlehre kann auf diese Weise anders als auf Grundlage des Ökonomischen Verhaltensmodells die Wechselwirkungen betrieblicher Prozesse mit natürlichen Phänomenen als ökologische und mit anderen sozialen Systemen als wirtschaftsethische und politische Fragestellungen erfassen.

Zugleich erschließt eine systemische Sicht ein neues Verständnis für die besondere gesellschaftliche Funktion gemeinnütziger Einrichtungen. Sie lassen sich als »intermediäre Organisationen« begreifen, die zwischen verschiedenen sozialen Systemen und Ebenen dort vermitteln, wo die einfache Logik eines Funktionssystems gesellschaftliche Probleme nicht lösen kann. Hieraus ergeben sich wiederum bedenkenswerte Perspektiven für das kirchliche Handeln.

1. Zielsteuerungsinstrumente

Nach Auffassung einer wirtschaftstheoretisch am Modell nutzenmaximierender Individuen orientierten Managementlehre ist die konsequente Ausrichtung aller betrieblicher Strukturen und Prozesse an Oberzielen und davon stringent und widerspruchsfrei abgeleiteten Unterzielen von grundlegender Bedeutung für den Unternehmenserfolg. Im Hintergrund steht die Vorstellung von Unternehmen als rationalen, nutzenmaximierenden Einzelakteuren. Daraus ergibt sich das Planungsideal einheitlicher Ziele, zentral gesteuerter Abläufe und hierarchisch kontrollierter Arbeitskräfte. Widersprüchliche Ziele, miteinander konkurrierende Meinungen oder unabhängig von Vorgaben denkende und handelnde Mitarbeitende sind nach Möglichkeit zu vermeiden.

Die Berücksichtigung systemtheoretischer Gesichtspunkte in der Managementlehre hat in den letzten Jahren weniger zur Entwicklung neuer Planungstechniken geführt, als zu einer veränderten Einschätzung der Bedeutung eines zielorientierten Vorgehens im Verhältnis zu anderen Managementmethoden wie Organisation, Personalführung oder Controlling.[105] Exemplarisch hierfür stehen die Überlegungen von Tobias Braun.[106] Er weist zunächst darauf hin, dass aus systemischer Sicht nicht die Gewinnmaximierung oder das Erreichen von Zielen, sondern der langfristige Bestandserhalt eines Unternehmens in einer komplexen Umwelt das zentrale Problem darstellt.[107] Ein Unternehmen kann fest auf das Erreichen bestimmter Ziele ausgerichtet sein und trotzdem oder gerade deswegen scheitern. Denn Zielsteuerungskonzepte zwängen Arbeitsprozesse in ein Korsett und berauben einen Betrieb der Möglichkeit zu flexiblem Handeln im Umgang mit einer dynamischen und mehrdeutigen Umwelt. Außerdem behindert die strikte Ausrichtung von Arbeitsprozessen an ihrem Beitrag zur Zielerreichung die horizontale Koordination zwischen Abteilungen und die Fähigkeit zur Innovation.[108]

Darüber hinaus setzt eine Orientierung am Schema von Zweck und Mittel einfache kausale Ursache-Wirkungs-Zusammenhänge voraus, die mehrschichtige und komplexe Rückkopplungsprozesse in ihrer Bedeutung für die Steuerung betrieblicher Prozesse in der Interaktion mit der Umwelt des Unternehmens nicht erfassen können. Auch erscheint die hinter den klassischen Planungsinstrumenten stehende Vorstellung hierarchischer Steuerbarkeit angesichts der Autopoiesis sozialer Systeme wenig realistisch. Braun spricht deshalb von Zielsteuerungsinstrumenten als einem »Halluzinogen zur Vorspiegelung einer Beherrschbarkeit des Steuerungsprozesses«[109].

Ein ungelöstes Problem aller Zielsteuerungsinstrumente stellt nach Braun die Frage der praktischen Umsetzung dar. Denn ob Ziele realisiert werden, hängt von der Bereitschaft der Mitarbeitenden ab, zu ihrer Erreichung beizutragen. Die hierfür vorgesehenen Kontrollen, Belohnungs- und Bestrafungssysteme reichen aber nicht aus, um die Motivation der Mitarbeitenden zu sichern, weil sie den komplexen sozio-kulturellen und emotionalen Faktoren der Entstehung und der Erhaltung von Motivation nicht gerecht werden.[110] Die weite Verbreitung von Methoden wie der Balanced Scorecard trotz dieses Mangels erklärt sich Tobias Braun aus dem Umstand, dass sie Leitungsebenen das Gefühl geben, das Unternehmen zu steuern, den Führungsaufwand auf jährliche Gespräche begrenzen und das Risiko der Zielerreichung auf die Ebene der Mitarbeitenden verlagern. Jeder Erfolg kann auf diese Weise der Leitung zugeschrieben werden, jeder Misserfolg unteren Hierarchieebenen.[111]

Zusammenfassend betrachtet ergibt Braun zufolge eine Orientierung an Zielen aus systemtheoretischer Sicht als ausschließlicher Steuerungsmethode von Unternehmensprozessen keinen Sinn. Es bedarf des Zusammenwirkens mit weiteren Instrumenten, um das langfristige Überleben eines Wirtschaftsbetriebs zu sichern. Statt einer hierarchischen, eng gekoppelten Ausrichtung der Prozesse auf Ziele bietet sich ein situativer Ansatz an.[112] Ziele müssen *brauchbare Orientierung* bieten, um im Zusammenhang mit der Analyse der Situation auf sich bietende Gelegenheiten und unter Berücksichtigung der vorhandenen Mittel auf pragmatischem Wege von Fall zu Fall zu Handlungsentscheidungen zu kommen, mit der Maßgabe, dass es dabei nicht um die Erreichung von Zielen, sondern um die Lösung von Problemen geht. Dabei kann es je nach Situation für ein Unternehmen durchaus sinnvoll sein, Ziele widersprüchlich und vage zu formulieren oder sich einfach durchzuwursteln.[113]

Tobias Brauns Kritik ist in mehrfacher Hinsicht erhellend für die Frage nach der Sinnhaftigkeit von Managementmethoden im Raum der verfassten Kirche. Sie zeigt, dass sich die Kirche von der Einführung zielorientierter Planungsinstrumente nicht zu viel erwarten darf. Selbst wenn die Analysen des Impulspapiers zuträfen, die anvisierten Ziele sinnvoll und realistisch wären, die ausgewählten Strategien geeignet, es gelänge, alle Mitarbeitenden darauf zu verpflichten und die Ziele sich in zwanzig Jahren tatsächlich erreichen ließen, bedeutet das nicht, dass damit der Bestandserhalt der evangelischen Kirche gesichert wäre. Ziele wirken wie Scheuklappen, die zwar für Konzentration sorgen, zugleich aber die Fähigkeit zur umfassenden Wahrnehmung der Situation einschränken. Das kann unter Umständen fatale Folgen haben, wenn sich herausstellt, dass dabei für den Bestand von kirchlichen Körperschaften oder Einrichtungen wichtige Faktoren übersehen werden.

Gerade angesichts der Pluralität volkskirchlicher Verhältnisse, komplexer Umweltbeziehungen und vielfältiger Erwartungen kann es angemessen sein, Ziele widersprüchlich und unscharf zu formulieren, um zwar brauchbare Orientierung zu bieten, zugleich aber Identifikationschancen für möglichst viele Menschen zu eröffnen. So mag ein Betriebswirt die im Kirchenkompass der Evangelischen Landeskirche in Baden formulierten Ziele[114] angesichts ihrer mangelnden Klarheit und Messbarkeit kritisieren. Ohne die Möglichkeit zu zentralen Vorgaben ist ein solches Vorgehen, das die Grundlage für eine Diskussion über mögliche Schwerpunkte vor Ort in den Leitungsgremien von Kirchengemeinden und übergemeindlichen Einrichtungen schafft, für den Kontext der verfassten Kirche aber durchaus sinnvoll. Folgt man der Analyse von Detlef Pollack und spricht im Blick auf die evangelische Kirche von einer unübersichtlichen Lage,[115] könnte es sogar angemessen sein, nach der Devise »Versuch und Irrtum« in kleinen Schritten vorzugehen und die Entwicklung laufend zu beobachten.

Aus der Frage nach den Problemen, die Körperschaften und Einrichtungen lösen müssen, um ihre Stabilität zu sichern, ergeben sich deutlich andere Perspektiven als aus einer reinen Orientierung an Zielen. Angesichts der starken Einbindung von Kirchengemeinden in das gesamtkirchliche Finanzsystem[116] bewirkt etwa der Aufbau konstruktiver Beziehungen zu synodalen Ausschüssen und zur Kirchenkreisverwaltung finanziell oft mehr als alle Fundraising-Aktivitäten. Der Ausbau und die Pflege von Kontaktflächen zu Kommune, Schule und Vereinen und die Arbeit an gemeinsamen Projekten können von höherer Bedeutung für die Mitgliederbindung sein als die zielgruppen- und milieusensible Gestaltung der Gemeindearbeit. Wenn eine übergemeindliche Bildungseinrichtung klare Ziele im Blick auf die Steigerung von Teilnahmezahlen formuliert und auch erreicht, kann ihr Bestand trotzdem bedroht sein, wenn die Synode die Kürzung von Zuschüssen beschließt. Hier spielt unter Umständen die Lobby-Arbeit bei leitenden Geistlichen und Synodalen eine wichtigere Rolle für den Bestandserhalt als die Erreichung von Zielen. Ob umgekehrt dem Bestandserhalt der Kirche damit gedient ist, wenn ein zielorientiertes Strategieprogramm wie das Impulspapier dazu führt, dass sich mit universitären Theologinnen und Theologen viele ihrer klügsten Köpfe davon distanzieren, darf bezweifelt werden.

Wichtig für den praktischen Einsatz von Managementinstrumenten im kirchlichen Kontext ist darüber hinaus die Erkenntnis, dass zielorientierte Steuerungsinstrumente aus systemtheoretischer Sicht nicht unbedingt nur dem Wohlergehen einer Organisation dienen, sondern immer auch den Bedürfnissen und Interessen von Führungsebenen, vor allem den Wunsch nach Zuschreibung von Bedeutung und Erfolg und dem nach Vermeidung von Misserfolg und Ansehensverlust.

Ob gewollt oder nicht wird diese psychische Dynamik bei der Übernahme zielorientierter Planungsinstrumente mit in die Kirche importiert, wie wiederum das Impulspapier exemplarisch zeigt. Die Formulierung von Zielvorgaben (»Wachsen gegen den Trend«) suggeriert kirchlichen Leitungsgremien, sie könnten kirchliche Arbeitsfelder steuern und damit entscheidend dazu beitragen, die gegenwärtigen Probleme zu lösen. Gleichzeitig werden die Verantwortung (»Qualitätsprobleme«, »Milieuverengung«) und das Risiko der Umsetzung (»Mentalitätswechsel«) nach unten verschoben.[117] Die Frage, welche Verantwortung kirchenleitende Ebenen für das Wohlergehen der Gesamtkirche tragen, etwa durch die Pflege kooperativer Beziehungen zu Parteien, Parlamenten, Regierungen und EU, und ob sie dieser Verantwortung gerecht werden, entfällt dagegen. Damit werden kirchliche Mitarbeitende in eine Situation manövriert, in der sie nur verlieren können. Ihnen wird die Verantwortung für Beteiligungs- und Mitgliedschaftsprobleme zugeschoben, durch Zielvorgaben die Spielräume für die eigenverantwortliche Gestaltung ihrer Arbeit beschnitten und zugleich das Umsetzungsrisiko aufgebürdet. Damit sind Motivationsverluste vorprogrammiert.

Wenn Braun davon spricht, dass sich ein Unternehmen nicht allein über die Orientierung an Zielen steuern lässt, lenkt das den Blick auf die Frage nach der Anschlussfähigkeit von Managementinstrumenten an bestehende Steuerungsmethoden. Wie gibt die evangelische Kirche ihren Handlungen traditionellerweise eine Richtung? Wie koordiniert sie die Handlungen einzelner Mitarbeitender miteinander? Wie fördert sie Motivation? Und wie passen Managementinstrumente da hinein?

Der Praktischen Theologie zufolge leitet sich die Kirche in erster Linie durch die Auslegung ihrer Lehre.[118] Es ist also der laufende Prozess der Interpretation biblischer und reformatorischer Texte und die damit intendierte Ausrichtung auf das Evangelium, sei es in der täglichen Bibellese, im Gebet, in der gemeinsamen Feier des Gottesdienstes, beim Singen im Kirchenchor, im Betrachten christlicher Kunst oder im Gespräch mit anderen, durch die Orientierung, Koordination und Motivation in der evangelischen Kirche gefördert werden. Insofern ist die Pflege des geistlichen Lebens in Körperschaften und Einrichtungen eines der wichtigsten Leitungsinstrumente der Kirche. Folgt man Isolde Karle, ist daneben mit der Ebene der Interaktion die sorgfältige Gestaltung der Beziehung zwischen den mit Leitungsverantwortung betrauten Personen und die Bearbeitung von organisationsethischen und organisationskulturellen Themen von hoher Bedeutung. Darüber hinaus geraten bei der Frage nach den traditionellen Steuerungsmethoden das Kirchenrecht, die synodal-presbyterialen Leitungsstrukturen, Verfassungen, Kirchengesetze, Rechtsverordnungen, Satzungen, Geschäftsordnungen und Verträge mit Ausführung und Kontrolle durch kirchliche Verwaltungsämter in den Blick.

Für die Gestaltung der Arbeit kirchlicher Leitungsgremien bedeutet das, nicht nur dafür zu sorgen, dass über alle anstehenden Fragen informiert, diskutiert und entschieden wird, sondern dass in gleicher Weise Raum bleibt für die zweckfreie persönliche Begegnung und das geistliche Erleben. Neben der Vermeidung von Sitzungen in ungebührlicher Länge mit endlosen Tagesordnungen gehört dazu die Kultivierung von kurzen Impulsen zu Beginn von Sitzungen als eigener Kunstform geistlicher Rede, die über das kurze Verlesen der Tageslosung hinausgeht, sowie die Pflege der Geselligkeit als konstitutivem Moment kirchlicher Gremienarbeit.

Die Erarbeitung von Situationsanalysen, die darauf aufbauende Formulierung von Zielen und daran orientierte Planungen haben in einem solchen Setting systemtheoretisch betrachtet durchaus ihren Platz. Sie dürfen nur nicht alle anderen Steuerungsmethoden okkupieren. Um der Tendenz zur Verschiebung von Verantwortlichkeiten zu begegnen, müssen Ziele außerdem gemeinsam von Leitungsgremien und betroffenen Mitarbeiterinnen und Mitarbeitern entwickelt werden.[119] Zugleich können kirchliche Körperschaften bei Zielformulierungen auf die durchgehende Orientierung an Kriterien wie Klarheit, Messbarkeit, Konsistenz und Widerspruchsfreiheit verzichten.

Zusammengefasst lässt sich aus einer systemtheoretisch reflektierten Perspektive auf managementorientierte Planungsinstrumente festhalten: Will die evangelische Kirche derartige Techniken einsetzen, muss sie um deren begrenzte Wirksamkeit, ihre blinden Flecke und die Dynamik, die sie auf der Beziehungsebene auslösen, wissen und dies entsprechend berücksichtigen.

2. Das St. Galler Management-Modell

Den bekanntesten systemtheoretisch fundierten Managementansatz stellt das sogenannte St. Galler Management-Modell dar. Es wurde erstmals 1972 von Hans Ulrich und Walter Krieg in Buchform publiziert und von Fredmund Malik, Knut Bleicher, Johannes-Rüegg-Stürm und vielen anderen weiterentwickelt.[120] Ihm liegt eine Betrachtungsweise zugrunde, die die Beziehungen eines Unternehmens zu seinem gesellschaftlichen Umfeld zum Ausgangspunkt der Überlegungen macht. Systemtheoretisch gesehen stehen Unternehmen im Brennpunkt von Wert- und Interessenkonflikten zwischen einer Vielzahl Beteiligter und Betroffener. Es genügt deshalb nicht, das Handeln eines Unternehmens rein ökonomisch mit der Effizienz des marktwirtschaftlichen Geschehens und der daraus abgeleiteten Legitimität des Erfolgs- und Gewinnstreben zu begründen und Managementprozesse von daher ausschließlich zweckrational zu entwerfen. Vielmehr müssen die Anliegen der vielfältigen Anspruchs- und Interessentengruppen innerhalb und außerhalb des Unternehmens wahrgenommen, reflektiert und aufgenommen werden.[121] Damit verabschiedet sich das St. Galler Managementmodell von einem der zentralen, seit Adam Smith das wirtschaftsliberale Denken beherrschenden ökonomischen Lehrsätze, dass nämlich das Gewinnstreben des Einzelnen wie von »unsichtbarer Hand« das Wohl aller steigere. Es orientiert sich stattdessen an wirtschaftsethischen Grundsätzen.

Die »Stakeholder-Analyse«[122] als Verfahren zur Erfassung der Erwartungen der Umwelt soll dabei nach Auffassung der St. Galler Schule wiederum nicht an zweckrationalen Kriterien ausgerichtet sein, wenn etwa die Interessenten- und Anspruchsgruppen entsprechend der Macht berücksichtigt werden, mit der sie das Unternehmen beeinflussen können. Er sollte vielmehr von der Frage geleitet werden, welche ethisch begründeten, legitimen Ansprüche bestehen, gleichgültig, in welchem Maße sie gegenüber dem Unternehmen durchgesetzt werden können oder nicht.[123]

Gegen eine reine Marktrationalität, die nur nach den für das Überleben eines Wirtschaftsbetriebs nützlichen Rücksichten fragt, binden Hans Ulrich und seine Nachfolger Managementprozesse an eine Ethik der unbedingten wechselseitigen Achtung und Anerkennung aller Menschen als Wesen gleicher Würde und mit gleichen, unantastbaren Grundrechten, aus denen sich Maßstäbe wie Gerechtigkeit, Solidarität, Rücksichtnahme auf die legitimen Ansprüche anderer, Mitgefühl und Respekt ergeben.[124] Diese Aspekte müssen Vorrang vor dem privaten Nutzen- oder Vorteilsstreben haben. Die Gewährleistung dieses moralischen Rahmens für das Marktgeschehen sei nicht nur Aufgabe der Ordnungspolitik, sondern müsse auch das Handeln von Managerinnen und Managern bestimmen.[125] Von daher üben die St. Galler massive Kritik am Shareholder-Value-Konzept, das die Ausrichtung eines Unternehmens allein auf die Maximierung seines Kapitalwertes konzentriert und damit die Interessen der Kapitalgeber über die legitimen Interessen aller anderen Gruppen stellt.[126] Nach ihrer Auffassung gehört zum Management eine normative Orientierungsebene, auf der wirtschafts- und unternehmensethische Themen bearbeitet werden.[127] Erst danach können Fragen des strategischen Managements und der operativen Unternehmensführung in Angriff genommen werden.

Der Bielefelder Systematiker Alfred Jäger entwickelte Ende der 1980er Jahre eine theologisch reflektierte Übertragung des St. Galler Managementmodells für die Diakonie. Nachdem die Diakonie durch den enormen Ausbau der wohlfahrtsstaatlichen Versorgung seit den 1960er Jahren eine Zeit enormer Expansion erlebt hatte, geriet sie durch sinkende staatliche Zuschüsse nach 1980 zunehmend unter ökonomischen Druck, also etwa fünfzehn Jahre früher als die verfasste Kirche. Für die Bewältigung der sich daraus ergebenden Leitungsherausforderungen in diakonischen Einrichtungen postuliert Jäger ein neues Verständnis diakonischer Einrichtungen als christlicher Unternehmen. Seine Grundthese lautete: »Ökonomische Rationalität und christlicher Glaube können sich gegenseitig bestärken.«[128] Im Laufe der Geschichte hat sich Jäger zufolge die ursprünglich in den Gründergestalten der Diakonie des 19. Jahrhunderts integrierten religiösen und unternehmerischen Haltungen in verschiedene berufliche Rollen aufgespalten. Diakonische Einrichtungen werden inzwischen von einem Team aus Theologen, Fachkräften (z. B. Medizinern oder Pädagogen) und Ökonomen geleitet, mit der Folge, dass unter den Bedingungen knapper werdender Ressourcen die ökonomische Rationalität die Einrichtungen im Grunde beherrscht, während die Theologie ihre steuernde Funktion verliert. Es bedarf nach Jäger angesichts der aktuellen Herausforderungen deshalb eines integrierten Ansatzes: eine ökonomisch sachgerechte Unternehmenspolitik, die zugleich theologisch verantwortet ist. Weder darf es ein Management frei von Wertfragen, noch einen privaten Glaube ohne ökonomische Kompetenz geben. Hier sieht Jäger den besonderen Wert des St. Galler Managementmodells, das strategische und operative Aspekte konsequent von normativen Überlegungen her entwirft. Er fordert eine vom gesamten Führungsteam entwickelte und mitgetragene Unternehmenspolitik für diakonische Einrichtungen. Dabei kann es nicht nur um Effizienz und Funktionstüchtigkeit der Führungsorgane gehen: »Was ökonomisch der Fall ist, wird wirtschaftsethisch durchleuchtet und theologisch legitimiert oder auch kritisch hinterfragt.«[129]

Die Theologie betrachtet Jäger als innere Achse, um die sich alles wie ein Karussell dreht. Diese theologische Achse konstituiert den Kurs des Schiffes, das Woher und das Wohin. Führungsaufgabe der Theologie in diakonischen Einrichtungen ist es, diese Achse konkret zu bestimmen und die Fliehkraft und Eigengesetzlichkeit der einzelnen Teilbereiche immer wieder auf diese Achse hin zu zentrieren und zu relativieren, in Form wirtschaftsethischer Kriterien, Testfragen und Richtpunkte, langfristiger Grundsätze der Unternehmenspolitik und mithilfe von mittelfristig einzuhaltenden unternehmenspolitischen Konzepten. Dieses Modell setzt allerdings ein verändertes Rollenverhalten von diakonischen Managern voraus. Theologinnen und Theologen sitzen als Mitverantwortliche, nicht als Spezialisten im Führungsteam. Sie brauchen ökonomisches Grundwissen so wie gleichzeitig die Ökonomen theologische Kenntnisse brauchen, damit beide in der Lage sind, sich miteinander in einen andauernden Lernprozess zu begehen.

Die Überlegungen von Alfred Jäger haben im Rahmen des sogenannten Bielefelder Diakonie-Management-Modells breite Wirkung im Bereich der Diakonie entfaltet,[130] sind aber in der verfassten Kirche kaum rezipiert worden. Dabei würde sich das St. Galler Managementmodell aufgrund seines systemtheoretischen Ansatzes und seiner wirtschaftsethischen Orientierung auch auf andere Bereiche der kirchlichen Arbeit gut übertragen lassen. Das lässt sich exemplarisch an den Bemühungen um die Einführung einer zielorientierten Planung für die Arbeit der nordelbischen Dienste und Werke zeigen.[131]

So umfassen die von der Nordelbischen Synode 2009 verabschiedeten »strategischen Gesamtziele« für die Arbeit der landeskirchlichen Dienste und Werke[132] in undifferenzierter Weise normative Aufgabenbeschreibungen (Bezeugung des christlichen Glaubens, Stärkung des ökumenischen Handelns, diakonische Kirche sein, aktives Agenda-Setting, Gendergerechtigkeit), Grundsätze der Arbeit (seelsorglich handeln, Bildungsangebote so gestalten, dass sie zur Wahrnehmung der evangelischen Freiheit befähigen, Beheimatung ermöglichen) und strategische Ziele im eigentlichen Sinne (Räume für Spiritualität öffnen, finanzielle Handlungsfähigkeit verbessern, Zielgruppenorientierung ausbauen, die Zusammenarbeit von haupt- und ehrenamtlichen verbessern, Mitarbeitende qualifizieren, Zusammenarbeit mit den Kirchenkreisen verstärken, Synergien entwickeln). Hier hilft das St. Galler Managementmodell, die verschiedenen Formulierungen den unterschiedlichen Steuerungsebenen und ihrer jeweiligen Funktion zuzuordnen. Normative Aussagen legitimieren die inhaltlichen Anliegen von Einrichtungen, die laufende Arbeit und das ihnen zugeordnete Budget. Grundsätze der Arbeit zielen auf die Gestaltung der Organisationskultur. Strategische Ziele formulieren Schwerpunkte und um der Bestandserhaltung willen zu bewältigende mittelfristige Veränderungen. Die operative

Planung wiederum bezieht sich sowohl auf die normativ begründete laufende Arbeit als auch auf strategische Entwicklungsschritte.

Darauf aufbauend lassen sich im Dialog zwischen kirchenleitenden Gremien und den Leitungskräften der Dienste und Werke Auftrags- und Zielbeschreibungen erarbeiten, die Auskunft über Auftrag, Grundsätze, Inhalte, Aufgaben, Ziele und Leistungen von Einrichtungen geben. Diese Vereinbarungen stellen eine Grundlage für die Planung von Arbeitsvorhaben und sich darauf beziehende jährliche Rechenschaftsberichte dar, bilden aber kein System stringent aufeinander bezogener, in Kennzahlen operationalisierter und kontrollierter Ziele. Abweichungen aufgrund aktueller Entwicklungen sind möglich.

3. Nonprofit-Management

Aufgrund knapper öffentlicher Mittel, sinkender Spendenbereitschaft und abnehmenden ehrenamtlichen Engagements sind auch gemeinnützig tätige Organisationen (nonprofit organizations bzw. NPOs) in den letzten Jahrzehnten zunehmend unter Druck geraten und reagieren darauf mit einer betriebswirtschaftlichen Professionalisierung von Strukturen und Abläufen. Ob Deutsches Rotes Kreuz, Arbeiterwohlfahrt, amnesty international, pro familia oder Greenpeace, Beratungsstellen, Theater, Museen oder Verbraucherschutzorganisationen, sie alle setzen in unterschiedlicher Gestalt an Marketing- und Managementansätze angelehnte Planungs-, Kontroll-, Organisations- und Personalführungsverfahren ein. Erste Ansätze für eine Anwendung von Managementkonzepten auf gemeinnützige Organisationen entstanden in den USA.[133] Die meisten Bücher und Zeitschriften zum Thema erscheinen nach wie vor dort.[134] Am längsten im deutschsprachigen Raum beschäftigen sich das Verbandsmanagement Institut (VMI) an der Universität Freiburg/Fribourg[135] und das NPO-Kompetenzzentrum der Wirtschaftsuniversität Wien mit diesem Thema. Verglichen damit stehen in Deutschland entsprechende Lehr- und Forschungsbemühungen – in Überschneidung mit Ansätzen für Public und Social Management – erst am Anfang.[136]

Der von Christoph Badelt, Michael Meyer, Ruth Simsa und anderen am NPO-Kompetenzzentrum der Wirtschaftsuniversität Wien seit Ende der 1980er Jahre entwickelte Nonprofit-Managementansatz beschränkt sich im Unterschied zu anderen Modellen nicht auf die Anpassung betriebswirtschaftlicher Methoden an die Besonderheiten gemeinnütziger Organisationen. Phänomene wie der immaterielle, nicht standardisierbare und teilweise kollektive Charakter von Leistungen, die Bedeutung von Vertrauen und der Mitwirkung der Leistungsempfänger für den Erfolg, das Fehlen direkter Gegenleistungen, die mitgliedschaftliche Organisationsform und damit einhergehende komplexe Leitungsstrukturen, die Bedeutung ehrenamtlichen Engagements und die hochidentifizierte, wertbasierte Motivation ihrer Mitarbeitenden werden als Zeichen dafür gewertet, dass gemeinnützige Organisationen sich grundlegend von Unternehmen unterscheiden. Ein ausschließlich an betriebswirtschaftlichen Vorstellungen von Zweckorientierung, Austauschprozessen, Effektivität und Effizienz orientierter Interpretationsrahmen und darauf aufbauende Handlungsempfehlungen ist deshalb für sie nicht geeignet. Die Wiener Wissenschaftlerinnen und Wissenschaftler verfolgen demgegenüber einen interdisziplinären Ansatz.

Systemtheoretisch betrachtet bewegen sich Nonprofit Organisationen im Spannungsfeld zwischen Staat, Wirtschaft und Gemeinschaft/sozialer Bewegung.[137] Je nachdem, welchem dieser Pole sie näher stehen, spricht man von staatsnahen, wirtschaftsnahen oder basisnahen NPOs. Während der Staat sein Handeln über Recht und Macht steuert, die Wirtschaft über Geld und Gemeinschaft/soziale Bewegungen über Solidarität, basieren NPOs auf der Steuerung durch *Wissen*. Wissen wird hier in einem sehr weiten Sinne als Träger von Information und Medium der Sinnstiftung durch Welt- und Lebensanschauungen, religiöse Haltungen oder Ideologien verstanden,[138] entspricht also der Bedeutung der religiösen Kommunikation für die evangelische Kirche. Gemeinnützige Organisationen kennzeichnet deshalb eine wertgeladene Organisationskultur. Motivation und Engagement hängen an tief verankerten religiösen, politischen oder sozialen Überzeugungen.[139]

Nonprofit Organisationen sind in besonders intensiver Weise Orte der Begegnung und Austragung von Widersprüchen.[140] Sie vermitteln zwischen mehreren gesellschaftlichen Teilsystemen, deren Erwartungen sie erfüllen müssen, ohne eine davon langfristig priorisieren zu können. Um anschlussfähig zu sein, bilden sie deren Logiken in sich ab und übersetzen so die Widersprüche in Strukturen, um sie auf diese Weise bearbeitbar zu machen.[141] Dadurch entsteht eine vielgestaltige, widersprüchliche und konflikträchtige Binnenstruktur, die Nonprofit Organisationen zwingt, immer wieder intern den Ausgleich zwischen unterschiedlichen Logiken und Interessen zu vollziehen.[142] Vielgestaltigkeit, Paradoxien, Ambivalenzen, Konflikte und die immer wieder beklagte Beschäftigung mit sich selbst sind so gesehen nicht Folge fehlender betriebswirtschaftlicher Effizienz, sondern Ausdruck von Funktionalität.[143] NPOs sind Experten für Mehrdeutigkeit und Widerspruchsbewältigung.[144]

So vermittelt eine ambulante Altenpflegeeinrichtung die Widersprüche zwischen den Interessen der Pflegebedürftigen, ihrer Angehörigen, der Pflegekassen, des Hausarztes, des Trägers und der Mitarbeitenden. Eine Suchtberatungsstelle vermittelt zwischen den Bedürfnissen der Klienten, denen der koabhängigen Familien, den Auflagen und Interessen staatlicher oder privater Geldgeber, denen von Krankenkassen, Therapieeinrichtungen, Arbeitgebern, Gerichten usw. Ein Krankenhaus bearbeitet täglich den Widerspruch zwischen den durch das wachsende medizinische Wissen produzierten Kosten und sinkenden öffentlichen Mitteln.[145] Teilweise arbeiten NPOs auch an unlösbaren Aufgaben, wie etwa der Resozialisation erwachsener Straftäter. Es gehört dann zu ihren Aufgaben, »erfolgreich zu scheitern«[146], also einem bestimmten Problem einen Ort zu geben, an dem es gehalten und bearbeitet wird, ohne es wirklich lösen zu können.

Makrosoziologisch betrachtet lassen sich NPOs als Ausdruck der Zivil- und Bürgergesellschaft deuten, die durch ihr ehrenamtliches Engagement eine kollektive Gegenmacht zum Staat darstellen und dort mit ihren sozialen Dienstleistungen und ihrer anwaltschaftlichen Tätigkeit tätig sind, wo die Politik auf die Grenzen ihrer Lösungskompetenz stößt.[147] »NPOs sind die Risikomanager der entwickelten Gesellschaften. In zweifacher Weise: Zum einen sorgen sie für jene Mitglieder der Gesellschaft, die die Produktivität einer dynamischen Wirtschaft irritieren: Alte, Arbeitslose, Menschen mit Behinderungen. Ohne NPOs keine reibungslose Wirtschaft. Zum anderen: Nonprofit Organisationen sind jene gesellschaftlichen Akteure, die das Selbstzerstörungspotential der globalisierten Welt bearbeiten.«[148]

Auch aus organisationssoziologischer Sicht treten die starken Widersprüche in den Blick, denen NPOs ausgesetzt sind.[149] Ihre Ziele sind mehrdimensional und ambivalent, weil sich die Komplexität ihrer Leistungsprozesse nicht durch die mathematisierende Abbildung von Geldströmen reduzieren lässt. Ihre inhaltlichen Tätigkeiten sind mit gesellschaftlichen

Zielen verknüpft, die sich nicht leicht operationalisieren lassen und zudem stark politischen Einflüssen unterliegen.

Ihre Kernkompetenz besteht in der »direkten und persönlichen Kommunikation«.[150] Mitarbeitende neigen deshalb dazu, die Organisation, in der sie arbeiten, als außerhalb ihrer selbst zu konstruieren, um die interaktionale Dimension ihrer Arbeit vor einer zu starken Verdinglichung von Beziehungen zu schützen.[151] Konflikte werden personalisiert, hierarchische Leitungsstrukturen und formale Regelungen durch informelle Prozesse, Egalisierungsneigungen oder dysfunktionale Bürokratisierungsmuster unterlaufen.[152]

Diese Einsichten in den besonderen Charakter von NPOs haben Folgen für Fragen der Planung, Organisation, Personalführung und Kontrolle. So lassen sich Ziele und Aufgaben nicht beliebig verändern, weil sie durch ihre grundlegende Mission als Existenzzweck festgelegt sind. Ein Unternehmen kann bei Absatzproblemen neue Produkte entwickeln, eine NPO dagegen kann ihre Mission nicht einfach aufgeben. Darüber hinaus müssen gemeinnützige Organisationen die komplexen Beziehungen zu ihren Anspruchsgruppen gestalten. Zentral ist daher für NPOs die Fähigkeit, zwischen verschiedenen Interessen Lösungen auszuhandeln. Zu den großen Herausforderungen der Führungskräfte in NPOs gehört es, Konflikte nicht zu ignorieren und zu tabuisieren, Zielentscheidungen nicht zu verhindern, zu unterlaufen, hinauszuschieben oder nur scheinbar zu treffen, sondern einen sinnvollen und tragfähigen Kompromiss zwischen internen und externen Anspruchsgruppen herbeizuführen. Das erfordert die Fähigkeit zur bereichsübergreifenden Kommunikation und Kooperation.

Die Zielsysteme von NPOs sind komplex. Sie wollen oft Wirkungen erreichen, die eher qualitativer als quantitativer Natur sind und sich deshalb nur schwer operationalisieren lassen. Zudem müssen sie unterschiedliche Wirkungen bei unterschiedlichen Anspruchsgruppen gleichzeitig erreichen. Es kann daher kein nach Inhalt, Ausmaß und Zeitbezug definiertes oberstes Ziel geben. »Da der Erfolg der Organisation somit von der Perspektive abhängt, ist er als Kriterium für die Messung von Effizienz nur bedingt tauglich.«[153] Die Formulierung qualitativer Ziele und die Überprüfung ihres Realisierungsgrades ist ein bisher nur ungenügend gelöstes Problem.[154] Aus dieser Perspektive betrachtet kann es für NPOs durchaus rational sein, Ziele unklar und widersprüchlich zu lassen. Der gekonnte Umgang mit Ambivalenzen gehört zur Kernkompetenz von NPOs.

Aus all dem ergeben sich eine Reihe von Konsequenzen für den Einsatz betriebswirtschaftlicher Methoden.

- Bei der Anwendung von der an messbaren Zielen orientierten Steuerungslogik der Managementlehre müssen die gewachsenen Steuerungslogiken in NPOs beachtet werden, die sich oft aus der dominierenden Professionslogik ergeben. Bei allen Schwächen sind diese Steuerungsmodi in ihrer Paradoxiefähigkeit meist anschlussfähiger und wirksamer als ein betriebswirtschaftliches Steuerungsverständnis.[155]
- Das Zusammenwirken unterschiedlicher Berufsgruppen und von Haupt-, Neben- und Ehrenamtlichen macht die Personalführung zu einem komplexen Problem, vor allem, wenn sich einzelne Berufsgruppen mehr an ihren Berufsleitbildern als an der Mission der Organisation orientieren.[156]
- Das Problem der NPOs besteht anders als bei Wirtschaftsunternehmen nicht darin, Kundennähe mühsam herstellen und pflegen zu müssen, sondern im Gegenteil vor dem Hintergrund einer großen Nähe zu ihren Kunden/Klienten/Anspruchsgruppen ein ausreichendes Maß an Distanz zu wahren.[157]
- NPOs werten sich oft selbst ab. »Als Experten für die Fehler und Reibungsverluste der Gesellschaft sind diese Organisationen auch hoch sensibilisiert, an sich selbst mehr die Schwächen als die Stärken, mehr die Fehler als die Erfolge zu beobachten.«[158] Eine der wichtigsten Leitungsaufgaben besteht deshalb in der wertschätzenden Wahrnehmung von Arbeitsfeldern und Mitarbeitenden sowie in der Unterbrechung von Prozessen gegenseitiger Abwertung.

NPOs sind in den vergangenen Jahrzehnten aufgrund knapper öffentlicher Kassen zunehmend unter finanziellen Druck geraten.[159] Sie reagieren darauf in zunehmendem Maße mit dem Import betriebswirtschaftlicher Konzepte und Methoden. Ein unreflektierter Einsatz führt jedoch zu Abstoßungsreaktionen, zum Aufbau einer Rationalitätsfassade oder zur Zerstörung ihrer Funktionalität. Die Grundfrage einer Nonprofit-Managementlehre lautet deshalb, wie betriebswirtschaftliche Methoden die Effizienz steigern können, ohne die besondere Form der Identität und Effektivität von NPOs zu gefährden. Managementinstrumente sind entsprechend zu adaptieren und unter Berücksichtigung vorhandener Steuerungslogiken behutsam einzusetzen.

Der Bereich der verfassten Kirche wird im Rahmen von Nonprofit-Managementansätzen kaum erwähnt.[160] Dennoch lassen sich die Kennzeichen gemeinnützig tätiger Organisationen zwanglos auf kirchliche Körperschaften anwenden. Die starke Auftragsbindung und die daraus resultierende mangelnde Flexibilität bei der Veränderung von Inhalten und Programmen betrifft auch die verfasste Kirche. Mit Kirchengemeinden, übergemeindlichen Einrichtungen und Verwaltungsämtern übersetzt die Kirche die sehr verschiedenen Erwartungen von Familien, Organisationen im Umfeld der Kirchen und staatlichen Stellen an ihren Auftrag in eine in sich widersprüchliche Binnenstruktur. Die daraus resultierenden Konkurrenzen und Dauerkonflikte sowie die Komplexität und Widersprüchlichkeit von Aufgaben und Zielen sind dabei ein nicht zu vermeidender Teil der kirchlichen Organisationskultur. Das Pfarramt dient aus dieser Sicht als Ort des Aushaltens von in sich widersprüchlichen religiösen, wissenschaftlichen, interaktionalen und organisatorischen Erwartungen. Dass man daran nur »erfolgreich scheitern« kann, gehört zu den täglichen Erfahrungen von Pfarrerinnen und Pfarrern. Auch die Abwertung aller organisatorischen Aufgaben, das informelle Unterlaufen formaler Anforderungen, die Bevorzugung persönlicher Interaktion über der Erledigung von Verwaltungsaufgaben lassen sich im kirchlichen Kontext laufend beobachten.

Das alles nicht als defizitär zu betrachten, sondern als Ausdruck der Funktionalität der evangelischen Kirche, eröffnet neue Perspektive auf das gemeinde- und kirchenleitende Handeln und die Bewältigung von Rückbauprozessen. Es kann von daher nicht einfach um die möglichst effiziente Gestaltung von Organisationsprozessen gehen, sondern darum, wie Maren Lehmann formuliert, dass die Kirche »zwischen ›wohldefinierten‹, ordentlichen und ›schlecht-definierten‹, unordentlichen Varianten ihrer selbst oszilliert«.[161]

4. Der biokybernetische Ansatz

Der Biochemiker und Kybernetiker Frederic Vester (1925–2003) entwickelte in den 1970er und 1980er Jahren in Aufnahme systemtheoretischer Grundkonzepte eine Reihe von Konzepten und Methoden zum Umgang mit komplexen sozialen Systemen. Nach Vester erreicht ein Vorgehen, das die Wirklichkeit als »Klassifizierungsuniversum«[162] in isolierte Bestandteile zerlegt und dann mit Einzelmaßnahmen zu optimieren versucht, oft das Gegenteil dessen, was beabsichtigt ist, weil es das Wechselspiel zwischen verschiedenen Teilen eines Systems, Regelkreise und deren stabilisierende Funktion sowie die sich daraus ergebenden nichtlinearen Prozessverläufe mit Rückkopplungseffekten, Schwellenwerten, Umkippeffekten und der Zeitverzögerung zwischen Intervention und Wirkung bei Planungen nicht berücksichtigt.

Vester macht im Anschluss an Dietrich Dörner[163] auf eine Reihe von typischen Fehlern im Umgang mit komplexen Problemstellungen aufmerksam.[164] Das beginnt bei der Festlegung der Ziele. Anstatt das ganze System in den Blick zu nehmen und seine langfristige und nachhaltige Stabilität zu fördern, wird in einer Art »Reparaturdienstverhalten« nur an der unsystematischen Beseitigung einzelner Missstände gearbeitet. Damit verbindet sich oft eine einseitige und irreversible Schwerpunktbildung, die zur Ausblendung von Schwierigkeiten in anderen Bereichen führt. Vester nennt als Beispiel aus dem Wirtschaftsleben die einseitige Orientierung betrieblicher Aktivitäten an kurzfristigen Wachstumszielen. Wachstumserfolge mögen das Prestige von Führungskräften steigern, sind aber kein geeignetes Kriterium für das langfristige Überleben eines Unternehmens. Es gibt wie bei jedem System eine optimale Größe, über die hinaus weiteres Wachstum die Stabilität eines Betriebs schwächt.[165]

Ein zweites Problem besteht nach Vester in der unvernetzten Situationsanalyse. Es werden zwar Informationen gesammelt, aber ohne die Zusammenhänge zwischen verschiedenen Einflussgrößen zu analysieren. Dadurch bleibt die Dynamik des jeweiligen Systems unbeachtet. Das wiederum führt dazu, dass man die Prozessverläufe nicht kennt, Fern- und Nebenwirkungen nicht mit einkalkuliert und aufgrund des verzögerten Eintretens von Wirkungen bei nichtlinearen Prozessverläufen das System übersteuert. Oft verbindet sich mit dem Unverständnis in den systemischen Charakter von Problemen ein autoritäres Führungsverhalten, das mit massiven Eingriffen gegen die Systemdynamik gegenanarbeitet, anstatt sich ihrer zu bedienen.[166]

Vester zufolge gibt es eine Reihe von der Funktionsweise der Natur entlehnten biokybernetischen Regeln für die Gestaltung von Planungsvorhaben, deren Befolgung die Stabilität sozialer Systeme fördert.[167]

- Ein beteiligungs- und feedbackorientiertes Vorgehen im Umgang mit den relevanten Umwelten führt eher zu nachhaltigen Ergebnissen als eine »abgehobene, konstruktivistische Planung«[168].

- Die Mehrfachnutzung von Produkten, Funktionen und Strukturen sowie der Aufbau kooperativer Beziehungen mit anderen Systemen (Symbiose) steigert die Effizienz von Abläufen.
- Die Berücksichtigung biologischer Rhythmen und psychologischer Bedürfnisse harmonisiert die Systemdynamik.
- Kreislaufprozesse müssen Vorrang genießen vor solchen mit einem Anfang und einem Ende.
- Vorhandene Kräfte, Strukturen und Materialen sollten genutzt, nicht bekämpft oder ersetzt werden.
- Die Förderung von Mechanismen der Selbstregulierung und die Stärkung von Kräften zur Selbststeuerung erhöhen die Stabilität eines Systems.
- Ein System muss funktions-, nicht produktorientiert arbeiten und von quantitativem Wachstum unabhängig sein. Stattdessen muss die Fähigkeit eines Systems zu qualitativen Verbesserungen gefördert werden.

Überträgt man diese Regeln auf die gegenwärtige Situation der evangelischen Kirche, ergeben sich eine Reihe von Anregungen für die Gestaltung des kirchlichen Lebens und die Bewältigung organisatorischer Veränderungsprozesse.

- Funktionen miteinander koppeln,[169]
- natürliche Rhythmen und Kreisläufe beachten,[170]
- Aufbau und Pflege kooperativer Beziehungen mit anderen kirchlichen und staatlichen Körperschaften, Bildungseinrichtungen, Vereinen und Verbänden,[171]
- Mehrfachnutzung von Gebäuden,[172]
- bei notwendigen Zusammenschlüssen die Frage nach der optimalen Größe von Kirchengemeinden, Kirchenkreisen, Landeskirchen, Einrichtungen und Verwaltungsämtern beachten,
- Selbstverwaltung vor Ort und lose Formen der Kopplung mit übergemeindlichen Ebenen stärken,
- Abschied von Strategien zur Steigerung von Beteiligungs- und Mitgliederzahlen,
- Innovationen im Blick auf eine theologisch angemessene und für Menschen bedeutsame Auslegung der biblischen Tradition,[173]
- vorhandene Ressourcen wertschätzend wahrnehmen und daran anknüpfen.

Die genannten Beispiele zeigen, dass Kirchengemeinden und übergemeindliche Einrichtungen oft intuitiv entsprechend den von Vester entwickelten Vorschlägen handeln. Hier können die biokybernetischen Regeln das Bewusstsein dafür stärken, warum derartige Aktivitäten sinnvoll sind und in welche Richtung sich die Arbeit weiterentwickeln lässt. Nur bei der Frage nach der optimalen Größe von Organisationseinheiten, der Stärkung von Selbststeuerungsmechanismen und der Abkehr von wachstumsorientierten Zielen besteht aus biokybernetischer Sicht Korrekturbedarf.

Statt die Aktivitäten einer Organisation entlang einzelner Ziele zu planen, kommt es nach Vesters Auffassung bei dem Anliegen, die Lebensfähigkeit eines Systems zu erhöhen, darüber hinausgehend darauf an, mithilfe einer begrenzten Zahl systemrelevanter Variablen und der zwischen ihnen bestehenden Wechselwirkungen die für ein System typischen Muster zu erfassen.[174] Dazu gehört, die aktive, reaktive, kritische oder puffernde Rolle einzelner Faktoren im Zusammenspiel des Ganzen zu erkennen, auf diese Weise einen Einblick in den besonderen Charakter eines sozialen Systems zu gewinnen und verschiedene Strategien in Anknüpfung an systemisch reflektierte Interventionen vorsichtig und schrittweise auszuprobieren, um so rechtzeitig auf zeitverzögerte und unerwartete Wirkungen reagieren zu können. Frederic Vester entwickelte dazu ein softwaregestütztes Planungsverfahren, das sogenannte »Sensitivitätsmodell«, das inzwischen immer öfter bei der Planung öffentlicher Infrastrukur- und Regionalentwicklungsvorhaben Verwendung findet. Meines Wissens wird dieses Modell bisher im kirchlichen Bereich noch nicht eingesetzt, dürfte sich aber aufgrund seines beteiligungsorientierten und mehrdimensionalen Vorgehens, das auch qualitative Faktoren berücksichtigt, gerade für Kirchengemeinden gut eignen.

IV. Zusammenfassung: Vielfältige Anregungen

Aus einer systemtheoretischen Perspektive heraus betrachtet zeigen sich deutlich die Defizite betriebswirtschaftlich orientierter Ansätze zur Bewältigung kirchlicher Rückbauprozesse. Der Anspruch zielorientierter Planungsmethoden, maßgeblich zum Bestandserhalt beitragen zu können, entpuppt sich bei genauerem Hinsehen schon im Blick auf Unternehmen als illusionär. Die dahinter stehende, sich dem Ökonomischen Verhaltensmodell verdankende Vorstellung von Wirtschaftsbetrieben als rationalen, nutzenmaximierenden Einzelakteuren wird ihrer Situation als Organisationen im Geflecht verschiedenster externer und interner Anspruchs- und Interessentengruppen unterschiedlicher gesellschaftlicher Bereiche und Ebenen nicht gerecht. Die unreflektierte Übertragung betriebswirtschaftlicher Instrumente auf die evangelische Kirche übersieht mit ihrer einseitigen Konzentration auf die Professionalisierung organisationsförmiger Kommunikationsprozesse die Zusammenhänge der organisatorischen mit der religiösen und der interaktionalen Dimension des kirchlichen Lebens und schadet so mehr als dass sie nützt.

Ein systemtheoretisch orientiertes Verständnis der evangelischen Kirche als »intermediäre Organisation«[175] oder »intermediäre Institution«[176] führt dagegen weiter. Ihre Aufgabe besteht in ähnlicher Weise wie die anderer gemeinnützig tätiger Einrichtungen in komplexen Vermittlungsleistungen zwischen verschiedenen gesellschaftlichen Funktionsbereichen und Ebenen. Die Kirche vermittelt in ihrer Arbeit die Botschaft des Evangeliums mit der Lebenswelt ihrer Mitglieder und dem Gefüge der sie umgebenden gesellschaftlichen Organisationen. Damit steht sie im Spannungsfeld von drei sehr verschiedenen Umwelten, die einer je eigenen Logik folgen.[177] Die dabei entstehenden Spannungen, Widersprüche und Paradoxien übersetzt sie in Strukturen, um sie intern bearbeiten zu können. Die Ebene, auf der sie diese Vermittlung leistet, ist primär die der persönlichen Begegnung und Kommunikation unter Anwesenden. Religiöse Kommunikation braucht »dichte, dialogische Sozialbeziehungen«[178]. Die Vitalität und Stabilität des kirchlichen Lebens hängt davon ab, wie gut es ihr gelingt, Religion, Interaktion und Organisation in ein fruchtbares Verhältnis zueinander zu bringen.

Sind kirchliche Körperschaften gezwungen, aufgrund zurückgehender Einnahmen Personalstellen zu streichen, Gebäude aufzugeben und Organisationsstrukturen, Abläufe, Aufgaben und Ziele entsprechend anzupassen, müssen sie darauf achten, den synergetisch wirksamen Gesamtzusammenhang des kirchlichen Lebens dabei nicht zu beschädigen, sondern im Gegenteil möglichst zu stärken. Dazu bieten systemtheoretisch und biokybernetisch orientierte Handlungsempfehlungen eine Fülle von Anregungen. Im Grundsatz geht es darum, die Spannung zwischen Religion, Interaktion und Organisation zu halten und die Beziehungen zwischen ihnen zu gestalten, ohne sie zugunsten der Eigenlogik des organisationsförmigen Handelns aufzulösen.

F. Fazit: Abschied von überzogenen Erwartungen

Angesichts der andauernden Finanz- und Wirtschaftskrise, der Entwicklung der Mitgliederzahlen und der Verschiebung der Altersstruktur ist nicht zu erwarten, dass die Finanzkraft der evangelischen Kirche auf dem jetzigen Niveau erhalten bleibt. Kirchengemeinden, Kirchenkreise, Landeskirchen und gesamtdeutsche Zusammenschlüsse werden deshalb vermutlich auch in Zukunft Rückbau-, Reorganisations- und Neuorientierungsprozesse bewältigen müssen. Betriebswirtschaftliche Konzepte und Methoden können nach allem, was diese Studie über ihre praktische Wirksamkeit, ihre Eignung zur Wahrnehmung religiöser Phänomene und ihre Auswirkungen auf Inhalt und Logik des kirchlichen Handelns erhoben hat, nur sehr begrenzt dazu beitragen.

Eine Haushaltsführung nach den Grundsätzen des betrieblichen Rechnungswesens mag Kostentransparenz und Kostenbewusstsein fördern. Die Spielräume für Effizienzgewinne sind aber aufgrund des Kostenanteils von ca. 80 % (!) für unbefristete Personalstellen und Gebäude gering. Durch die Zusammenlegung von übergemeindlichen Einrichtungen und Verwaltungsämtern lassen sich Kosten senken, allerdings nur im Volumen weniger Prozentpunkte des Gesamtkirchensteueraufkommens. Die regionale Zusammenfassung von Gemeindebüros, Kindertagesstätten, Altenpflegestationen oder Friedhöfen kann Pfarrerinnen und Pfarrer von Verwaltungsarbeiten entlasten. Das geschieht jedoch um den Preis des Verlustes von Kontaktmöglichkeiten, Identifikationschancen und Einflussmöglichkeiten und wirft damit neue Steuerungsprobleme auf.

Ein Abbau von Personalstellen im Bereich der pastoralen, kirchenmusikalischen und pädagogischen Arbeit ist indes auch bei einer intelligenten Anpassung von Arbeitsabläufen und Organisationsstrukturen nicht zu kompensieren. Er führt entweder zu einer steigenden Belastung der Mitarbeiterinnen und Mitarbeiter mit einer Zunahme von Krankenstand und Personalfluktuation oder zu einer Abnahme des Umfangs kirchlicher Leistungen. Die nicht mehr zur Verfügung stehende Arbeitskraft von Hauptamtlichen lässt sich realistischerweise zum weitaus größten Teil nur durch Aufgabenkritik und Prioritätensetzung und das verstärkte Engagement von Ehrenamtlichen auffangen.

Was den Einsatz von absatzpolitischen Instrumenten zur Steigerung von Beteiligungs- und Mitgliederzahlen betrifft, wird man von einer Marketing-Illusion sprechen müssen. Denn eine bestandssichernde oder gar missionarische Wirkung geht davon nicht aus. Best-Practice-Beispielen kommt dabei aufgrund der resultatsabhängigen Stichprobenauswahl keinerlei Aussagekraft zu. Man darf sich also vom Erfolg einzelner Citykirchen, evangelikaler Profilgemeinden oder »wachsender« Kirchengemeinden nicht blenden lassen. Sie alle kommen weit überwiegend nur mit dem guten Drittel derjenigen Mitglieder in Kontakt, die der Kirche überdurchschnittlich verbunden sind. Das Verhalten der Mehrheit derer, die sich ihr nur etwas, kaum oder gar nicht verbunden fühlen, können sie nicht beeinflussen. Es ist aber genau diese Gruppe, die man erreichen müsste, will man den Mitgliederbestand stabilisieren oder erweitern.

Auch die vom Dienstleistungsmarketing inspirierte Forderung einer höheren Qualität von Amtshandlungen trägt dafür nichts aus. Persönliche Erfahrungen mit kirchlichen Mitarbeiterinnen und Mitarbeitern spielen für die Entscheidung zum Kirchenaustritt und Wiedereintritt nur eine untergeordnete Rolle. Wie ein Blick auf die sich seit Jahrzehnten parallel zueinander bewegende Zahl der Austritte aus der evangelischen und der katholischen Kirche zeigt, hängen die institutionelle Stabilität und das ökonomische Wohlergehen der Kirchen überwiegend von der staatlichen Religions- und Steuerpolitik ab.

Dass lange Zeit weniger Menschen aus der katholischen als aus der evangelischen Kirche austraten, hat nichts mit Qualitätsunterschieden zu tun, sondern mit dem historisch gewachsenen Kirchen- und Mitgliedschaftsverständnis. Eine Kirche, die Mitgliedschaft über die Teilnahme an der Eucharistiefeier definiert, entfaltet eine intensivere Bindungskraft als eine Kirche, die den Glauben des Einzelnen betont. Eine Kirche, die sich eher von Staat und Gesellschaft abgrenzt, entwickelt eine stärkere innere Geschlossenheit als eine Kirche, die sich in großer Nähe dazu versteht. Selbst wenn die evangelische Kirche in dieser Hinsicht von ihrer katholischen Schwester lernen wollte, lässt sich das in der protestantischen Identität tief verankerte institutionskritische Kirchenverständnis nicht einfach von heute auf morgen verändern.

Zudem zeigt die hohe Zahl der Kirchenaustritte aus der katholischen Kirche 2010 im Gefolge der aufgedeckten Missbrauchsfälle, dass es die Glaubwürdigkeit des kirchlichen Handelns ist, die sich als begrenzt wirksame Restriktion auf das Mitgliederverhalten auswirkt, nicht die Vielfalt und Qualität von Angeboten. Christliche Überzeugungen, Praktiken und Zugehörigkeiten sind wie alle Lebens- und Weltanschauungen keine Frage der Auswahl oder des persönlichen Geschmacks, sondern Teil der kulturellen Prägung von Menschen und werden stark von familiären Erfahrungen in Kindheit und Jugend und den Plausibilitätsstrukturen des sozialen Umfelds beeinflusst.

Marketingtechniken leisten im Kontext der verfassten Kirche genau das, was sie für Unternehmen auch leisten: Sie verschaffen ihnen einen Vorteil gegenüber ihrer Konkurrenz. Diese Konkurrenz besteht aber nicht gegenüber »Sinnanbietern« oder Freizeitangeboten, sondern nur gegenüber Körperschaften und Einrichtungen der gleichen Konfession in der gleichen Region. Das mag Einzelnen nützen, löst indes die Gesamtprobleme nicht.

Zugleich zeigen sich beim Einsatz betriebswirtschaftlicher Methoden im Rahmen von Rückbau-, Reorganisations- und Neuorientierungsprozessen eine Reihe kontraproduktiver Nebenwirkungen. Eine zu ausgeprägte zielgruppen- und milieuorientierte Profilierung von Arbeitsfeldern erzeugt Abstoßungseffekte, sodass zwar neue Leute kommen, dafür jedoch genauso viele wegbleiben. Daneben ist zu beachten, dass die Zunahme der Vielfalt von Angeboten in einer Region entgegen der These marktorientierter Konzepte insgesamt die Indifferenz gegenüber der Kirche fördert. Konkurrenz belebt also entgegen den Thesen der Vertreter marktorientierter Theorien in religiöser Hinsicht nicht das Geschäft, sondern verdirbt es.

Managementvorstellungen wie die von der Notwendigkeit einer durchgehenden Zielorientierung mit klaren Zielen und Prioritäten, zentraler Zielvorgaben oder der Konzentration auf das Kerngeschäft sind für die evangelische Kirche ungeeignet. Sie bewegt sich – wie alle gemeinnützig tätigen Organisationen – in einem Geflecht unterschiedlichster interner und externer Interessen. Ihre Zielsysteme müssen deshalb umfangreicher, komplexer und unschärfer sein als die von Unternehmen.

Überhaupt geht es im Kern nicht um das Erreichen von Zielen, sondern um das Offenhalten und die Bearbeitung von nie abschließend zu bewältigenden Lebensthemen durch Prozesse der kommunikativen Vermittlung zwischen der biblischen Tradition und der Lebenswelt von Menschen im Rahmen zwischenmenschlicher Begegnungen. Es lassen sich zwar Struktur- und Prozessziele formulieren, die sich auf die Ermöglichung dieses Geschehens richten, aber bis auf wenige Ausnahmen keine Wirkungsziele. Die Forderung nach Profilierung und Konzentration auf das Kerngeschäft verdankt sich dem Marketingdenken. Der Sinn religiöser Kommunikation besteht jedoch als »Erfahrung mit der Erfahrung«[1] gerade nicht in der Abgrenzung von anderen Lebensbereichen, sondern in ihrer Durchdringung. Kirchliche Körperschaften müssen daher multifunktional agieren und religiöse Funktionen mit solchen politischer, sozialer und kultureller Art verknüpfen.

Bei der Abbildung der Leistungen von Kirchengemeinden und übergemeindlichen Einrichtungen in Haushaltsplänen und Jahresrechnungen anhand von Kostenträgern, Kennzahlen, Indikatoren und Zielwerten droht der Aufbau kostenintensiver Rationalitätsfassaden. Denn Wirkung und Qualität der meisten kirchlichen Aktivitäten entziehen sich der einfachen Messbarkeit. Parameter wie Veranstaltungs- und Beteiligungszahlen oder die Zufriedenheit von Teilnehmenden lassen sich zwar leicht erheben. Sie sagen indes nichts darüber aus, inwiefern Mitarbeiterinnen und Mitarbeiter ihrem Auftrag gerecht werden, ob ihre Arbeit fachlichen Standards genügt oder wie es um ihre Motivation bestellt ist. Damit besteht die Gefahr, dass relativ unwichtige, aber einfach zugängliche Maßstäbe in den Vordergrund treten und wichtige, aber nur schwer überprüfbare Faktoren aus dem Fokus der Aufmerksamkeit geraten.

Zugleich entfalten derartige Informationen kaum zusätzliche Steuerungsrelevanz. Bei der Planung und Auswertung einzelner Veranstaltungen, Projekte oder Kurse, berücksichtigen Kirchengemeinden und übergemeindliche Einrichtungen intern *neben vielen anderen Gesichtspunkten* längst entsprechende Messgrößen. Synoden und Kirchenvorstände orientieren sich anders als Unternehmen bei Entscheidungen über die Verteilung von Ressourcen nicht am sichtbaren Erfolg eines Arbeitsfeldes. Sie halten sich vielmehr an Kriterien wie die inhaltliche Bedeutsamkeit, die Verteilungsgerechtigkeit oder die kirchenpolitische Durchsetzbarkeit.

Bei Themen der Personalführung und der Gewinnung und Motivation von Ehrenamtlichen ist von der Anknüpfung an wirtschaftstheoretisch fundierte Ansätze abzuraten. Denn das haupt-, neben- und ehrenamtliche Engagement in der Kirche lebt von der Bereitschaft, jenseits des Eigeninteresses zum Gemeinwohl beizutragen und dafür mit anderen zu kooperieren. Das setzt ein hohes Maß an intrinsischer Motivation voraus. Das gezielte Setzen von Anreizen mithilfe von Belohnungs-, Sanktions- und Kontrollsystemen, wie manche Managementkonzepte vorschlagen, untergräbt aber gerade Kooperationsbereitschaft und Eigenmotivation.

Daneben gerät die evangelische Kirche beim Einsatz betriebswirtschaftlicher Methoden tendenziell in Konflikt mit den Grundsätzen des kirchlichen Handelns. Die Probleme entstehen dort, wo das »deduktiv-nomologische« Denken der neoklassischen Schule in Orientierung am Ökonomischen Verhaltensmodell Analysen und Handlungsempfehlungen bestimmt. Hier begegnet der Kirche entgegen der mathematischen Anmutung des wissenschaftlichen Vorgehens eine konsequentialistische Ethik. Sie geht davon aus, das eigennützige Streben des Individuums nach Maximierung des eigenen Nutzens sei naturgegeben, versucht die Gültigkeit dieser These nachzuweisen und die sich daraus ergebenden Handlungsfolgen ethisch zu begründen. Die unintendierten positiven Effekte des Marktgeschehens werden betont, die negativen Effekte als Externalitäten zum Problem anderer erklärt.

Was immer das für eine angemessene Beobachtung von ökonomischen Phänomenen bedeuten mag: Die evangelische Kirche kann ihre Arbeit schlechterdings nicht an einer utilitaristischen Ethik ausrichten. Eine ethische Position, die eigennütziges Handeln legitimiert und dabei die Wirkungen des Handelns von der dahinter stehenden Haltung abkoppelt, ist nicht mit dem christlichen Glauben vereinbar.[2] Sie lässt sich nur dann auf die Kirche übertragen, wenn man Präferenzen als invariabel religiös definiert und die Ursachen für kirchliche Beteiligungs- und Mitgliedschaftsprobleme in der Form, in der diese Bedürfnisse befriedigt werden, sucht. Aber weder ist die These invariabler religiöser Präferenzen empirisch haltbar, noch lassen sich Inhalte und Formen der kirchlichen Arbeit voneinander trennen. Die im Utilitarismus angelegte Konzentration auf die Handlungswirkungen führt in jedem Fall zu einer Ausrichtung kirchlicher Leistungen auf eine erhoffte Resonanz hin. Damit gerät die Frage nach den Inhalten automatisch in den Hintergrund. So ist es kein Wunder, wenn biblische und theologische Bezüge ihre steuernde Funktion verlieren oder primär auf Eigennutz hin ausgelegt werden.

Das alles heißt nicht, dass der Einsatz betrieblicher Verfahren im Kontext der verfassten Kirche völlig sinnlos wäre. Zum einen ergibt ihre Verwendung dort Sinn, wo Arbeitszweige mit dem Verkauf privater Güter Erlöse erwirtschaften, etwa im Bereich der Publizistik oder der Tagungsbetriebe. Zum anderen sind nicht alle Methoden wirtschaftstheoretisch ausgerichtet. So orientieren sich Instrumente zur Abbildung und Analyse von Finanzströmen an den praktischen Bedürfnissen von Betrieben. Daran kann die evangelische Kirche unmittelbar anknüpfen. Auch informationsökonomische Ansätze für das Marketing von Vertrauensgütern bieten wertvolle Anregungen. Das Gleiche gilt für systemtheoretisch fundierte Planungsinstrumente und Konzepte der Organisations- und Personalentwicklung, die der Tradition der Human-Relations-Bewegung entstammen. Man muss sich nur von der Vorstellung verabschieden, dadurch seien in nennenswertem Maße Kosteneinsparungen, Effizienzgewinne, bestandserhaltende oder missionarische Effekte zu erzielen.

Darüber hinaus lässt sich das betriebswirtschaftliche Denken zur Ausleuchtung blinder Flecke und als produktive Irritation zur Entwicklung eigener Lösungen nutzen. Auf die mit dem Rückgang der Kirchensteuermittel aufgeworfenen Probleme einer sparsamen Bewirtschaftung knapper Ressourcen und ihres sinnvollen Einsatzes müssen in jedem Falle angemessene Antworten gefunden werden. Die Diskussion der letzten Jahre hat ein deutliches Licht auf das traditionelle Defizit der evangelischen Kirche und der Praktischen Theologie im Umgang mit diesen Themen geworfen. Unpassende Analysen und Handlungsempfehlungen fanden anders als in der katholischen Kirche auch deshalb so viel Beachtung, weil die starke Trennung von Inhalten und Strukturen und das Reflexionsdefizit im Blick auf den Zusammenhang beider Aspekte ein Einfallstor für die unbedachte Übernahme gesellschaftlicher Trends darstellt.

Damit bleibt die Frage, was den mit Leitungsverantwortung betrauten Gremien und Personen in der Kirche helfen kann, Rückbauprozesse zu bewältigen. Meines Erachtens kommt es darauf an, sich im Blick auf die organisatorische Dimension des kirchlichen Handelns entschlossen den Zahlen zu stellen und sich im Blick auf seine inhaltliche Dimension genauso entschlossen von Zahlen zu verabschieden.

Blickt man auf die Höhe der Kirchensteuermittel und die Kostenstruktur der evangelischen Kirche, führt zunächst kein Weg an der Erkenntnis vorbei, dass sich die kirchliche Arbeit nicht im bisherigen Maß aufrechterhalten lässt. Weniger Geld heißt weniger bezahltes Personal und weniger Gebäude. Wie immer Körperschaften, Einrichtungen und Verwaltungsämter sich entscheiden, wie auch immer sie Abläufe und Strukturen den neuen Gegebenheiten anpassen, der Umfang von Gottesdienst-, Seelsorge-, Bildungs-, Kultur-, Sozial- und Verwaltungsleistungen wird sinken. Dadurch gehen bisher vorhandene Kontaktflächen, Identifikationschancen und Einflussmöglichkeiten verloren.

Wie Kirchengemeinden, Kirchenkreise, Landeskirchen und gesamtdeutsche Zusammenschlüsse dabei sinnvollerweise die Prioritäten setzen und den Umbau ihrer Strukturen gestalten können, dafür bieten systemtheoretische Ansätze eine Fülle von Anregungen. Sie haben gegenüber einem betriebswirtschaftlich orientierten Vorgehen den Vorteil, inhaltliche und organisatorische Aspekte in ihrer jeweiligen Unterschiedlichkeit zu würdigen, aber gleichwohl aufeinander zu beziehen. Zusätzlich erlauben sie, die interaktionale Dimension mit in den Blick zu nehmen. Zusammenfassend gesagt kommt es darauf an, im Rahmen von Veränderungsprozessen nicht einseitig die Organisationsseite der Kirche zu professionalisieren, sondern den synergetisch wirksamen Gesamtzusammenhang religiöser, interaktionaler und organisationsförmiger Kommunikationsprozesse zu stärken.

Dazu würde auch eine Überprüfung kirchlicher Organisationsstrukturen in Auseinandersetzung mit den Erkenntnissen der Gemeinwirtschaftslehre gehören. Denn die evangelische Kirche stellt öffentliche Güter bereit und bewirtschaftet ihre Ressourcen in Anlehnung an Prinzipien der genossenschaftlichen Selbstverwaltung. Dabei müsste es um die Frage gehen, inwieweit die bestehenden institutionellen Settings die intrinsische Motivation von Menschen und ihre Bereitschaft, zu öffentlichen Gütern beizutragen, fördern, und wie sie gegebenenfalls verbessert werden können.

Zugleich muss sich die evangelische Kirche davon lösen, ihre Arbeit durchgehend an zu erzielenden Wirkungen zu planen. Ihr Auftrag besteht in der Verkündigung des Evangeliums. Wie die dazu in Analogie verwendeten Begriffe der Bezeugung, der Darstellung, der Feier, der Kommunikation oder der Inszenierung deutlich machen, ist das seinem Charakter nach ein performativer Akt, eine Sprechhandlung, die ihren Zweck in sich selbst trägt.

Damit das Evangelium verkündigt, bezeugt, zur Darstellung gebracht, gefeiert, kommuniziert bzw. inszeniert werden kann, muss die evangelische Kirche vieles leisten. Es gilt, Mitarbeitende zu gewinnen, auszubilden, einzustellen, zu bezahlen und sinnvoll einzusetzen, Aufgaben zu verteilen und zu koordinieren, Bücher zu drucken, Gebäude zu unterhalten, Gelder bereitzustellen uvm. All diese Akte des intentionalen Handelns dienen jedoch nur der Realisierung und Optimierung des kommunikativen Handelns. In welchem Maß die Verkündigung des Evangeliums Glauben weckt und stärkt, entzieht sich menschlicher Planung. Wie es bei Luther heißt: »abscondita est Ecclesia, latent sancti«.[3] Die Wirkung der Verkündigung des Evangeliums kann auch darin bestehen, dass scheinbar nichts passiert, dass Menschen sich über sie ärgern, sich ihr verschließen, sich an ihr reiben, den Gottesdiensten fernbleiben oder in eine Krise gestürzt werden.

Diese Unterscheidung zwischen dem darstellenden und dem wirksamen, dem kommunikativen und dem disponierenden Handeln, Auftrag und Wirkung, Funktion und Leistung stößt bei Betriebswirtschaftlern auf Verständnisschwierigkeiten, weil sie mit ihrer Arbeit durchgängig klare Ziele verfolgen. Sie ist aber auch für andere Lebensbereiche von Bedeutung. So bemisst sich etwa der Wert einer Zeugenaussage ausschließlich an ihrer Verständlichkeit und Wahrheitstreue. Gerade so erfüllt sie ihre Funktion. Sie wird wertlos, wenn der Zeuge ihren Inhalt anpasst, um eine Verurteilung oder einen Freispruch zu bewirken. In ähnlicher Weise gilt die kirchliche Arbeit der Darstellung der Situation des Menschen vor Gott, unabhängig davon, welche Resonanz das auslöst. Sie büßt ihren Sinn ein, wenn sie sich primär an messbaren Wirkungszielen wie z. B. der Steigerung von Beteiligungs- und Mitgliederzahlen orientiert.

Dieses Verständnis des kirchlichen Auftrags steht allerdings nicht nur deutlich im Widerspruch zum Zeitgeist, der Handlungen nur anhand der Qualität der damit erzielten Wirkungen beurteilt, sondern auch zur Tradition protestantischer Reformbewegungen. Die nachreformatorischen Bemühungen um eine meditative Vertiefung der Predigt, den Pietismus, den Methodismus, die Erweckungsbewegungen des 19. Jahrhunderts, die innere Mission, die Gemeinde- und Gemeindeaufbaubewegung, die Kirchenreformbemühungen der 1960er und frühen 1970er Jahre oder die charismatischen Strömungen unserer Tage eint eine gemeinsame Dynamik. Ausgehend von Idealvorstellungen religiöser, moralischer, sozialethischer oder politischer Natur löst die daran gemessene Wirklichkeit Unzufriedenheit aus. Diese Unzufriedenheit wird zum Motor von Reformanstrengungen, die darauf zielen, durch bestimmte Sozialtechniken die Wirklichkeit dem Ideal näher zu bringen. An diese Tradition idealgesteuerten, defizitorientierten Wahrnehmens und Handelns können Marketing- und Managementmethoden unmittelbar anschließen. Aber nur wenn die evangelische Kirche sich vom ständigen Starren auf die vermeintlichen Erfolge und

Misserfolge ihrer Arbeit verabschiedet, kann sie aus dem Kreislauf von Aktivismus und Resignation ausbrechen und in eine Haltung hineinfinden, in der sie die anstehenden Herausforderungen mit gelassenem Engagement bewältigt.

Anmerkungen

Thema, Fragestellung und Vorgehen

1. Vgl. Jan Hermelink: Unternehmerische Konzept in evangelischen Kirchen. Praktische Verbreitung und theologische Aufgaben, in: PrTh 37 (2002): 249f; siehe auch die unterschiedlichen Einschätzungen in: Das Präsidium der Synode der Nordelbischen Ev.-Luth. Kirche (Hrsg.): Bericht über die Verhandlungen der 6. ordentlichen Synode der VI. Legislaturperiode der Nordelbischen Ev.-Luth. Kirche in Rendsburg, 4.–5. Februar 2005, Kiel 2005: 66–70; Das Präsidium der Synode der Nordelbischen Ev.-Luth. Kirche (Hrsg.): Bericht über die Verhandlungen der 3. ordentlichen Synode der VII. Legislaturperiode der Nordelbischen Ev.-Luth. Kirche in Rendsburg, 25.–27. Februar 2010, Kiel 2010: 56–60, 64–72; Kirchenleitung der Nordelbischen Ev.-Luth. Kirche (Hrsg.): Kirche in Veränderung. Der Nordelbische Reformprozess 2002 bis 2009. Dokumentation und Auswertung. URL http://www.reform-nordelbien.de/fix/files//%20Doku%20Internetversion.pdf. – veröffentlicht: 21.04.2009 – Kiel – Zugriffsdatum: 15.03.2010: 29–31.
2. Siehe unten Seite 46f.
3. Siehe unten Seite 45.
4. Vgl. Christoph Bergner: 25 Jahre Reform in der EKHN. Eine kleine Bilanz, in: DtPfrBl 112 (9/2012): 510–513.
5. Vgl. Kirchenamt der EKD (Hrsg.): Kirche der Freiheit. Perspektiven für die evangelische Kirche im 21. Jahrhundert. Ein Impulspapier der EKD, Hannover 2006: 60.
6. »Es sind vornehmlich Kanonisten und Kirchenjuristen, die sich mit Strukturprinzipien befassen.« Wilhelm Damberg/Rosel Oehmen-Vieregge/Sebastian Tripp: Wie demokratisch kann Kirche sein? Strukturelle Transformationsprozesse in westdeutschen Landeskirchen und Diözesen von 1949 bis 1989, in: SZRKG 101 (2007): 470. Vgl. etwa Irmtraut Tempel: Bischofsamt und Kirchenleitung in den lutherischen, reformierten und unierten deutschen Landeskirchen, München 1966; Gustav-Adolf Vischer: Aufbau, Organisation und Dienstrecht der Evang.-Luth. Kirche in Bayern. Ein Grundriss, München 1967; Gerhard Rau/Hans-Richard Reuter/Klaus Schlaich (Hrsg.): Das Recht der Kirche. Band III: Zur Praxis des Kirchenrechts, Gütersloh 1994; Axel Freiherr von Campenhausen: Kirchenrecht und Kirchenpolitik. Stellungnahmen im kirchlichen Zeitgeschehen, Göttingen 1996.
7. Siehe unten Seite 157ff.
8. Ausnahmen für die Zeit bis 1990: Günther Bormann: Untersuchungen zur sozialen Organisation der evangelischen Kirche und des evangelischen Pfarramtes in Württemberg, Clausthal 1967; Günther Bormann/Sigrid Bormann-Heischkeil:

Theorie und Praxis kirchlicher Organisation. Ein Beitrag zum Problem der Rückständigkeit sozialer Gruppen, Opladen 1971; Karl-Fritz Daiber: Volkskirche im Wandel. Organisationsplanung der Kirche als Aufgabe der praktischen Theologie, Stuttgart 1973; Jürgen Lücht: Kirchenreform durch Öffnung zur Religion. Bilanz der bisherigen Kirchenreformbestrebungen und neue Perspektiven (unveröffentlichte Dissertation), Hamburg, 1976; Werner Läwen: Der Kirchenkreis als Handlungsebene. Praktisch-theologische Feldstudie zur Erprobung neuer Arbeits- und Organisationsformen im Kirchenkreis Celle (unveröffentlichte Dissertation), Göttingen 1982; Christine Lienemann-Perrin (Hrsg.): Taufe und Kirchenzugehörigkeit. Studien zur Bedeutung der Taufe für Verkündigung, Gestalt und Ordnung der Kirche, München 1983; Wolfgang Lienemann (Hrsg.): Die Finanzen der Kirche. Studien zu Struktur, Geschichte und Legitimation kirchlicher Ökonomie, München 1989. Zur aktuellen Entwicklung nach 1990: Steffen Schramm: Strukturreform der Kirchenleitung. Drei aktuelle Beispiele, in: PTh 86 (1996): 223–243; Helmut Geller/Eckard Pankoke/Karl Gabriel: Ökumene und Gemeinde. Untersuchungen zum Alltag von Kirchengemeinden, Opladen 2001; Projektgruppe »Lernende Organisation Kirche« (Hrsg.): Lernende Organisation Kirche. Erkundungen zu Kirchenkreis-Reformen, 2. Aufl. Leipzig 2006.

9. Siehe http://www.ev-theol.rub.de/lehrstuehle/karle/projekte.html (abgerufen am: 01.08.2012).
10. Siehe unten Seite 37 und 48.
11. Zum Thema ist bis 2006 eine Fülle von Literatur erschienen. Eine Übersicht bieten Corinna Dahlgrün: Vom Heiligen Geist zur Balanced Scorecard. Ekklesiologische Konzepte, in: VuF 47 (2002): 26–48 und Cla Reto Famos: Management-Konzepte in der Kirche, in: ThLZ 128 (2003): 992–1012. Weitere Literaturangaben in Kapitel B in den Abschnitten II/2, III/1b, III/3b und IV/2.
12. Vgl. Hans G. Nutzinger: Imperialistisches Sprachspiel. Möglichkeiten und Grenzen des »homo oeconomicus«-Modells, in: EK 29 (1996): 256–259; Elisabeth Gräb-Schmidt: Die Kirche ist kein Unternehmen! Die Rede vom »Unternehmen Kirche« in ekklesiologischer Sicht, in: Joachim Fetzer/Andreas Grabenstein/Eckart Müller (Hrsg.): Kirche in der Marktgesellschaft, Gütersloh 1999: 65–80; Günter A. Menne: Scheitern vorprogrammiert. Anmerkungen eines protestantischen Gebrauchsintellektuellen zum Abschlussbericht des »Evangelischen Münchenprogramms« (eMp). URL http://www.dekanat-hof.de/download/Menne.pdf. – veröffentlicht: 2004 – Hof – Zugriffsdatum: 30.06.2008; Okko Herlyn/Hans-Peter Lauer: Kirche in Zeiten des Marktes. Ein Störversuch, Neukirchen-Vluyn 2004; Carl Amery: Global Exit. Die Kirchen und der totale Markt, München 2004; Anna Stöber: Kirche – gut beraten? Betrachtung einer Kirchengemeinde aus betriebswirtschaftlicher und funktionalistisch-systemtheoretischer Perspektive, Heidelberg 2005.
13. Vgl. Wilfried Härle: Als ob alles Beten nichts nützt. Das EKD-Papier zur Reform des deutschen Protestantismus hat theologische Schwächen, in: zeitzeichen 7 (10/2006): 22–25; Manfred Josuttis: Volkskirche auf dem Markt, in: DtPfrBl 106

(12/2006): 619–622; Christian Möller: »Ich weiß, woran ich glaube!«. Halt und Perspektive in der Krise. Vortrag vor dem Deutschen Pfarrertag in Fulda am 26.9.2006, in: DtPfrBl 106 (11/2006): 569–574; Michael Welker: Freiheit oder Klassenkirche. Mut und Blindheit im Impulspapier des Rates der EKD, in: zeitzeichen 7 (12/2006): 8–11; Jan Hermelink: Die Freiheit des Glaubens und die kirchliche Organisation, in: PTh 96 (2007): 45–55; Isolde Karle: Das Ende der Gemütlichkeit? Eine Auseinandersetzung mit den Reformbestrebungen der EKD, in: EvTh 67 (2007): 332–349; Günter Thomas: 10 Klippen auf dem Reformkurs der Evangelischen Kirche in Deutschland. Oder: Warum die Lösungen die Probleme vergrößern, in: EvTh 67 (2007): 361–387; Detlef Pollack: Worauf die Bindung an die Kirche beruht. Kirchensoziologische Analysen zum Verhältnis der evangelischen Kirchenmitglieder zu ihrer Kirche und den Grenzen kirchenreformerischen Handelns, in: Jan Hermelink/Gerhard Wegner (Hrsg.): Paradoxien kirchlicher Organisation. Niklas Luhmanns frühe Kirchensoziologie und die aktuelle Reform der evangelischen Kirche, Würzburg 2008: 71–99; Hartmann Tyrell: Religion und Organisation: Sechs kirchensoziologische Bemerkungen, in: Jan Hermelink/Gerhard Wegner (Hrsg.): Paradoxien kirchlicher Organisation: 179–204; Jens Schlamelcher: Unternehmen Kirche? Neoliberale Diskurse in den deutschen Großkirchen, in: Walter Ötsch/Claus Thomasberger (Hrsg.): Der neoliberale Markt-Diskurs: Ursprünge, Geschichte, Wirkung, Marburg 2009: 213–256.

14. Vgl. Jan Hermelink/Gerhard Wegner (Hrsg.): Paradoxien kirchlicher Organisation; Isolde Karle (Hrsg.): Kirchenreform. Interdisziplinäre Perspektiven, Berlin 2009; Isolde Karle: Kirche im Reformstress, Gütersloh 2010; Jan Hermelink: Kirchliche Organisation und das Jenseits des Glaubens. Eine praktisch-theologische Theorie der evangelischen Kirche, Gütersloh 2011.

15. Vgl. Christoph Meyns/Dette Alfert: Kirche in Entwicklung. Zum Stand der Konsolidierungsprozesse in den Hauptbereichen kirchlicher Arbeit und den neuen Kirchenkreisen. Eine Zwischenbilanz, hg. von der Kirchenleitung der Nordelbischen Ev.-Luth. Kirche. URL http://www.reform-nordelbien.de/fix/files//Evaluationsbericht.2.pdf. – veröffentlicht: 2012 – Kiel – Zugriffsdatum: 07.03.2012: 17–19.

16. Die in Wilfried Härle/Jörg Augenstein/Sibylle Rolf/Anja Siebert: Wachsen gegen den Trend. Analysen von Gemeinden, mit denen es aufwärtsgeht, Leipzig 2008 als »best practice«-Beispiele genannten 34 Kirchengemeinden wachsen offensichtlich nicht gegen den Trend, sondern nur wenig oder mit dem Trend. Vgl. die Kritik von Eberhard Hauschildt: Zur Analyse wachsender Gemeinden. Selbstverständlichkeiten, Mythen und Rätsel des Wachsens gegen den Trend (Buchbericht), in: PTh 97 (2008): 404–415. Aussagekräftig wäre nur ein Vergleich zwischen Kirchengemeinden, die wachsen mit solchen, die unter ähnlichen regionalen und sozialen Verhältnissen schrumpfen, um auf diese Weise die entscheidenden Faktoren herauszuarbeiten. Vgl. Phil Rosenzweig: Der Halo-Effekt. Wie Manager sich täuschen lassen, Offenbach 2008: 122–124. Ähnliche Erfahrungen lassen sich für die Gemeindewachstumsbewegung in den USA nachweisen, vgl. Bill Hull:

Hat die Gemeindewachstumsbewegung wirklich Früchte gebracht?, in: Gemeindegründung Nr. 92 (4/2007): 12–17.

A. Sinkende Einnahmen als Herausforderung für das kirchliche Leitungshandeln

1. Vgl. Klaus Bielitz/Hans-Georg Hafa: Gemeinsame Eckdaten der Finanzentwicklung der evangelischen Kirche, in: Uwe-Peter Heidingsfeld (Hrsg.): Entwicklungen im kirchlichen Finanzwesen, dargestellt an acht Landeskirchen, Gütersloh 2002: 301, Anm. 3.
2. Quelle: Statistisches Jahrbuch für die Bundesrepublik Deutschland 1993, 2006 und 2010. Die Preisbereinigung orientiert sich am Verbraucherpreisindex des Statistischen Bundesamtes.
3. So sank das Kirchensteueraufkommen der Ev.-Luth. Landeskirche Hannovers zwischen 1992 und 2005 preisbereinigt um 40,8 % und lag 2009 nach zwischenzeitlicher Erholung noch immer 33,2 % unter dem von 1992. Im Vergleich dazu nahm das Kirchensteueraufkommen der Evangelischen Landeskirche in Württemberg bis 2005 nur um 24,9 % ab und lag 2009 noch 20,3 % unter dem von 1992, das der Ev. Kirche in Hessen und Nassau lag bei 22,4 % bzw. 13 % und das der Ev.-Luth. Kirche in Bayern bei 14,8 % bzw. 5,2 %. Im Westen Deutschlands musste die Ev. Kirche im Rheinland 2005 einen Rückgang von real 34,9 % und 2009 einen von 28,6 % gegenüber 1992 verkraften, die Ev. Kirche von Westfalen einen von 37,7 % bzw. 39 %. Quelle: Eigene Berechnungen auf der Grundlage des Statistisches Jahrbuch für die Bundesrepublik Deutschland 1993, 2006 und 2010.
4. Hier wirken sich neben der geringen Anzahl an Kirchenmitgliedern zusätzlich die hohe Arbeitslosigkeit und die Abwanderung junger Leute in andere Bundesländer negativ aus. Die offiziellen Angaben des Statistischen Jahrbuchs für die Bundesrepublik Deutschland zum Kirchensteueraufkommen sind hier irreführend, weil sie den EKD-internen Finanzausgleich berücksichtigen und dadurch steigende Einnahmen suggerieren.
5. Vgl. Hafa/Bielitz, Gemeinsame Eckdaten: 303.
6. Zum Folgenden vgl.: Kirchenleitung der Nordelbischen Ev.-Luth. Kirche (Hrsg.), Kirche in Veränderung; Meyns/Alfert, Kirche in Entwicklung.
7. Vgl. http://nordelbien.de/nordelbien/kirche.abisz/kirche.abisz.statistik/kirche.abisz.statistik. kirchensteuer/index.html (abgerufen am 15.12.2010).
8. Vgl. Kirchenleitung der NEK, Kirche in Veränderung: 59. Zum Vergleich: In der Evangelischen Kirche Berlin-Brandenburg-schlesische Oberlausitz und in der Pommerschen Evangelischen Kirche sank die Zahl der Pfarrstellen zwischen 1997 und 2005 um 50 %. Vgl. Jan Hermelink/Sigurd Rink (Hrsg.): Professionalisierte Planung und geistliche Moderation. Landeskirchen im Umbruch, PrTh 44 (4/2009): 240, 250.

9. Vgl.: Das Präsidium der Synode der Nordelbischen Ev.-Luth. Kirche (Hrsg.): Verhandlungen der 5. ordentlichen Synode der V. Legislaturperiode der Nordelbischen Ev.-Luth. Kirche in Rendburg vom 4.2. bis 6.2.1999. Kiel 1999: 117.
10. Vgl. Kirchenleitung der NEK, Kirche in Veränderung: 41.
11. Die Beispiele wurden anonymisiert.
12. Vgl. a.a.O.: 34f.
13. Ähnlich die Gründung der Evangelischen Kirche Berlin-Brandenburg-Schlesische Oberlausitz 2004 und die Fusion der Kirchenprovinz Sachsen und der Thüringer Landeskirche zur Evangelischen Kirche in Mitteldeutschland 2008.
14. Beispiele für landeskirchliche Strategiepapiere: Evangelische Kirche in Hessen und Nassau (Hrsg.): Auftrag und Gestalt. Vom Sparzwang zur Besserung der Kirche; theologische Leitvorstellungen für Ressourcenkonzentration und Strukturveränderung; eine Studie des Leitenden Geistlichen Amtes der Evangelischen Kirche in Hessen und Nassau, Frankfurt am Main 1995; Wolfgang Bock/Hans-Richard Reuter/Hans Diefenbacher/Volkhard Krech: Reformspielräume in der Kirche. Ortsgemeinde und Regionalstrukturen am Beispiel der Evangelisch-Lutherischen Landeskirche in Braunschweig, Heidelberg 1997; Kirchenleitung der Evangelische Kirche von Westfalen (Hrsg.): Kirche mit Zukunft. URL http://www.reformprozess.de/fileadmin/sites/reformprozess/dokumente_reformprozess/kirche_mit_zukunft.pdf. – veröffentlicht: 01.05.2000 – Bielefeld – Zugriffsdatum: 15.03.2010; Kirchenleitung der nordelbischen Ev.-Luth. Kirche (Hrsg.): Leitsätze zum Kirchenbild. URL http://www.reform-nordelbien.de/fix/files/kd.1126000500/Leits%E4tze%20zum%20Kirchenbild.4.pdf. – veröffentlicht: 01.03.2004 – Kiel – Zugriffsdatum: 13.07.2010; Kirchenleitung der Evangelische Kirche Berlin-Brandenburg-schlesische Oberlausitz (Hrsg.): Salz der Erde. Das Perspektivprogramm der EKBO. URL http://www.ekbo.de/Dateien/EKBO_Perspektivprogramm.pdf. – veröffentlicht: 01.07.2007 – Berlin – Zugriffsdatum: 15.03.2010. Eine vergleichende Analyse bietet Jens Beckmann: Wohin steuert die Kirche? Die evangelischen Landeskirchen zwischen Ekklesiologie und Ökonomie, Stuttgart 2007.
15. Vgl. Kirchenamt der EKD (Hrsg.), Kirche der Freiheit.
16. Zwischen 1970 und 1989 wurden 4,82 Mio. Kinder getauft und 6,88 Mio. Mitglieder bestattet. 2,83 Mio. Menschen traten aus der Kirche aus, 578.000 wurden als Erwachsene durch Taufe, Übertritt oder Wiedereintritt aufgenommen. Zwischen 1991 und 2009 wurden 4,52 Mio. Kinder getauft und 6,56 Mio. Mitglieder bestattet. 3,08 Mio. Menschen traten aus der Kirche aus, 1,13 Mio. Menschen wurden als Erwachsene aufgenommen. Die im Vergleich zum ersten Zeitraum hohe Zahl der Aufnahme von Erwachsenen erklärt sich aus der Zunahme von Konfirmandentaufen. Die statistischen Zahlen erfassen nicht alle Mitgliedschaftsbewegungen. So fehlen etwa die nicht kirchlich Bestatteten und die durch Zuzug aus dem Ausland hinzugewonnenen Mitglieder. Quellen: Kirchenamt der EKD (Hrsg.): Kirchenmitgliederzahlen am 31.12.2009. URL http://www.ekd.de/download/Ber_Kirchenmitglieder_2009.pdf. – veröffentlicht: 2010 – Hannover – Zu-

griffsdatum: 01.02.2011; Forschungsgruppe Weltanschauungen in Deutschland (Hrsg.): Kirchenmitgliederentwicklung Evangelische Landeskirchen 1960–2008. URL http://fowid.de/fileadmin/datenarchiv/Mitgliederentwicklung_ev._Landeskirchen__1957-2003.pdf. – veröffentlicht: 24.11.2010 – Oberwesel – Zugriffsdatum: 02.12.2010.

17. Während der Anteil der Sterbefälle an der Gesamtzahl der Kirchenmitglieder in etwa dem der Gesamtbevölkerung entspricht, liegt der Anteil der Taufen deutlich unter dem der Geburten. 1970 bis 1989 standen in Westdeutschland 12,75 Mio. Geburten 14,32 Mio. Sterbefälle gegenüber, 1991 bis 2009 14,18 Mio. Geburten 16,26 Mio. Sterbefälle. Quelle: Statistisches Bundesamt. Das bedeutet im Saldo eine Bevölkerungsabnahme um jeweils 2,4 %, die nur durch Zuzüge aus dem Ausland ausgeglichen werden konnte. Demgegenüber sank die Zahl der Kirchenmitglieder im Saldo von Taufen und Bestattungen in den gleichen Zeiträumen um jeweils rund 7 %. Dieser Unterschied deutet darauf hin, dass weniger Menschen in der Familiengründungsphase zur evangelischen Kirche gehören als der Anteil, den diese Gruppe an der Gesamtbevölkerung ausmacht. Das dürfte seine Ursache in der hohen Zahl an Kirchenaustritten gerade dieser Altersgruppe haben (Vgl. Helmut Hild (Hrsg.): Wie stabil ist die Kirche? Bestand und Erneuerung. Ergebnisse einer Meinungsbefragung, Berlin 1974: 18). Das wirkt sich mit zeitlicher Verzögerung auf die Taufzahlen aus. Rechnet man den Anteil der Kirchenaustritte am Absinken der Mitgliederzahlen und den durch die sinkende Geburtenrate verursachten Rückgang heraus, bleibt ein Anteil übrig, der sich vermutlich aus dieser Spätfolge der Kirchenaustritte erklärt. Das Verhältnis der Kirchenaustritte zu diesem Anteil beträgt etwa 2:1,4. Das entspricht fast genau der Geburtenrate. Auf je zwei Kirchenaustritte kommen also ein bis zwei Kinder, die nicht getauft werden und von denen die Mehrzahl vermutlich keinen Bezug zu Glaube und Kirche entwickeln wird.

18. So ging in Mecklenburg-Vorpommern die Zahl der Mitglieder der evangelischen Kirche zwischen 1992 und 2009 von 424.000 auf 292.000 um über 30 % zurück, die der Nordelbischen Ev.-Luth. Kirche im gleichen Zeitraum von 2,5 auf 2,05 Mio. um 18 % und die der Ev.-Luth. Landeskirche Hannover von 3,35 auf 2,92 Mio. um 13 %. Demgegenüber sank die Mitgliederzahl der Evangelisch-Lutherischen Kirche in Bayern nur um 5 %, die der Evangelischen Landeskirche in Baden um 8 % und die der Evangelischen Landeskirche in Württemberg um 10 %. Quelle: EKD-Statistik.

19. Vgl. Matthias Judt (Hrsg.): DDR-Geschichte in Dokumenten. Beschlüsse, Berichte, interne Materialien und Alltagszeugnisse. 2. Aufl. Berlin 1998: 407. 2009 gehörten 60 % der Bevölkerung einer der beiden großen Kirchen an, davon 68,9 % in den westdeutschen Bundesländern, 24,2 % in den ostdeutschen Bundesländern. Davon waren 32 % im Westen und 19 % im Osten Deutschlands evangelisch. Quelle: EKD-Statistik.

20. Vgl. Forschungsgruppe Weltanschauungen in Deutschland (Hrsg.): Religionszugehörigkeit der Bevölkerung in Deutschland 1970 – 2010. URL http://fowid.de/

fileadmin/datenarchiv/Religionszugehoerigkeit_Bevoelkerung_1970_2010.pdf. – veröffentlicht: 23.09.2010 – Oberwesel – Zugriffsdatum: 15.12.2010.

21. Vgl: Forschungsgruppe Weltanschauungen in Deutschland (Hrsg.): Kirchensteuer als Annexsteuer zur Einkommensteuer Kirchensteueraufkommen/Einkommensteuer 1968–2004. URL http://fowid.de/fileadmin/datenarchiv/Kirchensteuer_als_Annexsteuer_zur_Einkommensteuer_01.pdf. – veröffentlicht: 09.11.2005 – Oberwesel – Zugriffsdatum: 15.03.2010: 1.
22. Vgl. Bielitz/Hafa, Gemeinsame Eckdaten der Finanzentwicklung der evangelischen Kirche: 304.
23. Vgl. Lucian Hölscher: Geschichte der protestantischen Frömmigkeit in Deutschland, München 2005: 103–109.
24. Vgl. die Statistiken in: Lucian Hölscher/Tillmann Bendikowski (Hrsg.): Datenatlas zur religiösen Geographie im protestantischen Deutschland. Von der Mitte des 19. Jahrhunderts bis zum Zweiten Weltkrieg, Band 1, Berlin 2001.
25. Quelle: EKD-Statistik.
26. Vgl. Wolfgang Huber/Johannes Friedrich/Peter Steinacker (Hrsg.): Kirche in der Vielfalt der Lebensbezüge. Die vierte EKD-Erhebung über Kirchenmitgliedschaft, Gütersloh 2006: 453.
27. Vgl. Hanns-Jügen Wiegand: Direktdemokratische Elemente in der deutschen Verfassungsgeschichte, Berlin 2006: 423.
28. »... die Großkirchen können sich der Unterstützung durch die einzelnen Gläubigen keineswegs selbstverständlich und in jeder Frage sicher sein«. Hermelink, Kirchliche Organisation und das Jenseits des Glaubens: 17.
29. Vgl. Bernhard Janta: Was verändert die Veränderung: Ein Navigationssystem für Transformationsprozesse, in: Mathias Lohmer (Hrsg.): Psychodynamische Organisationsberatung. Konflikte und Potentiale in Veränderungsprozessen, Stuttgart 2000: 198–215.
30. Vgl. Erich Latniak: Von der Schmerzhaftigkeit »organisationalen Lernens«, in: Institut Arbeit und Technik (Hrsg.): Jahrbuch 1996/1997, Gelsenkirchen 1997: 120–133
31. Vgl. Kirchenleitung der Nordelbischen Ev.-Luth. Kirche (Hrsg.), Kirche in Veränderung: 65.
32. Vgl. Wolfgang Huber: Kirche in der Zeitenwende. Gesellschaftlicher Wandel und Erneuerung der Kirche, Gütersloh 1998: 223–234.
33. Vgl. a.a.O.: 234.
34. Vgl. Kirchenleitung der Evangelische Kirche Berlin-Brandenburg-schlesische Oberlausitz (Hrsg.), Salz der Erde; Kirchenamt der EKD (Hrsg.), Kirche der Freiheit.
35. Martin Greschat: Kirchliche Zeitgeschichte. Versuch einer Orientierung, Leipzig 2005: 77.
36. Vgl. Niklas Luhmann: Die Organisierbarkeit von Religionen und Kirchen, in: Jakobus Wössner (Hrsg.): Religion im Umbruch. Soziologische Beiträge zur Situation von Religion und Kirche in der gegenwärtigen Gesellschaft, Stuttgart 1972: 245–285.

37. Vgl. Detlef Pollack: Was tun? Ein paar Vorschläge trotz unübersichtlicher Lage, in: Wolfgang Huber/Johannes Friedrich/Peter Steinacker (Hrsg.): Kirche in der Vielfalt der Lebensbezüge. Die vierte EKD-Erhebung über Kirchenmitgliedschaft, Gütersloh 2006: 130.
38. Ebd.
39. Eine Übersicht bietet Detlef Pollack: Rückkehr des Religiösen? Studien zum religiösen Wandel in Deutschland und Europa II, Tübingen 2009: 19–59.
40. Dieter Becker: Kirchenkrise – welche Krise? Zur Selbstkasteiung der Binnenkirchler. Eine provokante, aber empirisch gesicherte Ansicht., in: KVI – Das Magazin für Führungskräfte in Kirchen und kirchlichen Organisationen 5 (8/2011): 25–27.
41. Vgl. a.a.O.: 26. Ähnlich argumentieren Joachim Eicken/Ansgar Schmitz-Veltin: Die Entwicklung der Kirchenmitglieder in Deutschland. Statistische Anmerkungen zu Umfang und Ursachen des Mitgliederrückgangs in den beiden christlichen Volkskirchen, in: Statistisches Bundesamt (Hrsg.): Wirtschaft und Statistik, Wiesbaden 6/2010: 583. Diese Rechnung ist allerdings irreführend. Die Kindertaufen müssten zu den natürlichen Mitgliederbewegungen gezählt werden.
42. Ebd. Auch diese Zahl ist übertrieben. Etwa 43 % der Bevölkerung zahlt Einkommensteuer. 2007 trugen die einkommensstärksten 3 % zu 29,6 %, die obersten 10 % zu 51,9 %, 20 % zu 68,2 %, 30 % zu 79,5 %, die einkommensschwächsten 50 % dagegen nur zu 6,5 % des Aufkommens bei. Quelle: Bundeszentrale für politische Bildung, vgl. http://www.bpb.de/wissen/I1WQ8G (abgerufen am 22.06.2012).
43. Vgl. Becker, Welche Krise: 27.
44. Vgl. http://www.erzbistumberlin.de/erzbistum/haushalt/sanierungsplan (abgerufen am 19.06.2012).

B. Betriebswirtschaftliche Bewältigungsstrategien – ein exemplarischer Überblick

1. »Ziel unternehmerischer Tätigkeit im marktwirtschaftlichen System ist es, durch planvolles Handeln einen Zustand zu erreichen, der über die Erfüllung der Mindestbedingung hinausgeht, wonach langfristig Aufwendungen durch Erträge bzw. Auszahlungen durch Einzahlungen gedeckt sein müssen.« Günter Wöhe/Ulrich Döring: Einführung in die Allgemeine Betriebswirtschaftslehre, 23. Aufl. München 2008: 43.
2. Vgl. a.a.O.: 23f.
3. Vgl. a.a.O.: 21–23.
4. Vgl. Günther Schanz: Grundlagen der verhaltenstheoretischen Betriebswirtschaftslehre, Tübingen 1977.
5. Vgl. Hans Ulrich/Walter Krieg: Das Sankt Galler Management-Modell, Bern 1972; Knut Bleicher: Das Konzept integriertes Management. Visionen-Missionen-

Programme, 7. Aufl. Frankfurt am main 2004 [1991]; Johannes Rüegg-Stürm: Das neue St. Galler Management-Modell. Grundkategorien einer integrierten Managementlehre. Der HSG-Ansatz, Bern 2002; Rolf Dubs/Dieter Euler/Johannes Rüegg-Stürm/Christina E. Wyss (Hrsg.): Einführung in die Managementlehre. Band 1–5, 2. Aufl. Bern 2009.

6. Elisabeth Göbel: Neue Institutionenökonomik. Konzeptionen und betriebswirtschaftliche Anwendungen, Stuttgart 2002: 157–342.
7. Vgl. Wöhe/Döring, Einführung in die Allgemeine Betriebswirtschaftslehre: 42–44.
8. Vgl.: Roland Helm: Marketing, 8. Aufl. Stuttgart 2009: 7.
9. Andreas Scharf/Bernd Schubert: Marketing. Einführung in Theorie und Praxis, 3. Aufl. Stuttgart 2001: 2.
10. Wöhe/Döring, Einführung in die Allgemeine Betriebswirtschaftslehre: 384.
11. Vgl. Helm, Marketing: 13–15.
12. A.a.O.: 15.
13. Vgl. a.a.O.: 16f.
14. Vgl. Philip Kotler/Gary Armstrong/Veronica Wong/John Saunders: Grundlagen des Marketing, 5. Aufl. München 2011: 101–148.
15. Scharf/Schubert, Marketing: 4.
16. Ebd.
17. Vgl. Kotler/Armstrong/Wong/Saunders, Grundlagen des Marketing: 44.
18. Vgl. Scharf/Schubert, Marketing: 4.
19. Vgl. Kotler/Armstrong/Wong/Saunders, Grundlagen des Marketing: 44.
20. Vgl. Helm, Marketing: 203–254.
21. Vgl. a.a.O.: 255–310.
22. Vgl. a.a.O.: 311–360.
23. Vgl. a.a.O.: 361–406.
24. Vgl. a.a.O.: 407–460.
25. Vgl. a.a.O.: 27.
26. Vgl. a.a.O.: 21.
27. Werner Pepels: Handbuch des Marketing, 6. Aufl. München 2012: 101.
28. Siehe unten Seite 98ff.
29. Vgl. a.a.O.: 55f. Siehe auch unten Seite 109ff.
30. Einen Überblick bietet Helm, Marketing: 41–113.
31. Vgl. Alfred Kuß/Torsten Tomczak: Käuferverhalten, 3. Aufl. Stuttgart 2004: 109–112.
32. Die Informationsökonomik beschäftigt sich mit dem Einfluss von Kosten für die Beschaffung von Informationen auf das Marktgeschehen. Einen Überblick gibt: The Nobel Foundation (Hrsg.): Markets with Asymmetric Information. URL http://www.nobelprize.org/nobel_prizes/economics/laureates/2001/advanced-economicsciences2001.pdf. – veröffentlicht: 10/2001 – Stockholm – Zugriffsdatum: 01.08.2012.
33. Die folgenden Beispiele gehen auf einen der ersten Artikel zum Thema zurück.

Vgl. George A. Akerlof: The Market for »Lemons«. Quality Uncertainty and the Market Mechanism, in: Q J ECON 84, No. 3 (8/1970): 488–500.

34. Vgl. Rolf Weiber/Jost Adler: Informationsökonomisch begründete Typologisierung von Kaufprozessen, in: zfbf 47 (1/1995): 43–65.
35. Vgl. Steffen Hillebrecht, W.: Entwicklungslinien des kirchlichen Marketings in Deutschland, in: Ders. (Hrsg.): Kirchliches Marketing, Paderborn 1997: 34–65.
36. Vgl. Donald A. McGavran: Understanding Church Growth, Grand Rapids, MI 1980; C. Peter Wagner: Your Church Can Grow, Ventura, CA 1984; Bill Hybels/ Lynn Hybels: Rediscovering Church. The Story and Vision of Willow Creek Community Church, Grand Rapids, MI 1995; Rick Warren: The Purpose-Driven Church. Growth Without Compromising Your Message & Mission, Grand Rapids, MI 1995; George Barna: Grow your church from the outside. Understanding the Unchurched and How to Reach Them, Ventura, CA 2000. Einen Überblick über die Gemeindewachstumsbewegung geben Gerhard Maier: Gemeindeaufbau als Gemeindewachstum. Eine praktisch-theologische Untersuchung zur Geschichte, Theologie und Praxis der »church growth«-Bewegung, Erlangen 1995; Michael Blömer: Die Kirchengemeinde als Unternehmen. Die Marketing- und Managementprinzipien der US-amerikanischen Gemeindewachstumsbewegung, 2. Aufl. Berlin 2007. Kritische Stimmen: Christian Möller: Lehre vom Gemeindeaufbau. Band 1: Konzepte – Programme – Wege, Göttingen 1987: 105–113; Philip D. Kenneson/James L. Street: Selling out the Church. The Dangers of Church Marketing, Eugene, OR 1997; Hull, Hat die Gemeindewachstumsbewegung wirklich Früchte gebracht?.
37. Zum Folgenden vgl. Peter Barrenstein: Aufgewacht. »eMp«: Die Idee einer kleinen Revolution, in: Arnd Brummer/Wolfgang Nethöfel (Hrsg.): Vom Klingelbeutel zum Profitcenter. Strategien und Modelle für das Unternehmen Kirche, Hamburg 1997: 129–133; Herbert Lindner: Spiritualität und Modernität. Das Evangelische Münchenprogramm, in: PTh 86 (1997): 244–264; Hans Löhr: Fähig zur Veränderung? Die Umsetzung des McKinsey-Konzeptes »eMp«, in: Arnd Brummer/ Wolfgang Nethöfel (Hrsg.): Vom Klingelbeutel zum Profitcenter: 244–264; Gerhart Herold: McKinsey und die Kirche – nur ein Schnupperkurs? Das Evangelische MünchenProgramm (eMp) heute, in: Uta Pohl-Patalong (Hrsg.): Kirchliche Strukturen im Plural. Analysen, Visionen und Modelle aus der Praxis, Schenefeld 2004: 249–261; Stöber, Kirche – gut beraten?; Peter Barrenstein: Erfahrungen mit dem Evangelische Münchenprogramm (eMp). Überlegungen zu den Erfolgsfaktoren von Projektarbeit in der evangelischen Kirche, in: Gemeinschaftswerk der Evangelischen Publizistik (Hrsg.): Aus Fehlern lernen? Scheiternde Projekte in einer lernenden Kirche, Frankfurt am Main 2008: 31–36.
38. Barrenstein, Aufgewacht: 130.
39. Vgl. a.a.O.: 131.
40. Löhr, Fähig zur Veränderung?: 156.
41. Vgl. Scharf/Schubert, Marketing: 62.

42. Kirchenamt der EKD (Hrsg.), Kirche der Freiheit: 50. Der Begriff der Beheimatung entspricht dem der Kundenbindung.
43. »Eine geistlich anspruchsvolle, missionarisch überzeugende, kulturell stilsichere und menschlich zugewandte Qualität aller geistlichen Vollzüge ist aber unerlässlich, um eine überzeugende Beheimatungskraft evangelischer Kernangebote zu erreichen.« Vgl. a.a.O.: 51.
44. A.a.O.: 50.
45. A.a.O.: 51.
46. Ebd.
47. Ebd.
48. Ebd.
49. A.a.O.: 54.
50. Ebd.
51. Vgl.: a.a.O.: 27.
52. Ebd.
53. A.a.O.: 28.
54. Vgl. a.a.O.: 51f.
55. Eine Zusammenstellung entsprechender Bemühungen bietet Beckmann, Wohin steuert die Kirche?: 197–287 mit einer Zusammenfassung auf den Seiten 285–287. Für eine ausführliche Diskursanalyse vgl. Birgit Klostermeier: Das unternehmerische Selbst der Kirche. Eine Diskursanalyse, Berlin/Boston 2011.
56. Vgl. etwa Hans-Ulrich Perels: Modelle des Marketing, Gütersloh 1991; Steffen W. Hillebrecht (Hrsg.): Kirchliches Marketing. Paderborn 1997; Martin Thomé/Manfred Becker-Huberti (Hrsg.): Theorie Kirchenmanagement. Potentiale des Wandels; Analysen – Positionen – Ideen, Bonn 1998; Manfred Bruhn/Albrecht Grözinger: Kirche und Marktorientierung. Impulse aus der ökumenischen Basler Kirchenstudie, Freiburg/Fribourg 2000; Steffen Hillebrecht, W.: Die Praxis des kirchlichen Marketings. Die Vermittlung religiöser Werte in der modernen Gesellschaft, Hamburg 2000; Herbert Lindner: Kirche am Ort. Ein Entwicklungsprogramm für Ortsgemeinden, Stuttgart 2000; Hans-Jürgen Abromeit/Kristin Butzer-Strothmann (Hrsg.): Spirituelles Gemeindemanagement. Chancen – Strategien – Beispiele, Göttingen 2001; Wilfried Mödinger: Kirchen-Marketing. Strategisches Marketing für kirchliche Angebote, Stuttgart 2001; Cla Reto Famos: Kirche zwischen Auftrag und Bedürfnis. Ein Beitrag zur ökonomischen Reflexionsperspektive in der praktischen Theologie, Münster 2005; Pius Bischofberger: Kirchliches Management. Grundlagen und Grenzen, Münster 2005; Pius Bischofberger/Manfred Belok (Hrsg.): Kirche als pastorales Unternehmen. Anstöße für die kirchliche Praxis, Zürich 2008. Eine Übersicht bietet: Cla Reto Famos: Kirchliches Marketing als Thema der Praktischen Theologie, in: Cla Reto Famos/Ralph Kunz (Hrsg.): Kirche und Marketing. Beiträge zu einer Verhältnisbestimmung, Zürich 2006: 13–28
57. Dieter Becker: Die Herausforderung der Zukunft – Anregungen für eine marktwirtschaftliche Kirchenstruktur, in: DtPfrBl 95 (10/1995): 648.
58. Ebd.

59. Ebd.
60. Hillebrecht (Hrsg.), Kirchliches Marketing: 7.
61. Ebd.
62. Famos, Kirche zwischen Auftrag und Bedürfnis: 17f.
63. Vgl. a.a.O.: 16.
64. A.a.O.: 23.
65. A.a.O.: 31.
66. Vgl. a.a.O.: 35.
67. A.a.O: 31.
68. Vgl. a.a.O.: 44.
69. Ebd.
70. Vgl. Eberhard Hauschildt: Milieus in der Kirche. Erste Ansätze zu einer neuen Perspektive und ein Plädoyer für vertiefte Studien, in: PTh 87 (1998): 392–404; Claudia Schulz/Eberhard Hauschildt/Eike Kohler: Milieus praktisch. Analyse- und Planungshilfen für Kirche und Gemeinde, 3. Aufl. Göttingen 2010; Michael N. Ebertz/Hans G. Hunstig (Hrsg.): Hinaus ins Weite. Gehversuche einer mileusensiblen Kirche. Herausgeben im Auftrag des Arbeitskreises »Pastorale Grundfragen« des ZdK, Würzburg 2008; Wolfgang Vögele/Helmut Brenner/Michael Vester: Soziale Milieus und Kirche, Würzburg 2002; Eberhard Hauschildt/Eike Kohler/ Claudia Schulz: Wider den Unsinn im Umgang mit der Milieuperspektive, in: WzM 64 (2012).
71. Vgl. Roger Finke/Rodney Stark: The churching of America, 1776 – 2005. Winners and losers in our religious economy, 2. Aufl. New Brunswick, NJ 2005: 249–251.
72. Vgl. Traugott Jähnichen: »Kirche, Geld und Seelenheil«. Theologische Anmerkungen zur Ökonomischen Theorie der Religion, in: PTh 88 (1999): 232f.; Maike M. Selmayr: Marketing eines »Glaubens«-Gutes. Übertragung des modernen Marketingansatzes auf die evangelische Kirche in Deutschland; dargestellt am Fallbeispiel der Martin-Luther-Gemeinde in Lüneburg, Frankfurt am Main 2000; Ron Brinitzer: Religion – eine institutionenökonomische Analyse, Würzburg 2003: 159–215; Eberhard Hauschildt: Ist die Kirche ein Unternehmen?, in: PTh 93 (2004): 514–528; Steffen Fleßa/Traugott Jähnichen: Auf dem Weg zu einer »Kirchenbetriebslehre«. Impulse für eine Weiterentwicklung der Organisations- und Verwaltungsstrukturen kirchlichen Handelns, in: PTh 94 (2005): 210.
73. Vgl. http://www.geistreich.de (abgerufen am 05.03.2012).
74. Stand: März 2012.
75. Vgl. Hillebrecht: Entwicklungslinien des kirchlichen Marketings in Deutschland: 45f.
76. Vgl. etwa die Bilanz bei Hull, Hat die Gemeindewachstumsbewegung wirklich Früchte gebracht? und David T. Olson: The American church in crisis. Groundbraking research based on a national database of over 200.000 churches, Grand Rapids, MI 2008.
77. Vgl. Mark Chaves: American Religion. Contemporary Trends, Princeton, NJ/ Oxford 2011: 65.

78. Vgl. Olson, The American church in crisis: 29f; Chaves, American Religion, Kapitel 4 »involvement«: 42ff. und Kapitel 5 »congregations«: 55ff.
79. A.a.O.: 67.
80. »We should not mistake this change in social organization for an increase in the underlying levels of religious belief and practice in society. There ist no such increase.« A.a.O.: 110.
81. Vgl. a.a.O.: 65f.
82. Vgl. Matthias Rein: Wachsen gegen den Trend!? Fragen zur Herkunft und Bedeutung eines Leitmotivs im EKD-Impulspapier »Kirche der Freiheit, in: DtPfrBl 107 (2/2007): 59–64.
83. Vgl. Barrenstein, Erfahrungen mit dem Evangelische Münchenprogramm (eMp): 35.
84. Vgl. Herold, McKinsey und die Kirche – nur ein Schnupperkurs?: 252–255.
85. Vgl. Jan Hermelink: Kameraden, Klienten oder Kunden? Die Adressaten des kirchlichen Handelns, in: Joachim Fetzer/Andreas Grabenstein/Eckart Müller (Hrsg.): Kirche in der Marktgesellschaft, Gütersloh 1999: 81–99.
86. A.a.O.: 95.
87. Ebd.
88. Vgl. Härle/Augenstein/Rolf/Siebert, Wachsen gegen den Trend.
89. Vgl. Hauschildt, Zur Analyse wachsender Gemeinden: 407.
90. Vgl. a.a.O.: 409.
91. Rosenzweig, Der Halo-Effekt: 122.
92. Hauschildt/Kohler/Schulz, Wider den Unsinn im Umgang mit der Milieuperspektive: 72.
93. Ebd.
94. Ebd.
95. Michael Nüchtern: Kirche evangelisch gestalten, Berlin 2008: 65.
96. Detlef Pollack: Säkularisierung – ein moderner Mythos? Studien zum religiösen Wandel in Deutschland, Tübingen 2003: 240f.
97. Siehe unten Seite 92ff.
98. Vgl. Horst Steinmann/Georg Schreyögg: Management. Grundlagen der Unternehmensführung; Konzepte, Funktionen, Fallstudien, 6. Aufl. Wiesbaden 2005: 33–38.
99. Vgl. a.a.O.: 43–78.
100. Vgl. a.a.O.: 13.
101. Vgl.: Dietrich von Heymann: Braucht die Kirche Manager?, in: DtPfrBl 70 (7/1970): 29ff.; Lutz Hoffmann: Management und Kirche, in: Jakobus Wössner (Hrsg.): Religion im Umbruch. Soziologische Beiträge zur Situation von Religion und Kirche in der gegenwärtigen Gesellschaft, Stuttgart 1972: 369–394; Waldemar Wilken: Ein Betrieb namens Kirche. Menschenführung in Kirche und Gemeinde, München 1973; Dietrich von Heymann (Hrsg.): Handwörterbuch des Pfarramts. Führungs- und Arbeitstechniken für Kirche und Gemeinde, Landsberg am Lech 1979–1984.

102. Alfred Jäger: Diakonie als christliches Unternehmen. Theologische Wirtschaftsethik im Kontext diakonischer Unternehmenspolitik, 4. Aufl. Gütersloh 1993.
103. Vgl. David Lohmann: Das Bielefelder Diakonie-Management-Modell, Gütersloh 1997.
104. Vgl. Alfred Jäger: Konzepte der Kirchenleitung für die Zukunft. Wirtschaftsethische Analysen und theologische Perspektiven, Gütersloh 1993. Ebenfalls an Peter Ulrich knüpfen an: Martin Patzen: Führung von evangelisch-reformierten Kirchgemeinden. Betriebswirtschaftliche Konzepte und Instrumente in ethisch-theologischer Perspektive, Bern 1997; Andreas Grabenstein: Die Kirche muss gemanagt werden. Peter Ulrichs Managementtheorie als Konzept für kirchenleitendes Handeln?, in: Joachim Fetzer/Andreas Grabenstein/Eckart Müller (Hrsg.): Kirche in der Marktgesellschaft, Gütersloh 1999: 130–153.
105. Zum Folgenden vgl. Steinmann/Schreyögg, Management: 165–295.
106. Vgl. a.a.O.: 169.
107. Vgl. Rolf Eschenbach/Christian Horak (Hrsg.): Führung der Nonprofit Organisation. Bewährte Instrumente im praktischen Einsatz, 2. Aufl. Stuttgart 2003: 17–21.
108. Vgl. Steinmann/Schreyögg, Management: 176–263.
109. Vgl. a.a.O: 263–269.
110. Vgl. Petra Bernatzeder: Zielvereinbarungssysteme im Rahmen der Balanced Scorecard und des Excellence Modells der European Foundation for Quality Management, in: Markus-Oliver Schwaab/Günther Bergmann/Fritz Gairing/Meinulf Kolb (Hrsg.): Führen mit Zielen, 3. Aufl. Wiesbaden 2010: 95. Übenommen etwa von Kirchenamt der EKD (Hrsg.): Leitfaden zur Zielorientierung und zum Berichtswesen für die Outputorientierung. Hannover 2012: 15.
111. Vgl. Steinmann/Schreyögg, Management: 269–274.
112. Vgl. a.a.O. 277–286.
113. Vgl. Henry Mintzberg/Bruce Ahlstrand/Joseph Lampel: Strategy Safari. Eine Reise durch die Wildnis des strategischen Managements, München 2007: 37–61.
114. Vgl. a.a.O.: 56.
115. Vgl. Robert S. Kaplan/David P. Norton: The Balanced Scorecard. Translating Strategy into Action, Boston, MA 1996.
116. Zum Folgenden vgl. Mintzberg/Ahlstrand/Lampel, Strategy Safari: 48–61.
117. Vgl. a.a.O.: 54.
118. So Minzberg: »Findet heraus, wo eure distinktiven Kompetenzen liegen, beschäftigt euch intensiv mit den Details, probiert verschiedene Dinge aus, bindet möglichst viele Personen ein, und am Ende wird es euch gelingen, eine effektive Strategie zu erarbeiten.« A.a.O.: 53.
119. Vgl. a.a.O.: 50f.
120. Vgl. a.a.O.: 204.
121. Vgl. Ernst-Georg Gäde/Claudia Mennen (Hrsg.): Gemeinde leiten – aber wie? Werkbuch für Pfarrgemeinderäte und Kirchenvorstände, Mainz 1995: 132–149; Patzen, Führung von evangelisch-reformierten Kirchgemeinden: 293–308; Lindner, Kirche am Ort: 35–58.

122. Vgl. Peter Barz/Jutta Beldermann/Johannes Bilz: Gemeindeentwicklungstraining. Praxisbuch, Göttingen 2008. Siehe auch die Projekte auf den Internetseiten http://www.gemeindekolleg.de/projekte/get/projekt.html; http://www.gemeindedienst-nek.de/gemeindeentwickeln/projekte/geistlichesprofil/index.html; http://www.kirche-mv.de/Gemeindeentwicklung.14801.0.html (abgerufen am 30.07.2012)
123. Vgl. etwa Lindner, Kirche am Ort: 107–237.
124. Vgl. Karen Hinrichs: Der Kirchenkompass. Ein Prozess der Verständigung über Leitbilder und Ziele in der Evangelischen Landeskirche in Baden, in: Wolfgang Nethöfel/Klaus-Dieter Grunwald (Hrsg.): Kirchenreform strategisch! Konzepte und Berichte, Glashütten 2007: 327–344; Michael Nüchtern: Strategie, schmiegsam! Recht und Relativität planenden Handelns in der Kirche, in: Jan Hermelink/Sigurd Rink (Hrsg.): Professionalisierte Planung und geistliche Moderation. Landeskirchen im Umbruch, PrTh 44 (4/2009): 265–272; http://www.kirche-mv.de/Leitbildprozess.leitbild.0.html (abgerufen am 01.05.2012)
125. Einen Überblick über alle Landeskirchen bietet Beckmann, Wohin steuert die Kirche?.
126. Vgl. Kirchenamt der EKD (Hrsg.), Kirche der Freiheit.
127. »Die Evangelische Kirche in Deutschland will [...] ein Wachstum gegen den Trend initiieren, weil sie in der evangelischen Freiheit eine unentbehrliche Kraftquelle und eine wegweisende Lebensorientierung für das 21. Jahrhundert sieht.« A.a.O.: 46.
128. A.a.O.: 50.
129. »Diese anspruchsvollen Ziele signalisieren den Willen der evangelischen Kirche, gegen den Trend zu wachsen und die eigenen Mitglieder wie Menschen, die noch außerhalb der evangelischen Kirche stehen, durch die Qualität ihrer Kernangebote zu überzeugen.« A.a.O.: 52.
130. Vgl. a.a.O.: 45.
131. Vgl. a.a.O.: 12. Dieser Vergleich wird immer wieder gezogen (Vgl. Beatus Fischer/Peter Hartmann: Betriebswirtschaft im Unternehmen Kirche. Anstöße und Instrumente, in: GlLern 14 (2/1999): 156; http://www.evangelisch.de/kompass/wegweiser-kirche/gottesdienstbesucher-primetime-am-sonntagmorgen36757 (abgerufen am 05.04.2012), ist aber irreführend. Man müsste die Gottesdienstbesucherzahlen mit den Zuschauern der Spiele aller Fußballclubs vergleichen. Jeden Sonntag besuchen nach Angabe der EKD 1 Mio. Menschen 20.000 Gottesdienste an 60 Sonn- und Feiertagen, also pro Gottesdienst durchschnittlich 50. Darin sind Kinder- und Familiengottesdienste mitgezählt. Dem DFB sind bundesweit rund 67.000 Mannschaften erwachsener Männer und Frauen angeschlossen. An jedem der 34 Spieltage stehen sich also etwa 737.000 Spielerinnen und Spieler in 33.500 Spielen auf dem Platz gegenüber. Die dem Alter der Kindergottesdienstkinder, Konfirmandinnen und Konfirmanden entsprechende Anzahl der Spieler in F-, E-, D- und C-Jugendmannschaften beträgt bei 25.727 Vereinen, die dem DFB angeschlossen sind, und 9 bis 11 Spielern pro Mannschaft mindestens 1 Mio. Spielerinnen und Spieler. Zählt man die Ersatzspieler dazu, übersteigt konservativ geschätzt bereits die Zahl der auf dem Platz Aktiven die der Gottesdienstbesucher um das Doppelte. Die Zahl der

Zuschauer dürfte ein Vielfaches betragen. Die Sportschau verfolgen jeden Samstag rund 6 Mio. Zuschauer, die Gottesdienstübertragungen nur 1,4 Mio. Menschen, Tendenz jährlich um 3 % sinkend. Quellen: EKD-Statistik; DFB-Statistik; vgl. http://www.dfb.de/index.php?id=11015 (abgerufen am 30.03.2012); Dieter Anschlag: Häutung zum Multimedia-Unternehmen. Interview mit dem scheidenden ZDF-Intendanten Markus Schächter. URL http://funkkorrespondenz.kim-info.de/artikel.php?pos=Leitartikel&nr=9503. – veröffentlicht: 02.03.2012 – Bonn – Zugriffsdatum: 03.03.2012.

Ähnlich falsch ist die immer wieder in diesem Zusammenhang aufgestellte Behauptung, die Kirche sei einer der größten Arbeitgeber. (Vgl. Fischer/Hartmann, Betriebswirtschaft im Unternehmen Kirche: 156). Die verfasste Kirche beschäftigte nach Angaben der EKD im Jahr 2009 etwa 230.000 Menschen, darunter 21.500 Pastorinnen und Pastoren (Vgl. http://www.ekd.de/statistik/hauptamt_ehrenamt.htm, abgerufen am 30.04.2012). Viele von ihnen sind aber nur auf Teilzeitbasis beschäftigt. Rechnet man die Personalquote von 70 % des Kirchensteuernettoaufkommens 2010 auf ein durchschnittliches Arbeisgeberjahresbrutto von 35.000 € um, ergibt sich eine Gesamzahl von 85.000 Vollzeitstellen. Die Diakonie beschäftigte im gleichen Jahr 440.000 Menschen, davon die Hälfte teilzeitbeschäftigt. Dem gegenüber arbeiteten 2010 im Einzelhandel fast 3 Mio. Menschen, im Maschinenbau 900.000, in der Automobilindustrie über 700.000. Vgl. Statistisches Bundesamt (Hrsg.): Produzierendes Gewerbe. Beschäftigung und Umsatz der Betriebe des Verarbeitenden Gewerbes so wie des Bergbaus und der Gewinnung von Steinen und Erden. URL http://www.destatis.de/jetspeed/portal/cms/Sites/destatis/Internet/DE/Content/Publikationen/Fachveroeffentlichungen/Produzierendes_20Gewerbe/VerarbeitendesGewerbe/Konjunkturdaten/MonatsberichtM2040411111124,property=file.pdf. – veröffentlicht: 12/2011 – Wiesbaden – Zugriffsdatum: 03.03.2012: 9; Handelsverband Deutschland – HDE e.V. Der Einzelhandel (Hrsg.): Basisdaten Einzelhandel 2010. URL http://www.einzelhandel.de/pb/site/hde/get/params_Dattachment/1400250/110627%20Auszug%20ZS11_Charts.pdf. – veröffentlicht: 2011 – Berlin – Zugriffsdatum: 30.03.2012.

132. Kirchenamt der EKD (Hrsg.), Kirche der Freiheit: 12.
133. Vgl. a.a.O.: 13.
134. Ebd.
135. Ebd.
136. A.a.O.: 14.
137. A.a.O.: 17.
138. A.a.O.: 19.
139. Vgl. a.a.O.: 21.
140. Vgl. a.a.O.: 20–27
141. Vgl. a.a.O.: 27–29.
142. Die Auseinandersetzung mit den Handlungsempfehlungen des Impulspapiers erfolgt im Zusammenhang der Abschnitte über Marketing (S. 38ff), Organisation (S. 56f) und Personalführung (S. 61f).

143. Vgl. a.a.O.: 46
144. Vgl. Wöhe/Döring, Einführung in die Allgemeine Betriebswirtschaftslehre: 112–132; 221–282; Steinmann/Schreyögg, Management: 433–490.
145. Vgl. Steinmann/Schreyögg, Management: 33.
146. Vgl. a.a.O.: 33–36.
147. Vgl. a.a.O.: 464–472.
148. Vgl. Kirchenamt der EKD (Hrsg.), Kirche der Freiheit: 53–57.
149. Vgl. a.a.O.: 56f.
150. A.a.O.: 60.
151. Ebd.
152. Ebd.
153. Vgl. Kirchenleitung der Nordelbischen Ev.-Luth. Kirche (Hrsg.), Kirche in Veränderung: 29–31.
154. Siehe unten Seite 72ff.
155. Vgl. Steinmann/Schreyögg, Management: 59–66.
156. Vgl. a.a.O.: 533.
157. Vgl. Hans Jung: Personalwirtschaft, 9. Aufl. München 2011: 375–378.
158. Vgl. a.a.O.: 378–380.
159. Vgl. a.a.O.: 269f.
160. Bernhard Diestel/Peter Müller-Bader: Elemente einer Theorie der Führung, in: Edmund Heinen (Hrsg.): Betriebswirtschaftliche Führungslehre. Grundlagen – Strategien – Modelle, 2. Aufl. Wiesbaden 1984: 145. Siehe auch Bruno S. Frey/ Margrit Osterloh (Hrsg.): Managing Motivation. Wiesbaden 2002.
161. Vgl. Eckard Eyer/Thomas Haussmann: Zielvereinbarung und variable Vergütung. Ein praktischer Leitfaden – nicht nur für Führungskräfte, 3. Aufl. Wiesbaden 2005: 9–14.
162. Vgl. Tobias Braun: Jenseits der Zielsteuerung. Eine kritische Untersuchung zielbasierter Instrumente der Unternehmenssteuerung, Köln 2004: 107.
163. Jung, Personalwirtschaft: 450.
164. Braun, Jenseits der Zielsteuerung: 279.
165. Vgl. a.a.O.: 108.
166. Vgl. Manfred Engeser: Gut, dass wir darüber geredet haben. URL http://www.zeit.de/karriere/beruf/2011-01/jahresgespraeche-mitarbeiter-arbeitgeber. – veröffentlicht: 20.01.2011 – Hamburg – Zugriffsdatum: 10.10.2011; besonders aufschlussreich sind die dazu abgegebenen Leserkommentare.
167. Wolfgang Nethöfel: Unternehmen Kirche? Bedeutung und Perspektiven einer Begriffsbestimmung, in: Martin Thomé/Manfred Becker-Huberti (Hrsg.): Theorie Kirchenmanagement. Potentiale des Wandels; Analysen – Positionen – Ideen, Bonn 1998: 62f.
168. »Die evangelische Kirche wird nur Menschen neu gewinnen, wenn das Niveau ihrer Arbeit stimmt und wenn ihre Mitarbeiterinnen und Mitarbeiter qualitätsvolle Leistungen erbringen und Überzeugungen einladend vertreten. [...] Der Umfang der von kirchlichen Mitarbeiterinnen und Mitarbeitern erbrachten Leistung wie

deren Qualität lässt sich steigern.« Kirchenamt der EKD (Hrsg.), Kirche der Freiheit: 64.

169. »Die Qualifizierung von Mitarbeiterinnen und Mitarbeitern hat deshalb eine so hohe Priorität, weil die evangelische Kirche die geistliche Qualität ihrer Arbeit steigern und unter diesem Gesichtspunkt Leistung fördern möchte. Dadurch will sie die Zuwendung zur Kirche fördern und neue Wege zur Kirche eröffnen. Überzeugte und zufriedene Mitglieder der Kirche werden auch der Kirche als Institution treu bleiben und auch finanzielle Solidarität mit ihr praktizieren.« A.a.O.: 65.
170. Vgl. a.a.O.: 64.
171. »Zu den vordringlichsten Aufgaben gehört es, die Verantwortung des einzelnen geistlichen Mitarbeiters für die Aufgaben und Ziele der ganzen Kirche zu stärken; pastoralen Separatismus kann die evangelische Kirche sich nicht leisten.« A.a.O.: 72.
172. A.a.O.: 74.
173. Vgl. Wilken, Ein Betrieb namens Kirche; Hans-Ulrich Perels: Wie führe ich eine Kirchengemeinde? Möglichkeiten des Managements, Gütersloh 1990; Albert Stein: Zweckmässig arbeiten – sachgerecht entscheiden – sinnvoll leiten. Aspekte kirchlicher Verwaltungsarbeit, Neukirchen-Vluyn 1993; Peter Braun (Hrsg.): Unternehmen Kirche. Organisationshandbuch für Pfarrer und Gemeinde, 2 Bände, Stadtbergen 1994ff, Bd. 2, Abschnitt 8 »Leiten, Führen, Managen«; Günter Breitenbach: Gemeinde leiten. Eine praktisch-theologische Kybernetik, Stuttgart 1994; Gäde/Mennen (Hrsg.), Gemeinde leiten – aber wie?; Patzen, Führung von evangelisch-reformierten Kirchgemeinden: 227–264; Jan Hermelink: Pfarrer als Manager? Gewinn und Grenzen einer betriebswirtschaftlichen Perspektive auf das Pfarramt, in: ZThK 95 (1998): 536–564; Eilert Herms/Friedrich Schweitzer (Hrsg.): Führen und Leiten im Pfarramt. Der Beitrag von Theologie und kirchlicher Lehre, Norderstedt 2002; Ulrich Müller-Weissner: Chef sein im Haus des Herrn. Führen und Leiten in der Kirche – eine Praxishilfe, Gütersloh 2003.
174. Eine Suche im Internet zu den Begriffen »evangelische Kirche« und »Personal- und Organisationsentwicklung« ergab über 130.000 Treffer mit zahllosen Webseiten derartiger Stabsstellen.
175. Etwa die Evangelische Kirche in Hessen und Nassau. Vgl. Hans Georg Berg: Kirchliche Personalberatung, in: Pius Bischofberger/Manfred Belok (Hrsg.): Kirche als pastorales Unternehmen. Anstöße für die kirchliche Praxis, Zürich 2008: 118f.
176. Vgl. Wöhe/Döring, Einführung in die Allgemeine Betriebswirtschaftslehre: 21f.
177. Mehr als die Hälfte des Standardlehrbuchs für Betriebswirtschaftslehre beschäftigt sich mit diesen Themen. Vgl. a.a.O: 515–1016.
178. Vgl. a.a.O.: 701–916.
179. Vgl. a.a.O: 917–1016.
180. Vgl. Steinmann/Schreyögg, Management: 274–295.
181. Vgl. a.a.O. 280.
182. Vgl. a.a.O. 279f.
183. Vgl. a.a.O.: 281.

184. Vgl. Kirchenleitung der Nordelbischen Ev.-Luth. Kirche (Hrsg.), Kirche in Veränderung: 30.
185. Vgl. Kirchenamt der EKD (Hrsg.), Leitfaden zur Zielorientierung und zum Berichtswesen für die Outputorientierung.
186. Vgl. § 5 Kirchenkreisverwaltungsgesetz der NEK, einsehbar unter http://www.kirchenrecht-nek.de, Geltendes Recht, 1.117 (abgerufen am 25.06.2012).
187. Siehe oben Seite 50f.
188. Siehe unten Seite 72ff.
189. Vgl. Hermelink, Unternehmerische Konzept in evangelischen Kirchen. Praktische Verbreitung und theologische Aufgaben: 247f.
190. Vgl. Dabei ist zu beachten, dass das Wort »Management« im Titel teilweise nicht im präzisen betriebswirtschaftlichen Sinn verwendet wird, sondern als Umschreibung für die Betriebswirtschaftslehre als ganze oder für eine Marketingorientierung des kirchlichen Handelns. So etwa Thomé/Becker-Huberti (Hrsg.), Theorie Kirchenmanagement; Abromeit/Butzer-Strothmann (Hrsg.), Spirituelles Gemeindemanagement; Famos, Management-Konzepte in der Kirche.
191. Vgl. Herold, McKinsey und die Kirche – nur ein Schnupperkurs?: 251.
192. Vgl. Barrenstein, Erfahrungen mit dem Evangelische Münchenprogramm (eMp): 35f. Ähnlich argumentierten Unternehmensberatungen angesichts des Scheiterns von Projekten in Diözesen. Vgl. Bernd Halfar/Andrea Borger: Kirchenmanagement, Baden-Baden 2007: 78.
193. Zu den entsprechenden kirchenrechtlichen Regelungen vgl. Heinrich de Wall/Stefan Muckel: Kirchenrecht. Ein Studienbuch, München 2010: 264–366.
194. Matthias Dargel: Management kirchlichen Wandels. Wie können externe Unternehmensberatungen die strukturelle und inhaltliche Veränderung kirchlicher Organisationen unterstützen?, in: PrTh 37 (2002): 282.
195. Beckmann, Wohin steuert die Kirche?: 286.
196. Vgl. de Wall/Muckel, Kirchenrecht. Ein Studienbuch: 275–289; zur Unabhängigkeit des Pfarramtes S. 280–282.
197. Dem von der EKD-Synode Ende 2010 beschlossenen Pfarrdienstgesetz müssen bis Ende 2012 alle Synoden der Gliedkirchen und der VELKD zustimmen, bevor es 2013 in Kraft treten kann. Vgl. http://www.ekd.de/download/pfarrdienstgesetz.pdf (abgerufen am 13.09.2012).
198. Vgl. Evangelische Landeskirche in Baden (Hrsg.): Kirchenkompass. Karlsruhe 2007.
199. Vgl. Hinrichs, Der Kirchenkompass: 343f.
200. Vgl. Meyns/Alfert, Kirche in Entwicklung: 17f.
201. Kirchenamt der EKD (Hrsg.), Kirche der Freiheit: 35.
202. Vgl. Evangelische Landeskirche in Baden (Hrsg.), Kirchenkompass: 16.
203. »Die Evangelische Landeskirche in Baden richtet ihr Augenmerk besonders auf Menschen in seelischer und materieller Not. In der diakonischen Arbeit wird der gemeinsame christliche Auftrag der Gemeinden und der diakonischen Einrichtungen deutlich erkennbar.« – »Die Evangelische Landeskirche in Baden sucht den

lebendigen Dialog mit Menschen anderer Kulturen und Religionen.« – »Durch ihre Verkündigung und in ihren verschiedenen Arbeitsfeldern nimmt die Evangelische Landeskirche in Baden Menschen in unterschiedlichen Lebenssituationen wahr und bringt ihnen die christliche Botschaft einladend nahe.« Vgl. a.a.O.: 18, 20, 21.

204. A.a.O.: 17.

205. »In der Evangelischen Landeskirche in Baden arbeiten Ehrenamtliche und Hauptamtliche vertrauensvoll zusammen. Sie tun dies zielgerichtet, wertschätzend und effektiv. Sie kennen ihre gemeinsame Verantwortung und ihre jeweiligen Zuständigkeiten. Konflikte werden als Chance begriffen.« A.a.O.: 19.

206. Vgl. Gerhard Rau: Ekklesiologie kirchlicher Haushaltspläne in Baden, in: Wolfgang Lienemann (Hrsg.): Die Finanzen der Kirche. Studien zu Struktur, Geschichte und Legitimation kirchlicher Ökonomie, München 1989: 335–352.

207. Vgl. Bericht über die Das Präsidium der Synode der Nordelbischen Ev.-Luth. Kirche (Hrsg.): Verhandlungen der 2. ordentlichen Synode der VII. Legislaturperiode der Nordelbischen Ev.-Luth. Kirche in Rendsburg, 19. – 21. November 2009. Kiel 2010: 179f.

208. Vgl. Dorothea Greiling: Performance-Management in Nonprofit-Organisationen, Wiesbaden 2009: 142–160.

209. Ein Problem, das Kirchengemeinden mit anderen gemeinnützigen Organisationen teilem. Vgl. Alfred Zauner: Über Solidarität zu Wissen. Ein systemtheoretischer Zugang zu Nonprofit Organisationen, in: Christoph Badelt/Michael Meyer/Ruth Simsa (Hrsg.): Handbuch der Nonprofit Organisation. Strukturen und Management, 4. Aufl. Stuttgart 2007: 141–164.

210. Rechtsverordnung über die Führung von Jahresgesprächen (RechtsVO-JG) vom 31. Januar 2005, einsehbar unter http://rechtssammlung-online.evlka.de.

211. Dienstrechtliche Kommission des Rates der EKD: Dienstrechtliche Aspekte von Personalentwicklung und Personalentwicklungsgesprächen. Beschluss des Rates der EKD vom 5./6. September 2003, Az: 2710/2.125. URL http://www.evlka.de/jahresgespraeche/intern/getBin.php3?id=16. – veröffentlicht: 26.03.2003 – Hannover – Zugriffsdatum: 26.03.2003: 2.

212. A.a.O.: 6.

213. Vgl. Yorick Spiegel: Kirche als bürokratische Organisation, München 1969.

214. Die Personalkosten der Kommunen in Baden-Württemberg machen rund 24 %, die der Landkreise 33 %, die des Landes 42 %, die des Bundes 10 % des Haushalts aus. Vgl. Max Munding: Die Einheit der Verwaltung als Paradigma für die Verwaltungsstrukturreform in Baden-Württemberg, in: Europäisches Zentrum für Föderalismusforschung Tübingen (Hrsg.): Jahrbuch des Föderalismus 2005. Föderalismus, Subsidiarität und Regionen in Europa, Baden-Baden 2005: 259; Kirchenamt der EKD (Hrsg.): Kirche in Deutschland. Zahlen und Fakten zum kirchlichen Leben. Hannover 2011: 37; Rau, Ekklesiologie kirchlicher Haushaltspläne in Baden: 351.

215. Das Kirchensteueraufkommen der evangelischen Kirche betrug 2010 etwas über 4,2 Mrd. €, das Gesamtsteueraufkommen des Staates lag im selben Jahr bei 530 Mrd. €. Quelle: EKD-Statistik, Statistisches Bundesamt.

216. So sieht der Haushalt der Nordelbischen Ev.-Luth. Kirche für das Jahr 2011 knapp 400 Mio. € *inklusive* der Zuweisungen an Kirchenkreise und Kirchengemeinden vor. Allein der Haushalt der Landeshauptstadt Kiel für das gleiche Jahr fällt fast doppelt so hoch aus, der des Landes Schleswig-Holstein umfasst laut Haushaltsgesetz mit 12 Mrd. € das dreißigfache. Vgl. Nordelbische Ev. -Luth. Kirche (Hrsg.): Haushalt der Nordelbischen Evangelisch-Lutherischen Kirche für das Haushaltsjahr 2011. URL http://www.nordelbien.de/fix/files/doc/000 %20Haushalt %20 2011 %2007.02.2011.pdf. – veröffentlicht: 07.02.2011 – Kiel – Zugriffsdatum: 23.03.2012: 64–66; Landeshauptstadt Kiel (Hrsg.): Haushaltssatzung der Landeshauptstadt Kiel für das Haushaltsjahr 2011. URL http://www.kiel.de/rathaus/finanzen/Haushaltsplanung/2011/Haushaltsplan_2011_LH_Kiel_Band_1.pdf. – veröffentlicht: 02/2011 – Kiel – Zugriffsdatum: 23.03.2012: 95; Land Schleswig-Holstein (Hrsg.): Landeshaushaltsplan Schleswig-Holstein für die Haushaltsjahre 2011/2012. Haushaltsgesetz. URL http://www.schleswig-holstein.de/FM/DE/Landeshaushalt/AktuelleHaushaltsplaene/Haushalt20112012/Epl00__blob=publicationFile.pdf. – veröffentlicht: 17.12.2010 – Kiel – Zugriffsdatum: 23.03.2012: 2.
217. Vgl. Thomas Barth: Elemente und Typen landeskirchlicher Leitung, Tübingen 1995: 218–242.
218. Grundordnung der Evangelischen Landeskirche in Baden (Grundordnung – GO) vom 28. April 2007 (GVBl. S. 81), Artikel 7; vgl. a.a.O.: 72.
219. Vgl. Jörg Bogumil/Werner Jann: Verwaltungs und Verwaltungswissenschaft in Deutschland. Einführung in die Verwaltungswissenschaft, 2. Aufl. Wiesbaden 2009: 48–50; 237–252; Kuno Schedler/Isabell Proeller: New Public Management, 4. Aufl. Bern/Stuttgart/Wien 2009.
220. Vgl.: Schedler/Proeller, New Public Management: 37–44.
221. Vgl. a.a.O.: 35–37.
222. Im Jahr 2005 in »Kommunale Gemeinschaftsstelle für Verwaltungsmanagement« umbenannt.
223. Zum Folgenden vgl. Kommunale Gemeinschaftsstelle für Verwaltungsvereinfachung (KGSt): Das Neue Steuerungsmodell. Begründung, Konturen, Umsetzung, Köln 1993; Jörg Bogumil/Lars Holtkamp/Leo Kißler/Sabine Kuhlmann/Christoph Reichard/Karsten Schneider/Hellmut Wollmann: Perspektiven kommunaler Verwaltungsmodernisierung. Praxiskonsequenzen aus dem Neuen Steuerungsmodell, Berlin 2007: 23–31; Lars Holtkamp: Das Scheitern des Neuen Steuerungsmodells, in: dms 1 (2008): 425f.
224. Gerhard Banner: Politikstrukturen und kommunale Entwicklung: Altneustadt 1985 bis 1995, in: Joachim Jens Hesse (Hrsg.): Erneuerung der Politik von unten?, Opladen 1986: 161.
225. Vgl. Kommunale Gemeinschaftsstelle für Verwaltungsvereinfachung (KGSt), Das Neue Steuerungsmodell: 15–22.
226. Vgl. a.a.O.: 16f.
227. Vgl. a.a.O.: 29f.

228. Vgl. a.a.O.: 16.
229. Vgl. a.a.O.: 22f.
230. Vgl. Steffen Rupp: Verwaltungsmodernisierung in der Kirche. Eine Untersuchung am Beispiel des Neuen Steuerungsmodells der Evangelischen Landeskirche in Baden, Frankfurt am Main 2004; Karin Bassler: Finanzmanagement als Chance kirchlichen Lernens. Betriebswirtschaftliche und praktisch-theologische Analysen zu neuen Steuerungsinstrumenten der evangelischen Kirchen in Baden-Württemberg, Leipzig 2006; Beckmann, Wohin steuert die Kirche?: 263–271; Kirchenleitung der Nordelbischen Ev.-Luth. Kirche (Hrsg.), Kirche in Veränderung; Patzen, Führung von evangelisch-reformierten Kirchgemeinden: 103.
231. Vgl. Rupp, Verwaltungsmodernisierung in der Kirche: 153–166.
232. Vgl. a.a.O.: 166–171.
233. Vgl. a.a.O.: 104.
234. Einen Einblick vermittelt Kirchenamt der EKD (Hrsg.), Leitfaden zur Zielorientierung und zum Berichtswesen für die Outputorientierung: 34–37.
235. Vgl. Steffen Rupp: Verwaltungsmodernisierung in der Kirche: 104.
236. Vgl. Bassler, Finanzmanagement als Chance kirchlichen Lernens: 99; Rupp, Verwaltungsmodernisierung in der Kirche: 216.
237. Zum Folgenden vgl. Kirchenleitung der Nordelbischen Ev.-Luth. Kirche (Hrsg.), Kirche in Veränderung: 44–46; 92–95.
238. Zum Folgenden vgl. Bogumil/Jann, Verwaltungs und Verwaltungswissenschaft in Deutschland: 237–252; Jörg Bogumil/Stephan Grohs/Sabine Kuhlmann/Anna K. Ohm: Zehn Jahre Neues Steuerungsmodell. Eine Bilanz kommunaler Verwaltungsmodernisierung, 2. Aufl. Berlin 2008, besonders die Zusammenfassung der Ergebnisse 315–318; Bogumil/Holtkamp/Kißler/Kuhlmann/Reichard/Schneider/Wollmann, Perspektiven kommunaler Verwaltungsmodernisierung; Holtkamp, Das Scheitern des Neuen Steuerungsmodells; Gerhard Banner: Logik des Scheiterns oder Scheitern an der Logik? (Kommentar zu Lars Holtkamp »Das Scheitern des Neuen Steuerungsmodells«), in: dms 1 (2008): 447–455.
239. Vgl. Bogumil/Grohs/Kuhlmann/Ohm, Zehn Jahre Neues Steuerungsmodell: 37–42.
240. Bogumil/Holtkamp/Kißler/Kuhlmann/Reichard/Schneider/Wollmann, Perspektiven kommunaler Verwaltungsmodernisierung: 9
241. Vgl. Bogumil/Grohs/Kuhlmann/Ohm, Zehn Jahre Neues Steuerungsmodell: 50.
242. Vgl. a.a.O.: 62f, 292, 307–310.
243. Vgl. a.a.O.: 298–300.
244. Vgl. a.a.O.: 317.
245. Vgl. a.a.O.: 316f.
246. Vgl. a.a.O.: 290–296.
247. Vgl. a.a.O.: 317f.
248. Vgl. a.a.O.: 52f.
249. Vgl. a.a.O.: 64–67.

250. Vgl. a.a.O.: 56.
251. A.a.O.: 59.
252. Zum Folgenden vgl. a.a.O.: 42–46.
253. Vgl. a.a.O.: 48f.
254. Vgl. a.a.O.: 304–306.
255. Vgl. a.a.O.: 318.
256. Vgl. http://www.zze-freiburg.de/projekte/laufende-projekte/kirchenkompass (abgerufen am 20.04.2012).
257. Vgl. Meyns/Alfert, Kirche in Entwicklung: 11–20.
258. Vgl. a.a.O.: 8f.
259. Vgl. a.a.O.: 13.
260. Vgl. a.a.O.: 14.
261. Vgl. a.a.O.: 12f.
262. Vgl. a.a.O.: 13.
263. Vgl. a.a.O.: 14.
264. Vgl. a.a.O.: 15.
265. Vgl. a.a.O.: 31f.
266. Vgl. a.a.O.: 17.
267. Vgl. a.a.O.: 16f.
268. Vgl. a.a.O.: 17–19.
269. Siehe oben Seite 69.
270. Vgl. a.a.O.: 15f.
271. Vgl. a.a.O.: 17–19.
272. A.a.O.: 18.
273. Vgl. a.a.O.: 18.
274. In der Erforschung der mittel- und langfristigen Folgen des kirchlichen Bildungshandelns mit einer Herausarbeitung der dabei wirksamen Faktoren läge jenseits der Mitgliedschaftsuntersuchungen ein lohnendes Forschungsfeld für das Sozialwissenschaftliche Institut der EKD.
275. Vgl. a.a.O.: 18.
276. Ebd.
277. Vgl. a.a.O.: 19.
278. Vgl. Wöhe/Döring, Einführung in die Allgemeine Betriebswirtschaftslehre: 1.

C. Die Wirtschaftstheorie als Paradigma kirchlicher Selbstwahrnehmung

1. Siehe oben Seite 37–43.
2. »Die […] Ökonomik ist die Wissenschaft vom Einsatz knapper Ressourcen zur Produktion wertvoller Wirtschaftsgüter durch die Gesellschaft und von der Verteilung dieser Güter in der Gesellschaft.« Paul A. Samuelson/William D. Nordhaus: Volkswirtschaftslehre. Das internationale Standardwerk der Makro- und Mikroökonomie, 3. Aufl. Landsberg am Lech 2007: 20.

3. »Das Wesen des Wirtschaftens besteht in der Anerkennung der Knappheit als Realität und in einer gesellschaftlichen Organisation, die einen möglichst effizienten Ressourceneinsatz zulässt.« A.a.O.: 21.
4. Für einen Überblick über die Geschichte der Wirtschaft in der Neuzeit vgl. Rolf Walter: Wirtschaftsgeschichte. Vom Merkantilismus bis zur Gegenwart, 5. Aufl. Stuttgart 2011.
5. »So praktisch die ›Reduktion von Komplexität‹ durch Geld ist, so sehr reduziert Gelddenken (Moneyismus) auch die Perzeption der Vielfältigkeit von Prozessen und Strukturen.« Paul Kellermann: Soziologie des Geldes, in: Andrea Maurer (Hrsg.): Handbuch der Wirtschaftssoziologie, Wiesbaden 2008: 338.
6. Einen Überblick über die verschiedenen wirtschaftswissenschaftlichen Denkschulen und ihre Thesen bietet Bertram Schefold: Beiträge zur ökonomischen Dogmengeschichte, Düsseldorf 2004.
7. Samuelson/Nordhaus, Volkswirtschaftslehre: 72.
8. Vgl. Andrew Britton/Peter Sedgewick: Ökonomische Theorie und christlicher Glaube, Münster 2008: 8–11.
9. Der australische Wirtschaftswissenschaftler Steve Keen schätzt, dass etwa 85 % aller Ökonomen dieser Denkrichtung anhängen, während die übrigen zu etwa gleichen Teilen post-keynesianische, institutionelle, evolutionäre, österreichische und marxistische Positionen vertreten. Vgl. Steve Keen: Debunking Economics, 2. Aufl. London/New York 2011: 8.
10. Vgl. Schefold, Beiträge zur ökonomischen Dogmengeschichte: 273–376; Gebhard Kirchgässner: Homo Oeconomicus. Das ökonomische Modell individuellen Verhaltens und seine Anwendung in den Wirtschafts- und Sozialwissenschaften, 3. Aufl. Tübingen 2008: 271–280; Philip Mirowski: More Heat than Light. Economics as Social Physics, Physics as Nature's Economics, Cambridge 1989; Hans Albert: Marktsoziologie und Entscheidungslogik. Zur Kritik der reinen Ökonomik, Tübingen 1998: 21–34.
11. »Der Grundgedanke der ökonomischen Klassik und Neoklassik, die für die menschliche Gesellschaft Naturgesetze behaupten, ist der einer einheitlichen, Mensch und Natur umgreifenden mechanisch-kausalen Struktur.« Karl-Heinz Brodbeck: Die fragwürdigen Grundlagen der Ökonomie. Eine philosophische Kritik der modernen Wirtschaftswissenschaften, 5. Aufl. Darmstadt 2011: 137.
12. Erst seit relativ kurzer Zeit werden experimentalpsychologische Ansätze zur Überprüfung ökonomischer Theorien genutzt. Siehe unten S. 113ff.
13. Vgl. Wöhe/Döring, Einführung in die Allgemeine Betriebswirtschaftslehre: 12.
14. A.a.O.: 13.
15. Max Weber: Die Grenznutzenlehre und das »psychosphysische Grundgesetz«, in: Archiv für Sozialwissenschaft und Sozialpolitik 27 (1908): 396f.
16. Keen, Debunking Economics: 170.
17. Brodbeck, Die fragwürdigen Grundlagen der Ökonomie: 5.
18. Dazu vgl. Richard Heinberg: The End of Growth. Adapting to Our New Economic Reality, Gabriola Island, BC 2011: 2–4.

19. Vgl. Samuelson/Nordhaus, Volkswirtschaftslehre: 65f; 68–70; »Die gesamte ökonomische Theorie ist so gebaut, dass sie sich als Theorie naturaler ökonomische Verhältnisse nicht eignet, soziale Reflexion auf die Folgen der eigenen Tätigkeit auszulösen.« Niklas Luhmann: Einführung in die Systemtheorie, 5. Aufl. Heidelberg 2009: 158.
20. Kirchgässner, Homo Oeconomicus: 277.
21. Alexander Dietz: Der homo oeconomicus – ungeklärte Fragen und ideologische Gefahren, in: Arne Manzeschke (Hrsg.): Sei ökonomisch! Prägende Menschenbilder zwischen Modellbildung und Wirkmächtigkeit, Berlin 2010: 49.
22. Vgl. John Kells Ingram: History of Political Economics, London 1901 [1888]: 108.
23. Vilfredo Pareto: Manuale di Economia Politica. con una introduzione alla scienza sociale, Milano 1906, zitiert nach Karl-Heinz Brodbeck: Die Herrschaft des Geldes. Geschichte und Systematik, 2. Aufl. Darmstadt 2012: 948.
24. Karl Homann/Andreas Suchanek: Ökonomik. Eine Einführung, 2. Aufl. Tübingen 2005: 388.
25. Traugott Jähnichen: Wirtschaftsethik. Konstellationen – Verantwortungsebenen – Handlungsfelder, Stuttgart 2008: 84.
26. Gebhard Kirchgässner: Ökonomie als imperial(istisch)e Wissenschaft. Zur Anwendung der ökonomischen Verhaltensmodells in den benachbarten Sozialwissenschaften, in: Erik Boettcher/Philipp Herder-Dorneich/Karl-Ernst Schenk (Hrsg.): Jahrbuch für Neue Politische Ökonomie. Interdisziplinarität – Voraussetzungen und Notwendigkeiten, Band 7, Tübingen 1988: 129.
27. Ebd.
28. Vgl. Peter Singer: Practical Ethics, Cambridge 1979.
29. Gerd-Jan Krol: Ökonomische Verhaltenstheorie, in: Hermann May (Hrsg.): Handbuch zur ökonomischen Bildung, 8. Aufl. München 2005: 20.
30. »Der Sinn der Rationalitätsannahme liegt nicht darin, die wirklichen Dispositionen und Motivationen der Individuen in ihrer jeweiligen Individualität wiederzugeben. Die Fruchtbarkeit dieser Annahme zeigt sich bei der Erklärung (und Vorhersage) des Zusammenhangs zwischen sozialen Handlungsbedingungen und sozialen Handlungsfolgen.« a.a.O.: 21.
31. Andreas Suchanek: Der homo oeconomicus als Heuristik. URL http://www.hhl.info/fileadmin/LS/Sustain/Publication/1993_dp_homo_oeconomicus.pdf. – veröffentlicht: 1993 – Ingolstadt – Zugriffsdatum: 30.11.2011: 7.
32. Peter Ulrich: Integrative Wirtschaftsethik. Grundlagen einer lebensdienlichen Ökonomie, 4. Aufl. Bern/Stuttgart/Wien 2008: 209.
33. »Die Massenhaftigkeit, die soziale Resonanz der Denkmodelle, die das Handeln als Rahmen lenken, läßt für den Einzelnen Märkte, Preise usw. wie eine Naturmacht erscheinen; dennoch ist diese Macht nur eine Gewohnheit des Denkens.« Brodbeck, Die fragwürdigen Grundlagen der Ökonomie: 4
34. Vgl. Elinor Ostrom: Die Verfassung der Allmende. Jenseits von Staat und Markt, Tübingen 1999: 237–279.

35. Jens Schlamelcher: Ökonomisierung der protestantischen Kirche?, (unveröffentlichte Dissertation), Bochum 2012: 39.
36. Vgl. Kirchgässner, Homo Oeconomicus: 63–78.
37. Vgl. Keen, Debunking Economics: 39f; 175–202.
38. Verhalten = Person und Umfeld. Vgl. Hermann May: Die menschenlichen Bedürfnisse, in: Ders. (Hrsg.): Handbuch zur ökonomischen Bildung, 8. Aufl. Wiesbaden 2008: 9.
39. »The rich only select from the heap what is most precious and agreeable. They consume little more than the poor, and in spite of their natural selfishness and rapacity, though they mean only their own conveniency, though the sole end which they propose from the labours of all the thousands whom they employ, be the gratification of their own vain in insatiable desires, they divide with the poor the produce of all their improvements. They are lead by *an invisible hand* to make nearly the same distribution of the necessaries of life, which would have been made, had the earth been divided into equal portions among all its inhabitants; *and thus, without intending it, without knowing it, advance the interest of the society,* and afford means to the multiplication of the species.« Adam Smith: The Theory of Moral Sentiment, 2. Aufl. London 1761: 273f [kursiv: C.M.].
»As every individual, therefore endeavors as much as he can both to employ his capital in the support of domestic industry, and so to direct that industry that its produce may be of the greatest value; every individual necessarily labors to render the annual revenue of the society as great as he can. *He generally, indeed, neither intends to promote the public interest, nor knows how much he is promoting it.* By preferring the support of domestic to that of foreign industry, he intends only his own security; and by directing that industry in such a manner as its produce may be of the greatest value, he intends only his own gain, and he is in this, as in many other cases, led *by an invisible hand to promote an end which was no part of his intention.*« Adam Smith: Inquiry into the Nature and Causes of The Wealth of Nations, Band 1, 4. Aufl. Hartford 1803 [1776]: 349 [kursiv: C.M.].
40. Vgl. Luhmann, Einführung in die Systemtheorie: 42–44.
41. Vgl. Samuelson/Nordhaus, Volkswirtschaftslehre: 107.
42. Vgl. a.a.O.: 105. So bereits Max Weber: »Und die allgemeinen Lehrsätze, welche die ökonomische Theorie aufstellt, sind lediglich Konstruktionen, welche aussagen, welche Konsequenzen das Handeln des einzelnen Menschen in seiner Verschlingung mit dem aller anderen erzeugen müsste, wenn jeder einzelne sein Verhalten zur Umwelt ausschließlich nach den Grundsätzen kaufmännischer Buchführung, also in diesem Sinn ›rational‹ gestalten würde. Dies ist bekanntlich keineswegs der Fall, und der empirische Ablauf derjenigen Vorgänge, zu deren Verständnis die Theorie geschaffen worden ist, zeigt daher nur eine, je nach dem konkreten Fall sehr verschieden große Annäherung an den theoretisch konstruierten Ablauf des strengen rationalen Handelns.« Weber, Die Grenznutzenlehre und das »psychosphysische Grundgesetz«: 394. Nach Weber hat diese Konstruktion darin ihre empirische Berechtigung, dass sich die Wirklichkeit immer mehr

diesem Ideal annähert, weil in der Moderne das rationale Handeln immer stärker in den Vordergrund trete.

43. Vgl. Samuelson/Nordhaus, Volkswirtschaftslehre: 129–135.
44. Vgl. Brodbeck, Die fragwürdigen Grundlagen der Ökonomie: 231.
45. Vgl. Fritz Söllner: Die Geschichte des ökonomischen Denkens, 2. Aufl. Berlin/Heidelberg 2001: 224–233.
46. Vgl. Bernd Ziegler: Geschichte des ökonomischen Denkens. Paradigmenwechsel in der Volkswirtschaftslehre, 2. Aufl. München 2008: 132.
47. Siehe oben Seite 36.
48. Vgl. Braun, Jenseits der Zielsteuerung: 177.
49. Jim Collins: Good to Great. Why Some Companies Make the Leap ... and Others Don't, New York 2001: 15.
50. Zur kritischen Auseinandersetzung mit diesem Trend vgl. Rosenzweig, Der Halo-Effekt.
51. Vgl. Kirchgässner, Homo Oeconomicus: 237f.
52. Vgl. Wöhe/Döring, Einführung in die Allgemeine Betriebswirtschaftslehre: 9f.
53. Gary S. Becker: Der ökonomische Ansatz zur Erklärung menschlichen Verhaltens, 2. Aufl. Tübingen 1993 [1976]: 7.
54. Vgl. Homann/Suchanek, Ökonomik.
55. A.a.O.: 388.
56. A.a.O.: 386.
57. A.a.O.: 389.
58. Vgl. a.a.O.: 392.
59. Vgl. a.a.O.: 374.
60. Vgl. a.a.O.: 379.
61. Vgl. a.a.O.: 381f.
62. Brodbeck, Die Herrschaft des Geldes: 949.
63. Vgl. Gary S. Becker: Human capital. A theoretical and empirical analysis, with special reference to education, Chicago 1957.
64. Becker, Der ökonomische Ansatz zur Erklärung menschlichen Verhaltens: 190.
65. Vgl.: Gary S. Becker: Human Capital, Effort, and the Sexual Division of Labor, in: JOLE Vol 3, No. 4, Part 2 (1/1985): 33–58.
66. Vgl. Becker, Der ökonomische Ansatz zur Erklärung menschlichen Verhaltens: 187–225.
67. Vgl. Gary S. Becker: Crime and Punishment: An Economic Approach, in: J Pol Econ 76 (1968): 169–217.
68. Becker, Der ökonomische Ansatz zur Erklärung menschlichen Verhaltens: 9.
69. Zur Kritik vgl. Kirchgässner, Homo Oeconomicus: 222; 305.
70. Vgl. a.a.O.: 97–128; 128–147.
71. Vgl. Stefan König: Wieder da: Die »große« Kronzeugenregelung, in: NJW 62 (2009): 2481–2484; Thomas Fischer: Ein Jahr Absprache-Regelung. Praktische Erfahrungen und gesetzlicher Ergänzungsbedarf, in: Zeitschrift für Rechtspolitik 43 (8/2010): 49–51.

72. Vgl. Schedler/Proeller, New Public Management: 47–50.
73. A.a.O.: 48.
74. Vgl. a.a.O.: 49.
75. Ebd.
76. Siehe oben Seite 72ff.
77. Vgl. Hartmut Esser: Soziologie. Spezielle Grundlagen, Band 5: Institutionen, Frankfurt am Main 2000; Göbel, Neue Institutionenökonomik.
78. Vgl. Göbel, Neue Institutionenökonomik: 174–176.
79. Vgl. oben Seite 61f.
80. Vgl. Eric Hanushek/Finis Welch (Hrsg.): Handbook of the Economics of Education. Band 1, Amsterdam 2006.
81. Vgl. etwa Ernst Buschor: Möglichkeiten und Grenzen der marktorientierten Führung von Bildungseinrichtungen, in: Manfred Bruhn/Manfred Kirchgeorg/Johannes Meier (Hrsg.): Marktorientierte Führung im wirtschaftlichen und gesellschaftlichen Wandel, Wiesbaden 2007: 283–297; Gundel Schümer/Manfred Weiß: Bildungsökonomie und Qualität der Schulbildung. Kommentar zur bildungsökonomischen Auswertung von Daten aus internationalen Schulleistungsstudien. URL http://www.gew.de/Binaries/Binary36403/GEW-Bioeko-web.pdf. – veröffentlicht: 2008 – Frankfurt am Main – Zugriffsdatum: 18.08.2008; Jochen Krautz: Ware Bildung. Schule und Universität unter dem Diktat der Ökonomie, 2. Aufl. München 2009.
82. Vgl. Kirchgässner, Homo Oeconomicus: 218.
83. Vgl. a.a.O.: 214.
84. Vgl. a.a.O.: 207f; Daniel Kahnemann/Amos Tversky (Hrsg.): Choice, Values and Frames. Cambridge 2000.
85. Vgl. Kirchgässner, Homo Oeconomicus: 154–168.
86. Vgl. a.a.O.: 208–211.
87. Vgl. a.a.O.: 171, Anm. 51.
88. Vgl a.a.O.: 169; 187.
89. Vgl. a.a.O.: 177–183.
90. Vgl. a.a.O.: 61.
91. Vgl. Homann/Suchanek, Ökonomik: 377f.
92. Vgl. Kirchgässner, Homo Oeconomicus: 46.
93. Vgl. a.a.O.: 183–192.
94. Vgl. a.a.O.: 192–200.
95. Vgl. Andreas Nissen: Gott und der Nächste im antiken Judentum, Tübingen 1974: 267–277. Nach jüdischer Vorstellung wird sogar das Gebot der Sabbatruhe durch die Pflicht zur Lebensrettung aufgehoben. Vgl. a.a.O.: 365.
96. »Die praktische Liebestätigkeit war wohl die stärkste Einzelursache für den missionarischen Erfolg des Christentums.« Henry Chadwick: Die Kirche in der antiken Welt, Berlin/New York 1972: 58.
97. Vgl. Jähnichen, Wirtschaftsethik: 38–45.
98. »Der freiheitliche, säkularisierte Staat lebt von Voraussetzungen, die er selbst nicht

garantieren kann.« Ernst Wolfgang Böckenförde: Staat, Gesellschaft, Freiheit. Studien zur Staatstheorie und zum Verfassungsrecht, Frankfurt am Main 1976: 291. Ähnlich argumentiert Julian Nida-Rümelin: Die Optimierungsfalle. Philosophie einer humanen Ökonomie, München 2011: 77 im Blick auf die Funktion der Ethik für das Wirtschaftsgeschehen.

99. Keen, Debunking Economics: 24.
100. Vgl. Reinhard Sippel: An experiment on the pure theory of consumer's behaviour, in: The Economic Journal 107 (1997), Nr. 444: 1421–1444.
101. Keen, Debunking Economics: 71.
102. Vgl.: Herbert Gintis/Samual Bowles/Robert Boyd/Ernst Fehr: Moral Sentiments and Material Interests. Origins, Evidence, and Consequences, in: Diess. (Hrsg.): Moral sentiments and material interests: The foundations of cooperation in economic life, Cambridge, MA 2005: 3–39; Samual Bowles: Microeconomics. Behavior, Institutions, and Evolution, Princeton, NJ/Oxford 2004.
103. Vgl. Gintis/Bowles/Boyd/Fehr, Moral Sentiments and Material Interests: 12.
104. Vgl. a.a.O.: 151; Kirchgässner, Homo Oeconomicus: 222.
105. Vgl. Gintis/Bowles/Boyd/Fehr, Moral Sentiments and Material Interests: 15–17.
106. Vgl. a.a.O.: 20–22.
107. Vgl. Ernst Fehrs/Urs Fischbacher: The Economics of Strong Reciprocity, in: Herbert Gintis/Samuel Bowles/Ernst Fehr (Hrsg.): Moral Sentiments and Material Interests: The Foundation of Cooperation in Economic Life, Cambrigde, MA/London 2005: 165.
108. Zur Problematik einer einseitigen Orientierung von Personalführungskonzepten am Ökonomischen Verhaltensmodell zur Motivation von Mitarbeitenden vgl. Göbel, Neue Institutionenökonomik: 349–351; Sumantra Ghoshal/Peter Moran: Bad Practice: A Critique of the Transaction Cost Theory, in: AMR 21 (1996): 13–47; Elinor Ostrom: Policies that Crowd out Reciprocity and Collective Action, in: Herbert Gintis/Samuel Bowles/Ernst Fehr (Hrsg.): Moral Sentiments and Material Interests: The Foundation of Cooperation in Economic Life, Cambrigde, MA/London 2005: 260f; Reinhard K. Sprenger: Mythos Motivation. Wege aus einer Sackgasse, 18. Aufl. Frankfurt am Main 2007.
109. Vgl. Ostrom, Policies that Crowd out Reciprocity and Collective Action: 260.
110. »In particular, for comperative static predictions of aggregate behavior, self-interest models may make empirically correct predictions because models with more complex motivational assumptions predict the same outcome. However, the evidence presented in this paper also shows the fundamental issues in economics and social sciences in general cannot be understood solely on the basis of the self-interest modell.« Fehrs/Fischbacher, The Economics of Strong Reciprocity: 183.
111. Vgl. Steven D. Levitt/Stephen J. Dubbner: Superfreakonomics. Global Cooling, Patriotic Prostitutes, And Why Suicide Bombers Should Buy Life Insurance, New York 2009: 120–123.
112. Axel Ockenfels: Fairneß, Reziprozität und Eigennutz, Tübingen 1999: 33.
113. Vgl. Homann/Suchanek, Ökonomik: 382.

114. Vgl. Milton Friedman: The metholdology of positive economics, Ders.: Essays in Positive Economics, Chicago 1953: 8.
115. Albert, Marktsoziologie und Entscheidungslogik: 114.
116. Vgl. a.a.O.: 24f.
117. Vgl. Keen, Debunking Economics: 158–174.
118. Vgl. a.a.O.: 203–269.
119. Ulrich, Integrative Wirtschaftsethik: 199.
120. Vgl. a.a.O.: 200, Anm. 96.
121. A.a.O.: 164.
122. Vgl. a.a.O.: 166.
123. A.a.O.: 167.
124. Siehe oben Seite 102.
125. Vgl. Karl Homann/Franz Blome-Drees: Wirtschafts- und Unternehmensethik, Göttingen 1992: 111.
126. Vgl. Samuelson/Nordhaus, Volkswirtschaftslehre: 56.
127. Peter Ulrich, Witschaftsethik: 184.
128. Ebd.
129. A.a.O.: 185.
130. Vgl. ebd.
131. Vgl. Hans Christoph Binswanger: Die Glaubensgemeinschaft der Ökonomen. Essays zur Kultur der Wirtschaft, München 1998: 54f.
132. Smith, The Theory of Moral Sentiment: 55f.
133. Binswanger, Die Glaubensgemeinschaft der Ökonomen: 56.
134. Brodbeck, Die fragwürdigen Grundlagen der Ökonomie: 70.
135. Nutzinger, Imperialistisches Sprachspiel: 259; vgl. auch die Satire von Alan Blinder: The economics of brushing teeth, in: JPE 82 (1974): 887–891.
136. Brodbeck, Die fragwürdigen Grundlagen der Ökonomie: 22.
137. Vgl. Carl Christian von Weizsäcker: Homo Oeconomicus Adaptivus. Die Logik des Handelns bei veränderlichen Präferenzen, in: Volker Caspari/Bertram Schefold (Hrsg.): Wohin steuert die ökonomische Wissenschaft? Ein Methodenstreit in der Volkswirtschaftslehre, Frankfurt am Main/New York 2011: 226.
138. Vgl. Brodbeck, Die fragwürdigen Grundlagen der Ökonomie: 53.
139. Vgl. Roger Stark/William S. Bainbride: The Future of Religion, Berkeley, CA 1985; Roger Stark/William S. Bainbride: A Theory of Religion, New York 1987; Laurence R. Iannaccone: Sacrifice and stigma. Reducing free-riding in cults, communes, and other collectives, Stanford 1989; R. Stephen Warner: Work in Progress toward a New Paradigm for the Sociological Study of Religion in the United States, in: AJS 98 (1993): 1044–1093; Lawrence Young (Hrsg.): Rational Choice Theory and Religion. London/New York 1997; Laurence R. Iannaccone: Introduction to the economics of religion, in: JEL 36 (1998): 1465–1495; Finke/Stark, The churching of America, 1776 – 2005; Brinitzer, Religion – eine institutionenökonomische Analyse.
140. Vgl. Finke/Stark, The churching of America, 1776 – 2005: 249–251.
141. Vgl. ebd.

142. Detlef Pollack/Daniel V. A. Olson (Hrsg.): The role of religion in modern societies. New York, NY 2008: 11.
143. Zur Kritik der Rational-Choice-Theory: Grace Davie: The sociology of religion, London 2007: 67–88; Steve Bruce: Choice and religion. A critique of rational choice theory, Oxford 1999; Pollack/Olson (Hrsg.), The role of religion in modern societies: 1–21; Pollack, Rückkehr des Religiösen?: 35–44.
144. Philip S. Gorski/Ates Altinordu: After Secularization?, in: Annu. Rev. Sociol. 34 (2008): 58.
145. Vgl. dazu Thomas Luckmann: Die unsichtbare Religion, Frankfurt am Main 1991. Einen zusammenfassenden Überblick über die verschiedenen Hypothesen der Individualisierungstheorie bietet Pollack, Rückkehr des Religiösen?: 44–59.
146. Vgl. Thomas Luckmann: Über die Funktion von Religion, in: Peter Koslowski (Hrsg.): Die religiöse Dimension der Gesellschaft, Tübingen 1985: 29f.
147. Vgl. Karle, Kirche im Reformstress: 17–20.
148. Vgl. Pollack, Rückkehr des Religiösen?: 140.
149. A.a.O.: 141.
150. Vgl. a.a.O. 142f.
151. Vgl. Detlef Pollack: Säkularisierung – ein moderner Mythos? Studien zum religiösen Wandel in Deutschland, Tübingen 2003: 181f.
152. Grace Davie: Religion in Britain since 1945. Believing without belonging, Oxford 1994.
153. Vgl. Pollack, Rückkehr des Religiösen?: 190f.
154. Steve Bruce: God is Dead. Secularization in the West, Oxford 2002: 203.
155. Vgl: Mark Chaves/Philip S. Gorski: Religious Pluralism and Religious Participation, in: Annu. Rev. Sociol. 27 (2001): 261–281; Bruce, Choice and religion: 58f.
156. Vgl. Markus Hero/Volkhard Krech/Helmut Zander (Hrsg.): Religiöse Vielfalt in Nordrhein-Westfalen. Empirische Befunde und Perspektiven der Globalisierung vor Ort, Gütersloh 2008; Markus Hero: Jahrmarkt der Religionen. In: Wissenschaftsmagazin Rubin der Ruhr-Universität Bochum. URL http://www.ruhr-uni-bochum.de/rubin/rubin-herbst-07/pdf/facetten6.pdf. – veröffentlicht: Herbst 2007 – Bochum – Zugriffsdatum: 22.03.2010.
157. Vgl.: Bruce, Choice and religion: 58–88.
158. Vgl. http://www.gallup.com/poll/141044/Americans-Church-Attendance-Inches-2010.aspx (abgerufen am 13.09.2012).
159. Vgl. Mark Chaves/Kirk C. Hadaway/Penny Long Marler: Was the Polls don't show. A Closer Look at U.S. Church Attendance, in: ASocRev 58 (1993): 741–752; Stanley Presser/Linda Stinson: Data collection mode and social desirablitiy bias in self-reported religious attendance, in: ASocRev 63 (1998): 137–145; Olson, The American church in crisis: 29.
160. Vgl. Barry A. Kosmin/Ariela Keysar: American Religious Identification Survey (ARIS 2008). Summary Report. URL http://www.americanreligionsurvey-aris.org/reports/ARIS_Report_2008.pdf. – veröffentlicht: 2009 – Hartford, CT – Zugriffsdatum: 14.03.2010. Zählt man diejenigen dazu, die nicht auf die Frage

nach ihrer religiösen Zugehörigkeit geantwortet haben, kommt man sogar auf 20 %, ein Wert, der in die Nähe westdeutscher Verhältnisse kommt.

161. Eine ausführliche Analyse findet sich bei Chaves, American Religion.
162. Vgl. Pollack/Olson (Hrsg.), The role of religion in modern societies: 12 mit Hinweis auf entsprechende Studien.
163. A.a.O.:11.
164. Karle, Kirche im Reformstress: 41f.
165. Ausführlich dazu vgl. Tarek Mitri: In Gottes Namen? Politik und Religion in den USA, Frankfurt am Main 2005.
166. Pollack/Olson (Hrsg.), The role of religion in modern societies: 11.
167. Vgl. Robert N. Bellah: Civil Religion in America, in: Dædalus 96, No. 1: Religion in America (Winter 1967): 1–21.
168. Etwa der Satz »In God we trust« in der vierten Strophe der Nationalhymne und auf amerikanischen Münzen, die Vielzahl religiöser Symbole auf Dollarnoten, das »one nation under God« im pledge of alligance oder der häufig als Abschluss politischer Reden zu hörende Satz »God bless America«.
169. Vgl. Christoph Titz/Carola Padtberg: Asyl für Schulverweigerer. Fundi-Christen feiern Sieg über »peinliches Deutschland«. URL http://www.spiegel.de/schulspiegel/wissen/0,1518,674309,00.html. – veröffentlicht: 27.01.2010 – Hamburg.
170. Vgl. Pollack/Olson (Hrsg.), The role of religion in modern societies: 11.
171. Vgl. Ebd.
172. Siehe oben Seite 72.
173. Vgl. Bielitz/Hafa, Gemeinsame Eckdaten der Finanzentwicklung der evangelischen Kirche: 309; Rupp, Verwaltungsmodernisierung in der Kirche: 49f.
174. Siehe oben Seite 22–25ff.
175. Privatisierung diakonischer Einrichtungen mit Ausstieg aus kirchlichen Tarifen, Kürzung kirchlicher Angestelltentarife, Streichung von Weihnachts- und Urlaubsgeld, Besoldungskürzungen in den ersten Amtsjahren, Verschiebung oder Streichung von Besoldungsstufen usw.
176. Vgl. Seite 113ff.
177. Vgl. Ostrom, Die Verfassung der Allmende; Silke Helfrich/Heinrich-Böll-Stiftung (Hrsg.): Wem gehört die Welt? Zur Wiederentdeckung der Gemeingüter. URL http://www.boell.de/downloads/economysocial/Netzausgabe_Wem_gehoert_die_Welt.pdf. – veröffentlicht: 2009 – München – Zugriffsdatum: 22.08.2012.
178. Vgl. Hölscher, Geschichte der protestantischen Frömmigkeit in Deutschland: 96f.
179. A.a.O.: 97.
180. Vgl. Friedrich Paulsen: Aus meinem Leben. Jugenderinnerungen, Jena 1909: 30f.
181. Vgl. dazu Reiner Preul: Kirchentheorie. Wesen, Gestalt und Funktionen der evangelischen Kirche, Berlin 1997: 20–23.
182. So auch Hauschildt, Ist die Kirche ein Unternehmen?: 521–523; Karle, Kirche im Reformstress: 143–155.

183. Thomas, 10 Klippen auf dem Reformkurs der Evangelischen Kirche in Deutschland: 366.
184. Vgl. Claudia Schulz: Milieuspezifische Profilierung von Ortsgemeinden. Umgemeindung in der Bremischen Evangelischen Kirche als Modell für mehr Beteiligung und Kirchenbindung?, in: PTh 94 (2005): 344.
185. In Hannover beträgt die Anzahl der Personalgemeindemitglieder 2 %, in Hamburg 6 %, in Bremen 14,3 %. Vgl. ebd.
186. Vgl. a.a.O.: 348.
187. »Entscheidend sind die sozialen Beziehungen, nicht das Angebot auf dem Markt.« Karle, Kirche im Reformstress: 60.
188. Vgl. Schulz, Milieuspezifische Profilierung von Ortsgemeinden: 357.
189. In diese Richtung deutet etwa die Selbstauskunft einer Kirchengemeinde in Hamburg hin, sie habe ihr Wachstum vor allem durch Umgemeindungen erzielt und werde von anderen Gemeinden als der »kirchliche FC Bayern München« bezeichnet. Vgl. Härle/Augenstein/Rolf/Siebert, Wachsen gegen den Trend: 139.
190. Vgl. Hild (Hrsg.), Wie stabil ist die Kirche?: 14–17.
191. Vgl. Pollack, Worauf die Bindung an die Kirche beruht: 81–86; Hauschildt, Zur Analyse wachsender Gemeinden: 413f.
192. Vgl. Detlef Pollack: Formen individueller Bindung an die Kirche und Grenzen kirchenreformerischen Handelns. Untersucht am Beispiel der evangelischen Kirche in Deutschland, in: Isolde Karle (Hrsg.): Kirchenreform. Interdisziplinäre Perspektiven, Berlin 2009: 185–187.
193. Vgl. Sekretariat der Deutschen Bischofskonferenz (Hrsg.): Katholische Kirche in Deutschland. Statistische Daten 2010, Bonn 2011.
194. Vgl. Pollack, Worauf die Bindung an die Kirche beruht: 81.
195. Vgl. Davie, The sociology of religion: 86f.
196. Siehe oben Seite 27.
197. Vgl. Benno Torgler: Wirtschaftspolitische Erkenntnisse aus der Steuermoralforschung, in: Christoph A. Schaltegger/Stefan C. Schaltegger (Hrsg.): Perspektiven der Wirtschaftspolitik. Festschrift zum 65. Geburtstag von Prof. Dr. René L. Frey, Zürich 2004: 167f. mit Hinweisen auf entsprechende Studien und einer Zusammenfassung ihrer Ergebnisse.
198. Vgl. Damberg/Oehmen-Vieregge/Tripp, Wie demokratisch kann Kirche sein?: 501.
199. Vgl. Reiner Preul: Kirche als Unternehmen, in: Wilhelm Gräb/Birgit Weyel (Hrsg.): Handbuch Praktische Theologie, Gütersloh 2007: 561.
200. Ebd.
201. Vgl. Hansjörg Lehner/Georg Meran/Joachim Möller: De Statu Corruptionis. Eintscheidungslogische Einübungen in die Höhere Amoralität, Konstanz 1980; Knock Knock Who's There Inc.: The Savvy Convert's Guide to Choosing a Religion, Venice, CA 2008.
202. Vgl. Jörg Stolz: Kirchen im Wettbewerb. Religiöse und säkulare Konkurrenz in der modernen Gesellschaft, in: Cla Reto Famos/Ralph Kunz (Hrsg.): Kirche

und Marketing. Beiträge zu einer Verhältnisbestimmung, Zürich 2006: 95–116.

203. So Peter Barrenstein: Überlegungen aus empirisch-praktischer Sicht, in: Kirchenamt der EKD (Hrsg.): Der Beitrag der Theologie in den gegenwärtigen kirchlichen Herausforderungen. Dokumentation eines Symposions der Evangelischen Kirche in Deutschland (Wuppertal, 23.-25. Januar 2009), Hannover 2009: 13.
204. Kirchenamt der EKD (Hrsg.), Kirche der Freiheit: 27.
205. Kenneson/Street, Selling out the Church: 34.
206. Vgl. Huber/Friedrich/Steinacker (Hrsg.), Kirche in der Vielfalt der Lebensbezüge: 451.
207. Vgl. a.a.O.: 483.
208. Vgl. Rut von Giesen: Ökonomie der Kirche? Zum Verhältnis von theologischer und betriebswirtschaftlicher Rationalität in praktisch-theologischer Perspektive, Stuttgart 2009: 249.
209. Vgl. Karle, Kirche im Reformstress: 136–143.
210. »Pfarrer und Pfarrerinnen überschreiten in ihrer Tätigkeit andauernd soziale Grenzen.« Manfred Josuttis: Die Einführung in das Leben. Pastoraltheologie zwischen Phänomenologie und Spiritualität, Gütersloh 1996: 36; »Pfarrer bewegen sich häufig in verschiedenen Milieus, Rollen und Wertsystemen.« Herbert Pachmann: Pfarrer sein. Ein Beruf und eine Berufung im Wandel, Göttingen 2011: 72.
211. Vgl. Karle, Kirche im Reformstress: 191; Thomas, 10 Klippen auf dem Reformkurs der Evangelischen Kirche in Deutschland: 364, Anm. 4, 366, 378.

D. Zum Verhältnis religiöser und ökonomischer Rationalität

1. Im Detail siehe dazu unten Seite 148ff.
2. Kirchenamt der EKD (Hrsg.), Kirche der Freiheit: 33.
3. Martin Schinderhütte: Theologische Überlegungen zum Thema Personalentwicklung. Referat auf der Tagung der Ev. Akademie Loccum zum Thema »Personalentwicklung und Leitungsaufgaben in den Landeskirchen« vom 3. bis 5. September 2003. URL http://www.evlka.de/jahresgespraeche/intern/getBin.php3?id=12. – veröffentlicht: 3.9.2003 – Loccum – Zugriffsdatum: 03.09.2003: 6.
4. »Oft [wird] der institutionskritische Anteil des Kirchenverständnisses Luthers in protestantischen Kirchentheorien stark wahrgenommen, nicht jedoch sein funktionales Organisationsverständnis.« Müller-Weissner, Chef sein im Haus des Herrn: 23f.
5. Vgl. Ulrich Haltern: Europarecht und das Politische, Tübingen 2005: 270, Anm. 154 und 155.
6. Vgl. a.a.O.: 270f, Anm. 156.
7. Eberhard Jüngel: Gewinn im Himmel und auf Erden. Theologische Betrachtungen zum Streben nach Gewinn, in: ZthK 94 (1997): 546.

8. »Auf, mach uns einen Gott, der vor uns hergehe! Denn wir wissen nicht, was diesem Mann Mose widerfahren ist, der uns aus Ägyptenland geführt hat [...] Und sie standen früh am Morgen auf und opferten Brandopfer und brachten dazu Dankopfer dar. Danach setzte sich das Volk, um zu essen und zu trinken, und sie standen auf, um ihre Lust zu treiben.« (2. Mose 32,1.6).
9. »Trachtet vielmehr nach seinem Reich, so wird euch das alles zufallen [...] Verkauft, was ihr habt, und gebt Almosen. Macht euch Geldbeutel, die nicht veralten, einen Schatz, der niemals abnimmt, im Himmel, wo kein Dieb hinkommt, und den keine Motten fressen. Denn wo euer Schatz ist, da wird auch euer Herz sein« (Lk 12,31.33f).
10. Vgl. Jähnichen, »Kirche, Geld und Seelenheil«: 512.
11. Hans-Martin Barth: Verschwenden. Eine theologische Kategorie?, in: PTh 79 (1990): 512.
12. Vgl. Hans Weder: Die Gleichnisse Jesu als Metaphern. Traditionsgeschichtliche Analysen und Interpretationen, 4. Aufl. Göttingen 1990 [1978]: 138–142.
13. Ulrich Luz: Die Kirche und ihr Geld im Neuen Testament, in: Wolfgang Lienemann (Hrsg.): Die Finanzen der Kirche. Studien zu Struktur, Geschichte und Legitimation kirchlicher Ökonomie, München 1989: 552.
14. Ebd.
15. Klaus Thraede: Die Kirche und ihr Geld im Neuen Testament, in: Wolfgang Lienemann (Hrsg.): Diakonie und Kirchenfinanzen im Frühchristentum, München 1989: 566.
16. Luz, Die Kirche und ihr Geld im Neuen Testament: 535.
17. Vgl. Lk 10,7; Mt 10,10; 1. Kor 9,5–14; 2. Kor 11,7f; 1. Tim 5,18.
18. Vgl. Hans Liermann: Abgaben, in: Theologische Realenzyklopädie, Band 1 (Aar-Age), Berlin 1977: 330–335.
19. Vgl. Wolfgang Lienemann: Die Bedeutung des spätmittelalterlichen Armutsstreites für theologische Kriterien der kirchlichen Ökonomie, in: Ders. (Hrsg.): Diakonie und Kirchenfinanzen im Frühchristentum, München 1989: 574–601.
20. Karl-Friedrich Wiggermann: Gottesdienst im lutherischen Kontext, in: Hans-Christoph Schmidt-Lauber/Karl-Heinrich Bieritz (Hrsg.): Handbuch der Liturgik. Liturgiewissenschaft in Theologie und Praxis der Kirche, 2. Aufl. Leipzig 1995: 151.
21. Vgl. Martin Brecht: Martin Luther, Erster Band: Sein Weg zur Reformation 1483–1521, 2. Aufl. Stuttgart 1983: 173–181.
22. BSLK: 459.
23. »Es wird auch gelehrt, daß alle Zeit musse eine heilige christliche Kirche sein und bleiben, welche ist die Versammlung aller Glaubigen, bei welchen das Evangelium rein gepredigt und die heiligen Sakrament lauts des Evangelii gereicht werden.« BSLK: 61.
24. »Und es ist nicht not zu wahrer Einigkeit der christlichen Kirche, daß allenthalben gleichförmige Ceremonien, von den Menschen eingesetzt, gehalten werden«. Ebd.
25. BSLK: 69.

26. WA 19,75.
27. WA 19,78.
28. Kleiner Katechismus, BSLK: 506.
29. Martin Brecht: Martin Luther, Zweiter Band: Ordnung und Abgrenzung der Reformation 1521–1531, Stuttgart 1986: 254.
30. Vgl. a.a.O.: 256.
31. Vgl. a.a.O.: 258.
32. A.a.O.: 254.
33. WA 26,195–240.
34. Christoph Strohm: Ius divinum und ius humanum. Reformatorische Begründung des Kirchenrechts, in: Gerhard Rau/Hans-Richard Reuter/Klaus Schlaich (Hrsg.): Das Recht der Kirche. Band II: Zur Geschichte des Kirchenrechts, Gütersloh 1995: 116.
35. Dorothea Wendebourg: Der lange Schatten des Landesherrlichen Kirchenregiments, in: ZThK 100 (2003): 439.
36. Campenhausen, Kirchenrecht und Kirchenpolitik: 28.
37. Jürgen Roloff: Die Torheit des Kreuzes und die Weisheit der Personalentwicklung. URL http://www.aufbruch-gemeinde.de/download/roloff.pdf. – veröffentlicht: 15.06.2002 – Hof – Zugriffsdatum: 07.12.2011: 4.
38. Falk Wagner: Geld oder Gott? Zur Geldbestimmheit der kulturellen und religiösen Lebenswelt, Stuttgart 1985: 7.
39. Greschat, Kirchliche Zeitgeschichte: 77.
40. »Aber die Möglichkeit, die Leitung der Kirche kirchenrechtlich dem Landesherrn im Blick auf das Kirchentum zu überlassen, konnte auch zur Suspendierung der praktisch-theologischen Problematik führen.« Henning Schöer: Kybernetik, in: Theologische Realenzyklopädie, Band 20 (Kre-Leo), Berlin 1990: 358.
41. Campenhausen, Kirchenrecht und Kirchenpolitik: 34.
42. Rudolph Sohm: Kirchenrecht, Band 1: Die geschichtlichen Grundlagen, München/Leipzig 1892: 700.
43. Hölscher, Geschichte der protestantischen Frömmigkeit in Deutschland: 99.
44. A.a.O.: 97.
45. Johann Gottlieb Fichte: Das System der Sittenlehre nach den Prinzipien der Wissenschaftslehre (1798), Hamburg 1995: 346.
46. Friedrich Schleiermacher: Die praktische Theologie nach den Grundsätzen der evangelischen Kirche. Aus Schleiermachers handschriftlichem Nachlasse und nachgeschriebenen Vorlesungen herausgegeben von Jacob Frerichs, Berlin 1850.
47. Zum geschichtlichen Hintergrund des Wirkens von Friedrich Schleiermacher vgl. Wilhelm Gräb: Praktische Theologie als Theorie der Kirchenleitung: Friedrich Schleiermacher, in: Christian Grethlein/Michael Meyer-Blanck (Hrsg.): Geschichte der Praktischen Theologie: dargestellt an ihren Klassikern, Leipzig 1999: 70–87.
48. Friedrich Schleiermacher: Kurze Darstellung des theologischen Studiums zum Behuf einleitender Vorlesungen (1811/1830). hrsg. von Dirk Schmid, Berlin/New York 2002: § 260, S. 232.

49. Ausführlich vgl. Christoph Dinkel: Kirche gestalten – Schleiermachers Theorie des Kirchenregiments, Berlin/New York 1996.
50. Schleiermacher, Praktische Theologie: 40.
51. Vgl. a.a.O.: 470.
52. A.a.O.: 532.
53. A.a.O.: 550.
54. Vgl. a.a.O.: 547–550.
55. Vgl. a.a.O.: 548.
56. A.a.O.: 549.
57. Vgl. a.a.O.: 550.
58. Ebd.
59. Klaus Scholder: Die Kirchen und das Dritte Reich. Band 1: Vorgeschichte und Zeit der Illusionen 1918–1934, Frankfurt am Main/Berlin 1986 [1977]: 40.
60. Vgl. a.a.O.: 277–742.
61. Eberhard Busch: Die Barmer Thesen 1934–2004, Göttingen 2004: 50.
62. Wendebourg, Der lange Schatten des Landesherrlichen Kirchenregiments. In ZThK 100 (2003): 420–465.
63. Grundordnung der Evangelischen Landeskirche in Baden (Grundordnung – GO) vom 28. April 2007 (GVBl. S. 81), Artikel 7.
64. Barth, Elemente und Typen landeskirchlicher Leitung: 73.
65. Vgl. a.a.O.: 80.
66. Vgl. ebd.
67. Campenhausen, Kirchenrecht und Kirchenpolitik: 38.
68. Huber/Friedrich/Steinacker (Hrsg.), Kirche in der Vielfalt der Lebensbezüge: 483.
69. Müller-Weißner, Chef sein im Hause des Herrn.: 42.
70. Manfred Josuttis: Der Pfarrer ist anders. Aspekte einer zeitgenössischen Pastoraltheologie, 3. Aufl. München 1987: 38.
71. Vgl. Müller-Weissner, Chef sein im Haus des Herrn: 15; Pachmann, Pfarrer sein: 226.
72. Ebd.
73. A.a.O.: 33.
74. Axel Freiherr von Campenhausen: Kirchenleitung, in: ZEvKR 29 (1984): 30.
75. A.a.O.: 31.
76. Ebd.
77. Ebd.
78. Hans Dombois: Grundlagen und Grundzüge der Kirchenrechtslehre, in: Georg Picht/Enno Rudolph (Hrsg.): Theologie – was ist das?, Stuttgart 1977: 261.
79. Müller-Weissner, Chef sein im Haus des Herrn: 40.
80. Vgl. Famos, Kirchliches Marketing als Thema der Praktischen Theologie: 26.
81. Dietrich Rössler: Grundriß der Praktischen Theologie, Berlin/New York 1986: 460.
82. Gerd Otto: Grundlegung der Praktischen Theologie, München 1986.
83. Christian Möller: Einführung in die Praktische Theologie, Tübingen 2004.

84. Godwin Lämmermann: Einleitung in die Praktische Theologie. Handlungstheorien und Handlungsfelder, Stuttgart/Berlin/Köln 2001: 167.
85. Christian Grethlein: Praktische Theologie, Berlin/Boston 2012: 137.
86. Vgl. a.a.O.: 99–136.
87. Vgl. a.a.O.: 357–378.
88. Vgl. a.a.O. 451–461.
89. Vgl. a.a.O.: 378–455f, 469–472, 484f.
90. Vgl. a.a.O.: 69.
91. A.a.O.: 410.
92. Vgl. a.a.O.: 413.
93. Vgl. a.a.O.: 413f.
94. Vgl. Schöer, Kybernetik.
95. Vgl. Michael Meyer-Blanck: Gemeindeleitung. Kybernetik/Soziale Systeme/Leitbilder/Leitungsstrukturen, in: Wilhelm Gräb/Birgit Weyel (Hrsg.): Handbuch Praktische Theologie, Gütersloh 2007: 509.
96. Vgl. Preul, Kirche als Unternehmen: 560.
97. Vgl. Breitenbach, Gemeinde leiten; Bernhard Petry: Leiten in der Ortsgemeinde. Allgemeines Priestertum und kirchliches Amt – Bausteine einer Theologie der Zusammenarbeit, Gütersloh 2001.
98. Vgl. Preul, Kirchentheorie; Reiner Preul: Was bedeutet die kirchentheoretische These: Kirche wird durch die Auslegung ihrer Lehre geleitet?, in: Klaus Grünwaldt/Udo Hahn (Hrsg.): Profil – Bekenntnis – Identität. Was die lutherische Kirche prägt, Hannover 2003: 69–97; Reiner Preul: Kirchenleitung nach evangelischem Verständnis, in: Knuth Kammholz/Henning Kiene/Redlef Neubert-Stegemann/Gerhard Ulrich (Hrsg.): solo verbo. Festschrift für Bischof Dr. Hans Christian Knuth, Kiel 2008: 311–321; Jan Hermelink: Praktische Theologie der Kirchenmitgliedschaft. Interdisziplinäre Untersuchungen zur Gestaltung kirchlicher Beteiligung, Göttingen 2000; Jan Hermelink: Pastorales Wirken im Spannungsfeld von Organisation, Person und ›geistlicher‹ Darstellung, in: PTh 97 (2008): 384–403; Hermelink, Kirchliche Organisation und das Jenseits des Glaubens.
99. Hans-Richard Reuter: Botschaft und Ordnung. Beiträge zur Kirchentheorie, Leipzig 2009: 19.
100. Vgl. Johannes Haeckel: Lex Charitatis, Köln/Wien 1953; Hans Dombois: Das Recht der Gnade. Ökumenisches Kirchenrecht, Band 1, Witten 1961; Erik Wolf: Ordnung der Kirche. Lehr- und Handbuch des Kirchenrechts auf ökumenischer Basis, Band 1, Frankfurt am Main 1960.
101. Hans-Richard Reuter: Der Begriff der Kirche in theologischer Sicht. Ekklesiologische Überlegungen, Ders.: Botschaft und Ordnung. Beiträge zur Kirchentheorie, Leipzig 2009 [1997]: 26.
102. Dietrich Pirson spricht davon, dass »ein systematisches und einigermaßen konsensfähiges Konzept eines spezifischen Kirchenrechtsverständnisses nicht erkennbar geworden« ist. Dietrich Pirson: Kirchenrecht, in: Evangelisches Kirchenlexikon, Band 2 (G–K), 3. Aufl. Göttingen 1989: 167.

103. Trutz Rendtorff: Ethik. Grundelemente, Methodologie und Konkretionen einer ethischen Theologie, 3. Aufl. Tübingen 2011 [1980/81]: 362, 364. Siehe auch Hermelink, Kirchliche Organisation und das Jenseits des Glaubens: 106–108.
104. Vgl. Jähnichen, Wirtschaftsethik: 80.
105. Nutzinger, Imperialistisches Sprachspiel.
106. Vgl. Norbert Mette/Hermann Steinkamp: Sozialwissenschaften und Praktische Theologie, Düsseldorf 1983: 166–172. Siehe auch Giesen, Ökonomie der Kirche?: 188–196.
107. Mette/Steinkamp, Sozialwissenschaften und Praktische Theologie: 168.
108. A.a.O.: 169.
109. Siehe oben Seite 153ff.
110. Vgl. Rössler, Grundriß der Praktischen Theologie: 14.
111. Vgl. Nikomachische Ethik VI 3–5. Näheres bei Friederike Rese: Praxis und Logos bei Aristoteles, Tübingen 2003: 51–58.
112. Vgl. Friedrich Schleiermacher: Ethik (1812/13) mit späteren Fassungen der Einleitung, Güterlehre und Pflichtenlehre, 2. Aufl., Hamburg 1990: 263f; Dinkel, Kirche gestalten – Schleiermachers Theorie des Kirchenregiments: 88.
113. Schleiermacher, Praktische Theologie: 132.
114. A.a.O.: 216.
115. A.a.O.: 43.
116. Karl Barth: Predigten 1920, Zürich 2005: 77f.
117. Hermelink, Die Freiheit des Glaubens und die kirchliche Organisation.
118. A.a.O.: 55.
119. Vgl. Karle, Das Ende der Gemütlichkeit?: 333f.
120. Vgl. Preul, Kirchentheorie: 6; Preul, Was bedeutet die kirchentheoretische These: Kirche wird durch die Auslegung ihrer Lehre geleitet?: 72–76; Preul, Kirche als Unternehmen: 557.
121. Vgl. Preul, Was bedeutet die kirchentheoretische These: Kirche wird durch die Auslegung ihrer Lehre geleitet?: 73.
122. A.a.O.: 75.
123. Vgl. Preul, Kirche als Unternehmen: 557.
124. Vgl. Udo Sträter: Meditation und Kirchenreform in der lutherischen Kirche des 17. Jahrhunderts, Tübingen 1995.
125. Vgl. Hölscher, Geschichte der protestantischen Frömmigkeit in Deutschland; Traugott Jähnichen: Die Parallelität von gesellschafts- und kirchenreformerischen Diskursen im 20. Jahrhundert. Ein Beispiel für die Zeitgeistanfälligkeit des deutschen Protestantismus?, in: Isolde Karle (Hrsg.): Kirchenreform. Interdisziplinäre Perspektiven, Berlin 2009: 81–96.
126. Zweite Vorrede zur Johannes-Offenbarung (1530) DB 7, 418.
127. Christian Möller: Lehre vom Gemeindeaufbau. Band 2: Durchblicke, Einblicke, Ausblicke, Göttingen 1990: 270
128. A.a.O.: 271
129. Karl Barth: Die Kirchliche Dogmatik IV/1. Die Lehre von der Versöhnung, Zürich 1960: 729f.

130. A.a.O.: 730.
131. Ebd.
132. Ebd.
133. Vgl. Kirchenamt der EKD (Hrsg.), Kirche der Freiheit: 45.
134. Ebd.
135. Vgl. Wolfgang Nethöfel: Gebet und Controlling. Die Chancen des Unternehmens Kirche, in: Arnd Brummer/Wolfgang Nethöfel (Hrsg.): Vom Klingelbeutel zum Profitcenter. Strategien und Modelle für das Unternehmen Kirche, Hamburg 1997: 20.
136. Vgl. Siegfried Klostermann: Verkündet es von den Dächern. Vom Sinn kirchlichen Marketings, in: Steffen W. Hillebrecht (Hrsg.): Kirchliches Marketing, Paderborn 1997: 20.
137. Ebd; Martin Thomé: Unternehmen Orientierung. Probleme und Perspektiven eines Jahrtausendprojektes, in: Martin Thomé/Manfred Becker-Huberti (Hrsg.): Theorie Kirchenmanagement. Potentiale des Wandels; Analysen – Positionen – Ideen, Bonn 1998: 14; Manfred Becker-Huberti: Wie Paulus auf dem Markt? Marketing – eine zukunftsfähige Pastoralstrategie?, in: Martin Thomé/Manfred Becker-Huberti (Hrsg.): Theorie Kirchenmanagement. Potentiale des Wandels; Analysen – Positionen – Ideen, Bonn 1998: 177–188.
138. Vgl. Dargel, Management kirchlichen Wandels: 279.
139. Vgl. Nethöfel, Unternehmen Kirche?: 61; Kirche der Freiheit: 2; Bischofberger/Belok (Hrsg.), Kirche als pastorales Unternehmen: 66.; Halfar/Borger, Kirchenmanagement: 33; Kirchenamt der EKD (Hrsg.), Leitfaden zur Zielorientierung und zum Berichtswesen für die Outputorientierung: 6.
140. Vgl. Kenneson/Street, Selling out the Church: 40–47.
141. Vgl. Sabine M. Krüger: Kirche und Marketing (Abschnitt 5–2.2.), in: Peter Braun (Hrsg.): Unternehmen Kirche. Organisationshandbuch für Pfarrer und Gemeinden, Band 1, Stadtbergen 1998: 15.
142. Vgl. Hans Raffée: Kirchenmarketing – die Vision und Wirklichkeit, in: Arbeitskreis Evangelischer Unternehmer in Deutschland (Hrsg.): Marketing – Irrweg oder Gebot der Vernunft? Vom Nutzen des Marketing für die Kirche, Karlsruhe 1998: 19f.
143. Famos, Kirche zwischen Auftrag und Bedürfnis: 189.
144. Patzen, Führung von evangelisch-reformierten Kirchgemeinden: 10.
145. Preul, Kirche als Unternehmen: 556.
146. Vgl. Kenneson/Street, Selling out the Church: 44f.
147. Siehe oben Seite 101.
148. A.a.O.: 49. Siehe auch Jähnichen, »Kirche, Geld und Seelenheil«: 229; Bo Kiristian Holm: Gabe und Geben bei Luther. Das Verhältnis zwischen Reziprozität und reformatorischer Rechtfertigungslehre, Berlin 2006: 218–237.
149. Vgl. Fleßa/Jähnichen, Auf dem Weg zu einer »Kirchenbetriebslehre«: 206.
150. Vgl. Hermelink, Kameraden, Klienten oder Kunden? Die Adressaten des kirchlichen Handelns: 97.

151. Ebd.
152. Gräb-Schmidt, Die Kirche ist kein Unternehmen!: 72.
153. Vgl. Samuelson/Nordhaus, Volkswirtschaftslehre: 66–68.
154. Vgl. Markus Schneider: Zwischen Geld und Güte. Finanzmaßnahmen in einer Kirche der Güte: von Möglichkeiten und Unmöglichkeiten, Tübingen 2001.
155. Röm 12,13; Did 12,1–4.
156. Vgl. 1. Kor. 16,1.2; 2. Kor. 9,12.
157. Vgl. Apg 2,44.45; 4, 34–37; Did 5,4–8.
158. Vgl. Apg 18,13; 2. Kor. 11, 8.9; Did 11,4–6.
159. Vgl. z. B. die Klosterkammer Hannover, die Brauerei des Klosters Andechs oder die Reederei »Lutheran Shipping« der ELCPNG.
160. Vgl. Liermann, Abgaben: 333–335.
161. Vgl. Schneider, Zwischen Geld und Güte: 281–283.
162. Vgl. WA 7,25f. Nr. 12.
163. Vgl. Wagner, Geld oder Gott?: 98.
164. Vgl. Davie, The sociology of religion: 141f.
165. Vgl.: http://www.st-marien-luebeck.de/index.php/oeffnungszeiten.html (abgerufen am 13.09.2012).
166. Vgl. http://www.westminster-abbey.org/visit-us/entry-charges (abgerufen am 13.09.2012).
167. Vgl. http://www.berlinerdom.de/content/view/13/92/lang,de (abgerufen am 13.09.2012).
168. Vgl. Raffée, Kirchenmarketing – die Vision und Wirklichkeit: 15 [kursiv C.M.].
169. Vgl. Michael Herbst: Kirche wie eine Behörde verwalten oder wie ein Unternehmen führen? Zur Theologie des Spirituellen Gemeindemanagements, in: Hans-Jürgen Abromeit/Kristin Butzer-Strothmann (Hrsg.): Spirituelles Gemeindemanagement. Chancen – Strategien – Beispiele, Göttingen 2001: 93.
170. Vgl. Lindner, Kirche am Ort: 33.
171. Vgl. Kristin Butzer-Strothmann: Muss Marketing vor der Kirchentür Halt machen? Spirituelles Gemeindemanagement aus betriebswirtschaftlicher Sicht, in: Hans-Jürgen Abromeit/Kristin Butzer-Strothmann (Hrsg.): Spirituelles Gemeindemanagement. Chancen – Strategien – Beispiele, Göttingen 2001: 34.
172. Ebd.
173. Raffée, Kirchenmarketing – die Vision und Wirklichkeit: 15.
174. Vgl. a.a.O.: 14.
175. Vgl. Herbst, Kirche wie eine Behörde verwalten oder wie ein Unternehmen führen?: 90–92.
176. Vgl. Preul, Kirche als Unternehmen: 557.
177. Kenneson/Street, Selling out the Church: 34.
178. Vgl. Kirchenamt der EKD (Hrsg.), Kirche der Freiheit: 32.
179. Ebd.
180. A.a.O.: 48, 49, 53, 59, 63, 67, 71, 77, 81, 85, 89, 93, 97.
181. Vgl. Peter Barrenstein, Überlegungen aus empirisch-praktischer Sicht, in: Kir-

chenamt der EKD (Hrsg.), Der Beitrag der Theologie in den gegenwärtigen kirchlichen Herausforderungen: 13.

182. Vgl. Dieter K. Tscheulin/Martin Dietrich: Zur Entwicklung und Bedeutung eines kirchlichen Marketings, in: Cla Reto Famos/Ralph Kunz (Hrsg.): Kirche und Marketing. Beiträge zu einer Verhältnisbestimmung, Zürich 2006: 82 [kursiv C.M].
183. Vgl. Preul, Kirche als Unternehmen: 563; Karle, Das Ende der Gemütlichkeit?: 347–349.
184. Vgl. Cura homiletica – predigtcoaching, einsehbar unter http://www.ekd.de/zentrum-predigtkultur/download/cura-flyer-web.pdf (abgerufen am 13.09.2012).
185. Vgl. Kenneson/Street, Selling out the Church: 12.
186. Karle, Kirche im Reformstress: 12.
187. Vgl. Eberhard Jüngel: Wertlose Wahrheit. Christliche Wahrheitserfahrung im Streit gegen die »Tyrannei der Werte«, Ders.: Wertlose Wahrheit. Zur Identität und Relevanz des christlichen Glaubens. Theologische Erörterungen III, München 1990: 90–109.
188. A.a.O.: 103.
189. A.a.O.: 92.
190. Schinderhütte, Theologische Überlegungen zum Thema Personalentwicklung: 11.
191. Siehe oben Seite 59f.
192. A.a.O.: 2.
193. »Diese Spannung ist es zwischen unserem eigenen aktiven konstruktiven Beitrag mit unseren Gaben und Fähigkeiten einerseits und jener Verheißung andererseits, dass Gott selbst pflanzt, gießt und baut, die uns entlastet und befreit, beflügelt, hoch aktiviert und zugleich in das Ganze des Werkes Gottes einfügt.« A.a.O.: 4.
194. Ebd.
195. Ebd.
196. A.a.O.: 5.
197. Ebd.
198. Reuter, Botschaft und Ordnung: 8.
199. Fritz B. Simon: Gemeinsam sind wir blöd!? Die Intelligenz von Unternehmen, Managern und Märkten, Heidelberg 2004: 318.
200. Vgl. Oswald Neuberger: Führen und führen lassen. Ansätze, Ergebnisse und Kritik der Führungsforschung, 6. Aufl. Stuttgart 2002: 104f.
201. Vgl. Irving L. Janis: Victims of Groupthink: A Psychological Study of Foreign-Policy-Decisions and Fiascoes, 2. Aufl. Boston 1972.
202. Vgl. Kirchenleitung der Nordelbischen Ev.-Luth. Kirche (Hrsg.), Kirche in Veränderung: 64–66.
203. Schinderhütte, Theologische Überlegungen zum Thema Personalentwicklung: 7.
204. Ebd.
205. A.a.O.: 12.
206. Siehe oben Seite 59ff.
207. Kirchenamt der EKD (Hrsg.), Kirche der Freiheit: 34.

208. Ebd.
209. Thomas, 10 Klippen auf dem Reformkurs der Evangelischen Kirche in Deutschland: 384, Anm. 38.
210. Löhr, Fähig zur Veränderung?: 122.
211. A.a.O.: 123f.
212. Isolde Karle: Der Pfarrberuf als Profession. Eine Berufstheorie im Kontext der modernen Gesellschaft, Gütersloh 2001: 271.
213. Erich Garhammer: Zwischen Identität und Relevanz. Kirche und Managementtheorien, in: Martin Thomé/Manfred Becker-Huberti (Hrsg.): Theorie Kirchenmanagement. Potentiale des Wandels; Analysen – Positionen – Ideen, Bonn 1998: 56. Jan Hermelink spricht im Blick auf das eMp von »theologischer Sparsamkeit«. Vgl. Jan Hermelink: Gibt es eine kirchliche Effizienz? Betriebswirtschaftliche Beiträge zur Theorie kirchlichen Handelns, in: PTh 86 (1997): 576.
214. Vgl. Beckmann, Wohin steuert die Kirche?: 145.
215. Die griechischen Vokabeln suggerieren altkirchliche Herkunft, gesamtkirchlichen Konsens, dogmatische Verbindlichkeit und inhaltliche Klarheit. Tatsächlich aber handelt es sich um Begriffe, die erst seit wenigen Jahrzehnten zur Kategorisierung der kirchlichen Praxis verwendet werden. Weder ist ihre theologiegeschichtliche Herkunft geklärt, noch besteht Konsens über die Anzahl der Lebensäußerungen bzw. Grundvollzüge, ihre genaue Bedeutung und ihr Verhältnis zueinander. Vgl. Herbert Haslinger: Diakonie. Grundlagen für die soziale Arbeit der Kirche, Paderborn 2009: 169–171. Im Hintergrund steht die Lehre vom Amt Jesu Christi als Prophet, Priester und König, die traditionelle Gliederung pastoraler Aufgaben in Martyria, Leiturgia und Diakonia sowie die auf Johannes Christiaan Hoekendijk zurückgehende missionstheologische Beschreibung der kirchlichen Aufgaben als Teil der missio dei in Kerygma, Koinonia und Diakonia. Vgl. Reuter, Botschaft und Ordnung: 41f.
216. Vgl. Beckmann, Wohin steuert die Kirche?: 194.
217. Jähnichen, Wirtschaftsethik: 102.
218. Vgl. Helmut Schelsky: Religionssoziologie und Theologie, in: ZEE 3 (1959): 129–145.
219. Jähnichen, Wirtschaftsethik: 105.
220. Klaus Tanner: Unternehmen Kirche!, in: Joachim Fetzer/Andreas Grabenstein/Eckart Müller (Hrsg.): Kirche in der Marktgesellschaft, Gütersloh 1999: 54.
221. Vgl. Gräb-Schmidt, Die Kirche ist kein Unternehmen!: 72.
222. Vgl. Cornelia Coenen-Marx: Pflegemarkt und Pflegeethos. Ein diakonischer Beruf zwischen Interaktion und Dienstleistung, in: Heinrich Bedford-Strohm/Traugott Jähnichen (Hrsg.): Von der »Barmherzigkeit« zum »Sozial-Markt«. Zur Ökonomisierung der sozialdiakonischen Dienste, Gütersloh 2008: 133–152.
223. Vgl. http://www.zeit.de/2011/41/konzern-kirche/seite-3 (abgerufen: 1.9.2012).
224. Ebd.
225. Siehe oben Seite 167–173.
226. Siehe oben Seite 172f.

E. Die Systemtheorie als alternatives Paradigma kirchlichen Leitungshandelns

1. »[...] conceptions have evolved in all branches of modern biology which assert the necessity of investigating not only parts but also relations of organisation resulting from a dynamic interaction and manifesting themselves by the difference in behaviour of parts in isolation and in the whole organism.« Ludwig von Bertalanffy: An outline of General Systems Theory, in: Br J Philos Sci (1950, I 2): 135.
2. Niklas Luhmann: Soziale Systeme. Grundriß einer allgemeinen Theorie, Franfurt/Main 1984: 115.
3. Fritz B. Simon: Einführung in Systemtheorie und Konstruktivismus, 2. Aufl. Heidelberg 2007: 16.
4. Vgl. Frederic Vester: Die Kunst vernetzt zu denken. Ideen und Werkzeuge für einen neuen Umgang mit Komplexität; ein Bericht an den Club of Rome, 3. Aufl. München 2003: 54. Siehe auch http://www.hyperkommunikation.ch/personen/vester.htm (abgerufen am 13.09.2012).
5. Einen Überblick bietet Helmut Willke: Systemtheorie I: Grundlagen, 7. Aufl. Stuttgart 2006 [1982].
6. Zur Entstehung der Systemtheorie vgl. Ludwig von Bertalanffy: General Systems Theory – Foundations, Development, Appclications, New York 1968: 10–17.
7. Heinz von Foerster: Lethologie. Eine Theorie des Lernens und Wissens angesichts von Unbestimmbarkeiten, Unentscheidbarkeiten, Ungwißbarkeiten. Vortrag, gehalten auf dem Internationalen Seminar Conoscenza come educaione in San Martino di Castrozza am 26. April 1990, in: ders.: KybernEthik, Berlin 1993:136.
8. Vgl. a.a.O.: 136–144.
9. Vgl. Humberto R. Maturana/Francisco J. Varela: Der Baum der Erkenntnis. Die biologischen Wurzeln des Erkennens, München 1987.
10. Luhmann, Einführung in die Systemtheorie: 109.
11. Vgl. a.a.O.: 118–141.
12. Vgl. a.a.O.: 171.
13. Ebd.
14. Vgl. a.a.O.: 141–166.
15. Vgl. Vester, Die Kunst vernetzt zu denken: 23.
16. Vgl. Luhmann, Einführung in die Systemtheorie: 141–166.
17. Vgl. Martin Bökmann: Systemtheoretische Grundlagen der Psychosomatik und Psychotherapie, Heidelberg 2008.
18. Vgl. Arist von Schlippe/Jochen Schweitzer: Lehrbuch der systemischen Therapie und Beratung, 4. Aufl. Göttingen 1997; Kurt Ludewig: Systemische Therapie. Grundlagen klinischer Theorie und Praxis, 4. Aufl. 1997.
19. A.a.O.: 90.
20. Luhmann, Einführung in die Systemtheorie: 77.
21. Niklas Luhmann: Ökologische Kommunikation. Kann die moderne Gesellschaft sich auf ökologische Gefährdungen einstellen?, 1. Aufl. Opladen 1986: 269.

22. Vgl. Luhmann, Soziale Systeme: 191–241.
23. Vgl. a.a.O.: 112.
24. Vgl. a.a.O.: 92–94.
25. Luhmann, Die Organisierbarkeit von Religionen und Kirchen: 246.
26. Armin Nassehi: Soziologie. Zehn einführende Vorlesungen, Wiesbaden 2008: 84.
27. Luhmann, Die Organisierbarkeit von Religionen und Kirchen: 247.
28. Ebd.
29. Vgl. a.a.O.: 246.
30. Luhmann, Soziale Systeme: 567.
31. Georg Kneer/Armin Nassehi: Niklas Luhmanns Theorie sozialer Systeme, 4. Aufl. München 2000: 126.
32. A.a.O.: 131.
33. A.a.O: 138.
34. Vgl. a.a.O.: 133.
35. Karl Gabriel: Modernisierung als Organisierung von Religion, in: Michael Krüggeler/Karl Gabriel/Winfried Gebhardt (Hrsg.): Institution, Organisation, Bewegung. Sozialformen der Religion im Wandel, Opladen 1999: 28.
36. Luhmann, Die Organisierbarkeit von Religionen und Kirchen: 254.
37. A.a.O.: 248.
38. Vgl. Niklas Luhmann: Die Ausdifferenzierung der Religion, in: Gesellschaftsstruktur und Semantik. Studien zur Wissenssoziologie in der modernen Gesellschaft, Band 3, Frankfurt am Main 1993; Niklas Luhmann: Die Religion in der Gesellschaft, Frankfurt am Main 2000.
39. Vgl. Luhmann, Die Organisierbarkeit von Religionen und Kirchen: 245–249; Isolde Karle: Religion – Interaktion – Organisation, in: Jan Hermelink/Gerhard Wegner (Hrsg.): Paradoxien kirchlicher Organisation. Niklas Luhmanns frühe Kirchensoziologie und die aktuelle Reform der evangelischen Kirche, Würzburg 2008: 237–257.
40. Vgl. Günter Thomas/Andreas Schüle (Hrsg.): Luhmann und die Theologie. Darmstadt 2006: 1–4 mit Hinweisen auf weitere Literatur zum Thema.
41. Vgl. Hermelink/Wegner (Hrsg.), Paradoxien kirchlicher Organisation; Karle (Hrsg.), Kirchenreform.
42. Mittlerweile heißt die Autorin Anna Henkel.
43. Vgl. Stöber, Kirche – gut beraten?.
44. Vgl. a.a.O.: 25–35.
45. Vgl. a.a.O.: 37.
46. Vgl. a.a.O.: 38.
47. A.a.O.: 52.
48. A.a.O.: 53.
49. A.a.O.: 54.
50. A.a.O.: 62.
51. A.a.O.: 63.

52. Vgl. a.a.O.: 63.
53. A.a.O.: 64.
54. A.a.O.: 65.
55. A.a.O.: 72.
56. A.a.O.: 72.
57. Ebd.
58. A.a.O.: 74
59. A.a.O.: 76.
60. Vgl. a.a.O.: 78.
61. Vgl. Karle, Das Ende der Gemütlichkeit?; Karle, Religion – Interaktion – Organisation; Isolde Karle: Pfarrerinnen und Pfarrer zwischen Interaktion und Organisation, in: Diess. (Hrsg.): Kirchenreform. Interdisziplinäre Perspektiven, Berlin 2009: 177–198; Karle, Kirche im Reformstress; Karle (Hrsg.), Kirchenreform.
62. Vgl. Karle, Der Pfarrberuf als Profession: 147–253.
63. A.a.O.: 256.
64. A.a.O.: 254.
65. A.a.O.: 256.
66. Karle, Der Pfarrberuf als Profession: 70.
67. A.a.O.: 66.
68. Vgl. Rudolf Stichweh: Wissenschaft – Universität – Professionen, Frankfurt am Main 1994.
69. Vgl. Karle, Der Pfarrberuf als Profession: 31–43.
70. Vgl. a.a.O.: 40.
71. A.a.O.: 70.
72. Vgl. a.a.O.: 72–82.
73. A.a.O.: 64.
74. Karle, Religion – Interaktion – Organisation: 240.
75. A.a.O.: 63.
76. Vgl. Karle, Der Pfarrberuf als Profession: 247.
77. Karle, Religion – Interaktion – Organisation: 242.
78. Vgl. Karle, Das Ende der Gemütlichkeit?: 347.
79. A.a.O.: 333.
80. Vgl. Karle, Pfarrerinnen und Pfarrer zwischen Interaktion und Organisation: 180.
81. Karle, Das Ende der Gemütlichkeit?: 334.
82. A.a.O.: 347.
83. Ebd.
84. Ebd.
85. A.a.O.: 349.
86. Ebd.
87. Karle, Kirche im Reformstress: 143.
88. Vgl. ebd.
89. Vgl. Karle, Pfarrerinnen und Pfarrer zwischen Interaktion und Organisation: 186f; Karle, Kirche im Reformstress: 186–190; Siehe auch Dieter Becker: Die Kirche

ist kein Supertanker. Das Impulspapier verordnet der Kirche eine falsche Strategie, in: zeitzeichen 7 (12/2006): 13.
90. A.a.O.: 245.
91. Vgl. Kirchenamt der EKD (Hrsg.), Kirche der Freiheit: 50.
92. Karle, Kirche im Reformstress: 210.
93. Karle, Pfarrerinnen und Pfarrer zwischen Interaktion und Organisation: 191.
94. A.a.O.: 192.
95. Vgl. Karle, Kirche im Reformstress: 198–202.
96. Vgl. a.a.O.: 212–216.
97. »[...] psychologische und auch ökonomische Perspektiven treten dagegen in den Hintergrund, weil sie die strukturellen Besonderheiten der kirchlichen Organisation zu wenig berücksichtigen.« Hermelink, Kirchliche Organisation und das Jenseits des Glaubens: 28.
98. Vgl. a.a.O.: 94f.
99. Vgl. a.a.O.: 95.
100. Vgl. a.a.O.: 95–97.
101. Karle, Kirche im Reformstress: 190.
102. A.a.O.: 241.
103. Vgl. Karle, Pfarrerinnen und Pfarrer zwischen Interaktion und Organisation: 189; Maren Lehmann: Leutemangel. Mitgliedschaft und Begegnung als Formen der Kirche, in: Jan Hermelink/Gerhard Wegner (Hrsg.): Paradoxien kirchlicher Organisation. Niklas Luhmanns frühe Kirchensoziologie und die aktuelle Reform der evangelischen Kirche, Würzburg 2008: 123–144.
104. Vgl. Sabine M. Krüger: Die Unternehmung als produktives soziales System. Grundlagen der allgemeinen Unternehmungslehre, 2. Aufl. Bern/Stuttgart 1970: 42.
105. Vgl. Steinmann/Schreyögg, Management: 139–149.
106. Vgl. Braun, Jenseits der Zielsteuerung.
107. Vgl. a.a.O.: 196–205.
108. So war die Zukunft der Firma Intel aufgrund ihrer konsequenten Ausrichtung an einem Oberziel in den 1990er Jahren ernsthaft gefährdet, weil auf diese Weise informelle Initiativen zur Entwicklung neuer Produkte unterbunden wurde und das Unternehmen wichtige Entwicklungen auf dem Prozessormarkt zu verschlafen drohte. Vgl. a.a.O: 114f.
109. A.a.O.: 279.
110. Vgl. a.a.O.: 119–175.
111. Siehe oben Seite 59f.
112. Vgl. a.a.O.: 312–383.
113. Vgl. a.a.O.: 366–370.
114. Siehe oben Seite 69.
115. Vgl. Pollack, Was tun?.
116. Siehe oben Seite 23f.
117. Siehe oben Seite 52ff.

118. Vgl. Preul, Was bedeutet die kirchentheoretische These: Kirche wird durch die Auslegung ihrer Lehre geleitet?.
119. Vgl. Jan Hendriks: Gemeinde von morgen gestalten. Modelle und Methoden des Gemeindeaufbaus, Gütersloh 1996: 134–155.
120. Vgl. Ulrich/Krieg, Das Sankt Galler Management-Modell; Bleicher, Das Konzept integriertes Management; Rüegg-Stürm, Das neue St. Galler Management-Modell; Dubs/Euler/Rüegg-Stürm/Wyss (Hrsg.), Einführung in die Managementlehre.
121. Vgl. Peter Ulrich: Die normativen Grundlagen der unternehmerischen Tätigkeit, in: Rolf Dubs/Dieter Euler/Johannes Rüegg-Stürm/Christina E. Wyss (Hrsg.): Einführung in die Managementlehre, Band 1, 2. Aufl. Bern 2009: 143–145.
122. Das Wort »Stake« steht im Englischen für den Spieleinsatz. Stakeholder sind wörtlich übersetzt also Individuen, Gruppen oder Organisationen, für die mit der Entwicklung einer Organisation etwas auf dem Spiel steht. In der deutschen Managementliteratur wird das Wort etwas sperrig mit »Interessenten- und Anspruchsgruppen« übersetzt.
123. Vgl. Dubs et. al., Einführung in die Managementlehre, Band 1: 151–155.
124. Vgl. a.a.O.: 146.
125. Vgl. a.a.O.: 147.
126. Vgl. a.a.O. 149f.
127. Vgl. Peter Ulrich: Normative Orientierungsprozesse, in: Rolf Dubs/Dieter Euler/Johannes Rüegg-Stürm/Christina E. Wyss (Hrsg.): Einführung in die Managementlehre, Band 2, 2. Aufl. Bern 2009: 23–37.
128. Vgl. Jäger, Diakonie als christliches Unternehmen: 22.
129. A.a.O.: 74.
130. Vgl.: Lohmann, Das Bielefelder Diakonie-Management-Modell.
131. Zum Folgenden vgl. Meyns/Alfert, Kirche in Entwicklung: 17–19.
132. Vgl. Das Präsidium der Synode der Nordelbischen Ev.-Luth. Kirche (Hrsg.), Verhandlungen der 2. ordentlichen Synode der VII. Legislaturperiode der Nordelbischen Ev.-Luth. Kirche in Rendsburg, 19. – 21. November 2009: 179f.
133. Vgl. Robert N. Anthony/David W. Young: Management control in nonprofit organizations, 3. Aufl. Homewood, IL 1984; Peter Ferdinand Drucker: Managing the non-profit organization. Practices and principles, Oxford 1990.
134. Einen Überblick über die Entwicklung bis 2000 bietet Paul C. Light: Making Nonprofits Work. A Report on the Tides of Nonprofit Management Reform, Washington, D.C. 2000. Zu diesem Zeitpunkt beschäftigten sich allein neunzehn Zeitschriften mit Fragen des Nonprofit-Managements, vgl. a.a.O.: 1; eine Suche bei amazon.com im März 2012 ergab knapp 7.000 Buchtitel zum Thema. Vgl. auch Wolfgang Mayrhofer/Firtz Scheuch: Zwischen Nützlichkeit und Gewinn. Nonprofit Organisationen aus betriebswirtschaftlicher Sicht, in: Christoph Badelt/Michael Meyer/Ruth Simsa (Hrsg.): Handbuch der Nonprofit Organisation. Strukturen und Management, 4. Aufl. Stuttgart 2007: 89.
135. Vgl. Peter Schwarz/Robert Purtschert/Charles Giroud/Reinbert Schauer: Das Freiburger Management-Modell für Nonprofit-Organisationen (NPO), 5. Aufl. Bern

2005; Peter Schwarz: Management in Nonprofit-Organisationen. Eine Führungs-, Organisations- und Planungslehre für Verbände, Sozialwerke, Vereine, Kirchen, Parteien usw., Bern 1992; Peter Schwarz: Organisation in Nonprofit-Organisationen. Grundlagen, Strukturen, Bern 2005; Peter Schwarz: Management-Prozesse und -Systeme in Nonprofit-Organisationen. Entscheidung, Steuerung/Planung, Kontrolle, Bern 2006; Robert Purtschert: Marketing für Verbände und weitere Nonprofit-Organisationen, 2. Aufl. Bern 2005.

136. Etwa am Zentrum für soziale Investitionen und Innovationen an der Universität Heidelberg, an den Fachbereichen für Public und Nonprofit Management der Fakultäten für Betriebswirtschaftslehre der Universitäten Mannheim und Potsdam und der Hochschule für Technik und Wirtschaft in Berlin oder der Evangelischen Fachhochschule Darmstadt.
137. Vgl. Zauner, Über Solidarität zu Wissen: 148f.
138. Vgl. a.a.O.: 157–160.
139. Vgl. Ruth Simsa: NPOs und die Gesellschaft. Eine vielschichtige und komplexe Beziehung – Soziologische Perspektiven, in: Christoph Badelt/Michael Meyer/ Ruth Simsa (Hrsg.): Handbuch der Nonprofit Organisation. Strukturen und Management, 4. Aufl. Stuttgart 2007: 124, 128.
140. Vgl. Zauner, Über Solidarität zu Wissen: 143–145; Martin Gössler/Thomas Schweinschwaller: Spezifika von Nonprofit Organisationen und deren Beratung, in: OrganisationsEntwicklung 27 (2/2008): 49f.
141. Vgl. Gössler/Schweinschwaller, a.a.O.: 50.
142. Vgl. Simsa, NPOs und die Gesellschaft: 134.
143. Vgl. Zauner, Über Solidarität zu Wissen: 141.
144. Ebd.
145. Vgl. Gössler/Schweinschwaller, Spezifika von Nonprofit Organisationen und deren Beratung: 50.
146. Zauner, Über Solidarität zu Wissen: 135.
147. Vgl. Simsa, NPOs und die Gesellschaft: 123f.
148. Gössler/Schweinschwaller, Spezifika von Nonprofit Organisationen und deren Beratung: 49.
149. Vgl. Simsa, NPOs und die Gesellschaft: 126f, 133.
150. Gössler/Schweinschwaller, Spezifika von Nonprofit Organisationen und deren Beratung: 52.
151. Vgl. a.a.O.: 51f. Ruth Simsa spricht in diesem Zusammenhang von Organisationsabwehr. Vgl. Simsa, NPOs und die Gesellschaft: 127.
152. Vgl. Gössler/Schweinschwaller, Spezifika von Nonprofit Organisationen und deren Beratung: 54.
153. Simsa, NPOs und die Gesellschaft: 127.
154. Vgl. dazu ausführlich Greiling, Performance-Management in Nonprofit-Organisationen.
155. Vgl. Gössler/Schweinschwaller, Spezifika von Nonprofit Organisationen und deren Beratung: 55.

156. Vgl. Dudo von Eckardstein: Personalmanagement in NPOs, in: Christoph Badelt/ Michael Meyer/Ruth Simsa (Hrsg.): Handbuch der Nonprofit Organisation. Strukturen und Management, 4. Aufl. Stuttgart 2007: 273–298.
157. Vgl. Gössler/Schweinschwaller, Spezifika von Nonprofit Organisationen und deren Beratung: 52.
158. A.a.O.: 54.
159. Zum Folgenden vgl. Christian Horak/Peter Heimerl: Management von NPOs. Eine Einführung, in: Christoph Badelt/Michael Meyer/Ruth Simsa (Hrsg.): Handbuch der Nonprofit Organisation. Strukturen und Management, 4. Aufl. Stuttgart 2007: 167–177.
160. Im Überblick über den Nonprofitsektor in Deutschland bei Christoph Badelt/ Michael Meyer/Ruth Simsa (Hrsg.): Handbuch der Nonprofit Organisation. Strukturen und Management, 4. Aufl. Stuttgart 2007: 27 werden die Kirchen nur unter »Sonstige (Religion u. a.)« genannt, obwohl sie fast ein Drittel aller Ehrenamtlicher stellen.
161. Vgl. Maren Lehmann: Ev'rybody's Talking. Das Publikum der Kirche. »Talk comes first.«, in: Isolde Karle (Hrsg.): Kirchenreform. Interdisziplinäre Perspektiven, Berlin 2009: 234.
162. Vester, Die Kunst vernetzt zu denken: 40.
163. Vgl. Dietrich Dörner: Die Logik des Mißlingens, Hamburg 1989.
164. Vgl. Vester, Die Kunst vernetzt zu denken: 36–67.
165. Vgl. a.a.O.: 51f.
166. Vgl. a.a.O.: 36f.
167. Vgl. a.a.O.: 158–171.
168. A.a.O.: 171.
169. Beispiele: Gottesdienst mit Kirchkaffee, musikalische Gottesdienste, Taufen im Gottesdienst, Konfirmanden helfen bei Küstertätigkeiten und übernehmen Lesungen, die Kinder- und Jugendarbeit verbindet religiöse Bildung, Freizeit- und Naturerlebnisse und erziehungsergänzende Maßnahmen miteinander (Pfadfinder), Ausstellungen in der Kirche, Bildungsveranstaltungen mit Freizeitwert usw.
170. Beispiele: bewusste Pflege des Kirchenjahres, regelmäßig wiederkehrende Ereignisse statt einmaliger Projekte, Rücksicht auf biologische und soziale Rhythmen bei der Planung von Veranstaltungen, Sitzungen, Gruppen und Kreisen usw.
171. Beispiele: gemeinsame Nutzung von Personalstellen, Konfirmandenunterricht in der Schule, Seniorengeburtstagsfeiern, Schulgottesdienste, Erntedankgottesdienst in einer Scheune mit dem Bauernverband, gemeinsame Finanzierung von Hausmeister- und Landschaftspflegestellen mit der Kommune, Andacht zur Marktzeit, kirchliche Präsenz auf Landesgartenschauen, Gottesdienste zu Beginn von Legislaturperioden usw.
172. Beispiele: Pastorate, Einrichtungsstandorte und Verwaltungsämter mit Mietwohnungen und Gewerbeflächen, Gemeinderäume in Kirchen, Gemeinderäume in Pastoraten, Nutzung kommunaler Gebäude usw.

173. Beispiele: Kirchentage, Taizé, Bibliodrama, Bibliolog, Bibelteilen, Bibelzentren, Exerzitienbewegung, Pilgern usw.
174. Vgl. Vester, Die Kunst vernetzt zu denken: 187–263.
175. Gabriel, Modernisierung als Organisierung von Religion: 30.
176. Karle, Das Ende der Gemütlichkeit?: 342.
177. Vgl. Gabriel, Modernisierung als Organisierung von Religion: 32.
178. A.a.O.: 28.

F. Fazit: Abschied von überzogenen Erwartungen

1. Gerhard Ebeling: Das Erfahrungsdefizit in der Theologie als Frage nach ihrer Sache, Ders.: Wort und Glaube, Band 3, Tübingen 1975: 22; Eberhard Jüngel: Gott als Geheimnis der Welt. Zur Begründung der Theologie des Gekreuzigten im Streit zwischen Theismus und Atheismus, 4. Aufl. Tübingen 1982: 40.
2. Vgl. Stefan Grotefeld: »Ende gut, alles gut«? Überlegungen zum Verhältnis von Utililitarismus und christlicher Ethik, in: ZEE 53 (2009): 113.
3. De servo abitrio (1525), WA 18, 652, 23.

Literatur

Abromeit, Hans-Jürgen; Butzer-Strothmann, Kristin (Hrsg.): Spirituelles Gemeindemanagement: Chancen – Strategien – Beispiele. Göttingen, 2001.

Akerlof, George A.: The Market for »Lemons«: Quality Uncertainty and the Market Mechanism. In: Q J ECON 84, No. 3 (8/1970), S. 488–500.

Albert, Hans: Marktsoziologie und Entscheidungslogik: Zur Kritik der reinen Ökonomik. Tübingen, 1998.

Amery, Carl: Global Exit: Die Kirchen und der totale Markt. München, 2004 (btb 73133).

Anschlag, Dieter: Häutung zum Multimedia-Unternehmen: Interview mit dem scheidenden ZDF-Intendanten Markus Schächter. URL http://funkkorrespondenz.kim-info.de/artikel.php?pos=Leitartikel&nr=9503. – veröffentlicht: 02.03.2012 – Bonn – Zugriffsdatum: 03.03.2012.

Anthony, Robert N.; Young, David W.: Management control in nonprofit organizations. 3. Aufl. Homewood, IL, 1984.

Badelt, Christoph; Meyer, Michael; Simsa, Ruth (Hrsg.): Handbuch der Nonprofit Organisation: Strukturen und Management. 4. Aufl. Stuttgart, 2007.

Banner, Gerhard: Politikstrukturen und kommunale Entwicklung: Altneustadt 1985 bis 1995. In: Hesse, Joachim Jens (Hrsg.): Erneuerung der Politik von unten? Opladen, 1986, S. 423–440.

Banner, Gerhard: Logik des Scheiterns oder Scheitern an der Logik? (Kommentar zu Lars Holtkamp »Das Scheitern des Neuen Steuerungsmodells«). In: dms 1 (2008), S. 447–455.

Barna, George: Grow your church from the outside: Understanding the Unchurched and How to Reach Them. Ventura, CA, 2000.

Barrenstein, Peter: Aufgewacht: »eMp«: Die Idee einer kleinen Revolution. In: Brummer, Arnd; Nethöfel, Wolfgang (Hrsg.): Vom Klingelbeutel zum Profitcenter. Strategien und Modelle für das Unternehmen Kirche. Hamburg, 1997 (Impulse Das Sonntagsblatt DS), S. 129–133.

Barrenstein, Peter: Erfahrungen mit dem Evangelische Münchenprogramm (eMp): Überlegungen zu den Erfolgsfaktoren von Projektarbeit in der evangelischen Kirche. In: Gemeinschaftswerk der Evangelischen Publizistik (Hrsg.): Aus Fehlern lernen? Scheiternde Projekte in einer lernenden Kirche. Frankfurt am Main, 2008 (epd-Dokumentation Nr. 18), S. 31–36.

Barth, Hans-Martin: Verschwenden. Eine theologische Kategorie? In: PTh 79 (1990), S. 504–514.

Barth, Karl: Die Kirchliche Dogmatik IV/1: Die Lehre von der Versöhnung. Zürich, 1960.

Barth, Karl: Predigten 1920. Zürich, 2005.

Barth, Thomas: Elemente und Typen landeskirchlicher Leitung. Tübingen, 1995 (Jus ecclesiasticum 53).

Barz, Peter; Beldermann, Jutta; Bilz, Johannes: Gemeindeentwicklungstraining: Praxisbuch. Göttingen, 2008.

Bassler, Karin: Finanzmanagement als Chance kirchlichen Lernens: Betriebswirtschaftliche und praktisch-theologische Analysen zu neuen Steuerungsinstrumenten der evangelischen Kirchen in Baden-Württemberg. Leipzig, 2006.

Becker-Huberti, Manfred: Wie Paulus auf dem Markt?: Marketing – eine zukunftsfähige Pastoralstrategie? In: Thomé, Martin; Becker-Huberti, Manfred (Hrsg.): Theorie Kirchenmanagement. Potentiale des Wandels; Analysen – Positionen – Ideen. Bonn, 1998 (Kirche & Zukunft 2), S. 177–188.

Becker, Dieter: Die Herausforderung der Zukunft – Anregungen für eine marktwirtschaftliche Kirchenstruktur. In: DtPfrBl 95 (10/1995), S. 647–650.

Becker, Dieter: Die Kirche ist kein Supertanker: Das Impulspapier verordnet der Kirche eine falsche Strategie. In: zeitzeichen 7 (12/2006), S. 12–14.

Becker, Dieter: Kirchenkrise – welche Krise?: Zur Selbstkasteiung der Binnenkirchler. Eine provokante, aber empirisch gesicherte Ansicht. In: KVI – Das Magazin für Führungskräfte in Kirchen und kirchlichen Organisationen 5 (8/2011), S. 25–27.

Becker, Gary S.: Human Capital, Effort, and the Sexual Division of Labor. In: JOLE Vol 3, No. 4, Part 2 (1/1985), S. 33–58.

Becker, Gary S.: Human capital: A theoretical and empirical analysis, with special reference to education. Chicago, 1957.

Becker, Gary S.: Crime and Punishment: An Economic Approach. In: J Pol Econ 76 (1968), S. 169–217.

Becker, Gary S.: Der ökonomische Ansatz zur Erklärung menschlichen Verhaltens. 2. Aufl. Tübingen, 1993 [1976].

Beckmann, Jens: Wohin steuert die Kirche?: Die evangelischen Landeskirchen zwischen Ekklesiologie und Ökonomie. Stuttgart, 2007.

Bellah, Robert N.: Civil Religion in America. In: Dædalus 96, No. 1: Religion in America (Winter 1967), S. 1–21.

Berg, Hans Georg: Kirchliche Personalberatung. In: Bischofberger, Pius; Belok, Manfred (Hrsg.): Kirche als pastorales Unternehmen. Anstöße für die kirchliche Praxis. Zürich, 2008, S. 112–122.

Bergner, Christoph: 25 Jahre Reform in der EKHN: Eine kleine Bilanz. In: DtPfrBl 112 (9/2012), S. 510–513.

Bernatzeder, Petra: Zielvereinbarungssysteme im Rahmen der Balanced Scorecard und des Excellence Modells der European Foundation for Quality Management. In: Schwaab, Markus-Oliver; Bergmann, Günther; Gairing, Fritz; Kolb, Meinulf (Hrsg.): Führen mit Zielen. 3. Aufl. Wiesbaden, 2010, S. 89–104.

Bertalanffy, Ludwig von: An outline of General Systems Theory. In: Br J Philos Sci (1950, I 2), S. 134–165.

Bertalanffy, Ludwig von: General Systems Theory – Foundations, Development, Appclications. New York, 1968.

Bielitz, Klaus; Hafa, Hans-Georg: Gemeinsame Eckdaten der Finanzentwicklung der evangelischen Kirche. In: Heidingsfeld, Uwe-Peter (Hrsg.): Entwicklungen im kirch-

lichen Finanzwesen, dargestellt an acht Landeskirchen. Gütersloh, 2002 (Kirchliches Jahrbuch für die Evangelische Kirche in Deutschland, 2000, Lief. 2.), S. 301–320.
Binswanger, Hans Christoph: Die Glaubensgemeinschaft der Ökonomen: Essays zur Kultur der Wirtschaft. München, 1998.
Bischofberger, Pius: Kirchliches Management: Grundlagen und Grenzen. Münster, 2005 (ReligionsRecht im Dialog 1).
Bischofberger, Pius; Belok, Manfred (Hrsg.): Kirche als pastorales Unternehmen: Anstöße für die kirchliche Praxis. Zürich, 2008.
Bleicher, Knut: Das Konzept integriertes Management: Visionen-Missionen-Programme. 7. Aufl. Frankfurt am main, 2004 [1991] (St. Galler Management-Konzept Band 1).
Blinder, Alan: The economics of brushing teeth. In: JPE 82 (1974), S. 887–891.
Blömer, Michael: Die Kirchengemeinde als Unternehmen: Die Marketing- und Managementprinzipien der US-amerikanischen Gemeindewachstumsbewegung. 2. Aufl. Berlin, 2007.
Bock, Wolfgang; Reuter, Hans-Richard; Diefenbacher, Hans; Krech, Volkhard: Reformspielräume in der Kirche: Ortsgemeinde und Regionalstrukturen am Beispiel der Evangelisch-Lutherischen Landeskirche in Braunschweig. Heidelberg, 1997 (Texte und Materialien der Forschungsstätte der Evangelischen Studiengemeinschaft Reihe A Nr. 43).
Böckenförde, Ernst Wolfgang: Staat, Gesellschaft, Freiheit: Studien zur Staatstheorie und zum Verfassungsrecht. Frankfurt am Main, 1976.
Bogumil, Jörg; Grohs, Stephan; Kuhlmann, Sabine; Ohm, Anna K.: Zehn Jahre Neues Steuerungsmodell: Eine Bilanz kommunaler Verwaltungsmodernisierung. 2. Aufl. Berlin, 2008.
Bogumil, Jörg; Holtkamp, Lars; Kißler, Leo; Kuhlmann, Sabine; Reichard, Christoph; Schneider, Karsten; Wollmann, Hellmut: Perspektiven kommunaler Verwaltungsmodernisierung: Praxiskonsequenzen aus dem Neuen Steuerungsmodell. Berlin, 2007.
Bogumil, Jörg; Jann, Werner: Verwaltungs und Verwaltungswissenschaft in Deutschland: Einführung in die Verwaltungswissenschaft. 2. Aufl. Wiesbaden, 2009.
Bökmann, Martin: Systemtheoretische Grundlagen der Psychosomatik und Psychotherapie. Heidelberg, 2008.
Bormann, Günther: Untersuchungen zur sozialen Organisation der evangelischen Kirche und des evangelischen Pfarramtes in Württemberg. Clausthal, 1967.
Bormann, Günther; Bormann-Heischkeil, Sigrid: Theorie und Praxis kirchlicher Organisation: Ein Beitrag zum Problem der Rückständigkeit sozialer Gruppen. Opladen, 1971.
Bowles, Samual: Microeconomics: Behavior, Institutions, and Evolution. Princeton, NJ/Oxford, 2004.
Braun, Peter (Hrsg.): Unternehmen Kirche: Organisationshandbuch für Pfarrer und Gemeinde. 2 Bände. Stadtbergen, 1994ff.

Braun, Tobias: Jenseits der Zielsteuerung: Eine kritische Untersuchung zielbasierter Instrumente der Unternehmenssteuerung. Köln, 2004.
Brecht, Martin: Martin Luther. Erster Band: Sein Weg zur Reformation 1483–1521. 2. Aufl. Stuttgart, 1983.
Brecht, Martin: Martin Luther. Zweiter Band: Ordnung und Abgrenzung der Reformation 1521–1531. Stuttgart, 1986.
Breitenbach, Günter: Gemeinde leiten: Eine praktisch-theologische Kybernetik. Stuttgart, 1994.
Brinitzer, Ron: Religion – eine institutionenökonomische Analyse. Würzburg, 2003 (Religion in der Gesellschaft 14).
Britton, Andrew; Sedgewick, Peter: Ökonomische Theorie und christlicher Glaube. Münster, 2008.
Brodbeck, Karl-Heinz: Die fragwürdigen Grundlagen der Ökonomie: Eine philosophische Kritik der modernen Wirtschaftswissenschaften. 5. Aufl. Darmstadt, 2011.
Brodbeck, Karl-Heinz: Die Herrschaft des Geldes: Geschichte und Systematik. 2. Aufl. Darmstadt, 2012.
Bruce, Steve: Choice and religion: A critique of rational choice theory. Oxford, 1999.
Bruce, Steve: God is Dead: Secularization in the West. Oxford, 2002.
Bruhn, Manfred; Grözinger, Albrecht: Kirche und Marktorientierung: Impulse aus der ökumenischen Basler Kirchenstudie. Freiburg/Fribourg, 2000 (Praktische Theologie im Dialog 20).
Busch, Eberhard: Die Barmer Thesen 1934–2004. Göttingen, 2004.
Buschor, Ernst: Möglichkeiten und Grenzen der marktorientierten Führung von Bildungseinrichtungen. In: Bruhn, Manfred; Kirchgeorg, Manfred; Meier, Johannes (Hrsg.): Marktorientierte Führung im wirtschaftlichen und gesellschaftlichen Wandel. Wiesbaden, 2007, S. 283–297.
Butzer-Strothmann, Kristin: Muss Marketing vor der Kirchentür Halt machen?: Spirituelles Gemeindemanagement aus betriebswirtschaftlicher Sicht. In: Abromeit, Hans-Jürgen; Butzer-Strothmann, Kristin (Hrsg.): Spirituelles Gemeindemanagement. Chancen – Strategien – Beispiele. Göttingen, 2001, S. 31–41.
Campenhausen, Axel Freiherr von: Kirchenrecht und Kirchenpolitik: Stellungnahmen im kirchlichen Zeitgeschehen. Göttingen, 1996.
Campenhausen, Axel Freiherr von: Kirchenleitung. In: ZEvKR 29 (1984), S. 11–34.
Chadwick, Henry: Die Kirche in der antiken Welt. Berlin/New York, 1972.
Chaves, Mark: American Religion: Contemporary Trends. Princeton, NJ/Oxford, 2011.
Chaves, Mark; Gorski, Philip S.: Religious Pluralism and Religious Participation. In: Annu. Rev. Sociol. 27 (2001), S. 261–281.
Chaves, Mark; Hadaway, Kirk C.; Marler, Penny Long: Was the Polls don't show: A Closer Look at U.S. Church Attendance. In: ASocRev 58 (1993), S. 741–752.
Coenen-Marx, Cornelia: Pflegemarkt und Pflegeethos. Ein diakonischer Beruf zwischen Interaktion und Dienstleistung. In: Bedford-Strohm, Heinrich; Jähnichen, Traugott (Hrsg.): Von der »Barmherzigkeit« zum »Sozial-Markt«. Zur Ökonomisierung der

sozialdiakonischen Dienste. Gütersloh, 2008 (Jahrbuch sozialer Protestantismus Band 2), S. 133–152.

Collins, Jim: Good to Great: Why Some Companies Make the Leap ... and Others Don't. New York, 2001.

Dahlgrün, Corinna: Vom Heiligen Geist zur Balanced Scorecard. Ekklesiologische Konzepte. In: VuF 47 (2002), S. 26–48.

Daiber, Karl-Fritz: Volkskirche im Wandel: Organisationsplanung der Kirche als Aufgabe der praktischen Theologie. Stuttgart, 1973.

Damberg, Wilhelm; Oehmen-Vieregge, Rosel; Tripp, Sebastian: Wie demokratisch kann Kirche sein?: Strukturelle Transformationsprozesse in westdeutschen Landeskirchen und Diözesen von 1949 bis 1989. In: SZRKG 101 (2007), S. 465–503.

Dargel, Matthias: Management kirchlichen Wandels: Wie können externe Unternehmensberatungen die strukturelle und inhaltliche Veränderung kirchlicher Organisationen unterstützen? In: PrTh 37 (2002), S. 270–282.

Das Präsidium der Synode der Nordelbischen Ev.-Luth. Kirche (Hrsg.): Verhandlungen der 5. ordentlichen Synode der V. Legislaturperiode der Nordelbischen Ev.-Luth. Kirche in Rendburg vom 4.2. bis 6.2.1999. Kiel, 1999.

Das Präsidium der Synode der Nordelbischen Ev.-Luth. Kirche (Hrsg.): Bericht über die Verhandlungen der 6. ordentlichen Synode der VI. Legislaturperiode der Nordelbischen Ev.-Luth. Kirche in Rendsburg, 4.-5. Februar 2005. Kiel, 2005.

Das Präsidium der Synode der Nordelbischen Ev.-Luth. Kirche (Hrsg.): Bericht über die Verhandlungen der 3. ordentlichen Synode der VII. Legislaturperiode der Nordelbischen Ev.-Luth. Kirche in Rendsburg, 25.-27. Februar 2010. Kiel, 2010.

Das Präsidium der Synode der Nordelbischen Ev.-Luth. Kirche (Hrsg.): Verhandlungen der 2. ordentlichen Synode der VII. Legislaturperiode der Nordelbischen Ev.-Luth. Kirche in Rendsburg, 19. – 21. November 2009. Kiel, 2010.

Davie, Grace: Religion in Britain since 1945: Believing without belonging. Oxford, 1994 (Making contemporary Britain).

Davie, Grace: The sociology of religion. London, 2007 (BSA new horizons in sociology).

Dienstrechtliche Kommission des Rates der EKD: Dienstrechtliche Aspekte von Personalentwicklung und Personalentwicklungsgesprächen: Beschluss des Rates der EKD vom 5./6. September 2003, Az: 2710/2.125. URL http://www.evlka.de/jahresgespraeche/intern/getBin.php3?id=16. – veröffentlicht: 26.03.2003 – Hannover – Zugriffsdatum: 26.03.2003.

Diestel, Bernhard; Müller-Bader, Peter: Elemente einer Theorie der Führung. In: Hein, Edmund (Hrsg.): Betriebswirtschaftlicher Führungslehre. Grundlagen – Strategien – Modelle. 2. Aufl. Wiesbaden, 1984, S. 139–187.

Dietz, Alexander: Der homo oeconomicus – ungeklärte Fragen und ideologische Gefahren. In: Manzeschke, Arne (Hrsg.): Sei ökonomisch! Prägende Menschenbilder zwischen Modellbildung und Wirkmächtigkeit. Berlin, 2010 (Leiten, Lenken, Gestalten 30), S. 49–60.

Dinkel, Christoph: Kirche gestalten – Schleiermachers Theorie des Kirchenregiments. Berlin/New York, 1996 (Schleiermacher-Archiv Band 17).

Dombois, Hans: Das Recht der Gnade: Ökumenisches Kirchenrecht. Band 1. Witten, 1961.
Dombois, Hans: Grundlagen und Grundzüge der Kirchenrechtslehre. In: Picht, Georg; Rudolph, Enno (Hrsg.): Theologie – was ist das? Stuttgart, 1977, S. 261–275.
Dörner, Dietrich: Die Logik des Mißlingens. Hamburg, 1989.
Drucker, Peter Ferdinand: Managing the non-profit organization: Practices and principles. Oxford, 1990.
Dubs, Rolf; Euler, Dieter; Rüegg-Stürm, Johannes; Wyss, Christina E. (Hrsg.): Einführung in die Managementlehre. Band 1–5. 2. Aufl. Bern, 2009.
Ebeling, Gerhard: Das Erfahrungsdefizit in der Theologie als Frage nach ihrer Sache. In: Ders.: Wort und Glaube. Band 3. Tübingen, 1975, S. S.3–28.
Ebertz, Michael N.; Hunstig, Hans G. (Hrsg.): Hinaus ins Weite: Gehversuche einer mileusensiblen Kirche. Herausgeben im Auftrag des Arbeitskreises »Pastorale Grundfragen« des ZdK. Würzburg, 2008.
Eckardstein, Dudo von: Personalmanagement in NPOs. In: Badelt, Christoph; Meyer, Michael; Simsa, Ruth (Hrsg.): Handbuch der Nonprofit Organisation. Strukturen und Management. 4. Aufl. Stuttgart, 2007, S. 273–298.
Eicken, Joachim; Schmitz-Veltin, Ansgar: Die Entwicklung der Kirchenmitglieder in Deutschland: Statistische Anmerkungen zu Umfang und Ursachen des Mitgliederrückgangs in den beiden christlichen Volkskirchen. In: Statistisches Bundesamt (Hrsg.): Wirtschaft und Statistik. Wiesbaden, 6/2010, S. 576–589.
Engeser, Manfred: Gut, dass wir darüber geredet haben. URL http://www.zeit.de/karriere/beruf/2011-01/jahresgespraeche-mitarbeiter-arbeitgeber. – veröffentlicht: 20.01.2011 – Hamburg – Zugriffsdatum: 10.10.2011.
Eschenbach, Rolf; Horak, Christian (Hrsg.): Führung der Nonprofit Organisation: Bewährte Instrumente im praktischen Einsatz. 2. Aufl. Stuttgart, 2003.
Esser, Hartmut: Soziologie: Spezielle Grundlagen. Band 5: Institutionen. Frankfurt am Main, 2000.
Evangelische Kirche in Hessen und Nassau (Hrsg.): Auftrag und Gestalt: Vom Sparzwang zur Besserung der Kirche; theologische Leitvorstellungen für Ressourcenkonzentration und Strukturveränderung; eine Studie des Leitenden Geistlichen Amtes der Evangelischen Kirche in Hessen und Nassau. Frankfurt am Main, 1995 (EKHN-Dokumentation 1).
Evangelische Landeskirche in Baden (Hrsg.): Kirchenkompass. Karlsruhe, 2007.
Eyer, Eckard; Haussmann, Thomas: Zielvereinbarung und variable Vergütung: Ein praktischer Leitfaden – nicht nur für Führungskräfte. 3. Aufl. Wiesbaden, 2005.
Famos, Cla Reto: Management-Konzepte in der Kirche. In: ThLZ 128 (2003), S. 992–1012.
Famos, Cla Reto: Kirche zwischen Auftrag und Bedürfnis: Ein Beitrag zur ökonomischen Reflexionsperspektive in der praktischen Theologie. Münster, 2005 (ReligionsRecht im Dialog 3).
Famos, Cla Reto: Kirchliches Marketing als Thema der Praktischen Theologie. In: Famos, Cla Reto; Kunz, Ralph (Hrsg.): Kirche und Marketing. Beiträge zu einer Verhältnisbestimmung. Zürich, 2006, S. 13–28.

Fehrs, Ernst; Fischbacher, Urs: The Economics of Strong Reciprocity. In: Gintis, Herbert; Bowles, Samuel; Fehr, Ernst (Hrsg.): Moral Sentiments and Material Interests: The Foundation of Cooperation in Economic Life. Cambrigde, MA/London, 2005 (Economic Learning an Social Evolution 6), S. 151–191.

Fichte, Johann Gottlieb: Das System der Sittenlehre nach den Prinzipien der Wissenschaftslehre (1798). Hamburg, 1995.

Finke, Roger; Stark, Rodney: The churching of America, 1776 – 2005: Winners and losers in our religious economy. 2. Aufl. New Brunswick, NJ, 2005.

Fischer, Beatus; Hartmann, Peter: Betriebswirtschaft im Unternehmen Kirche: Anstöße und Instrumente. In: GlLern 14 (2/1999), S. 156–167.

Fischer, Thomas: Ein Jahr Absprache-Regelung: Praktische Erfahrungen und gesetzlicher Ergänzungsbedarf. In: Zeitschrift für Rechtspolitik 43 (8/2010), S. 49–51.

Fleßa, Steffen; Jähnichen, Traugott: Auf dem Weg zu einer »Kirchenbetriebslehre«: Impulse für eine Weiterentwicklung der Organisations- und Verwaltungsstrukturen kirchlichen Handelns. In: PTh 94 (2005), S. 196–216.

Foerster, Heinz von: Lethologie: Eine Theorie des Lernens und Wissens angesichts von Unbestimmbarkeiten, Unentscheidbarkeiten, Ungwißbarkeiten. Vortrag, gehalten auf dem Internationalen Seminar Conoscenza come educaione in San Martino di Castrozza am 26. April 1990. In: Ders.: KybernEthik. Berlin, 1993 (Internationaler Merve-Diskurs 180: Perspektiven der Technokultur), S. 126–160.

Forschungsgruppe Weltanschauungen in Deutschland (Hrsg.): Kirchensteuer als Annexsteuer zur Einkommensteuer Kirchensteueraufkommen/Einkommensteuer 1968–2004. URL http://fowid.de/fileadmin/datenarchiv/Kirchensteuer_als_Annexsteuer_zur_Einkommensteuer_01.pdf. – veröffentlicht: 09.11.2005 – Oberwesel – Zugriffsdatum: 15.03.2010.

Forschungsgruppe Weltanschauungen in Deutschland (Hrsg.): Religionszugehörigkeit der Bevölkerung in Deutschland 1970 – 2010. URL http://fowid.de/fileadmin/datenarchiv/Religionszugehoerigkeit_Bevoelkerung_1970_2010.pdf. – veröffentlicht: 23.09.2010 – Oberwesel – Zugriffsdatum: 15.12.2010.

Forschungsgruppe Weltanschauungen in Deutschland (Hrsg.): Kirchenmitgliederentwicklung Evangelische Landeskirchen 1960–2008. URL http://fowid.de/fileadmin/datenarchiv/Mitgliederentwicklung_ev._Landeskirchen__1957-2003.pdf. – veröffentlicht: 24.11.2010 – Oberwesel – Zugriffsdatum: 02.12.2010.

Frey, Bruno S.; Osterloh, Margrit (Hrsg.): Managing Motivation. Wiesbaden, 2002.

Friedman, Milton: The metholdology of positive economics. In: Ders.: Essays in Positive Economics. Chicago, 1953, S. 3–34.

Gabriel, Karl: Modernisierung als Organisierung von Religion. In: Krüggeler, Michael; Gabriel, Karl; Gebhardt, Winfried (Hrsg.): Institution, Organisation, Bewegung. Sozialformen der Religion im Wandel. Opladen, 1999, S. 19–37.

Gäde, Ernst-Georg; Mennen, Claudia (Hrsg.): Gemeinde leiten – aber wie? Werkbuch für Pfarrgemeinderäte und Kirchenvorstände. Mainz, 1995.

Garhammer, Erich: Zwischen Identität und Relevanz. Kirche und Managementtheorien. In: Thomé, Martin; Becker-Huberti, Manfred (Hrsg.): Theorie Kirchenmanagement. Potentiale des Wandels; Analysen – Positionen – Ideen. Bonn, 1998, S. 49–57.

Geller, Helmut; Pankoke, Eckard; Gabriel, Karl: Ökumene und Gemeinde. Untersuchungen zum Alltag von Kirchengemeinden. Opladen, 2001.

Ghoshal, Sumantra; Moran, Peter: Bad Practice: A Critique of the Transaction Cost Theory. In: AMR 21 (1996), S. 13–47.

Giesen, Rut von: Ökonomie der Kirche?: Zum Verhältnis von theologischer und betriebswirtschaftlicher Rationalität in praktisch-theologischer Perspektive. Stuttgart, 2009 (Praktische Theologie heute 100).

Gintis, Herbert; Bowles, Samual; Boyd, Robert; Fehr, Ernst: Moral Sentiments and Material Interests: Origins, Evidence, and Consequences. In: Diess. (Hrsg.): Moral sentiments and material interests: The foundations of cooperation in economic life. Cambridge, MA, 2005 (Economic Learning an Social Evolution 6), S. 3–39.

Göbel, Elisabeth: Neue Institutionenökonomik: Konzeptionen und betriebswirtschaftliche Anwendungen. Stuttgart, 2002.

Gorski, Philip S.; Altinordu, Ates: After Secularization? In: Annu. Rev. Sociol. 34 (2008), S. 55–85.

Gössler, Martin; Schweinschwaller, Thomas: Spezifika von Nonprofit Organisationen und deren Beratung. In: OrganisationsEntwicklung 27 (2/2008), S. 48–56.

Gräb-Schmidt, Elisabeth: Die Kirche ist kein Unternehmen!: Die Rede vom »Unternehmen Kirche« in ekklesiologischer Sicht. In: Fetzer, Joachim; Grabenstein, Andreas; Müller, Eckart (Hrsg.): Kirche in der Marktgesellschaft. Gütersloh, 1999 (Leiten, Lenken, Gestalten 6), S. 65–80.

Gräb, Wilhelm: Praktische Theologie als Theorie der Kirchenleitung: Friedrich Schleiermacher. In: Grethlein, Christian; Meyer-Blanck, Michael (Hrsg.): Geschichte der Praktischen Theologie: dargestellt an ihren Klassikern. Leipzig, 1999 (Arbeiten zur Praktischen Theologie Band 12), S. 67–110.

Grabenstein, Andreas: Die Kirche muss gemanagt werden: Peter Ulrichs Managementtheorie als Konzept für kirchenleitendes Handeln? In: Fetzer, Joachim; Grabenstein, Andreas; Müller, Eckart (Hrsg.): Kirche in der Marktgesellschaft. Gütersloh, 1999 (Leiten, Lenken, Gestalten 6), S. 130–153.

Greiling, Dorothea: Performance-Management in Nonprofit-Organisationen. Wiesbaden, 2009.

Greschat, Martin: Kirchliche Zeitgeschichte: Versuch einer Orientierung. Leipzig, 2005 (ThLZ.F 16).

Grethlein, Christian: Praktische Theologie. Berlin/Boston, 2012.

Grotefeld, Stefan: »Ende gut, alles gut«?: Überlegungen zum Verhältnis von Utililitarismus und christlicher Ethik. In: ZEE 53 (2009), S. 104–119.

Thomas, Günter: 10 Klippen auf dem Reformkurs der Evangelischen Kirche in Deutschland: Oder: Warum die Lösungen die Probleme vergrößern. In: EvTh 67 (2007), S. 361–387.

Haeckel, Johannes: Lex Charitatis. Köln/Wien, 1953.

Halfar, Bernd; Borger, Andrea: Kirchenmanagement. Baden-Baden, 2007.

Haltern, Ulrich: Europarecht und das Politische. Tübingen, 2005.
Handelsverband Deutschland – HDE e.V. Der Einzelhandel (Hrsg.): Basisdaten Einzelhandel 2010. URL http://www.einzelhandel.de/pb/site/hde/get/params_Dattachment/1400250/110627%20Auszug%20ZS11_Charts.pdf. – veröffentlicht: 2011 – Berlin – Zugriffsdatum: 30.03.2012.
Hanushek, Eric; Welch, Finis (Hrsg.): Handbook of the Economics of Education. Band 1. Amsterdam, 2006.
Härle, Wilfried: Als ob alles Beten nichts nützt: Das EKD-Papier zur Reform des deutschen Protestantismus hat theologische Schwächen. In: zeitzeichen 7 (10/2006), S. 22–25.
Härle, Wilfried; Augenstein, Jörg; Rolf, Sibylle; Siebert, Anja: Wachsen gegen den Trend: Analysen von Gemeinden, mit denen es aufwärtsgeht. Leipzig, 2008.
Haslinger, Herbert: Diakonie. Grundlagen für die soziale Arbeit der Kirche. Paderborn, 2009.
Hauschildt, Eberhard: Ist die Kirche ein Unternehmen? In: PTh 93 (2004), S. 514–528.
Hauschildt, Eberhard: Zur Analyse wachsender Gemeinden: Selbstverständlichkeiten, Mythen und Rätsel des Wachsens gegen den Trend (Buchbericht). In: PTh 97 (2008), S. 404–415.
Hauschildt, Eberhard: Milieus in der Kirche. Erste Ansätze zu einer neuen Perspektive und ein Plädoyer für vertiefte Studien. In: PTh 87 (1998), S. 392–404.
Hauschildt, Eberhard; Kohler, Eike; Schulz, Claudia: Wider den Unsinn im Umgang mit der Milieuperspektive. In: WzM 64 (2012), S. 65–82.
Heinberg, Richard: The End of Growth: Adapting to Our New Economic Reality. Gabriola Island, BC, 2011.
Helfrich, Silke; Heinrich-Böll-Stiftung (Hrsg.): Wem gehört die Welt?: Zur Wiederentdeckung der Gemeingüter. URL http://www.boell.de/downloads/economysocial/Netzausgabe_Wem_gehoert_die_Welt.pdf. – veröffentlicht: 2009 – München – Zugriffsdatum: 22.08.2012.
Helm, Roland: Marketing. 8. Aufl. Stuttgart, 2009.
Hendriks, Jan: Gemeinde von morgen gestalten: Modelle und Methoden des Gemeindeaufbaus. Gütersloh, 1996.
Herbst, Michael: Kirche wie eine Behörde verwalten oder wie ein Unternehmen führen? Zur Theologie des Spirituellen Gemeindemanagements. In: Abromeit, Hans-Jürgen; Butzer-Strothmann, Kristin (Hrsg.): Spirituelles Gemeindemanagement. Chancen – Strategien – Beispiele. Göttingen, 2001, S. 82–110.
Herlyn, Okko; Lauer, Hans-Peter: Kirche in Zeiten des Marktes: Ein Störversuch. Neukirchen-Vluyn, 2004.
Hermelink, Jan: Pfarrer als Manager? Gewinn und Grenzen einer betriebswirtschaftlichen Perspektive auf das Pfarramt. In: ZThK 95 (1998), S. 536–564.
Hermelink, Jan: Kameraden, Klienten oder Kunden? Die Adressaten des kirchlichen Handelns. In: Fetzer, Joachim; Grabenstein, Andreas; Müller, Eckart (Hrsg.): Kirche in der Marktgesellschaft. Gütersloh, 1999 (Leiten, Lenken, Gestalten 6), S. 81–99.

Hermelink, Jan: Praktische Theologie der Kirchenmitgliedschaft. Interdisziplinäre Untersuchungen zur Gestaltung kirchlicher Beteiligung. Göttingen, 2000 (Arbeiten zur Pastoraltheologie Band 38).

Hermelink, Jan: Kirchliche Organisation und das Jenseits des Glaubens: Eine praktisch-theologische Theorie der evangelischen Kirche. Gütersloh, 2011.

Hermelink, Jan: Gibt es eine kirchliche Effizienz? Betriebswirtschaftliche Beiträge zur Theorie kirchlichen Handelns. In: PTh 86 (1997), S. 576–588.

Hermelink, Jan: Unternehmerische Konzept in evangelischen Kirchen. Praktische Verbreitung und theologische Aufgaben. In: PrTh 37 (2002), S. 245–253.

Hermelink, Jan: Die Freiheit des Glaubens und die kirchliche Organisation. In: PTh 96 (2007), S. 45–55.

Hermelink, Jan: Pastorales Wirken im Spannungsfeld von Organisation, Person und ›geistlicher‹ Darstellung. In: PTh 97 (2008), S. 384–403.

Hermelink, Jan; Rink, Sigurd (Hrsg.): Professionalisierte Planung und geistliche Moderation: Landeskirchen im Umbruch. PrTh 44 (4/2009).

Hermelink, Jan; Wegner, Gerhard (Hrsg.): Paradoxien kirchlicher Organisation: Niklas Luhmanns frühe Kirchensoziologie und die aktuelle Reform der evangelischen Kirche. Würzburg, 2008.

Herms, Eilert; Schweitzer, Friedrich (Hrsg.): Führen und Leiten im Pfarramt: Der Beitrag von Theologie und kirchlicher Lehre. Norderstedt, 2002.

Hero, Markus: Jahrmarkt der Religionen. In: Wissenschaftsmagazin Rubin der Ruhr-Universität Bochum. URL http://www.ruhr-uni-bochum.de/rubin/rubin-herbst-07/pdf/facetten6.pdf. – veröffentlicht: Herbst 2007 – Bochum – Zugriffsdatum: 22.03.2010, S. 52–54.

Hero, Markus; Krech, Volkhard; Zander, Helmut (Hrsg.): Religiöse Vielfalt in Nordrhein-Westfalen: Empirische Befunde und Perspektiven der Globalisierung vor Ort. Gütersloh, 2008.

Herold, Gerhart: McKinsey und die Kirche – nur ein Schnupperkurs?: Das Evangelische MünchenProgramm (eMp) heute. In: Pohl-Patalong, Uta (Hrsg.): Kirchliche Strukturen im Plural. Analysen, Visionen und Modelle aus der Praxis. Schenefeld, 2004 (Ein Lernort-Gemeinde-Buch), S. 249–261.

Heymann, Dietrich von (Hrsg.): Handwörterbuch des Pfarramts: Führungs- und Arbeitstechniken für Kirche und Gemeinde. Landsberg am Lech, 1979–1984.

Heymann, Dietrich von: Braucht die Kirche Manager? In: DtPfrBl 70 (7/1970), S. 29ff.

Hild, Helmut (Hrsg.): Wie stabil ist die Kirche?: Bestand und Erneuerung. Ergebnisse einer Meinungsbefragung. Berlin, 1974 (Empirische Untersuchungen in der Evangelischen Kirche in Deutschland).

Hillebrecht, Steffen W. (Hrsg.): Kirchliches Marketing. Paderborn, 1997.

Hillebrecht, Steffen, W.: Entwicklungslinien des kirchlichen Marketings in Deutschland. In: Ders. (Hrsg.): Kirchliches Marketing. Paderborn, 1997, S. 34–65.

Hillebrecht, Steffen, W.: Die Praxis des kirchlichen Marketings: Die Vermittlung religiöser Werte in der modernen Gesellschaft. Hamburg, 2000.

Hinrichs, Karen: Der Kirchenkompass: Ein Prozess der Verständigung über Leitbilder und Ziele in der Evangelischen Landeskirche in Baden. In: Nethöfel, Wolfgang; Grunwald, Klaus-Dieter (Hrsg.): Kirchenreform strategisch! Konzepte und Berichte. Glashütten, 2007, S. 327–344.

Hoffmann, Lutz: Management und Kirche. In: Wössner, Jakobus (Hrsg.): Religion im Umbruch. Soziologische Beiträge zur Situation von Religion und Kirche in der gegenwärtigen Gesellschaft. Stuttgart, 1972, S. 369–394.

Holm, Bo Kiristian: Gabe und Geben bei Luther: Das Verhältnis zwischen Reziprozität und reformatorischer Rechtfertigungslehre. Berlin, 2006.

Hölscher, Lucian: Geschichte der protestantischen Frömmigkeit in Deutschland. München, 2005.

Hölscher, Lucian; Bendikowski, Tillmann (Hrsg.): Datenatlas zur religiösen Geographie im protestantischen Deutschland: Von der Mitte des 19. Jahrhunderts bis zum Zweiten Weltkrieg. Band 1. Berlin, 2001.

Holtkamp, Lars: Das Scheitern des Neuen Steuerungsmodells. In: dms 1 (2008), S. 423–446.

Homann, Karl; Blome-Drees, Franz: Wirtschafts- und Unternehmensethik. Göttingen, 1992.

Homann, Karl; Suchanek, Andreas: Ökonomik: Eine Einführung. 2. Aufl. Tübingen, 2005.

Horak, Christian; Heimerl, Peter: Management von NPOs: Eine Einführung. In: Badelt, Christoph; Meyer, Michael; Simsa, Ruth (Hrsg.): Handbuch der Nonprofit Organisation. Strukturen und Management. 4. Aufl. Stuttgart, 2007, S. 167–177.

Huber, Wolfgang: Kirche in der Zeitenwende: Gesellschaftlicher Wandel und Erneuerung der Kirche. Gütersloh, 1998.

Huber, Wolfgang; Friedrich, Johannes; Steinacker, Peter (Hrsg.): Kirche in der Vielfalt der Lebensbezüge: Die vierte EKD-Erhebung über Kirchenmitgliedschaft. Gütersloh, 2006.

Hull, Bill: Hat die Gemeindewachstumsbewegung wirklich Früchte gebracht? In: Gemeindegründung Nr. 92 (4/2007), S. 12–17.

Hybels, Bill; Hybels, Lynn: Rediscovering Church: The Story and Vision of Willow Creek Community Church. Grand Rapids, MI, 1995.

Iannaccone, Laurence R.: Sacrifice and stigma: Reducing free-riding in cults, communes, and other collectives. Stanford, 1989.

Iannaccone, Laurence R.: Introduction to the economics of religion. In: JEL 36 (1998), S. 1465–1495.

Jäger, Alfred: Diakonie als christliches Unternehmen: Theologische Wirtschaftsethik im Kontext diakonischer Unternehmenspolitik. 4. Aufl. Gütersloh, 1993.

Jäger, Alfred: Konzepte der Kirchenleitung für die Zukunft: Wirtschaftsethische Analysen und theologische Perspektiven. Gütersloh, 1993.

Jähnichen, Traugott: »Kirche, Geld und Seelenheil«: Theologische Anmerkungen zur Ökonomischen Theorie der Religion. In: PTh 88 (1999), S. 218–237.

Jähnichen, Traugott: Wirtschaftsethik: Konstellationen – Verantwortungsebenen – Handlungsfelder. Stuttgart, 2008 (Ethik – Grundlagen und Handlungsfelder Band 3).

Jähnichen, Traugott: Die Parallelität von gesellschafts- und kirchenreformerischen Diskursen im 20. Jahrhundert: Ein Beispiel für die Zeitgeistanfälligkeit des deutschen Protestantismus? In: Karle, Isolde (Hrsg.): Kirchenreform. Interdisziplinäre Perspektiven. Berlin, 2009, S. 81–96.

Janis, Irving L.: Victims of Groupthink: A Psychological Study of Foreign-Policy-Decisions and Fiascoes. 2. Aufl. Boston, 1972.

Janta, Bernhard: Was verändert die Veränderung: Ein Navigationssystem für Transformationsprozesse. In: Lohmer, Mathias (Hrsg.): Psychodynamische Organisationsberatung. Konflikte und Potentiale in Veränderungsprozessen. Stuttgart, 2000, S. 198–215.

Josuttis, Manfred: Volkskirche auf dem Markt. In: DtPfrBl 106 (12/2006), S. 619–622.

Josuttis, Manfred: Der Pfarrer ist anders. Aspekte einer zeitgenössischen Pastoraltheologie. 3. Aufl. München, 1987.

Josuttis, Manfred: Die Einführung in das Leben: Pastoraltheologie zwischen Phänomenologie und Spiritualität. Gütersloh, 1996.

Judt, Matthias (Hrsg.): DDR-Geschichte in Dokumenten. Beschlüsse, Berichte, interne Materialien und Alltagszeugnisse. 2. Aufl. Berlin, 1998.

Jung, Hans: Personalwirtschaft. 9. Aufl. München, 2011.

Jüngel, Eberhard: Gott als Geheimnis der Welt: Zur Begründung der Theologie des Gekreuzigten im Streit zwischen Theismus und Atheismus. 4. Aufl. Tübingen, 1982.

Jüngel, Eberhard: Wertlose Wahrheit: Christliche Wahrheitserfahrung im Streit gegen die »Tyrannei der Werte«. In: Ders.: Wertlose Wahrheit. Zur Identität und Relevanz des christlichen Glaubens. Theologische Erörterungen III. München, 1990, S. 90–109.

Jüngel, Eberhard: Gewinn im Himmel und auf Erden: Theologische Betrachtungen zum Streben nach Gewinn. In: ZthK 94 (1997), S. 532–552.

Kahnemann, Daniel; Tversky, Amos (Hrsg.): Choice, Values and Frames. Cambridge, 2000.

Kaplan, Robert S.; Norton, David P.: The Balanced Scorecard: Translating Strategy into Action. Boston, MA, 1996.

Karle, Isolde: Der Pfarrberuf als Profession: Eine Berufstheorie im Kontext der modernen Gesellschaft. Gütersloh, 2001 (Praktische Theologie und Kultur 3).

Karle, Isolde: Religion – Interaktion – Organisation. In: Hermelink, Jan; Wegner, Gerhard (Hrsg.): Paradoxien kirchlicher Organisation. Niklas Luhmanns frühe Kirchensoziologie und die aktuelle Reform der evangelischen Kirche. Würzburg, 2008, S. 237–257.

Karle, Isolde (Hrsg.): Kirchenreform: Interdisziplinäre Perspektiven. Berlin, 2009.

Karle, Isolde: Pfarrerinnen und Pfarrer zwischen Interaktion und Organisation. In: Diess. (Hrsg.): Kirchenreform. Interdisziplinäre Perspektiven. Berlin, 2009, S. 177–198.

Karle, Isolde: Kirche im Reformstress. Gütersloh, 2010.
Karle, Isolde: Das Ende der Gemütlichkeit?: Eine Auseinandersetzung mit den Reformbestrebungen der EKD. In: EvTh 67 (2007), S. 332–349.
Keen, Steve: Debunking Economics. 2. Aufl. London/New York, 2011.
Kellermann, Paul: Soziologie des Geldes. In: Maurer, Andrea (Hrsg.): Handbuch der Wirtschaftssoziologie. Wiesbaden, 2008, S. 320–340.
Kells Ingram, John: History of Political Economics. London, 1901 [1888].
Kenneson, Philip D.; Street, James L.: Selling out the Church: The Dangers of Church Marketing. Eugene, OR, 1997.
Kirchenamt der EKD (Hrsg.): Kirche der Freiheit: Perspektiven für die evangelische Kirche im 21. Jahrhundert. Ein Impulspapier der EKD. Hannover, 2006.
Kirchenamt der EKD (Hrsg.): Kirche in Deutschland. Zahlen und Fakten zum kirchlichen Leben. Hannover, 2011.
Kirchenamt der EKD (Hrsg.): Leitfaden zur Zielorientierung und zum Berichtswesen für die Outputorientierung. Hannover, 2012.
Kirchenamt der EKD (Hrsg.): Der Beitrag der Theologie in den gegenwärtigen kirchlichen Herausforderungen: Dokumentation eines Symposions der Evangelischen Kirche in Deutschland (Wuppertal, 23.-25. Januar 2009). Hannover, 2009.
Kirchenamt der EKD (Hrsg.): Kirchenmitgliederzahlen am 31.12.2009. URL http://www.ekd.de/download/Ber_Kirchenmitglieder_2009.pdf. – veröffentlicht: 2010 – Hannover – Zugriffsdatum: 01.02.2011.
Kirchenleitung der Evangelische Kirche Berlin-Brandenburg-schlesische Oberlausitz (Hrsg.): Salz der Erde: Das Perspektivprogramm der EKBO. URL http://www.ekbo.de/Dateien/EKBO_Perspektivprogramm.pdf. – veröffentlicht: 01.07.2007 – Berlin – Zugriffsdatum: 15.03.2010.
Kirchenleitung der Evangelische Kirche von Westfalen (Hrsg.): Kirche mit Zukunft. URL http://www.reformprozess.de/fileadmin/sites/reformprozess/dokumente_reformprozess/kirche_mit_zukunft.pdf. – veröffentlicht: 01.05.2000 – Bielefeld – Zugriffsdatum: 15.03.2010.
Kirchenleitung der nordelbischen Ev.-Luth. Kirche (Hrsg.): Leitsätze zum Kirchenbild. URL http://www.reform-nordelbien.de/fix/files/kd.1126000500/Leits%E4tze%20zum%20Kirchenbild.4.pdf. – veröffentlicht: 01.03.2004 – Kiel – Zugriffsdatum: 13.07.2010.
Kirchenleitung der Nordelbischen Ev.-Luth. Kirche (Hrsg.): Kirche in Veränderung: Der Nordelbische Reformprozess 2002 bis 2009. Dokumentation und Auswertung. URL http://www.reform-nordelbien.de/fix/files//%20Doku%20Internetversion.pdf. – veröffentlicht: 21.04.2009 – Kiel – Zugriffsdatum: 15.03.2010.
Kirchgässner, Gebhard: Ökonomie als imperial(istisch)e Wissenschaft: Zur Anwendung der ökonomischen Verhaltensmodells in den benachbarten Sozialwissenschaften. In: Boettcher, Erik; Herder-Dorneich, Philipp; Schenk, Karl-Ernst (Hrsg.): Jahrbuch für Neue Politische Ökonomie. Interdisziplinarität – Voraussetzungen und Notwendigkeiten. Band 7. Tübingen, 1988, S. S. 128–145.

Kirchgässner, Gebhard: Homo Oeconomicus: Das ökonomische Modell individuellen Verhaltens und seine Anwendung in den Wirtschafts- und Sozialwissenschaften. 3. Aufl. Tübingen, 2008.

Klostermann, Siegfried: Verkündet es von den Dächern: Vom Sinn kirchlichen Marketings. In: Hillebrecht, Steffen W. (Hrsg.): Kirchliches Marketing. Paderborn, 1997, S. 18–33.

Klostermeier, Birgit: Das unternehmerische Selbst der Kirche. Eine Diskursanalyse. Berlin/Boston, 2011 (Praktische Theologie im Wissenschaftsdiskurs 10).

Kneer, Georg; Nassehi, Armin: Niklas Luhmanns Theorie sozialer Systeme. 4. Aufl. München, 2000.

Knock Knock Who's There Inc.: The Savvy Convert's Guide to Choosing a Religion. Venice, CA, 2008.

Kommunale Gemeinschaftsstelle für Verwaltungsvereinfachung (KGSt): Das Neue Steuerungsmodell: Begründung, Konturen, Umsetzung. Köln, 1993 (Bericht Nr. 5/1993).

König, Stefan: Wieder da: Die »große« Kronzeugenregelung. In: NJW 62 (2009), S. 2481–2484.

Kosmin, Barry A.; Keysar, Ariela: American Religious Identification Survey (ARIS 2008): Summary Report. URL http://www.americanreligionsurvey-aris.org/reports/ARIS_Report_2008.pdf. – veröffentlicht: 2009 – Hartford, CT – Zugriffsdatum: 14.03.2010.

Kotler, Philip; Armstrong, Gary; Wong, Veronica; Saunders, John: Grundlagen des Marketing. 5. Aufl. München, 2011.

Krautz, Jochen: Ware Bildung. Schule und Universität unter dem Diktat der Ökonomie. 2. Aufl. München, 2009.

Krol, Gerd-Jan: Ökonomische Verhaltenstheorie. In: May, Hermann (Hrsg.): Handbuch zur ökonomischen Bildung. 8. Aufl. München, 2005, S. 15–30.

Krüger, Sabine M.: Die Unternehmung als produktives soziales System: Grundlagen der allgemeinen Unternehmungslehre. 2. Aufl. Bern/Stuttgart, 1970 (Schriftenreihe »Unternehmung und Unternehmensführung« hrsg. vom Institut für Betriebswirtschaft an der Hochschule St. Gallen Bd. 1).

Krüger, Sabine M.: Kirche und Marketing (Abschnitt 5–2.2.). In: Braun, Peter (Hrsg.): Unternehmen Kirche. Organisationshandbuch für Pfarrer und Gemeinden. Band 1. Stadtbergen, 1998, S. 14–19.

Kuß, Alfred; Tomczak, Torsten: Käuferverhalten. 3. Aufl. Stuttgart, 2004.

Lämmermann, Godwin: Einleitung in die Praktische Theologie: Handlungstheorien und Handlungsfelder. Stuttgart/Berlin/Köln, 2001.

Land Schleswig-Holstein (Hrsg.): Landeshaushaltsplan Schleswig-Holstein für die Haushaltsjahre 2011/2012. Haushaltsgesetz. URL http://www.schleswig-holstein.de/FM/DE/Landeshaushalt/AktuelleHaushaltsplaene/Haushalt20112012/Epl00__blob=publicationFile.pdf. – veröffentlicht: 17.12.2010 – Kiel – Zugriffsdatum: 23.03.2012.

Landeshauptstadt Kiel (Hrsg.): Haushaltssatzung der Landeshauptstadt Kiel für das Haushaltsjahr 2011. URL http://www.kiel.de/rathaus/finanzen/Haushaltsplanung/2011/

Haushaltsplan_2011_LH_Kiel_Band_1.pdf. – veröffentlicht: 02/2011 – Kiel – Zugriffsdatum: 23.03.2012.

Latniak, Erich: Von der Schmerzhaftigkeit »organisationalen Lernens«. In: Institut Arbeit und Technik (Hrsg.): Jahrbuch 1996/1997. Gelsenkirchen, 1997, S. 120–133.

Läwen, Werner: Der Kirchenkreis als Handlungsebene: Praktisch-theologische Feldstudie zur Erprobung neuer Arbeits- und Organisationsformen im Kirchenkreis Celle (unveröffentlichte Dissertation). Göttingen, 1982.

Lehmann, Maren: Leutemangel: Mitgliedschaft und Begegnung als Formen der Kirche. In: Hermelink, Jan; Wegner, Gerhard (Hrsg.): Paradoxien kirchlicher Organisation. Niklas Luhmanns frühe Kirchensoziologie und die aktuelle Reform der evangelischen Kirche. Würzburg, 2008, S. 123–144.

Lehmann, Maren: Ev'rybody's Talking. Das Publikum der Kirche. »Talk comes first.«. In: Karle, Isolde (Hrsg.): Kirchenreform. Interdisziplinäre Perspektiven. Berlin, 2009, S. 219–236.

Lehner, Hansjörg; Meran, Georg; Möller, Joachim: De Statu Corruptionis: Eintscheidungslogische Einübungen in die Höhere Amoralität. Konstanz, 1980.

Levitt, Steven D.; Dubbner, Stephen J.: Superfreakonomics: Global Cooling, Patriotic Prostitutes, And Why Suicide Bombers Should Buy Life Insurance. New York, 2009.

Lienemann-Perrin, Christine (Hrsg.): Taufe und Kirchenzugehörigkeit: Studien zur Bedeutung der Taufe für Verkündigung, Gestalt und Ordnung der Kirche. München, 1983 (Forschungen und Berichte der Evangelischen Studiengemeinschaft 39).

Lienemann, Wolfgang (Hrsg.): Die Finanzen der Kirche: Studien zu Struktur, Geschichte und Legitimation kirchlicher Ökonomie. München, 1989 (Forschungen und Berichte der Evangelischen Studiengemeinschaft 43).

Lienemann, Wolfgang: Die Bedeutung des spätmittelalterlichen Armutsstreites für theologische Kriterien der kirchlichen Ökonomie. In: Ders. (Hrsg.): Diakonie und Kirchenfinanzen im Frühchristentum. München, 1989 (Forschungen und Berichte der Evangelischen Studiengemeinschaft 43), S. 574–601.

Liermann, Hans: Abgaben. In: Theologische Realenzyklopädie. Band 1 (Aar-Age). Berlin, 1977, S. 329–347.

Light, Paul C.: Making Nonprofits Work. A Report on the Tides of Nonprofit Management Reform. Washington, D.C., 2000.

Lindner, Herbert: Kirche am Ort: Ein Entwicklungsprogramm für Ortsgemeinden. Stuttgart, 2000 (völlig überarbeitete Neuausgabe).

Lindner, Herbert: Spiritualität und Modernität: Das Evangelische Münchenprogramm. In: PTh 86 (1997), S. 244–264.

Lohmann, David: Das Bielefelder Diakonie-Management-Modell. Gütersloh, 1997 (Leiten, Lenken, Gestalten 1).

Löhr, Hans: Fähig zur Veränderung?: Die Umsetzung des McKinsey-Konzeptes »eMp«. In: Brummer, Arnd; Nethöfel, Wolfgang (Hrsg.): Vom Klingelbeutel zum Profit-

center. Strategien und Modelle für das Unternehmen Kirche. Hamburg, 1997 (Impulse Das Sonntagsblatt DS), S. 121–127.
Lücht, Jürgen: Kirchenreform durch Öffnung zur Religion: Bilanz der bisherigen Kirchenreformbestrebungen und neue Perspektiven (unveröffentlichte Dissertation). Hamburg. 1976.
Luckmann, Thomas: Über die Funktion von Religion. In: Koslowski, Peter (Hrsg.): Die religiöse Dimension der Gesellschaft. Tübingen, 1985, S. 26–43.
Luckmann, Thomas: Die unsichtbare Religion. Frankfurt am Main, 1991.
Ludewig, Kurt: Systemische Therapie: Grundlagen klinischer Theorie und Praxis. 4. Aufl. 1997.
Luhmann, Niklas: Die Organisierbarkeit von Religionen und Kirchen. In: Wössner, Jakobus (Hrsg.): Religion im Umbruch. Soziologische Beiträge zur Situation von Religion und Kirche in der gegenwärtigen Gesellschaft. Stuttgart, 1972, S. 245–285.
Luhmann, Niklas: Soziale Systeme: Grundriß einer allgemeinen Theorie. Franfurt/Main, 1984.
Luhmann, Niklas: Ökologische Kommunikation: Kann die moderne Gesellschaft sich auf ökologische Gefährdungen einstellen? 1. Aufl. Opladen, 1986.
Luhmann, Niklas: Die Ausdifferenzierung der Religion. In: Gesellschaftsstruktur und Semantik. Studien zur Wissenssoziologie in der modernen Gesellschaft. Band 3. Frankfurt am Main, 1993, S. 259–357.
Luhmann, Niklas; Kieserling, André (Hrsg.): Die Religion in der Gesellschaft. Frankfurt am Main, 2000.
Luhmann, Niklas: Einführung in die Systemtheorie. 5. Aufl. Heidelberg, 2009.
Luz, Ulrich: Die Kirche und ihr Geld im Neuen Testament. In: Lienemann, Wolfgang (Hrsg.): Die Finanzen der Kirche. Studien zu Struktur, Geschichte und Legitimation kirchlicher Ökonomie. München, 1989 (Forschungen und Berichte der Evangelischen Studiengemeinschaft 43), S. 525–554.
Maier, Gerhard: Gemeindeaufbau als Gemeindewachstum: Eine praktisch-theologische Untersuchung zur Geschichte, Theologie und Praxis der »church growth«-Bewegung. Erlangen, 1995.
Maturana, Humberto R.; Varela, Francisco J.: Der Baum der Erkenntnis: Die biologischen Wurzeln des Erkennens. München, 1987.
May, Hermann: Die menschenlichen Bedürfnisse. In: Ders. (Hrsg.): Handbuch zur ökonomischen Bildung. 8. Aufl. Wiesbaden, 2008, S. 3–14.
Mayrhofer, Wolfgang; Scheuch, Firtz: Zwischen Nützlichkeit und Gewinn. Nonprofit Organisationen aus betriebswirtschaftlicher Sicht. In: Badelt, Christoph; Meyer, Michael; Simsa, Ruth (Hrsg.): Handbuch der Nonprofit Organisation. Strukturen und Management. 4. Aufl. Stuttgart, 2007, S. 81–97.
McGavran, Donald A.: Understanding Church Growth. Grand Rapids, MI, 1980.
Menne, Günter A.: Scheitern vorprogrammiert: Anmerkungen eines protestantischen Gebrauchsintellektuellen zum Abschlussbericht des »Evangelischen Münchenprogramms« (eMp). URL http://www.dekanat-hof.de/download/Menne.pdf. – veröffentlicht: 2004 – Hof – Zugriffsdatum: 30.06.2008.

Mette, Norbert; Steinkamp, Hermann: Sozialwissenschaften und Praktische Theologie. Düsseldorf, 1983 (Leitfaden Theologie 11).

Meyer-Blanck, Michael: Gemeindeleitung: Kybernetik/Soziale Systeme/Leitbilder/Leitungsstrukturen. In: Gräb, Wilhelm; Weyel, Birgit (Hrsg.): Handbuch Praktische Theologie. Gütersloh, 2007, S. 507–518.

Meyns, Christoph; Alfert, Dette: Kirche in Entwicklung: Zum Stand der Konsolidierungsprozesse in den Hauptbereichen kirchlicher Arbeit und den neuen Kirchenkreisen. Eine Zwischenbilanz, hg. von der Kirchenleitung der Nordelbischen Ev.-Luth. Kirche. URL http://www.reform-nordelbien.de/fix/files//Evaluationsbericht.2.pdf. – veröffentlicht: 2012 – Kiel – Zugriffsdatum: 07.03.2012.

Mintzberg, Henry; Ahlstrand, Bruce; Lampel, Joseph: Strategy Safari: Eine Reise durch die Wildnis des strategischen Managements. München, 2007 (Manager-Magazin-Edition).

Mirowski, Philip: More Heat than Light: Economics as Social Physics, Physics as Nature's Economics. Cambridge, 1989 (Historical Perspectives on Modern Economics).

Mitri, Tarek: In Gottes Namen?: Politik und Religion in den USA. Frankfurt am Main, 2005.

Mödinger, Wilfried: Kirchen-Marketing: Strategisches Marketing für kirchliche Angebote. Stuttgart, 2001.

Möller, Christian: »Ich weiß, woran ich glaube!«: Halt und Perspektive in der Krise. Vortrag vor dem Deutschen Pfarrertag in Fulda am 26.9.2006. In: DtPfrBl 106 (11/2006), S. 569–574.

Möller, Christian: Lehre vom Gemeindeaufbau: Band 1: Konzepte – Programme – Wege. Göttingen, 1987.

Möller, Christian: Lehre vom Gemeindeaufbau: Band 2: Durchblicke, Einblicke, Ausblicke. Göttingen, 1990.

Möller, Christian: Einführung in die Praktische Theologie. Tübingen, 2004 (UTB Theologie 2529).

Müller-Weissner, Ulrich: Chef sein im Haus des Herrn: Führen und Leiten in der Kirche – eine Praxishilfe. Gütersloh, 2003.

Munding, Max: Die Einheit der Verwaltung als Paradigma für die Verwaltungsstrukturreform in Baden-Württemberg. In: Europäisches Zentrum für Föderalismusforschung Tübingen (Hrsg.): Jahrbuch des Föderalismus 2005. Föderalismus, Subsidiarität und Regionen in Europa. Baden-Baden, 2005, S. 218–229.

Nassehi, Armin: Soziologie. Zehn einführende Vorlesungen. Wiesbaden, 2008.

Nethöfel, Wolfgang: Gebet und Controlling: Die Chancen des Unternehmens Kirche. In: Brummer, Arnd; Nethöfel, Wolfgang (Hrsg.): Vom Klingelbeutel zum Profitcenter. Strategien und Modelle für das Unternehmen Kirche. Hamburg, 1997 (Impulse Das Sonntagsblatt DS), S. 15–24.

Nethöfel, Wolfgang: Unternehmen Kirche?: Bedeutung und Perspektiven einer Begriffsbestimmung. In: Thomé, Martin; Becker-Huberti, Manfred (Hrsg.): Theorie Kirchenmanagement. Potentiale des Wandels; Analysen – Positionen – Ideen. Bonn, 1998, S. 58–66.

Neuberger, Oswald: Führen und führen lassen: Ansätze, Ergebnisse und Kritik der Führungsforschung. 6. Aufl. Stuttgart, 2002 (UTB für Wissenschaft Betriebswirtschaftslehre, Psychologie 2234).

Nida-Rümelin, Julian: Die Optimierungsfalle. Philosophie einer humanen Ökonomie. München, 2011.

Nissen, Andreas: Gott und der Nächste im antiken Judentum. Tübingen, 1974 (Wissenschaftliche Untersuchungen zum Neuen Testament).

Nordelbische Ev. -Luth. Kirche (Hrsg.): Haushalt der Nordelbischen Evangelisch-Lutherischen Kirche für das Haushaltsjahr 2011. URL http://www.nordelbien.de/fix/files/doc/000%20Haushalt%202011%2007.02.2011.pdf. – veröffentlicht: 07.02.2011 – Kiel – Zugriffsdatum: 23.03.2012.

Nüchtern, Michael: Kirche evangelisch gestalten. Berlin, 2008 (Heidelberger Studien zur Praktischen Theologie Band 13).

Nüchtern, Michael: Strategie, schmiegsam!: Recht und Relativität planenden Handelns in der Kirche. In: Hermelink, Jan; Rink, Sigurd (Hrsg.): Professionalisierte Planung und geistliche Moderation. Landeskirchen im Umbruch PrTh 44 (4/2009), S. 265–272.

Nutzinger, Hans G.: Imperialistisches Sprachspiel: Möglichkeiten und Grenzen des »homo oeconomicus«-Modells. In: EK 29 (1996), S. 256–259.

Ockenfels, Axel: Fairneß, Reziprozität und Eigennutz. Tübingen, 1999 (Die Einheit der Geisteswissenschaften 108).

Olson, David T.: The American church in crisis: Groundbraking research based on a national database of over 200.000 churches. Grand Rapids, MI, 2008.

Ostrom, Elinor: Die Verfassung der Allmende: Jenseits von Staat und Markt. Tübingen, 1999.

Ostrom, Elinor: Policies that Crowd out Reciprocity and Collective Action. In: Gintis, Herbert; Bowles, Samuel; Fehr, Ernst (Hrsg.): Moral Sentiments and Material Interests: The Foundation of Cooperation in Economic Life. Cambrigde, MA/London, 2005 (Economic Learning an Social Evolution 6), S. 253–275.

Otto, Gerd: Grundlegung der Praktischen Theologie. München, 1986.

Pachmann, Herbert: Pfarrer sein: Ein Beruf und eine Berufung im Wandel. Göttingen, 2011.

Pareto, Vilfredo: Manuale di Economia Politica: con una introduzione alla scienza sociale. Milano, 1906.

Patzen, Martin: Führung von evangelisch-reformierten Kirchgemeinden: Betriebswirtschaftliche Konzepte und Instrumente in ethisch-theologischer Perspektive. Bern, 1997.

Paulsen, Friedrich: Aus meinem Leben: Jugenderinnerungen. Jena, 1909.

Pepels, Werner: Handbuch des Marketing. 6. Aufl. München, 2012.

Perels, Hans-Ulrich: Wie führe ich eine Kirchengemeinde?: Möglichkeiten des Managements. Gütersloh, 1990.

Perels, Hans-Ulrich: Modelle des Marketing. Gütersloh, 1991.

Petry, Bernhard: Leiten in der Ortsgemeinde: Allgemeines Priestertum und kirchliches

Amt – Bausteine einer Theologie der Zusammenarbeit. Gütersloh, 2001 (Leiten, Lenken, Gestalten 9).
Pirson, Dietrich: Kirchenrecht. In: Evangelisches Kirchenlexikon. Band 2 (G–K). 3. Aufl. Göttingen, 1989, S. 1164–1176.
Pollack, Detlef: Säkularisierung – ein moderner Mythos?: Studien zum religiösen Wandel in Deutschland. Tübingen, 2003.
Pollack, Detlef: Was tun?: Ein paar Vorschläge trotz unübersichtlicher Lage. In: Huber, Wolfgang; Friedrich, Johannes; Steinacker, Peter (Hrsg.): Kirche in der Vielfalt der Lebensbezüge. Gütersloh, 2006, S. 129–133.
Pollack, Detlef: Worauf die Bindung an die Kirche beruht: Kirchensoziologische Analysen zum Verhältnis der evangelischen Kirchenmitglieder zu ihrer Kirche und den Grenzen kirchenreformerischen Handelns. In: Hermelink, Jan; Wegner, Gerhard (Hrsg.): Paradoxien kirchlicher Organisation. Niklas Luhmanns frühe Kirchensoziologie und die aktuelle Reform der evangelischen Kirche. Würzburg, 2008, S. 71–99.
Pollack, Detlef: Formen individueller Bindung an die Kirche und Grenzen kirchenreformerischen Handelns: Untersucht am Beispiel der evangelischen Kirche in Deutschland. In: Karle, Isolde (Hrsg.): Kirchenreform. Interdisziplinäre Perspektiven. Berlin, 2009, S. 121–142.
Pollack, Detlef: Rückkehr des Religiösen?: Studien zum religiösen Wandel in Deutschland und Europa II. Tübingen, 2009.
Pollack, Detlef; Olson, Daniel V. A. (Hrsg.): The role of religion in modern societies. New York, NY, 2008 (Routledge advances in sociology 31).
Presser, Stanley; Stinson, Linda: Data collection mode and social desirabliltiy bias in self-reported religious attendance. In: ASocRev 63 (1998), S. 137–145.
Preul, Reiner: Kirchentheorie: Wesen, Gestalt und Funktionen der evangelischen Kirche. Berlin, 1997 (De-Gruyter-Studienbuch).
Preul, Reiner: Was bedeutet die kirchentheoretische These: Kirche wird durch die Auslegung ihrer Lehre geleitet? In: Grünwaldt, Klaus; Hahn, Udo (Hrsg.): Profil – Bekenntnis – Identität. Was die lutherische Kirche prägt. Hannover, 2003, S. 69–97.
Preul, Reiner: Kirche als Unternehmen. In: Gräb, Wilhelm; Weyel, Birgit (Hrsg.): Handbuch Praktische Theologie. Gütersloh, 2007, S. 555–565.
Preul, Reiner: Kirchenleitung nach evangelischem Verständnis. In: Kammholz, Knuth; Kiene, Henning; Neubert-Stegemann, Redlef; Ulrich, Gerhard (Hrsg.): solo verbo. Festschrift für Bischof Dr. Hans Christian Knuth. Kiel, 2008, S. 311–321.
Projektgruppe »Lernende Organisation Kirche« (Hrsg.): Lernende Organisation Kirche: Erkundungen zu Kirchenkreis-Reformen. 2. Aufl. Leipzig, 2006.
Purtschert, Robert: Marketing für Verbände und weitere Nonprofit-Organisationen. 2. Aufl. Bern, 2005.
Raffée, Hans: Kirchenmarketing – die Vision und Wirklichkeit. In: Arbeitskreis Evangelischer Unternehmer in Deutschland (Hrsg.): Marketing – Irrweg oder Gebot der Vernunft? Vom Nutzen des Marketing für die Kirche. Karlsruhe, 1998, S. 11–39.

Rau, Gerhard: Ekklesiologie kirchlicher Haushaltspläne in Baden. In: Lienemann, Wolfgang (Hrsg.): Die Finanzen der Kirche. Studien zu Struktur, Geschichte und Legitimation kirchlicher Ökonomie. München, 1989 (Forschungen und Berichte der Evangelischen Studiengemeinschaft 43), S. 335–352.

Rau, Gerhard; Reuter, Hans-Richard; Schlaich, Klaus (Hrsg.): Das Recht der Kirche. Band III: Zur Praxis des Kirchenrechts. Gütersloh, 1994 (Forschungen und Berichte der Evangelischen Studiengemeinschaft 51).

Rein, Matthias: Wachsen gegen den Trend!? Fragen zur Herkunft und Bedeutung eines Leitmotivs im EKD-Impulspapier »Kirche der Freiheit. In: DtPfrBl 107 (2/2007), S. 59–64.

Rendtorff, Trutz: Ethik. Grundelemente, Methodologie und Konkretionen einer ethischen Theologie. 3. Aufl. Tübingen, 2011 [1980/81].

Rese, Friederike: Praxis und Logos bei Aristoteles. Tübingen, 2003 (Philosophische Untersuchungen 10).

Reuter, Hans-Richard: Botschaft und Ordnung. Beiträge zur Kirchentheorie. Leipzig, 2009.

Reuter, Hans-Richard: Der Begriff der Kirche in theologischer Sicht: Ekklesiologische Überlegungen. In: Ders.: Botschaft und Ordnung. Beiträge zur Kirchentheorie. Leipzig, 2009 [1997], S. 13–55.

Roloff, Jürgen: Die Torheit des Kreuzes und die Weisheit der Personalentwicklung. URL http://www.aufbruch-gemeinde.de/download/roloff.pdf. – veröffentlicht: 15.06.2002 – Hof – Zugriffsdatum: 07.12.2011.

Rosenzweig, Phil: Der Halo-Effekt: Wie Manager sich täuschen lassen. Offenbach, 2008.

Rössler, Dietrich: Grundriß der Praktischen Theologie. Berlin/New York, 1986.

Rüegg-Stürm, Johannes: Das neue St. Galler Management-Modell: Grundkategorien einer integrierten Managementlehre. Der HSG-Ansatz. Bern, 2002.

Rupp, Steffen: Verwaltungsmodernisierung in der Kirche: Eine Untersuchung am Beispiel des Neuen Steuerungsmodells der Evangelischen Landeskirche in Baden. Frankfurt am Main, 2004.

Samuelson, Paul A.; Nordhaus, William D.: Volkswirtschaftslehre: Das internationale Standardwerk der Makro- und Mikroökonomie. 3. Aufl. Landsberg am Lech, 2007.

Schanz, Günther: Grundlagen der verhaltenstheoretischen Betriebswirtschaftslehre. Tübingen, 1977.

Scharf, Andreas; Schubert, Bernd: Marketing: Einführung in Theorie und Praxis. 3. Aufl. Stuttgart, 2001.

Schedler, Kuno; Proeller, Isabell: New Public Management. 4. Aufl. Bern/Stuttgart/Wien, 2009.

Schefold, Bertram: Beiträge zur ökonomischen Dogmengeschichte. Düsseldorf, 2004.

Schelsky, Helmut: Religionssoziologie und Theologie. In: ZEE 3 (1959), S. 129–145.

Schinderhütte, Martin: Theologische Überlegungen zum Thema Personalentwicklung: Referat auf der Tagung der Ev. Akademie Loccum zum Thema »Personalentwicklung und Leitungsaufgaben in den Landeskirchen« vom 3. bis 5. September 2003. URL http://www.evlka.de/jahresgespraeche/intern/getBin.php3?id=12. – veröffentlicht: 3.9.2003 – Loccum – Zugriffsdatum: 03.09.2003.

Schlamelcher, Jens: Unternehmen Kirche?: Neoliberale Diskurse in den deutschen Großkirchen. In: Ötsch, Walter; Thomasberger, Claus (Hrsg.): Der neoliberale Markt-Diskurs: Ursprünge, Geschichte, Wirkung. Marburg, 2009, S. 213–256.

Schlamelcher, Jens: Ökonomisierung der protestantischen Kirche? (unveröffentlichte Dissertation). Bochum, 2012.

Schleiermacher, Friedrich: Ethik (1812/13) mit späteren Fassungen der Einleitung, Güterlehre und Pflichtenlehre. Auf der Grundlage von Otto Braun, herausgegeben und eingeleitet von Hans-Joachim Birkner, 2. Aufl. Hamburg 1990.

Schleiermacher, Friedrich: Kurze Darstellung des theologischen Studiums zum Behuf einleitender Vorlesungen (1811/1830): hrsg. von Dirk Schmid. Berlin/New York, 2002.

Schleiermacher, Friedrich: Die praktische Theologie nach den Grundsätzen der evangelischen Kirche: Aus Schleiermachers handschriftlichem Nachlasse und nachgeschriebenen Vorlesungen herausgegeben von Jacob Frerichs. Berlin, 1850 (Friedrich Schleiermacher's sämmtliche Werke. 1. Abtheilung. Zur Theologie. Dreizehnter Band).

Schlippe, Arist von; Schweitzer, Jochen: Lehrbuch der systemischen Therapie und Beratung. 4. Aufl. Göttingen, 1997.

Schneider, Markus: Zwischen Geld und Güte: Finanzmaßnahmen in einer Kirche der Güte: von Möglichkeiten und Unmöglichkeiten. Tübingen, 2001 (Tübinger Perspektiven zur Pastoraltheologie und Religionspädagogik 14).

Schöer, Henning: Kybernetik. In: Theologische Realenzyklopädie. Band 20 (Kre-Leo). Berlin, 1990, S. 356–359.

Scholder, Klaus: Die Kirchen und das Dritte Reich: Band 1: Vorgeschichte und Zeit der Illusionen 1918–1934. Frankfurt am Main/Berlin, 1986 [1977].

Schramm, Steffen: Strukturreform der Kirchenleitung: Drei aktuelle Beispiele. In: PTh 86 (1996), S. 223–243.

Schulz, Claudia: Milieuspezifische Profilierung von Ortsgemeinden: Umgemeindung in der Bremischen Evangelischen Kirche als Modell für mehr Beteiligung und Kirchenbindung? In: PTh 94 (2005), S. 341–359.

Schulz, Claudia; Hauschildt, Eberhard; Kohler, Eike: Milieus praktisch. Analyse- und Planungshilfen für Kirche und Gemeinde. 3. Aufl. Göttingen, 2010.

Schümer, Gundel; Weiß, Manfred: Bildungsökonomie und Qualität der Schulbildung: Kommentar zur bildungsökonomischen Auswertung von Daten aus internationalen Schulleistungsstudien. URL http://www.gew.de/Binaries/Binary36403/GEW-Bioeko-web.pdf. – veröffentlicht: 2008 – Frankfurt am Main – Zugriffsdatum: 18.08.2008.

Schwarz, Peter: Management in Nonprofit-Organisationen: Eine Führungs-, Organisations- und Planungslehre für Verbände, Sozialwerke, Vereine, Kirchen, Parteien usw. Bern, 1992.

Schwarz, Peter: Organisation in Nonprofit-Organisationen: Grundlagen, Strukturen. Bern, 2005.

Schwarz, Peter: Management-Prozesse und -Systeme in Nonprofit-Organisationen: Entscheidung, Steuerung/Planung, Kontrolle. Bern, 2006.

Schwarz, Peter; Purtschert, Robert; Giroud, Charles; Schauer, Reinbert: Das Freiburger Management-Modell für Nonprofit-Organisationen (NPO). 5. Aufl. Bern, 2005.

Sekretariat der Deutschen Bischofskonferenz (Hrsg.): Katholische Kirche in Deutschland: Statistische Daten 2010. Bonn, 2011.

Selmayr, Maike M.: Marketing eines »Glaubens«-Gutes: Übertragung des modernen Marketingansatzes auf die evangelische Kirche in Deutschland; dargestellt am Fallbeispiel der Martin-Luther-Gemeinde in Lüneburg. Frankfurt am Main, 2000 (Europäische Hochschulschriften Reihe 23, Theologie 689).

Simon, Fritz B.: Gemeinsam sind wir blöd!?: Die Intelligenz von Unternehmen, Managern und Märkten. Heidelberg, 2004.

Simon, Fritz B.: Einführung in Systemtheorie und Konstruktivismus. 2. Aufl. Heidelberg, 2007 (Carl-Auer Compact).

Simsa, Ruth: NPOs und die Gesellschaft: Eine vielschichtige und komplexe Beziehung – Soziologische Perspektiven. In: Badelt, Christoph; Meyer, Michael; Simsa, Ruth (Hrsg.): Handbuch der Nonprofit Organisation. Strukturen und Management. 4. Aufl. Stuttgart, 2007, S. 120–140.

Singer, Peter: Practical Ethics. Cambridge, 1979.

Sippel, Reinhard: An experiment on the pure theory of consumer's behaviour. In: The Economic Journal 107 (1997), Nr. 444, S. 1421–1444.

Smith, Adam: The Theory of Moral Sentiment. 2. Aufl. London, 1761.

Smith, Adam: Inquiry into the Nature and Causes of The Wealth of Nations. Band 1. 4. Aufl. Hartford, 1803 [1776].

Sohm, Rudolph: Kirchenrecht. Band 1: Die geschichtlichen Grundlagen. München/Leipzig, 1892.

Söllner, Fritz: Die Geschichte des ökonomischen Denkens. 2. Aufl. Berlin/Heidelberg, 2001.

Spiegel, Yorick: Kirche als bürokratische Organisation. München, 1969 (Theologische Existenz heute [N.F.] 160).

Sprenger, Reinhard K.: Mythos Motivation: Wege aus einer Sackgasse. 18. Aufl. Frankfurt am Main, 2007.

Stark, Roger; Bainbride, William S.: The Future of Religion. Berkeley, CA, 1985.

Stark, Roger; Bainbride, William S.: A Theory of Religion. New York, 1987.

Statistisches Bundesamt (Hrsg.): Produzierendes Gewerbe: Beschäftigung und Umsatz der Betriebe des Verarbeitenden Gewerbes so wie des Bergbaus und der Gewinnung von Steinen und Erden. URL http://www.destatis.de/jetspeed/portal/cms/Sites/destatis/Internet/DE/Content/Publikationen/Fachveroeffentlichungen/Produzierendes_20Gewerbe/VerarbeitendesGewerbe/Konjunkturdaten/Monats berichtM2040411111124,property=file.pdf. – veröffentlicht: 12/2011 – Wiesbaden – Zugriffsdatum: 03.03.2012.

Stein, Albert: Zweckmässig arbeiten – sachgerecht entscheiden – sinnvoll leiten: Aspekte kirchlicher Verwaltungsarbeit. Neukirchen-Vluyn, 1993.

Steinmann, Horst; Schreyögg, Georg: Management: Grundlagen der Unternehmensführung; Konzepte, Funktionen, Fallstudien. 6. Aufl. Wiesbaden, 2005 (Gabler-Lehrbuch).

Stichweh, Rudolf: Wissenschaft – Universität – Professionen. Frankfurt am Main, 1994.

Stöber, Anna: Kirche – gut beraten?: Betrachtung einer Kirchengemeinde aus betriebswirtschaftlicher und funktionalistisch-systemtheoretischer Perspektive. Heidelberg, 2005.

Stolz, Jörg: Kirchen im Wettbewerb: Religiöse und säkulare Konkurrenz in der modernen Gesellschaft. In: Famos, Cla Reto; Kunz, Ralph (Hrsg.): Kirche und Marketing. Beiträge zu einer Verhältnisbestimmung. Zürich, 2006, S. 95–116.

Sträter, Udo: Meditation und Kirchenreform in der lutherischen Kirche des 17. Jahrhunderts. Tübingen, 1995 (Beiträge zur historischen Theologie 91).

Strohm, Christoph: Ius divinum und ius humanum: Reformatorische Begründung des Kirchenrechts. In: Rau, Gerhard; Reuter, Hans-Richard; Schlaich, Klaus (Hrsg.): Das Recht der Kirche. Band II: Zur Geschichte des Kirchenrechts. Gütersloh, 1995 (Forschungen und Berichte der Evangelischen Studiengemeinschaft 50), S. 115–173.

Suchanek, Andreas: Der homo oeconomicus als Heuristik. URL http://www.hhl.info/fileadmin/LS/Sustain/Publication/1993_dp_homo_oeconomicus.pdf. – veröffentlicht: 1993 – Ingolstadt – Zugriffsdatum: 30.11.2011.

Tanner, Klaus: Unternehmen Kirche! In: Fetzer, Joachim; Grabenstein, Andreas; Müller, Eckart (Hrsg.): Kirche in der Marktgesellschaft. Gütersloh, 1999 (Leiten, Lenken, Gestalten 6), S. 51–64.

Tempel, Irmtraut: Bischofsamt und Kirchenleitung in den lutherischen, reformierten und unierten deutschen Landeskirchen. München, 1966.

The Nobel Foundation (Hrsg.): Markets with Asymmetric Information. URL http://www.nobelprize.org/nobel_prizes/economics/laureates/2001/advanced-economicsciences2001.pdf. – veröffentlicht: 10/2001 – Stockholm – Zugriffsdatum: 01.08.2012.

Thomas, Günter; Schüle, Andreas (Hrsg.): Luhmann und die Theologie. Darmstadt, 2006.

Thomé, Martin: Unternehmen Orientierung. Probleme und Perspektiven eines Jahrtausendprojektes. In: Thomé, Martin; Becker-Huberti, Manfred (Hrsg.): Theorie Kirchenmanagement. Potentiale des Wandels; Analysen – Positionen – Ideen. Bonn, 1998, S. 9–24.

Thomé, Martin; Becker-Huberti, Manfred (Hrsg.): Theorie Kirchenmanagement: Potentiale des Wandels; Analysen – Positionen – Ideen. Bonn, 1998 (Kirche & Zukunft 2).

Thraede, Klaus: Die Kirche und ihr Geld im Neuen Testament. In: Lienemann, Wolfgang (Hrsg.): Diakonie und Kirchenfinanzen im Frühchristentum. München, 1989 (Forschungen und Berichte der Evangelischen Studiengemeinschaft 43), S. 555–573.

Titz, Christoph; Padtberg, Carola: Asyl für Schulverweigerer: Fundi-Christen feiern Sieg über »peinliches Deutschland«. URL http://www.spiegel.de/schulspiegel/wissen/0,1518,674309,00.html. – veröffentlicht: 27.01.2010 – Hamburg – Zugriffsdatum: 13.07.2010.

Torgler, Benno: Wirtschaftspolitische Erkenntnisse aus der Steuermoralforschung. In: Schaltegger, Christoph A.; Schaltegger, Stefan C. (Hrsg.): Perspektiven der Wirtschaftspolitik. Festschrift zum 65. Geburtstag von Prof. Dr. René L. Frey. Zürich, 2004, S. 165–176.

Tscheulin, Dieter K.; Dietrich, Martin: Zur Entwicklung und Bedeutung eines kirchlichen Marketings. In: Famos, Cla Reto; Kunz, Ralph (Hrsg.): Kirche und Marketing. Beiträge zu einer Verhältnisbestimmung. Zürich, 2006, S. 73–94.

Tyrell, Hartmann: Religion und Organisation: Sechs kirchensoziologische Bemerkungen. In: Hermelink, Jan; Wegner, Gerhard (Hrsg.): Paradoxien kirchlicher Organisation. Niklas Luhmanns frühe Kirchensoziologie und die aktuelle Reform der evangelischen Kirche. Würzburg, 2008, S. 179–204.

Ulrich, Hans; Krieg, Walter: Das Sankt Galler Management-Modell. Bern, 1972.

Ulrich, Peter: Integrative Wirtschaftsethik: Grundlagen einer lebensdienlichen Ökonomie. 4. Aufl. Bern/Stuttgart/Wien, 2008.

Ulrich, Peter: Die normativen Grundlagen der unternehmerischen Tätigkeit. In: Dubs, Rolf; Euler, Dieter; Rüegg-Stürm, Johannes; Wyss, Christina E. (Hrsg.): Einführung in die Managementlehre. Band 1. 2. Aufl. Bern, 2009, S. 143–165.

Ulrich, Peter: Normative Orientierungsprozesse. In: Dubs, Rolf; Euler, Dieter; Rüegg-Stürm, Johannes; Wyss, Christina E. (Hrsg.): Einführung in die Managementlehre. Band 2. 2. Aufl. Bern, 2009, S. 23–37.

Vester, Frederic: Die Kunst vernetzt zu denken: Ideen und Werkzeuge für einen neuen Umgang mit Komplexität; ein Bericht an den Club of Rome. 3. Aufl. München, 2003 (dtv 33077).

Vischer, Gustav-Adolf: Aufbau, Organisation und Dienstrecht der Evang.-Luth. Kirche in Bayern. Ein Grundriss. München, 1967.

Vögele, Wolfgang; Brenner, Helmut; Vester, Michael: Soziale Milieus und Kirche. Würzburg, 2002 (Religion in der Gesellschaft 11).

Wagner, C. Peter: Your Church Can Grow. Ventura, CA, 1984.

Wagner, Falk: Geld oder Gott?: Zur Geldbestimmheit der kulturellen und religiösen Lebenswelt. Stuttgart, 1985.

de Wall, Heinrich; Muckel, Stefan: Kirchenrecht. Ein Studienbuch. München, 2010.

Walter, Rolf: Wirtschaftsgeschichte: Vom Merkantilismus bis zur Gegenwart. 5. Aufl. Stuttgart, 2011.

Warner, R. Stephen: Work in Progress toward a New Paradigm for the Sociological Study of Religion in the United States. In: AJS 98 (1993), S. 1044–1093.

Warren, Rick: The Purpose-Driven Church: Growth Without Compromising Your Message & Mission. Grand Rapids, MI, 1995.

Weber, Max: Die Grenznutzenlehre und das »psychosphysische Grundgesetz«. In: Archiv für Sozialwissenschaft und Sozialpolitik 27 (1908), S. 376–402.

Weder, Hans: Die Gleichnisse Jesu als Metaphern: Traditionsgeschichtliche Analysen und Interpretationen. 4. Aufl. Göttingen, 1990 [1978].

Weiber, Rolf; Adler, Jost: Informationsökonomisch begründete Typologisierung von Kaufprozessen. In: zfbf 47 (1/1995), S. 43–65.

Weizsäcker, Carl Christian von: Homo Oeconomicus Adaptivus: Die Logik des Handelns bei veränderlichen Präferenzen. In: Caspari, Volker; Schefold, Bertram (Hrsg.): Wohin steuert die ökonomische Wissenschaft? Ein Methodenstreit in der Volkswirtschaftslehre. Frankfurt am Main/New York, 2011, S. 221–255.

Welker, Michael: Freiheit oder Klassenkirche: Mut und Blindheit im Impulspapier des Rates der EKD. In: zeitzeichen 7 (12/2006), S. 8–11.

Wendebourg, Dorothea: Der lange Schatten des Landesherrlichen Kirchenregiments. In: ZThK 100 (2003), S. 420–465.

Wiegand, Hanns-Jügen: Direktdemokratische Elemente in der deutschen Verfassungsgeschichte. Berlin, 2006.

Wiggermann, Karl-Friedrich: Gottesdienst im lutherischen Kontext. In: Schmidt-Lauber, Hans-Christoph; Bieritz, Karl-Heinrich (Hrsg.): Handbuch der Liturgik. Liturgiewissenschaft in Theologie und Praxis der Kirche. 2. Aufl. Leipzig, 1995, S. 151–161.

Wilken, Waldemar: Ein Betrieb namens Kirche: Menschenführung in Kirche und Gemeinde. München, 1973.

Willke, Helmut: Systemtheorie I: Grundlagen. 7. Aufl. Stuttgart, 2006 [1982].

Wöhe, Günter; Döring, Ulrich: Einführung in die Allgemeine Betriebswirtschaftslehre. 23. Aufl. München, 2008.

Wolf, Erik: Ordnung der Kirche: Lehr- und Handbuch des Kirchenrechts auf ökumenischer Basis. Band 1. Frankfurt am Main, 1960.

Young, Lawrence (Hrsg.): Rational Choice Theory and Religion. London/New York, 1997.

Zauner, Alfred: Über Solidarität zu Wissen: Ein systemtheoretischer Zugang zu Nonprofit Organisationen. In: Badelt, Christoph; Meyer, Michael; Simsa, Ruth (Hrsg.): Handbuch der Nonprofit Organisation. Strukturen und Management. 4. Aufl. Stuttgart, 2007, S. 141–164.

Ziegler, Bernd: Geschichte des ökonomischen Denkens: Paradigmenwechsel in der Volkswirtschaftslehre. 2. Aufl. München, 2008.